Celia en Cuba
1925-1962

ROSA MARQUETTI TORRES

Celia en Cuba

1925-1962

Planeta

© Rosa Marquetti Torres, 2024, 2022

Adaptación de portada: © Genoveva Saavedra / aciditadiseño
Fotografía de portada: © Archivo Celia Cruz / Celia Cruz Estate

Derechos reservados

© 2024, Editorial Planeta Mexicana, S.A. de C.V.
Bajo el sello editorial PLANETA M.R.
Avenida Presidente Masarik núm. 111,
Piso 2, Polanco V Sección, Miguel Hidalgo
C.P. 11560, Ciudad de México
www.planetadelibros.us

Primera edición impresa en esta presentación: octubre de 2024
ISBN: 978-607-39-1077-4

No se permite la reproducción total o parcial de este libro ni su incorporación
a un sistema informático, ni su transmisión en cualquier forma o por cualquier medio,
sea este electrónico, mecánico, por fotocopia, por grabación u otros métodos,
sin el permiso previo y por escrito de los titulares del *copyright*.

La infracción de los derechos mencionados puede ser constitutiva de delito contra
la propiedad intelectual (Arts. 229 y siguientes de la Ley Federal de Derechos de Autor
y Arts. 424 y siguientes del Código Penal).

Si necesita fotocopiar o escanear algún fragmento de esta obra diríjase al CeMPro
(Centro Mexicano de Protección y Fomento de los Derechos de Autor,
http://www.cempro.org.mx).

Impreso en los talleres de Bertelsmann Printing Group USA
25 Jack Enders Boulevard, Berryville, Virginia 22611, USA.
Impreso en U.S.A - *Printed in U.S.A*

Like Ella and Lady Day, Celia was an original.
Quincy Jones

Índice

Introducción	11
La partida	13
Abriendo los caminos	16
El comienzo *(1925-1939)*	19
Afros, guarachas y la Mil Diez *(1940-1944)*	38
Celia, Harlem y el inicio del mito *(1946)*	52
Las primeras grabaciones *(1947)*	62
A viajar… y al gran cabaret *(1948)*	78
Facundo y Suaritos *(1949)*	108
Debutar con la Sonora *(1950)*	119
Con Tongolele en La Habana *(1951)*	151
El gran éxito de *Sun Sun Babaé* *(1952)*	161
Construcción de una imagen *(1953)*	197
Tiempo de conquista *(1954)*	227
Una gallega en La Habana *(1955)*	243
Hollywood en La Habana *(1956)*	262
Por fin, ¡a Estados Unidos!	285
Conquistando nuevos escenarios *(1958)*	321
Comienzo del fin de una era *(1959)*	338
Despidiéndose sin saberlo *(1960)*	367
Entre México y Estados Unidos *(1961)*	403
Emigrar *(1962)*	411
Epílogo	430
Fuentes consultadas	433
Agradecimientos	442

Celia en foto de Armand Studio con dedicatoria a la bailarina y amiga Marta Castillo, 1954 (archivo Marta Castillo / Colección Gladys Palmera).

Introducción

Celia Cruz es la cantante más importante de la música popular de Cuba y una de las figuras más trascendentes en la cultura de la nación. Su impronta recorre de manera transversal el siglo XX cubano, al tiempo que proyecta la relevancia de su música más allá de la isla, en el impacto que alcanza a nivel internacional. Celia es, además, uno de los eslabones principales en la historia cultural de la mujer afrocubana.

Pero Celia Cruz es también el misterio que acompañó mi niñez y mi juventud, un enigma alegre y jacarandoso que siempre asocié a la felicidad, al talento y al triunfo personal. Hubo tiempos en que su voz rotunda e inconfundible desapareció de mi entorno, su imagen se esfumó y mi madre y mis tías pronunciaban su nombre en voz baja. Sin aptitudes artísticas de las que pudiera yo presumir, el ejemplo de sus logros en Cuba espoleaba mis afanes juveniles para ser alguien en la vida, y su recuerdo era para mí indudablemente inspirador en todo lo que me propusiese.

La carrera musical de Celia Cruz, su leyenda real y tangible, comenzó en Cuba, donde se encuentran las raíces de su arte, auténtico y profundamente popular. Desde un medio social y familiar humilde supo vencer todos los obstáculos de una sociedad patriarcal y de fuertes prejuicios de clase, raza y género.

En *Celia en Cuba (1925-1962)* quiero mostrar cómo estos logros fueron posibles gracias al talento natural, la inteligencia, la disciplina y el profesionalismo que desde muy temprano marcaron el carácter y la personalidad de Celia Cruz, en una carrera profesional creativa y ascendente, durante la cual mostró siempre un coherente sentido de pertenencia a la nación y de defensa de su identidad cubana y afrocubana.

El libro se propone llenar vacíos documentales en el recorrido biográfico de Celia en Cuba. Contextualiza con amplitud el camino ascendente de la diva como una de las protagonistas de la época de oro del teatro musical, la radio, la televisión y el cabaret cubanos; subraya sus triunfos y decisiones personales; ubica épocas y sucesos musicales y extramusicales, en particular la relación con su país y con su tiempo. Para ello se sustenta en una exhaustiva investigación basada en la prensa de la época, tanto cubana como de los países donde actuó, así como en declaraciones de la propia cantante y entrevistas y testimonios de personas que la conocieron en esos contextos.

Aunque Celia vivió en Cuba hasta el 15 de julio de 1960, el libro se prolonga hasta junio de 1962 para abordar un periodo de incertidumbres e indefiniciones personales y contextuales, y culminar en el simbolismo de un momento que marcó personal y profesionalmente el inicio de una nueva etapa en su vida.

A más de dos décadas de su muerte, Celia Cruz sigue siendo una de las más grandes figuras de la música cubana a escala mundial. Pocos cantantes consiguen mantener tan asombrosa vigencia, aun después de su desaparición física, entre legiones de seguidores, el público y los músicos que en el mundo se aferran a su legado clásico, o lo reinterpretan —como ella misma hubiera hecho— según los modos más actuales de hacer y asimilar sus guarachas, sones, afros y boleros. Y algo muy importante: Celia ha continuado inspirando a millones de niñas y jóvenes en todo el mundo, trascendiendo definitivamente las barreras raciales, sociales, geográficas y políticas.

No hay tiempo en la vida para todo lo que deseamos hacer. Hoy doy gracias por haberlo tenido para cumplir con Celia, y, como mujer cubana, devolverle las décadas de silencio y entregarle este libro. Los autores cubanos se lo debíamos.

¡Gracias, Celia Cruz, por todo y por tanto!

La partida

*D*omingo conducía sin prisa su carro de alquiler por la avenida de Rancho Boyeros. Sabía que, como solía ocurrir con ella, disponían de tiempo suficiente para no andar corriendo y llegar sin sobresaltos al aeropuerto José Martí. Era puntual y disciplinada como ella sola. Él estaba habituado a conducir el auto que la llevaba a todas partes. Era viernes y aquel 15 de julio de 1960 La Habana transpiraba bajo su habitual calor de ese mes. Hacía quinientos cuarenta y cinco días, exactamente, que la vida de Cuba había experimentado un cambio que sería todo lo definitivo que puede ser la duración de una vida, pero en ese momento nadie sabía, ni siquiera imaginaba, que habría de ser así. Ella, Celia Caridad Cruz Alfonso, tampoco.

Ni por asomo había motivos conocidos para la despedida estremecedora que se sabe definitiva, o el recuento solemne y nostálgico de un adiós consciente. El viaje era uno más entre los muchos que en los últimos años hacía para cumplir contratos, en su condición tanto de cantante solista como de voz femenina de La Sonora Matancera, uno de los conjuntos cubanos más destacados e influyentes de las últimas décadas. Ella no lo sabía en ese momento, pero luego lo supo, y hoy lo sabemos nosotros: ese día se cerraba el ciclo originario de una de las carreras más relevantes y exitosas que haya tenido jamás una cantante y, no sería errado decirlo, unas de las más triunfales e impactantes en toda la historia de la música cubana y su proyección al mundo, un símbolo de coherencia cultural y la síntesis de los valores universales de la música cubana.

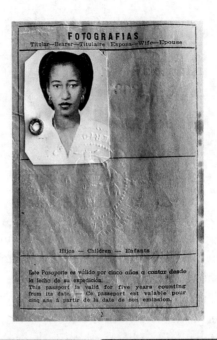
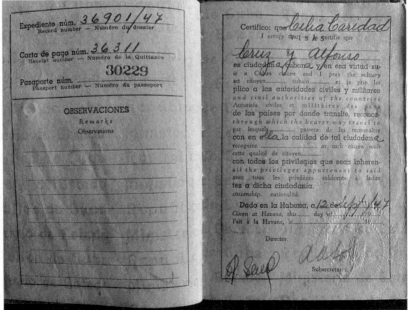

Páginas del primer pasaporte de Celia Cruz, emitido en Cuba el 12 de septiembre de 1947 (documento original en archivo Celia Cruz / Celia Cruz Estate).

El 15 de julio de 1960 Celia Cruz salió de Cuba sin saber que la política marcaría, a partir de ese momento, no solo su carrera musical, sino también su vida y la relación con su país de origen, su patria amada, a la que nunca había cantado tanto como lo hizo después de este momento, sobre todo cuando supo que podía no regresar nunca. En su país, ese concepto, el de patria, ya había comenzado a reinterpretarse, y sufrió un secuestro dual del que ella no pudo escapar.

Lo que sí le pertenecía del todo era la música y su historia personal, el recorrido iniciado en su país en plena adolescencia a golpe de talento nato, autenticidad, persistencia, disciplina y responsabilidad, unido todo a una pasión verdadera por la música. Una historia donde no hubo mecenas ni príncipes que convirtieran a la niña pobre en reina: eso lo hizo ella misma, por sí sola, lidiando con prejuicios y obstáculos en una sociedad marcada por las diferencia de poder económico, raza y clase social. Nada le fue regalado, salvo el don de la musicalidad y la gracia personal con los que vino al mundo.

Camina por la losa del aeropuerto en dirección al avión. Protege su cuidadoso peinado con un pañuelo atado al cuello. Sujeto el bolso con elegancia, desafía la estrechez de su vestido y sus tacones de vértigo al subir la escalerilla del avión. Así la imagino en los últimos instantes antes de poner rumbo a México. El tiempo que transcurrió desde entonces hasta el miércoles 16 de julio de 2003, el día en que su leyenda se hizo intangible y eterna, fue mayor al que vivió en el país donde nació. Pero fue allí, en Cuba, donde para ella se inició todo, donde cinceló su personalidad escénica y donde pasó de ser una cantante empírica bien dotada a una extraordinaria figura de la escena. Fue en Cuba donde cimentó sus creativos aportes a los géneros de la música popular. Solo por eso, su nombre no ha podido ni podrá ser extirpado de la cultura y la historia de Cuba, el país que ha hecho una de las mayores contribuciones a las músicas del mundo.

Abriendo los caminos

*E*ra el jueves 2 de octubre de 1913. Aquella linda negra, joven y esbelta, debió vestir de modo muy similar a la única foto que de ella se conserva. O quizás su atuendo era aún mejor, porque aquel era un día especial. Esa única foto denota seguridad en su porte, altivez en su gesto y una mirada en un punto impreciso, rasgos de una personalidad que hacía valer en los escenarios y allí donde decidía entonar su voz. Desde fechas cercanas a 1910, Angelita Bequé se dio a conocer cantando en los programas que animaban las proyecciones del cine silente de la época en las salas habaneras. Ese día, el Teatro Oriente, que ocupa una de las esquinas donde se cruzan las calles Belascoaín y San José, prestó su escenario al homenaje que se le rindió a ella, que también cantaba en dúos con los trovadores Rafael Zequeira y Manuel Corona.

Angelita Bequé, reputada como una «notabilísima intérprete del cancionero trovadoresco de los dos primeros lustros del siglo», fue la primera cantante cubana negra triunfante sobre un escenario de que se tenga noticia. Una breve y enigmática referencia a «La letanía del cura», acreditada al trovador santiaguero Patricio Ballagas, que debió recoger el dúo Bequé-Zequeira en uno de los discos primigenios de 78 revoluciones por minuto para el naciente sello Odeón, lo que también convirtió a Angelita Bequé en la primera cantante negra en realizar una grabación sonora. Era una guaracha. En Cuba, los cantantes y músicos negros pudieron grabar discos antes que sus iguales en Estados Unidos; no había restricciones que lo impidieran. Angelita Bequé se anticipó doce años a la cantante de blues Mamie Smith, primera afroestadounidense que grabó un disco.

La grabación del dúo de Angelita Bequé con Rafael Zequeira antecedió a la era de las grabaciones eléctricas y presumiblemente fue fijada en un disco que nunca se ha encontrado, enigma que se adiciona a la imagen de la linda negra cubana: la última referencia que se tiene de ella data de 1916, cuando desapareció de los escenarios y de la prensa, probablemente por la razón más común entonces. Las mujeres encontraban pareja, se casaban, y el hombre les exigía abandonar toda esperanza de seguir cantando.

Al dúo con Rafael Zequeira llegó otra muchacha de apenas dieciséis años, una mulata de voz clara y cristalina, que venía de Guanajay, pequeña ciudad del interior, y se hacía llamar María Teresa Vera. Frecuentaba los encuentros y fiestas en casas de trovadores y amigos, y por su poderosa segunda voz la codiciaban quienes se consideraban las primeras voces de esos tiempos: el propio Rafael Zequeira, Manuel Corona, Miguelito García, Higinio Rodríguez. Si la soprano Chalía Herrera fue la primera mujer cubana, y probablemente la primera latinoamericana, en grabar *lieder* y óperas en discos, María Teresa Vera, mujer y negra, le siguió a Angelita Bequé y marcó los más tempranos hitos en la formación de la música popular cubana. Fue la primera en realizar ingentes grabaciones comerciales, que conforman una notable discografía, a través de sus contratos con los sellos Victor y Columbia, que se iniciaron en 1914. María Teresa Vera fue también pionera en el son: estuvo presente con su segunda voz, su guitarra y su audacia proverbial en las primeras grabaciones del llamado Sexteto Habanero de Godínez, realizadas en Cuba el 8 de febrero de 1918 en una habitación del hotel Inglaterra, frente al Paseo del Prado. La portentosa muchacha cubana marcó un momento significativo al ser la primera mujer en poseer y dirigir una agrupación de hombres, el Sexteto Occidente, al que también llevó a Nueva York, e hizo que su sonido quedara para siempre estampado en el disco.

Quizás no fueron ellas las únicas mujeres negras, acaso ni las primeras, que pocos años después de iniciarse el siglo XX se atrevieron a cantar más allá de las reuniones familiares o los encuentros de amigos. Lo hicieron ante un público en un teatro, en un café, en una glorieta, pero su escasa o nula presencia en medios de prensa y en escritos que, dentro de la cultura hegemónica patriarcal, pretendían ahondar en la historiografía musical cubana, impide que hoy conozcamos otros nombres de féminas negras en medio de tantos hombres trovadores y soneros.

Ni Angelita Bequé ni María Teresa Vera podían imaginar que con su huella precursora estaban iniciando la historia de la mujer afrocubana en la música de su país, en su crecimiento creativo en los escenarios y en su registro sonoro en el siglo XX, que, coincidentemente, inauguraba el periodo republicano en la isla tras siglos de colonialismo español. La canción trovadoresca, el son y la guaracha eran parte esencial del repertorio de María Teresa Vera. La trayectoria de esta artista cubana es una de las referencias más tempranas que se encuentran sobre grabaciones de temas que reivindiquen los orígenes africanos introducidos al ámbito del son y la guaracha, con piezas como *El yambú guaguancó,* de Manuel Corona, y *Los cantares del Abacuá,* clave ñáñiga de Ignacio Piñeiro, grabadas por ella a dúo con Rafael Zequeira cerca de 1920.

Angelita Bequé y María Teresa Vera abrieron y comenzaron a construir el camino reivindicativo de la presencia y el aporte de la mujer negra a la cultura musical cubana, que continuaron de manera notable en los siguientes decenios Rita Montaner y Paulina Álvarez.

Y después, una muchacha delgada y alegre de la barriada de Santos Suárez fue de las muchas que siguieron esa huella. Pero solo ella, Celia Caridad Cruz y Alfonso, llevó la música popular cubana a los más altos planos en cuanto a su asimilación, difusión y expansión a escala internacional. Para eso, se nutrió del aporte y el talento de esas antecesoras, así como de otras mujeres anónimas que influyeron en ella, Celia Cruz, para que fuera la síntesis y el resumen de la contribución de la mujer afrocubana a la música y a sus modos, instrumentos y medios para perpetuarse y permanecer.

El comienzo
(1925-1939)

Santos Suárez era en el siglo XIX una zona de arroyuelo y río, alejada del centro capitalino hacia el sureste. Cerca de 1915 la empresa Mendoza y Compañía, dedicada a comprar fincas que después revendía en parcelas, propició el inicio gradual de la urbanización del barrio que tomó el nombre de Leonardo Santos Suárez y Pérez, figura de la vida política cubana en el periodo colonial y que, junto al padre Félix Varela y a Tomás Gener, fue elegido diputado para representar a Cuba en las Cortes Españolas durante el trienio constitucional que vivió España entre 1820 y 1823. Pronto el trazado urbanístico del barrio de Santos Suárez evidenció las diferencias sociales en un enclave de clase media y trabajadora donde convivían personas de todas las razas. En la zona más empobrecida, atravesada por calles sin asfaltar y donde se alzaban precarias casas de madera, nació Celia Cruz el miércoles 21 de octubre de 1925.

La certificación de nacimiento, emitida por el juzgado municipal de Puentes Grandes el 4 de diciembre de 1961, transcribe de modo fidedigno, en el tomo 221, folio 61, los datos tomados del libro de asiento de los nacimientos: Simón Cruz, natural de Los Palacios, provincia de Pinar del Río, de oficio fogonero, y Catalina Alfonso Ramos, natural de Pinar del Río, ama de casa, ambos residentes en ese momento en la calle Ynfanta número 508, inscribieron a la niña con el nombre de Celia Caridad el 16 de enero de 1929, tres años, dos meses y veintiséis días después de su nacimiento, que da fe de su ocurrencia el 21 de octubre de 1925 en la calle Atocha número 8 (era común en los años veinte del siglo pasado que los bebés no fueran inscritos con inmediatez en el Registro Civil). Se indica como abuela paterna de la recién nacida a Luz Cruz, natural de Los Palacios, y como abuelos maternos a Ramón Alfonso y Dolores Ramos, oriundos de Pinar del Río. Como testigos del acto fungieron Serafín Díaz González, natural de Pinar del Río, mayor de edad, soltero, albañil y con residencia en Flores 511, y Ramón Calzadilla González, natural de Santa Clara, mayor de edad, soltero, de oficio pintor y residente en Jesús del Monte 558.

Sin embargo, en su libro autobiográfico Celia Cruz cuenta: «La casita donde nací y me crié estaba situada en la calle Serrano número 47 entre las calles Santos Suárez y Enamorados». Y en 2000, en una entrevista televisiva en el programa colombiano *Yo, José Gabriel*, afirmó: «Calle Flores entre San Bernardino y Zapote: ahí me crié. Ahí fui a la escuela, cerca de mi casa, la Pública número 6, República de México» (donde se matriculó cuando tenía seis o siete años). Celia es la segunda hija de *Ollita*, después de Dolores Ramos Alfonso, a quien llamaban *la Niña;* luego vendrían Japón y Norma, los dos hermanitos que murieron siendo muy pequeños. De ellos tuvo Celia vagos recuerdos, pero muy nítido el sufrimiento de su madre. Luego nacieron Alejandro Bárbaro Ramos y la menor, Gladys Ramos.

Su abuelo Ramón Alfonso combatió en la guerra de 1895 por la independencia de Cuba frente a la dominación española, con el número de orden 5197, en el regimiento de infantería Pedro Díaz de la primera brigada de la segunda división, sexto cuerpo del Departamento Occidental. Al parecer no obtuvo grados en el Ejército Libertador; solo fue un soldado raso. Celia siempre se enorgulleció de ser nieta de un mambí.

El nacimiento y la infancia de Celia transcurrieron en medio de una revolución cultural en la joven república. Los elementos africanos presentes en la vida colonial cubana se manifestaron, desde lo desconocido, con un peculiar atractivo para la creación musical desde el surgimiento del sentido de identidad nacional y de los sentimientos libertarios. Si bien en el siglo XIX había claras muestras

Celia con apenas un año de nacida, 1926 (archivo personal Celia Cruz / Celia Cruz Estate).

de la imposibilidad de ignorar el legado cultural africano sembrado en la isla con la esclavitud, fue en el siglo XX cuando ocurrieron verdaderas transformaciones en el modo de asumir y de mirar hacia esa cultura en una nación de relativa corta edad, en la que cierta fascinación por el aporte africano se hacía cada vez más ostensible. La erosión que ya venía experimentando la corriente que privilegiaba el legado cultural hispánico se hizo irreversible.

Se abrió paso, lenta pero decididamente, el reconocimiento intelectual y también popular a la importante contribución de la población negra, antes esclavizada, que ahora representaba un componente significativo que tributaba a la construcción de la nación y su cultura.

Comenzaban el reinado y la expansión internacional del son, y daba inicio un movimiento que revolucionó las bases de la música sinfónica en el país en favor del reconocimiento y la inclusión del componente africano de la cultura cubana, que se expandió a la literatura, el teatro y las artes plásticas. Amadeo Roldán y Alejandro García Caturla fueron los líderes del llamado Movimiento Afrocubano, que introdujo de manera orgánica elementos e instrumentos afrocubanos en la música de concierto.

En 1928 Roldán compuso y estrenó su trascendente obra *La rebambaramba*. En esa misma década de los veinte Caturla compuso numerosas obras, entre las que destacan su laureada *Obertura cubana* y *Tres danzas cubanas* para orquesta sinfónica, que se estrenó en España en 1929.

A finales de los años veinte, el son cubano llegó y plantó bandera en París, de la mano de Rita Montaner. Acompañada por Sindo y Guarionex Garay y los bailarines Carmita Ortiz y Julio Richards, triunfó en la Ciudad de la Luz con *El manisero* (Moisés Simons) y *Ay, Mamá Inés* (Eliseo Grenet), que había estrenado en La Habana de 1927. El poeta francés Robert Desnos, tras participar en un congreso de periodistas en La Habana, de regreso a París había llevado consigo, maravillado por la experiencia vivida, los discos con los sones que descubrió y disfrutó en la capital cubana. Los mostró en París en audición especial ante un público que escuchaba absorto lo que iba contando con la excitación del descubrimiento, y contribuyó también a su difusión junto con su amigo el joven periodista Alejo Carpentier, a quien antes había ayudado a salir de Cuba, perseguido por el gobierno dictatorial de Gerardo Machado. El Sexteto Nacional Ignacio Piñeiro desembarcó en España para mostrar el son en la Exposición Iberoamericana de Sevilla en 1929 y realizar importantes grabaciones.

Se trata de años en los que el son penetró en la industria del disco; los mejores sextetos —Habanero, Boloña, Nacional, Occidente, las santiagueras Ronda Lírica Oriental, Estudiantina Oriental y otros— coparon los espacios en radios, teatros, verbenas y bailes. En 1930 la Orquesta de Don Azpiazu, con Antonio Machín como cantante, arrasó en Estados Unidos con *El manisero* e inició la llamada *rhumba fever*, que no fue otra cosa que la fiebre por el son, la

La primera comunión (archivo personal Celia Cruz / Celia Cruz Estate).

guaracha y la rumba cubanas. El clásico de Moisés Simons se convirtió en el primer éxito de ventas millonarias de la música cubana y tuvo una entrada triunfal al cine en el filme norteamericano *Cuban Love Song*.

En un amplio diapasón —que va desde el reflejo realista de las vivencias hasta el imaginario idílico en el que muchas conciencias encontraron sosiego ante los horrores de la esclavitud y sus secuelas—, los temas, las escenas, las palabras asociadas o provenientes del universo del negro tienen presencia creciente en la música y la literatura: en la década de los treinta Nicolás Guillén publicó sus *Motivos de son* (1930) y Alejo Carpentier su primera novela, *Écue-Yamba-Ó* (1933). Siendo aún una veinteañera, Margarita Lecuona compuso los dos temas suyos que han alcanzado más amplia difusión: *Babalú* y *Tabú*, dos clásicos del repertorio afrocubano, al cual ella también aportó *Negro gangá* y *Mersé la mulatita*.

Los hermanos Grenet destacan por el tratamiento del tema negro en la música con sus composiciones. Eliseo compuso *Ay, Mamá Inés* y otros temas inspirados en obras de Nicolás Guillén *(Sóngoro Cosongo* y *Motivos de son);* Emilio *Neno* Grenet firmó *Quirino con su tres, Yambambó* y *Tú no sabe inglé,* mientras que el menor, Ernesto Grenet, es el autor de la inmensa canción de cuna *Drume negrita.* Compositores y directores orquestales como Gilberto Valdés y Armando Oréfiche figuran entre quienes por esos años defendían, con sus obras, la herencia africana en la música popular.

Influencia de la radio

En las familias que lo poseían, desde la cercanía de aquel aparato que emitía voces y sonidos, o, para la mayoría, desde lejos, por la ventana vecina o el próximo balcón, la radio ejerció una influencia decisiva. En los cantantes y músicos emergentes, aquellas orquestas irrumpían cada día, cada noche, alimentando ese círculo para nada vicioso que despertaba en ellos el deseo de ver, oír y bailar con aquello que las ondas radiales les llevaban cada vez con más frecuencia.

La radio había llegado oficialmente a Cuba en 1922, cuando el 10 de octubre se inauguró la estación PWX, comandada por el músico cubano Luis Casas Romero bajo la égida de la Cuban Telephone Company, que la dotó de instalaciones y equipos de alto nivel tecnológico, ubicados en el edificio central de la Empresa Telefónica, en la calle Águila número 161. La música fue uno de sus componentes principales, al tener como tema de sus transmisiones diarias *La paloma,* habanera del español Sebastián Iradier. En la inauguración, junto al discurso de rigor por el presidente de la república, el doctor Alfredo Zayas, se ofrecen piezas de la llamada música clásica interpretada por la Orquesta Casas, dirigida por el propio Casas Romero, pero también de la música popular: canciones cubanas en la voz de Rita Montaner, del tenor Mariano Meléndez y la soprano Lola de la Torre; y, por supuesto, del aclamado

Celia en foto de estudio en sus años en la escuela primaria (archivo personal Celia Cruz / Celia Cruz Estate).

danzón, que tuvo sus exponentes en *Princesita* y *La niña de mis amores,* de Luis Casas Romero, y *Primavera,* de Felipe Valdés. De nuevo una mujer afrocubana está fijando un hito: Rita Montaner, con su voz, es una de las protagonistas de este acto fundacional.

Seis meses después, el 16 de abril de 1923, Casas Romero inauguró su estación radial propia, la 2LC. A partir de 1930 se produjo un boom que registró la creación de sesenta y una estaciones radiodifusoras en toda Cuba, que, junto con la transmisión de noticias y los cuadros teatrales de comedias y dramas, contribuyeron a la difusión musical.

Celia era ya una adolescente. La radio y los bailes eran su contacto más inmediato con el universo de la música. El artefacto sonoro esparcía a los cuatro vientos las voces del galán Fernando Collazo, del melodioso Pablito Quevedo, del increíble Abelardo Barroso, de la poderosa Paulina Álvarez.

Eran también tiempos de tangos, que Celia seguía a través de la radio, cantándolos, a la par que las canciones de esos ídolos suyos, acompañada a veces por su hermana, la Niña. Los carnavales eran de las fiestas que más le gustaban. Ollita no veía bien que sus niñas anduvieran detrás de las comparsas, porque con mucha frecuencia el ambiente de jolgorio y libertad era propenso a riñas y peleas entre hombres. También temía que ellas, en el frenesí de la conga, siguieran a la comparsa hasta calles que les fueran poco conocidas y donde pudieran perderse con facilidad. Pero nada de eso fue obstáculo para que Celia siguiera y arrollara detrás de Los Jornaleros, la comparsa de los barrios de Santos Suárez y La Víbora, ni para que, junto con la radio, los festejos del carnaval se sumaran a las influencias que asimiló en sus primeros años.

Las sociedades de instrucción y recreo de negros y mulatos

Celia estaba atenta, igual que sus hermanas, a los anuncios de las sociedades de negros y mulatos más cercanas, y frecuentaba los bailes que sus orquestas preferidas animaban en esos sitios. Con sus amigos iba a bailar al Club Antilla, en las calles Luz y Delicias, en la cercana zona de La Víbora, y también a la Sociedad Jóvenes del Vals, muy popular, primero en su sede inicial en la calle Rodríguez número 7 esquina a Atarés, en la barriada de Jesús del Monte, y poco después en su nueva ubicación en la intersección de la calzada de 10 de Octubre y la calle Correa. Estaba organizada al uso de este tipo de sociedades, que proliferaban en Cuba desde el siglo XIX, como continuidad y complemento de los llamados cabildos de nación. En el caso de las sociedades de negros y mulatos, en sus propósitos y objetivos hacen énfasis en la superación personal y de la comunidad como intentos para conseguir reconocimiento y demostrar capacidad de integración, desde la cultura y la educación, a una sociedad criolla prejuiciada, con preeminencia y supremacía de la raza blanca en el orden social y económico.

Los bailes organizados por las sociedades de instrucción y recreo, y también por las sociedades regionales de naturales españoles, desempeñaron otro importante papel: se convirtieron, por regla general, en espacios importantísimos para el desarrollo de los conjuntos y las orquestas de música popular desde las primeras décadas del siglo XX. Además de representar una creciente fuente de empleo, eran el sitio donde confrontaban con los bailadores sus más recientes temas, los arreglos más innovadores y los nuevos ritmos. Los bailadores decidían si una pieza o un ritmo podían convertirse en éxito, si el nuevo cantante que entraba a reemplazar al saliente funcionaría o no, si un arreglo podía entusiasmarlos o si había llegado la hora de hacer cambios. Los bailes de las sociedades eran verdaderas plataformas de interacción y experimentación, donde orquesta y bailador se retroalimentaban. La recaudación de los bailes hablaba también de la salud de cada orquesta o conjunto.

Será difícil entender el significado del nombre Jóvenes del Vals en aquel contexto. En los años treinta los afiliados a esta sociedad debieron alguna vez bailar valses, aunque por ese tiempo el danzonete los traía de cabeza. Lo que sí se sabe es que aquellos muchachos y muchachas negros y mulatos de la barriada de La Víbora y sus alrededores, junto con la directiva de Jóvenes del Vals, supieron hacer de esta sociedad una de las más importantes y amistosas hacia las orquestas, conjuntos y cantantes que emergían y se iban haciendo populares. El recuerdo de Celia sobre esos años en que frecuentaba la Sociedad Jóvenes del Vals era vívido: «Ahí fue donde conocí a Arcaño y sus Maravillas; al gran músico Israel *Cachao* López, a Orestes López, el hermano de Cachao, y también a la orquesta Melodías del 40», contó muchas décadas después.

En 1932 una muchacha camagüeyana llamó la atención como cantante solista de una orquesta masculina. Era Candita Batista, elegida poco después por Obdulio Morales como cantante de su Orquesta Típica Moderna, del Coro Folklórico, antecedentes de la compañía Batamú, la primera integrada por actores y músicos afrocubanos. Fue la primera cantante negra en desarrollar el estilo de la vedette, que llevó a su prolongada carrera internacional.

Dos referentes decisivos: Paulina Álvarez y la tía Ana

Vivir algunos años de su adolescencia, antes de cumplir los dieciséis, en la casa de la tía Ana fue una experiencia determinante en la formación de la personalidad y en la futura carrera de Celia. El afán de superación, la decisión de ir tras sus objetivos y sueños, la seguridad en sí misma fueron rasgos de su personalidad cincelados desde temprano bajo la influencia de la hermana mayor de su madre, Ollita. Anacleta Alfonso Ramos fue algo más que una tía amorosa: «Por medio de Ollita me llegó la voz, pero de tía Ana desarrollé el amor por el escenario», reconoció Celia. Desde entonces, muy temprano, la tía Ana se percató de la singularidad de su sobrina predilecta, de las dotes vocales naturales con que vino al mundo y de la necesidad imperiosa de ayudarla a encauzar ese talento.

Celia cantaba todo el tiempo, pero no se movía; no había aún el instinto de libertad que la acompañó después sobre los escenarios. La tía Ana fue de las primeras personas que le insistieron para que desarrollara una proyección a la altura de su voz, una de las primeras personas que tuvieron fe en lo mucho que Celia lograría en su vida. La tía Ana anticipó la idea del éxito artístico de su sobrina. Ambas disfrutaban mutuamente del tiempo que pasaban juntas: Ana reforzaba en Celia valores universales que estaban presentes en su madre, Ollita, y su padre, Simón; influía en el gusto estético de Celia, en el temprano trazado de la imagen escénica que debía tener para cantar. La entrenaba para lograr el reconocimiento social y le trasladaba todo aquello que consideraba herramientas y códigos necesarios para encontrar su lugar en la sociedad y, sobre todo, para alcanzar sus objetivos. Celia absorbía como esponja las enseñanzas de la tía Ana, con la que empatizaba de manera total, y la convirtió en una suerte de apoyo espiritual, de consejera cercana e incondicional. La vida permitió que la tía Ana asistiera a la consagración internacional de su sobrina, algo que Ollita no alcanzó a ver.

Celia siempre reconoció en la gran cantante Paulina Álvarez otra influencia decisiva en su vida y carrera. En particular, la conocida como *Emperatriz del Danzonete* fue un modelo decisivo para Celia en los años en que, muy joven, la familia y los amigos la animaban a cantar en fiestas y concursos. Recordaba Celia:

> A Paulina la conocí cuando cantaba en los Jóvenes del Vals [...]. Como a mi tía Nena le gustaban mucho los bailes, llevaba a sus hijos Nenita, Papito y Minín con ella, y a mí también me llevaba, porque sabía cuánto me gustaban. Además, las dos éramos fanáticas de Paulina [...]. En Cuba se les permitía entrar a los menores de edad a los establecimientos que vendían bebidas alcohólicas, así que todos podíamos ir a oír buena música sin importar la edad. Nos sentábamos todos en primera fila, pero yo me pegaba al escenario para ver bien a Paulina. Con las claves —la base de la música popular cubana— en la mano, ella cantaba con la orquesta de Neno González. En todos sus retratos, Paulina siempre se ve con un par de claves, y como yo quería ser igual que ella, me regalaron dos. Es más, puedo decir que modelé mi forma de cantar en Paulina, por lo mucho que la admiraba [...]. Paulina fue la pionera en el campo de la música, ya que empezó a presentarse ante el público en los años veinte, cuando casi no se oía a las mujeres cantar ese tipo de música bailable cubana.

Paulina Álvarez fue desde entonces un importante referente para Celia, y parece que su influencia no fue únicamente en lo musical: ciertos rasgos de la personalidad de Celia Cruz estuvieron marcados por lo que conquistó Paulina Álvarez en plenos años treinta: aquella negra aindiada, con ojos que no pueden ocultar la cercanía de los ancestros asiáticos, alegre, con voz de privilegio, alcanza lo que muy pocas mujeres en la Cuba de entonces, al convertirse en la primera mujer en Cuba en ser dueña y directora de una orquesta de hombres, dedicada a la música bailable, y en reinar como soberana absoluta del ritmo de moda: el danzonete, una variante del danzón que incorporaba algunos elementos del son, sobre todo rítmicos. Causó un efímero furor por esos años, copando las transmisiones radiales, e introdujo nuevos modos de tocar y bailar.

La popularidad de Paulina Álvarez había alcanzado niveles increíbles en 1939, al punto de que se organizó una gran verbena en su homenaje en los Jardines de la Polar para el sábado 2 de septiembre, donde actuaron diecisiete orquestas y hubo numerosas atracciones, con un gran despliegue publicitario que incluyó un show aéreo donde el conocido aviador Juan Ríos Montenegro realizó piruetas en el aire en honor de la cantante triunfadora. Probablemente fue Paulina la primera cantante negra en aparecer destacada con una entrevista publicada a página completa y con fotos en el exclusivo *Diario de la Marina*. Según su columnista y crítico José Sánchez Arcilla, Paulina estaba en la cúspide de la fama: «Ha triunfado. Remontó la empinada cuesta con valentía inigualable y hoy nadie le discute la corona imperial del danzonete». No había para las muchachas negras de entonces un mejor referente de valía y empoderamiento que Paulina Álvarez.

Musicalmente, el éxito de Paulina, que había pasado antes por la orquesta danzonera de Cheo Belén Puig y la de Neno González, se debió no solo a su voz y su estilo, sino también a la cuidada selección que supo hacer de sus músicos, entre los que destacaron —por los años treinta— el flautista Manolo Morales, el contrabajista Rodolfo O'Farrill, el güirero Gustavo Tamayo y el afamado pianista y arreglista Everardo Ordaz.

Del repertorio que le escuchaba a Paulina Álvarez, *Dulce serenidad* era una de las piezas preferidas por la muy joven Celia Cruz. El original era una hermosa canción del compositor y músico dominicano Luis Rivera, que a finales de la década se dio a conocer en Cuba en las versiones del Trío Matamoros, de Alfredito Valdés con la orquesta de Cheo Belén Puig y de Paulina, estas dos últimas como danzonetes. A diferencia de Matamoros y Alfredito Valdés, Paulina nunca la llevó a discos. Décadas después, Celia dijo que siempre quiso grabarla en honor a la Emperatriz del Danzonete, pero por una razón u otra no fue posible. Sin embargo, la vida le reservó otros momentos memorables vinculados a Paulina Álvarez y su admiración por ella.

Debut radial

En 1938 Obdulio Morales creó la primera agrupación artístico-musical dedicada exclusivamente al universo afrocubano, el Grupo Coral Folklórico, con un formato orquestal al que introducía tambores, güiros y otros idiófonos de origen africano. En su nómina estaban los cantantes Esther Valdés, Candita Batista, Merceditas Valdés, Alfredo León, y en los tambores, Pedro Mena, Trinidad Torregrosa, Francisco y Juan Reigada, y Flores Hernández. Entre los músicos, Roberto Ondina y otros que venían de la orquesta sinfónica de Gonzalo Roig. Con los espectáculos *Jungla africana, Batamú* y *El tambor,* Obdulio Morales consiguió llevar a su compañía a la escena de los teatros Campoamor y Martí. El impacto en el público, que por vez primera se enfrentaba a auténticos bailarines y tamboreros inmersos en cantos y toques de origen africano, fue innegable y representó un hito en la difusión de la verdadera música afrocubana.

A principios de ese mismo año, en la barriada de La Víbora, el Cine Moderno inauguró el espacio sabatino *Atracciones viboreñas,* una matiné de tres horas, de la una a las cuatro de la tarde, con un gran show que incluía populares artistas y orquestas, proyección de selectas películas y un desfile de aficionados. Las esperadas matinés eran patrocinadas por el programa *La hora del té,* de Radio García Serra, que cubría diariamente la franja de cinco a seis de la tarde todos los sábados. Sin que Celia lo supiera, allá fue alguien a inscribirla como aficionada, alguien que fue muy importante en la vida de la cantante: «Yo tenía un primo muy bueno que se llamaba Serafín, que en paz descanse —cuenta Celia—. Serafín era muy inteligente y se percató de que yo atraía a la gente con mi voz. Pues un día [...], sin decirme nada, me inscribió en un programa de aficionados que se llamaba *La hora del té,* patrocinado por una estación de radio llamada Radio García Serra».

Con el identificativo de CMCU, transmitiendo en la frecuencia de 1110 kilociclos, la emisora de los hermanos Jorge y Roberto García Serra tenía sus estudios en la calle Estrada Palma número 63, esquina a Felipe Poey, en la barriada de La Víbora, cerca de la casa donde vivía Celia con su familia. En su parrilla, durante años, Radio García Serra incluía al menos dos programas de música bailable cubana en los horarios de una a dos y de dos a cinco de la tarde. Recuerda Celia Cruz:

> Me puse un vestido blanco, unas medias blancas con un bordado de colores y mis zapatos de charol blanco, que estaban muy de moda. Mi mamá Ollita me hizo un moño y me puso un prendedor pasador. Yo me sentía muy tranquila, aunque de verdad no sé por qué estaba tan segura de mí misma. Quizás se debía a que llevaba conmigo las claves que me habían regalado, las mismas claves que yo relacionaba con mi ídolo de la canción, Paulina Álvarez. Tal vez estaba tranquila porque pensaba que las claves de Paulina me daban un poder casi mágico. No sé, pero así me sentía aquella mañana [...]. Cuando me tocó a mí, canté un tango que se llama *Nostalgia,* acompañándome con mis claves. *Nostalgia* no era un tango arrabalero con bandoneón ni nada por el estilo, pero parece que el toque de las claves les gustó mucho a los jueces, porque al final, yo gané el concurso. Hasta me invitaron a que regresara el mes siguiente y me dieron mi premio: un *cake* muy bonito.

Debía después presentarse al mes siguiente en la ronda eliminatoria, donde volvió a cantar *Nostalgia* y volvió a ganar. Esa vez el premio

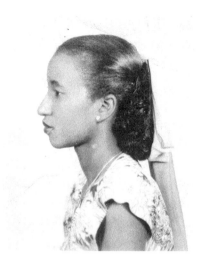

Celia en foto de cédula electoral, años cuarenta (archivo personal Celia Cruz / Celia Cruz Estate).

fue una fina cadena de plata para el cuello. Sin embargo, diecisiete años después, en entrevista para la revista *Show*, Celia lo dejó claro: su debut ocurrió en el mes de mayo del año 1943, probablemente haciendo referencia a su primera aparición formal como cantante. Ha contado la notable cantante y actriz Olga Chorens:

> Celia y yo éramos del mismo barrio y asistíamos a la misma escuela, solo que en clases diferentes. Nos conocimos en un desfile escolar en honor a José Martí en el malecón. Ella conversaba con otros muchachos y la escuché decir que cantaba en una emisora que se llamaba García Serra. Yo también quería cantar, y al escucharla me aproximé a ella y le pregunté si cualquiera podía ir a cantar allí, y me dijo que sí. Me explicó que cruzara el parque de la escuela, y que fuera a la casa grande que estaba en la esquina y que ahí ensayaban. El programa era los sábados, se llamaba *La hora del té* y su dueño y director era Edulfo Ruiz. Entonces yo fui un sábado y me gané el primer premio. Después Edulfo consiguió pasarlo para los Curros Enríquez. Así empecé yo. Gracias a que Celia me dijo adónde podía ir a cantar [...]. Después pasaron muchos años y nos reencontramos en Radio Progreso, ya cuando yo tenía

allí *El programa de Olga y Tony*, y nos hicimos muy amigas. Y ya en el exilio, mucho más».

Celia se dio cuenta de que, además de hacer lo que más le gustaba, cantar, en esos concursos le podía ir muy bien y decidió continuar presentándose en cuanto concurso pudiera. Puso la mira en los que organizaba la Sociedad de Naturales Españoles Curros Enríquez, nombrada así en honor al notable poeta español, y cuya sede se encontraba también en Santos Suárez, La Víbora. El primo Serafín cumplió su palabra y continuó buscándole posibilidades a Celia para presentarse en certámenes y programas de aficionados, tan de moda entonces. Después de ganar en Radio García Serra participó en *La Corte Suprema del Arte,* el famoso programa de participación que dirigía y animaba José Antonio Alonso y que duró por muchos años, retomado luego en la televisión. Contaba:

> Algunas veces ganaba, otras, perdía, y una vez hasta me sonaron la campana, aunque eso no fue por culpa mía. Eso me pasó porque por la tarde, cuando fui a ensayar, el pianista, que se llamaba Candito Ruiz, decidió que a mí no me iba a ensayar. Había muchos cantantes ahí, y supongo que no fui santa de su devoción. Me dijo: «No, a ti no te ensayo. El número sale así». Bueno, por la noche yo llegué para el programa, y el tono no salía. La canción se llamaba *Chiquilla,* y la intentamos tres veces, pero como no salía, a la tercera me dieron el campanazo. Así y todo, la gente me aplaudió porque sabían que yo sí sabía cantar, y muchos ya me conocían. Eso fue una lección muy buena, ya que desde ese día, ni grabo ni canto si primero no tengo el tono bien. ¡Qué cosa, de eso hace muchos años y nunca se me ha olvidado! Mi primo Serafín me acompañaba a todo eso. Era como mi representante, pero no oficial.

Fue cerca de 1938. No había cumplido aún los quince años cuando, determinada a presentarse en cuanto concurso fuera posible, Celia acudió a un popular programa de Radio Lavín para elegir a quien mejor cantara la conga, el ritmo que por ese tiempo Miguelito Valdés y el compositor Eliseo Grenet habían puesto de moda en Estados Unidos. En el jurado estaban nada menos que Rita Montaner, Miguel Matamoros y Gonzalo Roig, y el propio Grenet acompañaba al piano a quienes se animaban a presentarse para competir por la corona de rey o reina de la conga. Celia se ciñó la corona de reina de la conga, en premonitorio aviso de los sucesivos reinados como intérprete de los ritmos cubanos que años después alcanzaría a lo largo de su carrera.

Por esos tiempos, a inicios de los cuarenta, la adolescente Celia también colaboró con un grupo musical de su barrio, El Botón de Oro, que dirigía Francisco Gavilán. Cantaba con ellos en fiestas y eventos del barrio, antes de que se les uniera su hermana Dolores. Seguía acudiendo a cuanto concurso o programa de participación le anunciara Serafín y sucediera en su tiempo libre, porque ya entonces Celia se había matriculado en la Escuela Normal para Maestros de La Habana. Era lo usual, casi la única opción posible para las jóvenes de su raza y procedencia social. El dinero que conseguía como premios de esos concursos le alcanzaba para comprar los libros que sus estudios requerían.

El paso de Celia Cruz por la Normal terminó siendo decisivo en su vida futura, pero ella en ese momento no podía saberlo; solo disfrutaba la posibilidad de crecimiento personal y aprendizaje que le brindaban la institución académica y el ambiente estudiantil. Como hizo siempre en los colegios por donde pasó, cantaba en los actos de la escuela y en pequeños espectáculos que se organizaban, y a los que sus compañeros y los maestros, sabiendo cuánto y cómo cantaba, la invitaban siempre a participar. Como no podía ser menos, cantó también en el acto el día de su graduación. De la importancia de ese día en su vida, Celia contó a la periodista Ana Cristina Reymundo:

> Después que concluyó el acto, cuando la mayoría de la gente ya se había ido, me le acerqué a mi profesora, la señorita María Rainieri,

una de las profesoras más bellas y más simpáticas de la escuela. Le pregunté qué tenía que hacer yo para buscarme un aula en donde enseñar, y ella me miró a los ojos y muy seriamente me dijo: «Celia, a ti Dios te ha dado un gran don. Con esa voz que tú tienes puedes ganarte la vida muy bien. Mira, si tú te dedicas a cantar, vas a ganar en un día lo que a mí me cuesta un mes ganar. No pierdas tu tiempo enseñando. Tú viniste al mundo para cantar y alegrar a la gente con tu voz». Me sorprendió oír a mi profesora hablarme tan abiertamente, pero no puedo negar que me sentí muy bien por lo que me dijo, y fue en ese momento que decidí ser cantante. Aunque sabía de sobra que tendría que soportar la desaprobación de mi papá, sentí que debía enfrentármele a mi destino y utilizar el don que Dios me dio para hacer feliz a la gente.

La decisión que Celia tomó, sopesando las consecuencias y los obstáculos que debía enfrentar, no solo se origina en su pasión por cantar, por la música, sino en un carácter enérgico, resolutivo y centrado que había ido construyendo su personalidad y que tan temprano puso a prueba. Los pasos que emprendió después también dan muestra de ello: al decidirse por la música buscó orientación, identificó los sitios donde podía estudiar en esa dirección, y por ese camino llegó a la Academia Municipal de Música, donde estudió solfeo, piano y teoría de la música, mientras que en paralelo tomó clases de piano con una profesora que le buscó su tía Ana, hasta llegar al maestro Oscar Muñoz Bouffartique, muy reconocido por sus dotes pedagógicas y como pianista profesional. Narra Celia:

> El maestro Boufartique me decía: «Celia, tú te tienes que cortar las uñas si quieres aprender a tocar bien el piano», pero yo nunca me las quise cortar. Ahora me pesa no haber aprendido a tocar el piano como debería, porque las uñas crecen y esa oportunidad yo no la supe aprovechar. Aun así, conocí a muchas de las personas que trabajaban en el mundo de la música y me fui relacionando con ellos en la Academia [el Conservatorio Municipal de Música de La

Primera foto de estudio realizada a Celia por Armand, el Fotógrafo de las Estrellas, 1944 (archivo personal Celia Cruz / Celia Cruz Estate).

Habana]. Con eso y los concursos de aficionados que yo seguía ganando, y que eran cada vez más reconocidos, comenzaron a contratarme en las emisoras.

Bouffartique tuvo después un lugar especial en la carrera de Celia Cruz y aportó con su obra algunos de sus más grandes éxitos.

Afros, guarachas y la Mil Diez
(1940-1944)

*E*n los años cuarenta, los estereotipos musicales acuñados en los años veinte y treinta como *influencia africana,* y que permearon el teatro lírico cubano, encontraron reflejo en un tipo de canción que dejó atrás los elementos vocales característicos de esa expresión escénica y la hizo más popular y asequible a los cantantes que ni tenían ni pretendían cantar en ese estilo vocal. Con el surgimiento y la difusión de la radio, lo afro se hizo aún más popular y consiguió una mayor empatía entre cantantes, músicos y público.

Cuando irrumpió la década de los cuarenta, los cantantes y los músicos negros habían tenido contadas oportunidades en otras emisoras. Formatos novedosos, como los de programas de participación al estilo de *La Corte Suprema del Arte*, también les fueron adversos. Allí preferían a negros y mulatos, cuya propuesta artística se clasificara dentro de los géneros que se consideraban los que les correspondían o los *adecuados.* Es el caso del pregón, en el que triunfó Aurora Lincheta, con claras dotes para el canto lírico, aunque ella a la larga debió cancelar el género como aspiración en su carrera, incluso tras haber demostrado sus dotes en el cine, con su aparición en el filme *Siboney*. Otro nicho en el que arrinconaban a los afrocubanos era el de la sátira o el humor, del que emergió el excéntrico musical *Carioca,* que se convirtió en el artífice de la guaracha paródica.

Algunos, sin embargo, lograron franquear esas barreras. De las cantantes negras, la que alcanzó cotas más altas fue Olguita Rivero, que a inicios de la década consiguió insertarse entre los artistas exclusivos de la estación de radio CMQ. Isolina Carrillo, pianista, pedagoga, compositora y directora de agrupaciones, conquistó quizás el punto más alto alcanzado por una música de su raza cuando Amado Trinidad, el entonces magnate de la RHC Cadena Azul, la radioemisora de mayor *rating* en ese momento, le extendió un contrato por seiscientos pesos, cifra elevadísima para la época. Las funciones artísticas en la emisora le permitieron desarrollar sus múltiples capacidades e iniciativas en una de las etapas más importantes de su carrera como lideresa de su propia formación, el conjunto Vocal Siboney, y como pianista y compositora con cierta exclusividad para la emisora. En algún momento Celia Cruz pudo hacer fugaces presentaciones en la RHC de la mano de Isolina, y, según algunas fuentes, fue esta quien muy tempranamente le recomendó a Celia que reorientara su repertorio, pues los tangos no eran precisamente lo que se esperaba de las cantantes negras. En 1942 Celia atendió la sugerencia de Isolina y, acompañada al piano por ella, cantó un programa entero con pregones de Gilberto Valdés en el estudio de la emisora de Amado Trinidad en la esquina del habanero Paseo del Prado y la calle Cárcel.

La Mil Diez

El 1 de abril de 1943 el Partido Socialista Popular inauguró la radioemisora Mil Diez Estación Popular, valorada en la perspectiva histórica como un intento de diversificar la propuesta radiodifusora en Cuba en cuanto a contenido, asimilación del trabajo de artistas y músicos emergentes preteridos o discriminados por otras emisoras, y estilo en el diseño de la comunicación. El Partido Socialista Popular, de tendencia izquierdista y comunista, contaba ya con otro medio, el diario impreso *Noticias de Hoy,* y su accionar, como el de los dos medios que había creado, era absolutamente legal en el ámbito jurídico-político nacional en ese momento.

Hasta entonces, las radioemisoras cubanas seguían al calco el modelo radiodifusor norteamericano, marcado por la dependencia de la gestión comercial y el accionar de las firmas anunciantes, entre las que tenía preeminencia la llamada industria jabonera —que abarcaba un sector de la perfumería además de fabricantes de detergentes y jabones—, liderada por las marcas Crusellas y Sabatés, y después la fuerte industria cervecera criolla, representada históricamente por las marcas Hatuey, Polar, Tropical y Cristal.

En sus transmisiones diarias, de cerca de veinte horas, la Mil Diez ofrecía una rica programación con espacios dramáticos y musicales de excelente factura, noticieros y editoriales, con el propósito de contribuir a elevar el nivel cultural del auditorio, que iba ganando en variedad y procedencia. El tema de identificación de la emisora, con la que abría cada día sus transmisiones, era *La bayamesa*, canción original de José Fornaris y del patriota Carlos Manuel de Céspedes, como claro mensaje de su apego a la cubanía y a la independencia.

En su corta vida —poco menos de siete años—, la Mil Diez tuvo en su *roster* de artistas contratados a muchos nombres emergentes, que lograron convertirse después en grandes figuras de nuestra música. Entre las cantantes, además de Celia Cruz, figuraba una larga lista de intérpretes de música popular y también lírica, entre ellas Olga Guillot, Elena Burke, Olga Rivero, Zoila Gálvez, Anoland Díaz, Miriam Acevedo, Aurora Lincheta, María Cervantes. Entre los hombres, Miguelito Valdés, Bebo Valdés, Reinaldo Henríquez, Pepe Reyes, Bienvenido León y Tony Chiroldy. Por los micrófonos de la llamada Emisora del Pueblo pasaron agrupaciones ya entonces muy populares: el dúo Guevara-Barbarú; el Trío Matamoros y su derivación, el conjunto Matamoros —exclusivo de la emisora—, con un fabuloso cantante llamado Bartolo, que poco después se convirtió en Benny Moré; los tríos Hermanos Rigual y Calonge; los conjuntos Arsenio Rodríguez y Jóvenes del Cayo —los más originales y seguidos del momento—. La Mil Diez acogió a un Dámaso Pérez Prado veinteañero que comenzaba a experimentar con sus novedosas improvisaciones en el piano, y dio apoyo y acogida a los compositores del *feeling*, entonces desconocidos: José Antonio Méndez, César Portillo de la Luz, Niño Rivera y otros.

El día inaugural la Mil Diez inició su programación a las seis y media de la mañana, y así fue cada día después en su vida a través del éter. El programa de esa memorable jornada incluyó una amplia y variada oferta musical, que comenzó con la presentación del dúo de trovadores Guevara-Barbarú —Walfrido Guevara y Raúl Barbarú—. Con una hora de duración, de las once de la mañana a las doce del mediodía, Arsenio Rodríguez y su Conjunto se presentó en un segmento propio que desde ese día mantuvo durante varios meses. En la parrilla también se escuchó al Trío Matamoros; el dúo de Sindo Garay y su hijo Guarionex; Julio Cueva y su orquesta con su cantante Orlando Guerra, *Cascarita;* el trío Hermanos Rigual, y el pianista Oscar Calle. La orquesta de la Mil Diez, dirigida por el maestro Enrique González Mantici, acompañó a los cancioneros Reinaldo Henríquez y Panchita Trigo, a Radeúnda Lima en el segmento dedicado a la música guajira, y a la cantante del llamado género afro Chiquita Serrano.

La Mil Diez abrió de inmediato una puerta a los músicos emergentes y sobre todo a los de raza negra, preteridos en el acceso a las opciones de trabajo, a juzgar por lo que contó Bebo Valdés a su biógrafo, el sueco Mats Lundahl: «Era una estación que no discriminaba tanto como la CMQ y muchas otras [...]. Los blancos tenían los mejores trabajos. Entonces, Mil Diez contrató a Julio Cueva, Olga Guillot, Elena Burque [*sic*], Celia Cruz, Benny Moré, Miguel Matamoros, Antonio Arcaño, todo lo mejor del género negro. Ellos se apoderaron de todos los músicos a quienes los otros no querían». Bebo contribuyó además al trabajo de la emisora haciendo arreglos para Bienvenido León, Miguel de Gonzalo, Rita Montaner, Olga Guillot, Cascarita y la propia Celia. Y a propósito de los arreglos, fue este uno de los grandes aportes de la Mil Diez, pues, como subraya Cristóbal Díaz Ayala, fue la primera planta radial en encargar y exigir arreglos para las presentaciones de orquestas y cantantes, práctica que no existió antes en otras emisoras.

Chiquitica Serrano, conocida en Europa como Chiquita Serrano, encontró su oportunidad en la Mil Diez cuando le asignaron el primer programa dedicado al afro en esta emisora. A solo once días de la inauguración, el periodista Luis Alfonso, en su columna en el diario *Noticias de Hoy,* la caracterizó como «la gran contralto negra, fiel intérprete de nuestra música afrocubana, que tanto ha gustado». Sin embargo, se mantuvo por corto tiempo en la programación de la naciente emisora. No era novata: por el contrario, ya tenía un camino recorrido como pocas cantantes de su época. Tras comenzar su carrera musical, en la década de 1920, decidió marchar a París vía España, allá por 1929, como parte de un grupo musical con los cubanos Alcides Castellanos, Rafael Ruiz-Zorrilla y José Riestra, su esposo. Fue una época dorada para la música cubana en París, que se fascinó con el son y las canciones llenas de ritmo que allá llevaron Rita Montaner y Sindo Garay, y ya algunos músicos se hicieron populares en ciertos círculos parisinos adoradores de la música cubana, que la demandaban en los sitios de la noche.

Entre 1932 y 1939 Chiquita Serrano grabó una importante cantidad de discos para los sellos Polydor, Pagode, Gramophone, Odeon y Pathé, como voz principal de la Rico's Creole Band, la Orquesta Típica de Castellanos de la Cabain Cubaine y las orquestas de Oscar Calle, con Don Barreto, José Riestra y Pedro Guida, continuando así la saga de la mujer afrocubana en las grabaciones discográficas.

El 1 de septiembre de 1939 el ejército alemán invadió Polonia y, en rápida sucesión de acontecimientos no previstos del todo por Hitler, Francia y Reino Unido le declararon la guerra, dando inicio a la Segunda Guerra Mundial en Europa, y agravó el panorama la invasión de la Unión Soviética a Polonia. La bonanza que vivían los músicos cubanos en el Viejo Continente enfrentó una amenaza real y, como muchos otros, Chiquita Serrano y José Riestra regresaron a Cuba e intentaron reinsertarse en el panorama musical. La nueva emisora radial Mil Diez les abrió sus puertas, y con su programa, caracterizado como afrocubano, marcó un momento de cambio en la programación radial, pero su paso por la Emisora del Pueblo fue fugaz.

En la sociedad Jóvenes del Vals, Celia había coincidido con la joven cantante Julieta Peñalver y el trompetista Enrique Torriente, *Pilderot,* director de la orquesta Cubaney. Volvieron a encontrarse en la Mil Diez, ante cuyos micrófonos los tres comenzaron a presentarse de manera aleatoria. En 1944 ya Celia integraba en la radioemisora el elenco del programa *Mosaico Trinidad y Hermano* —un espacio patrocinado por la marca cigarrera del dueño de otra emisora, la RHC Cadena Azul—, que salía al aire cada noche a las 9:35 de la noche, junto con las cantantes Margarita Díaz, Esther Peyret y la propia Julieta Peñalver. Las voces masculinas eran las de Zephir Palma, Alfredo de la Fe, Bienvenido León y Wilfredo Fernández, acompañados todos por la Gran Orquesta Mil Diez, dirigida por el maestro Enrique González Mantici. Lo logrado en la Mil Diez en ese momento era lo más cercano a una vida profesional en la radio.

Celia adoraba cantar y se implicaba en cualquier evento donde le permitieran hacerlo. En el periódico *Noticias de Hoy,* en su edición del 12 de agosto de 1944, apareció una foto suya de estudio, firmada por Armand —probablemente la primera que le hiciera el gran fotógrafo cubano y la primera en aparecer en un medio de prensa—, donde se anunciaba su participación al día siguiente, a las nueve de la mañana, en un espectáculo en el Cine-Teatro Ideal, junto con la soprano Margarita Díaz y otros artistas. Esa misma noche Celia cantó también en un espectáculo conjunto organizado por Amado Trinidad (RHC Cadena Azul) e Ibrahim Urbino (Mil Diez), con artistas de sus respectivos elencos, para homenajear al dirigente sindical Lázaro Peña y a la Central de Trabajadores de Cuba. Subieron a la escena del Teatro Nacional, además de Celia, Rita Montaner, Margarita Díaz, Zephir Palma, Benny Castillo, Tito Alvarez, el Trío Matamoros, Bienvenido León, Julieta Peñalver, Alfredo de la Fe, Wilfredo Fernández y otros.

Como parte de su trabajo en la Mil Diez, Celia acudió a la llamada del Teatro Popular, dirigido por el actor Paco Alfonso. En su edición del 17 de noviembre de 1944, *Noticias de Hoy* incluyó un recuadro que anunciaba los siguientes espectáculos de este conjunto dramático en el Club Hebreo, situado en la intersección de las calles Zulueta y Gloria, presentando (además de los noticiarios, *sketches* humorísticos y otras variedades) a la Embajada Artística de la Mil Diez con un elenco variable cada día. El show del día 18 incluyó a los cantantes Tito Álvarez, Julieta Peñalver, Celia Cruz, Miguel Ángel Penabad, el trío de Landa, Llerena y Tabrane (que más tarde se convirtió en Trío Taicuba). La presentación de la Embajada de Mil Diez del 22 de noviembre fue en el local de Plantas Eléctricas, en Prado 615. Presentó un espectáculo con Recodo Argentino, el Trío Taxqueño, Tito Álvarez y Celia Cruz. Las funciones se extendieron al 24 de noviembre en la sede del Sindicato Independiente de Almacenes, en las calles San Ignacio y Muralla, y en la de los Ómnibus Aliados, el 29, pero de la información de prensa no queda claro si Celia también participó en ellas.

La Mil Diez logró rápidamente posicionarse en el favor del auditorio como la tercera radioemisora preferida. Una tríada bien experimentada llevaba las riendas: Ibrahim Urbino, director general; Honorio Muñoz, director artístico, y Félix Guerrero, director musical. Sin dudas, la gran sensibilidad y el conocimiento de Guerrero fueron determinantes para que muchos cantantes y músicos emergentes encontraran espacio donde trabajar y ser valorados por el público.

Del Momento afrocubano *a la lucha sindical (1945)*

La Asociación de la Crónica Radial Impresa, en su selección anual, distinguió a María Teresa Vera como la intérprete más destacada de 1944. Esta categoría, años después, conoció el nombre de Celia Cruz, quien, demostrando la continuidad de influencias y herencias en la música popular cubana, recibió muchas veces el premio.

Celia vistiendo una de sus primera batas cubanas, foto: Armand, 1945 (archivo personal Celia Cruz / Celia Cruz Estate).

Dos meses después, en enero de 1945, Julieta Peñalver y Celia Cruz consiguieron que la dirección de la emisora les asignara sendas franjas horarias para centrar un programa musical personal. A partir del 1 de enero, Julieta, que cantaba por lo general canciones y boleros, tuvo el programa *De mí para ti,* cada tarde a la una y media, acompañada por la orquesta de planta, esta vez dirigida por el maestro Félix Guerrero. Celia, por su parte, fue la estrella del programa *Momento afrocubano,* respaldada por la orquesta de planta, conducida por su titular, el maestro Enrique González Mantici. Era su primer programa personal: pequeño pero suyo. El anuncio, con gran destaque en la página, decía así: «Mil Diez presenta cada noche a las diez y cuarto de la noche el programa *Momento afrocubano* con la actuación de la siempre aplaudida Celia Cruz, notable intérprete de nuestros motivos negros. Cantos afros en la voz y estilo pimentoso de la más destacada figura de este género en la Radio Nacional».

> **MIL DIEZ**
> **LA EMISORA DEL PUEBLO**
>
> **PRESENTA**
>
> CADA NOCHE A LAS 10:15
>
> ## Momento Afro Cubano
>
> Con la actuación siempre aplaudida de Celia Cruz, notable intérprete de nuestros motivos negros
>
> Cantos afros en la voz y estilo pimentoso de la más destacada figura de este género en la Radio Nacional
>
> Acompañamiento musical de la gran Orquesta MIL DIEZ, conducida por el maestro González Mantici

Anuncio de su primer programa personal, publicado en *Noticias de Hoy* el 18 de enero de 1945 (copia digital, archivo de la autora).

Este anuncio, publicado en *Noticias de Hoy* el 18 de enero de 1945, fue probablemente el primero donde Celia apareció destacada en un medio de prensa como figura principal de un programa o evento. La música afro en Mil Diez tenía ahora un nuevo nombre, que reemplazaba a Chiquita Serrano, quien dejó los estudios de la Emisora del Pueblo para poner rumbo de nuevo a Europa y asentarse allí definitivamente. Fue Celia Cruz, con su *Momento afrocubano*, la encargada de mantener un programa del género afro en las ondas radiales de la Mil Diez, en una línea de continuidad no concertada que inició antes Radio Cadena Suaritos.

La industria discográfica da fe de que el término *afrocubano* comenzó a utilizarse, al parecer, en la década de 1920: entre las numerosas grabaciones, la de Antonio Machín en 1928, acompañado de un coro masculino y la orquesta Simons, de *Paso ñáñigo* (Victor-46445), clasificada genéricamente por su autor, Moisés Simons, como «aire afrocubano». Simons asignó esta palabra como género a otras composiciones suyas, por ejemplo, *Chivo que rompe tambó.* En la primera mitad de la década de 1940, Santos Ramírez, fundador y líder de la comparsa El Alacrán, había creado o se proponía crear su Septeto Afrocubano, y Mario Bauzá y Frank Grillo, *Machito,* fundaban en Nueva York la orquesta Machito and His Afro-Cubans.

Desde los años veinte y hasta el momento en que cobró auge como denominación genérica o estilística, marcador de identidad o elemento publicitario para la radio y el *show business,* se utilizó la palabra *afro,* como apócope de *afrocubano,* para distinguir las manifestaciones culturales y artísticas que tenían sus raíces en el legado de las poblaciones negras esclavizadas y traídas a Cuba desde sus sitios originarios en África.

El término *afro* fue inexacto y limitante desde los inicios de su uso: no reflejaba con suficiente amplitud los elementos resultantes de los arduos, complejos y contradictorios procesos de resistencia e integración de esas poblaciones negras como parte ineludible del tronco de la nación cubana, ni la asimilación y el intercambio de influencias y apropiaciones recíprocas, principalmente de las culturas francohispánicas, en las diferentes zonas de su asentamiento en el país. Pero probablemente, y hasta hoy, a falta de otro más exacto, el término *afrocubano* permitía definir las dos vertientes principales de una noción de unicidad más abarcadora: la criolla o cubana de origen español y la africana.

Dejados atrás los tangos, definitivamente, y junto con los temas del género afro, en su programa de la Mil Diez y en sus presentaciones en teatros, Celia comenzó a cantar guarachas y canciones y a delinear los primeros trazos en la búsqueda de un estilo propio.

Rita Montaner, Rosita Fornés y Celia, en lucha por los artistas

Celia había venido trabajando duro, perfeccionando su canto y sus conocimientos musicales. Llevaba su voz y su encanto adondequiera que la llamasen, y se iba adentrando en el ambiente artístico, construyendo inconscientemente el lugar que su talento la haría ocupar. En 1945 se recrudeció la vieja batalla de los artistas y músicos cubanos contra los empresarios cinematográficos, que habían secuestrado los teatros, despojándolos de una de sus mayores fuentes de empleo, al aumentar las proyecciones de películas y en muchos casos suprimir el segmento de música donde actuaban solistas y agrupaciones. La lucha sindical se agravó cuando crearon el Comité de Lucha Pro Artistas y Músicos en Teatros y Cines Diarios, y se lanzaron a la calle a exigir al presidente Ramón Grau San Martín la promulgación de un decreto-ley que les garantizara que se mantuviera el trabajo a artistas y músicos en los teatros.

Celia se implicaba en las exigencias y manifestaciones, al igual que muchos artistas que emergían al mundo del escenario desde los estratos más empobrecidos de la sociedad. El gremio vivía momentos de penurias económicas y escasez de fuentes de trabajo. Las figuras más enérgicas en tales demandas, en apoyo a sus compañeros, fueron Rita Montaner y Rosita Fornés, quienes, con el prestigio que ya ostentaban, podían influir de modo decisivo en las administraciones que tenían en sus manos la solución del problema.

El 31 de julio la prensa nacional anunció la solución del diferendo: Ramón Grau San Martín, presidente de la República en su segundo mandato, aprobó y firmó el decreto-ley que establecía la presencia obligatoria de shows o espectáculos con músicos y artistas en las programaciones de los cines-teatros, junto con la exhibición de películas. Las protestas de los artistas en la calle habían dado resultados.

En agradecimiento y en honor al presidente Ramón Grau San Martín se realizó el 2 de agosto, desde tempranas horas, un gran acto artístico prolongado en la avenida de las Misiones, frente al Palacio Presidencial, en el que participaron figuras principales, como las propias Rita Montaner y Rosita Fornés; los cantantes líricos Luisa María Morales, Hortensia Coalla, Iris Burguet, Hortensia de Castroverde, René Cabel, América Crespo y Miguel de Grandy;

la Coral de La Habana, dirigida por María Muñoz de quevedo; la rumbera Isora y su conjunto de baile, y también Celia Cruz, en lo que constituyó su primera actuación en un evento de esa envergadura. Los maestros Rodrigo Prats, Enrique González Mantici, Félix Guerrero, Oscar Calle, Alfredo Brito, Adolfo Guzmán y Manuel Duchesne Morillas, indistintamente, dirigieron una orquesta especialmente formada para la ocasión, con más de doscientos músicos, así como la Filarmónica y la Lecuona Cuban Boys.

El periodista Hilarión G. Boudet entrevistó a Celia para la publicación *Arte Radial. Anuario de la Radio*, y a la pregunta de cuál había sido el momento más emocionante de su vida, Celia, con apenas veinte años cumplidos, respondió: «Cuando actué ante el señor Presidente de la República, en el show organizado por el Comité de Lucha de Músicos y Artistas para testimoniar al Primer Mandatario de la Nación, y el público, que rebasaba el millar, me tributó la mayor ovación que he recibido en actuación alguna».

Pasado algún tiempo, este logro de los artistas fue escamoteado: el decreto-ley fue incumplido por los empresarios. El gobierno de Grau miró para otro lado, pues en el fondo no quería problemas con las empresas cinematográficas estadounidenses, que movían los hilos de las entidades locales que manejaban los cines, contrarios todos a intercalar espectáculos en el intermedio o al final de los pases de las películas.

En medio de esto, Celia fue poco a poco conquistando cada vez mayores espacios. El 22 de diciembre formó parte de un espectáculo que subió a la escena del Cine-Teatro Reina, con Rita María Rivero, Mario Fernández Porta, Olga Rivero, Miguel Ángel Ortiz, Dandy Crawford, Orlando Guerra, Esperanza Chediak, Manolo Fernández. El momento culminante fue la reaparición de Rita Montaner después de presentarse en la cercana república mexicana.

Cuando terminó el año 1945, Celia Cruz había alcanzado logros significativos: se mantenía como la cantante por excelencia del llamado género afro en la Mil Diez en momentos en que la emisora subía en los *ratings* de audiencia gracias a su variada programación.

En lo musical, formaba parte de un elenco que centraban Olga Guillot, Elena Burke, Zefir Palma, Arcaño y sus Maravillas —que ya se anunciaba como «la orquesta del nuevo ritmo»—, el conjunto Jóvenes del Cayo y otros, junto con figuras extranjeras, como el Trío Janitzio, de México. Celia contó otro triunfo más al ser destacada en el *Anuario de la Radio* por el periodista Hilarión G. Boudet, quien, con el lenguaje de la época, escribió de ella:

> Los ritmos negros tienen en Celia Cruz, la simpática chiquilla que actúa con singular éxito por las ondas de la Emisora del Pueblo Mil Diez, una de sus más destacadas intérpretes. Una prueba palpable de lo que decimos anteriormente es la enorme cantidad de correspondencia que recibe solicitando su atractiva silueta.
>
> Celia Cruz es una de las cultivadoras de la música afro, que, sin grandes ditirambos, ha llegado a un lugar preferente en la radiofonía nacional. Esta bella mujer ebánica nació el 21 de octubre de 1925 en la ciudad de La Habana. Su peso es de 106 libras, tiene una estatura regular. Su cabello y ojos negros contrastan admirablemente con el color bronceado de su tez. Y para satisfacción de muchos, sí, de muchos, es solterita… y sin compromiso.

Al resumir la vida musical de Celia en esos momentos, el periodista apuntaba:

> Como casi todos sabemos, Celia se inició en la vida artística como aficionada, en un programa para nuevas promesas que presentaban las emisoras García Serra. Una sola presentación en el mencionado programa bastó para que la que más tarde es una de las mejores intérpretes del patio obtuviera los primeros premios.
>
> Unos años consagrada al estudio y perfeccionamiento de su voz […] y a las lides profesionales a través de las más populares emisoras y en los más exclusivos teatros de esta capital e interior de la República».

Celia con otra de sus primeras batas cubanas, foto: Narcy, *circa* 1946 (archivo personal Celia Cruz / Celia Cruz Estate).

Por el mismo Boudet podemos conocer algunos de los teatros donde Celia se había presentado ya en diciembre de 1945: «Fausto, Nacional, Campoamor, Alkázar, Villaclara y Caridad, De Las Villas, Sauto de Matanzas y otros». Según el *Anuario,* en esos momentos Isolina Carrillo y Facundo Rivero eran los compositores favoritos de Celia, de los que ya, al parecer, cantaba varias obras.

En el mundo artístico la noticia más importante al cierre del año fue la elección de Rita Montaner como Reina Nacional de la Radio 1945, como resultado del concurso auspiciado por el diario *Mañana,* cuyo jurado debió elegir entre artistas de todas las emisoras radiales del país.

Celia, Harlem y el inicio del mito
(1946)

La prensa continuó insertando elogiosos comentarios sobre el trabajo de la joven Celia Cruz. El periódico *Alerta* la calificó como «intérprete insuperable de nuestra música vernácula», mientras se mantenía en la Mil Diez y se beneficiaba de la competitividad y los altos *ratings* de la emisora, que logró tener en su programación al Trío Matamoros, a Olga Guillot y a los colectivos sonoros que los bailadores llamaban los Tres Grandes: Melodías del 40, con sus danzones en el espacio de las nueve de la mañana; Arsenio Rodríguez y su conjunto, en el segmento más escuchado, a las cinco de la tarde, y Arcaño y sus Maravillas, la Radiofónica de Arcaño, a las siete de la noche.

Rimas y ritmos negros: su segundo programa

El programa *Rimas y ritmos negros* comenzó a salir al aire el primer día de febrero de 1946; transmitió los martes, jueves y sábados a las diez de la noche con quince minutos de duración y se extendió durante todo 1946 y parte de 1947. Celia Cruz y el actor y declamador Amador Domínguez combinaban poesía, estampas costumbristas y música, según anunciaba *Noticias de Hoy*. Con horarios que cambiaron en algunos meses, fue uno de los espacios de mayor permanencia en la parrilla de programación de la emisora. Amador Domínguez fue uno de los primeros actores negros de la radio cubana. Se había iniciado en la compañía de Julio Chappottín, dirigida por Enrique Medina, y en 1939 ya hacía coreografías en la Compañía Cubana de Color —toda de actores, músicos y bailarines negros—, dirigida por el destacado músico, compositor, arreglista y director Obdulio Morales, que se presentaba en el Teatro Nacional. Ese fue el origen de la compañía de revistas musicales *Batamú*, bajo las órdenes del propio Obdulio y el coreógrafo Armando Borroto. En la radio, Amador Domínguez había trabajado en varias emisoras, incluida la RHC Cadena Azul. Era uno de los actores que colaboraban con Paco Alfonso en el elenco de Teatro Popular, y también formó parte del grupo teatral ADAD, donde demostraba su calidad en empeños dramáticos que iban más allá de los roles que usualmente se destinaban a los actores negros. Los días 16, 17, 18 y 21 de marzo, *Noticias de Hoy* insertó un anuncio en recuadro sobre este programa en el que Celia aparecía destacada.

Para dar una idea de la importancia de la Mil Diez en la década, cabe mencionar algunos momentos de su vida y su programación. En su cartel musical, en esos momentos en que Celia era artista de la emisora, figuraban Bebo Valdés, los cantantes Berta Velázquez y Miguel de Gonzalo, Bobby Collazo, Tony Chiroldy, el Trío Matamoros, Arsenio Rodríguez y Olga Guillot, entre muchos otros. Al uso de las estrategias comerciales que seguían las radioemisoras que compartían con la Mil Diez la preferencia de los radioescuchas, la Emisora del Pueblo continuaba organizando y produciendo espectáculos en los principales teatros, donde los artistas de su elenco tenían aún una mayor visualidad y protagonismo.

Desde las nueve de la mañana del 31 de marzo, el Teatro América abrió sus puertas a un macroconcierto que coincidía con el tercer aniversario de la emisora. Se trataba de un homenaje a Olga Guillot, elegida como la cancionera más destacada de 1945, y el festejo por el cumpleaños de Ibrahim Urbino. Con el respaldo de la orquesta de la Mil Diez, dirigida por Félix Guerrero, Roberto Valdés Arnau y Rafael Ortega, subieron a escena, encabezados por Rita Montaner, *la Única*, los cantantes Zoraida Marrero, Elizabeth del Río, Olga Guillot, René Cabel, José Fernández Valencia, a Bola de Nieve, el Trío Matamoros, Bienvenido León y Alfredo de la Fe, Miguel de Gonzalo, las mexicanas Hermanas Águila, Canelita, el Trío Loquibambia, los Diablos del Swing y otros artistas, así como la actuación especial —así se anunciaba— del conjunto Jóvenes del Cayo. Celia Cruz hizo parte de este fabuloso espectáculo en honor a la Guillot y a quien poco después fue esposo de esta, Ibrahim Urbino.

En la Mil Diez, la marca cigarrera Regalías El Cuño patrocinaba una orquesta dirigida por Enrique Pilderot con el nombre de la conocida firma. Sus cantantes eran Juan Antonio Ramírez, *el Fantasmita*; Bienvenido León; Jesús Díaz, y alguien que llegó a ser muy cercano a Celia, de hecho su primer y único novio conocido en Cuba: el sonero y cantante de afros Alfredito León. De estirpe sonera y trovadoresca, pero también rumbera, Alfredito heredó dotes de buen cantante, pues era hijo de Bienvenido León, una de las segundas voces más portentosas de Cuba. Alfredito había sido uno de los pilares del Septeto Segundo Nacional y ya por esos tiempos era uno de los mulatos mejor plantados y más elogiados en la escena galante de La Habana.

Los lunes, miércoles y viernes a las cuatro y media de la tarde, Bebo Valdés mantenía su programa *Agutex* en la Mil Diez, y con el bajista Luis Felipe Torriente repasaba las más populares melodías norteamericanas. Los martes, jueves y sábados centraba el programa el joven pianista emergente Frank Emilio Flynn con los cantantes Miguel de Gonzalo y Berta Velázquez. Otras orquestas, todas estelares, seguían animando los espacios bailables en la programación: la Ideal, de Joseíto Núñez, Arsenio Rodríguez y su Conjunto; Pedrito Calvo; los Comandos de René López; Arcaño y sus Maravillas, y otros.

En la medianoche del 16 de noviembre, el Teatro Alkázar abrió sus puertas a un gran show en homenaje a Félix Guerrero, destacado compositor, director orquestal, y en esos momentos director musical de la Mil Diez. El elenco no podía ser más relevante: encabezaban el cartel, en este orden, el maestro Ernesto Lecuona al

Celia canta acompañada de una orquesta, 15 de abril de 1946, foto dedicada a su tía Ana (archivo personal Celia Cruz / Celia Cruz Estate).

piano; Ignacio Villa, *Bola de Nieve;* Marta Luque; Celia Cruz; Olga Guillot; Alfredo de la Fe; los bailarines Doris y Roberts; los cantantes Elvirita López y Zaphir Palma; la soprano Zoraida Marrero; la cantante mexicana Chela Campos; Orlando Guerra, *Cascarita*; Rolando Ochoa; Blanca Becerra; Bienvenido León; el Trío Matamoros; el ensamble Los Diamantes Negros; los bailarines Felo y Freddy; Humberto de Dios, y una gran orquesta integrada por cincuenta profesores y dirigidas por Enrique González Mantici, Roberto Valdés Arnau y el director austriaco Paul Csonka, quien acompañó al pianista Rafael Ortega. Pudo ser esta la primera vez que la novel Celia Cruz coincidió en un elenco con quien ya era un gran maestro, pianista y productor: Ernesto Lecuona.

En paralelo, Celia asumió otros trabajos: en la pantalla del Cine Reina aún se podían ver las atractivas imágenes de Judy Garland y Mickey Rooney en el filme *En alas de la canción* cuando, el 8 de mayo, la proyección dio paso a un espectáculo musical que reunió a Celia Cruz, los tríos Loquibambia y Juvenal, la cantante Iraida Lazaga y una orquesta dirigida por Roberto Valdés Arnau. Según el anuncio publicado en la prensa, Celia encabezaba el cartel. Junto a Rita Montaner, Olga Guillot, Elizabeth del Río, Dandy Crawford y Carlos Suárez, con Orlando de la Rosa al piano, subió el 15 de mayo al escenario del Teatro Cervantes para cantar en el homenaje al joven cancionero Tony Herrera.

Celia y Harlem. Primer contacto

El Teatro Campoamor, en lo que anunciaba como la «glorificación de los ritmos negros», presentó la revista *Estrellas de Harlem y de La Habana,* para la que contrataron a cinco artistas negros de los escenarios de Broadway: los bailarines acrobáticos Son & Sonny, la pareja de bailes de salón Smiles and Smiles —muy populares por sus apariciones en el cine— y la cantante Dolores Brown. Encabezaron la lista de los cubanos en el elenco Cascarita, los rumberos Rolando y Aida, y Celia Cruz, ya insertada en el principal circuito teatral de la capital cubana. El espectáculo se anunció por una semana, del 24 de noviembre al 1 de diciembre de 1946, con cuatro funciones diarias.

El Campoamor era uno de los principales teatros habaneros y uno de los importantes aportes urbanísticos que la comunidad asturiana dejó en el entramado visual de la capital cubana. Ubicado en una de las esquinas que forman las calles Industria y San José, en lo que entonces se identificaba con el centro de la capital cubana, el Campoamor se alzaba muy próximo al Paseo del Prado y a los teatros Payret y Nacional.

La crítica de arte del diario *Noticias de Hoy*, Mirta Aguirre, por lo general dedicaba su columna semanal al teatro y la música de concierto. Sin embargo, en esa ocasión, 27 de noviembre de 1946, destinó un espacio significativo a reseñar esta revista negra que presentó el teatro Campoamor.

Anuncio publicado en *Noticias de Hoy* el 24 de noviembre de 1946 (copia digital, archivo de la autora).

Al hablar del desempeño de Celia, la conocida intelectual acertaba:

> En el programa que vimos en la noche inaugural del lunes, Celia Cruz inició el desfile artístico, con su voz hermosa y su honda manera de decir las canciones que se inspiran en nuestra liturgia de raíz africana. A Celia Cruz, sobria y exacta en el género que especializa, solo cabría recomendarle más cuidado en la utilización del micrófono. Este, tabla salvadora para las gargantas pobres, conspira a veces un tanto contra las voces potentes como la de Celia Cruz, sobre todo en locales pequeños. Alejarse un poco más del aparato amplificador o controlar el volumen vocal es lo aconsejable en estos casos.

Y aprovechó para congratularse por la idea de la empresa Artists International de traer a esos artistas de Harlem, no sin advertir acerca de lo grotesco en el tratamiento del tema negro en la escena cubana de aquellos tiempos:

> Lo negro, con harta frecuencia —por ahí anda demostrándolo nuestro Chicharito—, es tomado como pretexto para desbarrancamientos artísticos de cepa discriminatoria. El espectáculo del Campoamor demuestra que lo negro, lo popular, en nada contradicen la alta calidad artística tanto en lo técnico formal como en el fondo de la orientación estética.

Esta observación de una prestigiosa crítica de arte como Mirta Aguirre resultaba importante, pues era muestra de que, tan temprano como en 1946, Celia Cruz ya mostraba el buen gusto interpretativo que la caracterizó durante toda su carrera, apelando únicamente a su voz, su plasticidad escénica y su naturaleza alegre y desinhibida. Fue esta una de las primeras críticas aparecidas en la prensa cubana donde se ponderase la solvencia que, con apenas veinte años, ya mostraba Celia sobre los escenarios.

Las Mulatas de Fuego. Preámbulo

Con su minimalista arquitectura *art-déco,* el Cine-Teatro Fausto se alzaba desde 1938 en la esquina del habanero Paseo del Prado y la calle Colón. Entonces esa era una zona privilegiada dentro de lo que se consideraba el centro neurálgico de La Habana. Su patio de butacas podía albergar a mil 640 espectadores y en 1946 era uno de los más importantes del circuito cinematográfico, que, como ya se sabe, debía por ley incluir espectáculos musicales y artísticos además de los pases de las películas. En 1947, el Fausto hacía parte del Circuito Teatral Paramount, junto con otros espacios de importancia en cuanto a sus espectáculos musicales, como el Alkázar y el Encanto. Este circuito proyectaba filmes de las distribuidoras norteamericanas Columbia, Warner Bros., MGM, Universal y

Rita Mercedes Montané, Anita Arias, Meche Lafayette y Celia Cruz camino de convertirse las tres primeras en Las Mulatas de Fuego, 1948, La Habana (colección Meche Lafayette / Beatriz Eiris).

Paramount. En los inicios de la vida artística de Celia, el Cine-Teatro Fausto tuvo una importancia cardinal.

Ese año un joven mulato santiaguero llamado Roderico Neyra era uno de los productores y coreógrafos de esos espectáculos. Venía del teatro Shanghai, espacio popular entre la población masculina habanera por sus espectáculos subidos de tono, reconocido sitio precursor de la escena porno en Cuba. Allí había sido bailarín y había realizado sus primeros escarceos como diseñador de escenas de baile. En el Fausto, Celia y Roderico iniciaron una relación amistosa que llegó más allá de sus días de gloria en el cabaret cubano. Ese teatro marcó también la carrera de quien sería la Guarachera de Cuba. Al cabo de algunos años Roderico se convirtió en el mítico Rodney: el hacedor de las fantasías más inimaginables y fastuosas en la historia del espectáculo nocturno, y uno de los grandes amigos de Celia Cruz para toda la vida.

Miguelito Valdés y Celia Cruz en la Mil Diez, *circa* diciembre de 1946-enero de 1947 (archivo personal Celia Cruz / Celia Cruz Estate).

Con las películas *El ladrón de Bagdad* y *Hogueras de pasión* en la pantalla, el 8 de diciembre la prensa anunció en el escenario del Fausto la revista *Acuarela del Brasil*, con la vedette brasilera Elvira Pagán acompañada de Miguel de Gonzalo, Olga Salas, Felo Bergaza y la Orquesta Fausto, junto con «seis bellas modelos». No se olvide este detalle, pues de ellas y su relación con Celia se hablará más adelante. Mientras todo esto sucedía, en los bajos del cabaret Montmarte, en las calles 23 y P, en El Vedado habanero, comenzaban las primeras pruebas experimentales para introducir la televisión en Cuba, el llamado *Televisión show*, en función continua de tres de la tarde a siete y media de la noche a través de la emisora CM-21P. Y a poco de que llegara la Nochebuena, Pascuas o Navidad, como solían llamar los cubanos a los días 24 y 25 de diciembre, la Mil Diez promovía un bailable gigante a través de sus ondas radiales con los Tres Grandes —Arsenio, Melodías del 40 y Arcaño—, además del

Quinteto Tomé y los Jóvenes del Cayo. Por esos días, finales del año, La Habana era el centro de muchas cosas, entre ellas la reunión cumbre que llevó en secreto a la capital cubana a los jefes de las familias de la mafia italiana en Estados Unidos, la famosa y persistentemente legendaria reunión del Hotel Nacional. También, y sin vínculo con esto, el fin de año traía el regreso triunfal de Miguelito Valdés, *Míster Babalú,* a Cuba —la prensa anunciaba en primeros titulares su llegada el 27 de diciembre de ese año 1946— y Celia participó en sus presentaciones en La Habana.

Las primeras grabaciones
(1947)

El cantante estaba en la cúspide de la fama en Nueva York, tras conquistar a legiones de norteamericanos desde su debut, años antes, con la orquesta de Xavier Cugat. Miguelito Valdés, ya conocido como Míster Babalú, a esas alturas de 1946 había vendido decenas de miles de discos y había hecho carrera también en el cine: había sido portada de la influyente revista *Billboard* en 1942 y había aparecido en filmes de Hollywood (*Panamericana, Bailando nace el amor* y *Suspense*) y de México (*Mi reino por un torero, Imprudencia, Conga Bar, Cimarrón, Esclavitud*). Sus dos éxitos más sólidos eran *Babalú* (Margarita Lecuona) y *Negra Leonó* (Ñiko Saquito). Era en Estados Unidos, sin dudas, el cubano más popular.

Celia y Miguelito Valdés en La Habana

Al arribar al aeropuerto de Rancho Boyeros, Miguelito estaba en condiciones de decidir, y lo hizo: sus primeras presentaciones fueron, por voluntad propia, en la Mil Diez, la Emisora del Pueblo, y rápidamente Mirta Aguirre lo entrevistó y anunció su debut

> en un programa monstruo, a las ocho de la noche, cantando arreglos suyos, con una orquesta de cinco saxofones, cinco cuerdas, cuatro metales, piano, bajo y percusión; con Félix Guerrero en la batuta; con Olga Guillot, la cancionera más destacada del año; con Celia Cruz, la mejor voz negra de la radio nacional. ¡Un

espectáculo único! Todas las noches, desde el miércoles primero hasta el sábado cuatro. Durante todo enero, los lunes, miércoles, viernes y domingos.

El anuncio de este programa resaltó en los medios de prensa. *Noticias de Hoy* lo insertó cada día con las fotos de los tres cantantes y el maestro Félix Guerrero. La elección de Celia para presentarse junto a Miguelito Valdés hablaba alto del lugar que ya había alcanzado entre las cantantes cubanas. Todos coincidían en el significado de este hecho y la nombraban con diferentes epítetos: «la insuperable intérprete de nuestra música vernácula», «la mejor voz afro de la radio».

Patrocinado por la marca cigarrera Regalías El Cuño, el viernes 17 de enero ofrecieron un programa especial, en el que participaron también Celia y Olga Guillot, y se sumaron el Trío Matamoros, el conjunto de Arsenio Rodríguez, Arcaño y sus Maravillas y el conjunto Jóvenes del Cayo. Miguelito era la noticia. A propuesta de los ediles Nicolau, Ortega y Escalante, y atendiendo a los triunfos del cubano en Estados Unidos, que lo habían convertido, sin dudas, en un embajador de nuestra música, la Cámara Municipal de la capital cubana distinguió al cantante con la Medalla de La Habana, que le fue entregada en un grandioso homenaje en el Gran Stadium de La Habana (hoy Stadium Latinoamericano) el 25 de enero de 1947. Fue un espectáculo maratónico en el que actuaron Rita Montaner, Bola de Nieve, Olga Guillot, María de los Ángeles Santana, Graciela Santos, las Hermanas Márquez, el Trío Servando Díaz, el barítono René Castelar, Nilda Espinosa, los actores cómicos Aníbal de Mar, Mimí Cal y Leopoldo Fernández, el animador Rolando Ochoa, la rumbera Isora, Cascarita, Alfredo de la Fe, los tríos Moreno y Hermanas Lago, el conjunto Cuban Star Swing y, por supuesto, Celia Cruz. Todos respaldados por una gran orquesta, que dirigieron durante la velada los maestros Félix Guerrero, Enrique González Mantici y Roberto Valdés Arnau. La cantante mexicana María Luisa Landín, el puertorriqueño Bobby Capó, el argentino Trío Mastra, los norteamericanos Rolling and Rolling y los españoles de Los

Ibéricos, que trabajaban en emisoras de radio y escenarios habaneros en ese momento, se sumaron también al elenco del homenaje.

Durante ese mes de enero Celia alternó esas presentaciones al lado de Miguelito Valdés con el programa *Variedades Mil Diez*, junto con los cantantes Margarita Robles y Alejandro Rodríguez, el argentino Trío Mastra, Los Ibéricos, el Trío Antillano, el Indio Naborí y Eloy Romero, con la orquesta de la Mil Diez. Al cuarto para las dos de la tarde, la voz rotunda y alegre de Celia salía durante quince minutos por las ondas de la emisora con el indicativo CMX. La revista *Radio-Guía* destacaba su nombre en ese segmento de programación. Miguelito se presentó también en el Teatro América y en el cabaret Tropicana, con resonante éxito. Celia, involucrada en algunos momentos de la visita de Miguelito Valdés a La Habana, asistió también a la fiesta de despedida que organizó Ibrahim Urbino, director de la Mil Diez, el 28 de enero.

Celia seguía siendo designada para presentarse con artistas visitantes. A inicios de febrero llegó a La Habana, contratado también por la Mil Diez, el conjunto Los Paraguayos, intérpretes del folklore guaraní. El 8 de febrero se presentaron en el teatro de Ómnibus Aliados escoltados por Olga Guillot, Celia Cruz, el conjunto vocal Cubanacán y el conjunto español Los Ibéricos, con Roberto Valdés Arnau al piano. Un mes después cumplió la invitación a participar en un homenaje al trío Hermanos Rigual, con un elenco estelar encabezado por Rita Montaner y con Bola de Nieve, la soprano Zoraida Marrero, Olga Guillot, Tony Chiroldy, los conjuntos de Isolina Carrillo y Facundo Rivero, María de los Ángeles Santana, Dandy Crawford, las Hermanas Márquez, el pianista Felo Bergaza, los cantantes Miguel de Gonzalo y Vilma Valle.

Celia, *The Nicholas Brothers* y *Serenata Mulata*

En su edición del 7 de febrero, el *Diario de la Marina* insertó un anuncio sobre el inminente debut de The Nicholas Brothers en

Anuncio publicado en el *Diario de la Marina* el 7 de febrero de 1947 (copia digital, archivo de la autora).

el Teatro Campoamor al día siguiente a las doce de la noche, tras el pase del filme *Morena obscura*. Según la gráfica, los extraordinarios bailarines norteamericanos serían escoltados por las actuaciones de Cascarita y Celia Cruz. The Nicholas Brothers eran los mejores exponentes del tap y del baile acrobático en la mejor tradición afroestadounidense. El espectáculo denominado *Fiesta negra* recogía los lauros cosechados por la revista con artistas afroestadounidenses que el coliseo de Industria y San José había presentado en el mes de enero y ahora unía a estos genios de la danza con nuestros Cascarita y Celia Cruz. No ha sido posible confirmar si, efectivamente, Celia llegó a presentarse con The Nicholas Brothers, ante la duda que provoca un anuncio similar dos días después, donde en su lugar aparecía el nombre de la cantante mexicana María Luisa Landín.

Un mes más tarde, el exclusivo *Diario de la Marina* publicó la primicia de un evento titulado como una famosa canción de Bobby

Collazo. «Diez cuadros divididos en dos actos hacen la más sensacional revista que La Habana haya disfrutado en los últimos diez años. *Serenata mulata* será la sensación del año en el teatro Principal de la Comedia el próximo miércoles [19 de marzo] a las nueve y media de la noche. Colores, lujo, rico vestuario, gran orquesta y las actuaciones de primerísimas figuras de nuestra escena y la radio: Olguita Guillot, Zaphir Palma, Celia Cruz y la gran soprano y destacada artista Issa Mar [...]. Hará desfilar en bellísimas evoluciones a las ocho mulatas auténticas más hermosas de La Habana». Al día siguiente, el mismo medio confirmó la noticia y agregó, refiriéndose al programa y a otros artistas que se sumarían: «Celia Cruz, creadora del afrocubano, el conjunto musical Loquibambia, especialistas en *swing*, la sensacional pareja de bailes Mercedes y Rolando, el bailarín José Rodríguez y la destacada intérprete de los cantos afro Mercedes Lafayette y ocho auténticas mulatas que harán levantar de su silla a los espectadores». Es, ni más ni menos, la primera aparición, al completo, de quienes pronto serían Las Mulatas de Fuego, a las que Celia estaría vinculada.

En mayo Celia inició una gira por el interior del país que la llevó a diferentes pueblos y ciudades y que la prensa calificó como «llena de triunfos». Al regreso comenzó una segunda etapa en la Mil Diez, a partir del 2 de junio, en el programa *Radio cocktail musical,* a las nueve treinta y cinco de la noche. En el cartel, el trío Servando Díaz, los populares Trovadores Sonrientes, la cancionera Inés María y el dúo de excéntricos musicales Elmar y Spiegel, los meloparodistas vieneses. Así la anunciaba *Noticias de Hoy:* «Sí, es ella: Celia Cruz, la indiscutible máxima intérprete del género afrocubano, que regresa a los micrófonos de la Mil Diez con su maravillosa voz y su gracia criolla».

Rapsodia en Blanco y Negro

El filme estadounidense *Las cuatro plumas,* del director Zoltan Korda, se proyectó en la pantalla del Cine-Teatro Fausto y no

LAS PRIMERAS GRABACIONES (1947) 67

 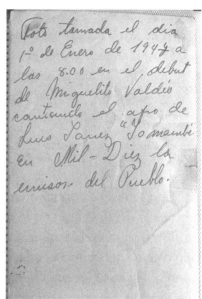

Celia cantado en la Mil Diez en el debut de Miguelito Valdés, 1 de enero de 1947 (archivo Celia Cruz / Celia Cruz Estate).

pasaría de ser otra película en su calendario de programación si no fuera porque para alternar con ese filme se anunció el debut de *Rapsodia en blanco y negro*, un gran show producido por Roderico Neyra, presentado ya como Rodney, en el anuncio publicado en el *Diario de la Marina* el 19 de junio de 1947. Destacaba como primeras figuras del espectáculo a Celia Cruz, Nora Peñalver y Elena Burke, junto al cuarteto vocal de Facundo Rivero y veinte artistas más, todos acompañados por la orquesta Fausto y arreglos de Felo Bergaza. Continuó en cartelera hasta el 1 de julio, ahora con la proyección del filme *La dama imperfecta*, con Ray Milland y Theresa Wright. *Rapsodia en blanco y negro* fue el antecedente inmediato de la primera experiencia internacional de Celia Cruz, algo que llegaría el siguiente año.

Bebo Valdés colaboró con Rodney en los ensayos y así quedó el hecho en su recuerdo:

> Yo había trabajado con él [...] cuando hizo la primera coreografía de mambo, para Las Mulatas de Fuego, en un show en el teatro Fausto, de manera que nos conocíamos [...]. Eran seis mulatas y fue un éxito tremendo. Celia Cruz cantaba con el grupo. Los arreglos eran míos y de René Hernández, creo... Pérez Prado tenía un par de arreglos también.

Algunas fuentes señalan a Felo Bergaza, entonces pianista de la orquesta del Fausto, como otro de los arreglistas participantes.

En julio Celia continuó en la Mil Diez en el programa *Radio cocktail musical*, ahora con la inclusión de los cantantes Toty Lavernia y Tony Chiroldy, Carioca y el dúo Romay, más un espectáculo cómico que reunía a Amador Domínguez, el argentino Ricardo Dantés, Thelma Norton y Luis Sánchez, entre otros, y alguien que tres años después tuvo que ver con su carrera: la guarachera puertorriqueña Myrta Silva.

El 11 de agosto comenzaron a actuar en el programa *Radio cocktail musical* la emergente cantante mexicana Chavela Vargas, recién llegada a La Habana, contratada en exclusiva por la Mil Diez, y el barítono José Fernández Valencia, que se sumaron al elenco anterior, en el que permanecieron Celia y Tony Chiroldy. Junto con Herminda García y Ramón Espígul, Jr., Celia y Chavela compartieron micrófono durante varias semanas en jornadas que se insertaron en los inicios de la carrera de la gran diva de la canción ranchera.

Celia en Unión Radio con Gaspar Pumarejo

El 6 de octubre, de la mano del emprendedor Gaspar Pumarejo, Unión Radio comenzó sus transmisiones y entró en la pelea por la radioaudiencia nacional, ya entablada y liderada por CMQ, el circuito pilotado por Goar Mestre, y RHC Cadena Azul, encabezada por Amado Trinidad, *el Guajiro*. Pumarejo es una figura ineludible en la historia de los medios de comunicación. En los momentos en que creó Unión Radio, ya había transitado con éxito desde los estratos más bajos, como vendedor de la marca Humara y Lastra —la más importante distribuidora de aparatos de radio, discos, equipos eléctricos y, luego, de victrolas—, hasta posicionarse con éxito como locutor, productor y empresario radial. Más tarde fue precursor de la televisión en Cuba y su labor como productor y presentador fue influyente.

En 1947 Pumarejo era un creativo conocedor del poder de la publicidad. Al constituir Unión Radio se empleó a fondo para llegar a todos los rincones del país donde hubiera un aparato de radio. Unión Radio se anunciaba retransmitiendo a través de veintiuna emisoras locales y, en particular, en La Habana, con el indicativo CMCF a través de los 910 kilociclos. Para las transmisiones iniciales, Pumarejo trajo especialmente desde México a la bolerista María Luisa Landín y, como director invitado de la orquesta que la acompañaría, a Mario Ruiz Armengol. Para que no decayera el entusiasmo, anunció para cuatro meses después la contratación en exclusiva de Pedro Vargas, *el Tenor de las Américas*.

Cuarenta días después de su inauguración, Unión Radio promocionó en el *Diario de la Marina,* con desbordada prosa, el espacio que Gaspar Pumarejo había diseñado para dar un toque diferente a su parrilla de programación: *Rapsodia Afrocubana de Celia Cruz.*

> Celia Cruz, la genial intérprete de nuestros ritmos, ha sido contratada con carácter de exclusividad con Unión Radio, la más moderna organización radial [...]. *Rapsodia Afrocubana de Celia Cruz,* que se transmite los martes, jueves y sábados a las diez y media de la noche, es sin duda alguna el espectáculo más completo en su clase que se ha radiado en Cuba y cuenta entre otros atractivos, además de la extraordinaria actuación de Celia Cruz, con la magnífica Orquesta Cosmopolita [la banda de planta del afamado Cine-Teatro América] bajo la dirección del maestro Humberto Suárez y la colaboración de artistas invitados. Recomendamos a la radioaudiencia escuchar *Rapsodia Afrocubana de Celia Cruz,* que

produce y escribe Roberto Garriga, con Juan José González como animador y con Celia Cruz, cuya voz de calidad excepcional y estilo personalísimo e inigualable la acreditan como una de las más rutilantes estrellas exclusivas de Unión Radio.

La Orquesta Cosmopolita era en 1947 una de las más destacadas *jazz bands,* con una nómina de experimentados músicos. Fundada por el saxofonista Vicente Viana en 1938, cubrió espacios en la RHC Cadena Azul en tiempos en que tenía como vocalista a Vicentico Valdés.

En realidad, y de acuerdo con las carteleras radiales que publicaba diariamente el *Diario de la Marina,* el programa de Celia comenzó a transmitirse al cuarto para las nueve de la noche y luego con dos espacios diarios de quince minutos en ese mismo este horario, además de una presentación a las once de la mañana. Eso propició la coincidencia de Celia con su ídolo, Paulina Álvarez, *la Emperatriz del Danzonete,* quien también centraba un programa con su nombre, a las tres y media de la tarde, en la misma emisora. Con ese contrato con Pumarejo, Celia dejó la radioemisora Mil Diez… por el momento.

Las primeras grabaciones, Changó y Babalú Ayé*: un hito*

Desde finales de la década de 1930, el antropólogo y etnólogo Fernando Ortiz estaba desarrollando una ingente labor investigativa y didáctica, orientada a aproximar los elementos culturales afrocubanos a la amplia percepción y comprensión de la sociedad. Comenzó en 1937, con las primeras conferencias ilustradas que impartió en el Teatro Campoamor, auxiliado de algunos tamboreros, iniciados en diferentes jerarquías dentro de la Regla de Ocha. Junto a una obra que ya era profusa y cardinal, Ortiz no detuvo su trabajo de extensión cultural. El 6 de agosto de 1947 dictó su famosa conferencia en el Anfiteatro de la Escuela de Verano de la Universidad de La Habana, con una exhibición de genuinos instrumentos, cantos y bailes litúrgicos africanos enraizados en Cuba. Algunas emisoras radiales, como Radio Cadena Suaritos, Mil Diez y RHC, insertaban espacios para la llamada música afro, donde los cantantes y percusionistas introducían en el repertorio cantos y toques litúrgicos, que popularmente se conocían como *toques de santo*.

Por esos mismos años Radio Cadena Suaritos lanzaba al aire cada domingo a las siete de la noche una serie de programas dedicados al folklore cubano, que terminaron por cautivar a un número significativo de radioescuchas y la posicionaron en uno de los primeros lugares en la audiencia general. Con esta propuesta Radio Cadena Suaritos logró situarse durante algunos meses, en esa franja horaria, por encima de los líderes de la competencia de entonces, las radioemisoras RHC Cadena Azul y CMQ. Una orquesta dirigida por el pianista, compositor y arreglista Obdulio Morales —uno de los primeros en persistir en el empeño de extender la cultura musical afrocubana— y un conjunto de tambores batá liderados por Torregrosa acompañaron a la cantante Merceditas Valdés, quien llevaba a las ondas radiales los toques y cantos de las ceremonias yoruba. Otra cantante del género afro que pasó por los estudios de Radio Cadena Suaritos fue Candita Batista. Ya en la Mil Diez, con su programa *Momento afrocubano*, Celia comenzó a defender también la expresión de uno de los elementos más raigales de la cultura musical cubana.

Las fuentes al alcance de esta investigación no han sido suficientes para conocer las razones que motivaron a Ramón Sabat a realizar una serie de grabaciones que clasificó genéricamente como *Toques de santo*, pero entre ellas probablemente estuvo el impacto de la expansión de la música ritual afrocubana en varias emisoras de radio y escenarios teatrales, donde ganó espacios en favor de una actitud más desprejuiciada y de aceptación social. Sin embargo, las notas anónimas que aparecían en los reversos de la portada y contraportada del álbum con los tres discos de 78 revoluciones por minuto ponían en claro no solo estas razones, sino también el sentido cultural que Panart les dio —o debió darles— a esas grabaciones. Dichas notas se estructuran en tres breves partes, que refuerzan la tesis acerca de su sentido didáctico: «Introducción», «El *toque de santo*» y «Nomenclatura y simbolismos». En la segunda y tercera se explican la ceremonia del *toque de santo*, los nombres de los orishas y su identificación sincrética, así como diferentes símbolos y voces. En la introducción se lee:

> Todo el patetismo que se desprende del cancionero sagrado afrocubano ha sido recogido en una notable colección de discos fonográficos que llevan el sello Panart, cuya dirección, en plan de hacer una obra de real envergadura, contrató al más famoso grupo de cantantes rituales lucumíes de las Antillas, el Coro Yoruba, que con el conjunto de Tambores Batá hizo marco a Mercedes Valdés y Celia Cruz, cuyo renombre de cantantes de «toques» es conocido en Cuba, en Haití, en Jamaica y aún más allá, dondequiera que haya un grupo afrocriollo que se dedique a sus ceremoniales ancestrales.
>
> El álbum de *Toques de santo* de Panart ya ha recibido su consagración internacional al ser reconocido por la Unesco, rama cultural de la onu, como la obra de divulgación musical más seria hecha en nuestro país sobre temas rituales afrocubanos.

Aquí, la referencia a la Unesco refuerza aún más la hipótesis acerca del sentido más cultural, por lo auténtico y raigal de estas grabaciones.

Changó y *Babalú Ayé* son los primeros registros fonográficos, los primeros discos realizados por Celia Cruz, pero también le cabe el honor de haber cantado para concretar las primeras grabaciones comerciales de música litúrgica yoruba afrocubana realizadas en el mundo. Con números de matrices 290 y 219 respectivamente, fueron publicadas con referencia de catálogo P-1140, inicialmente en un álbum número R-107, *Toques de santo*, contentivo de tres discos de 78 revoluciones por minuto. Merceditas Valdés tuvo a su cargo el segundo disco, P-1170, para el que cantó *Ochún* y *Yemayá;* en el tercer disco, P-1191, Merceditas Valdés, Bienvenido León y Facundo Rivero cantaron a Elegguá y Obatalá. En todos los casos los acompañan el Coro Yoruba de Alberto Zayas y los Tambores Batá de Trinidad Torregrosa, Jesús Pérez y Virgilio Ramírez. Estas grabacionees fueron reeditadas en 1959 en el LP *Santero* (Panart LP-2060).

En fecha muy cercana, en Nueva York, el empresario Gabriel Oller estaba grabando para sus sellos Coda y SMC a Chano Pozo y a un grupo de percusionistas en otras grabaciones similares, aunque no iguales, pues incluían cantos y toques abakuá, para también fijar el récord de ser las primeras grabaciones comerciales de esta música ritual.

A inicios de la década de 1940 el ingeniero Ramón Sabat había comenzado a amasar el sueño de crear una fábrica, un estudio y una marca de discos. Primero fue la aventura de Musicraft y luego la creación del sello Panart, el primero netamente cubano y establecido en la isla, en el número 410 de la calle San Miguel, entre Lealtad y Campanario, en el habanero barrio de San Leopoldo, donde mismo radicó el rústico estudio, allá por el año 1944. Estableció junto con su hermano Galo la fábrica de discos —inicialmente un pequeño establecimiento donde instaló el equipamiento de uso traído desde Estados Unidos—, bajo la razón social Cuban Plastic Records Corporation, y enfrentó con tremenda decisión lo que significaba tener a la RCA Victor como competencia, lo que señalaba formalmente el inicio de una industria discográfica netamente cubana.

Para 1944, la marca que creó se formaba por las primeras sílabas de las palabras *Panamerican art* (Panart). De acuerdo con los datos que ofrecen los propios discos de 78 revoluciones por minuto con sello naranja de Panart, fueron los muy populares Orlando Guerra y Cascarita, con la orquesta de Julio Cueva, quienes grabaron *Ampárame* y *En el ñongo* (ambos de la autoría de Chano Pozo). Ocuparon así el primer número de referencia del naciente catálogo: el 1001. Panart nació con una voz guarachera, mulata, popular, respaldada por la orquesta de un músico que estaba de regreso de notables lides internacionales: Julio Cueva había sido testigo y partícipe del *boom* de la música cubana en Londres y París en los años finales de la década de 1930 y el inicio de la de 1940.

A tres años de su creación, Panart fijó para siempre la voz de Celia en el primer escalón de su carrera discográfica. Sin embargo, a Ramón y a Galo Sabat les faltó visión al limitar la presencia de Celia en su catálogo a estos dos registros: el primer sello disquero auténticamente cubano dejó pasar la posibilidad de tener en su catálogo a las dos voces más grandes de la música popular cubana, Benny Moré y Celia Cruz. A diferencia de Moré, quien desde finales de la década de 1940 había establecido en México tempranos vínculos contractuales con la RCA Victor, Celia era en ese momento un talento virgen para la industria discográfica. Es de imaginar que, pasados los años, los Sabat nunca se perdonaron tal ausencia de acción y previsión dentro de su fértil y prolífica iniciativa empresarial.

Los registros *Changó* y *Babalú Ayé* fueron los únicos de la Guarachera de Cuba que exhibieron la etiqueta de Panart. Cuando todavía no había comenzado a cantar y a grabar con La Sonora Matancera, Celia dio muestras de su excelente desempeño interpretando en teatros y emisoras radiales, sobre todo afros, acompañada de grandes orquestas dirigidas por batutas incuestionables: Félix Guerrero, Enrique González Mantici y otros. No hubo iniciativas de las disqueras norteamericanas que operaban en Cuba, ni tampoco de Panart, para fijar la voz de Celia en esos contextos.

Santería vs. catolicismo.
Religiosidad en Celia Cruz

La autenticidad que se percibe en estas grabaciones de Celia y en las que hizo a lo largo de su carrera hace a muchos no dudar de su pertenencia a la religión yoruba. Tal percepción la acompañó durante toda su carrera, pues los cantos dedicados a las deidades lucumíes continuaron figurando en su repertorio, ahora fuera del ámbito

Celia junto a su Virgen de la Caridad del Cobre (archivo personal Celia Cruz / Celia Cruz Estate).

estrictamente ritual o religioso, extendiéndose a géneros populares como el son, la guaracha o el llamado afro.

La formación espiritual de Celia Cruz era cristiana y desde su adolescencia fue católica practicante, a pesar de que los *toques de santo*, los santeros y santeras, los babalawos eran parte de su entorno vecinal y en una parte de su familia, con toda la discreción con que las religiones de origen africano eran practicadas en épocas en que conllevaban estigma y discriminación en importantes sectores de la sociedad.

«Si hablamos de la santería, te tengo que decir que Celia no era religiosa. Ella era totalmente católica y fue siempre católica». Quien así se expresa es Marta Castillo, una de las Mulatas de Fuego en su formación primigenia, ex primera bailarina del Sans Souci, Tropicana y Montmartre, y amiga de Celia desde los años cuarenta. Y continúa:

> Celia respetaba las creencias de cada cual, pero nunca se hizo santo ni nada. Su marido Pedro Knight tuvo un hijo enfermo y le dijeron que le hicieran santo para que se salvara; se lo hicieron y no se salvó, por lo que él nunca creyó tampoco. Celia lo que sí fue muy devota de la santísima Virgen de la Caridad del Cobre. En su familia sí había personas que eran creyentes y practicantes santeros, como su hermano Barbarito, su hermano favorito. Para poder cantar esos cantos de los *toques de santo* que Celia grabó, debió tener ayuda de personas que sí eran santeras, quizás hasta la ayudara el propio Trinidad Torregrosa, que fue muy cercano a nosotras.

Celia misma se encargó décadas después de reiterar la misma respuesta a idénticas preguntas:

> Mucha gente que no me conoce bien piensa que yo soy santera. Me ven cubana y negra, y por eso están seguros de que lo soy. Toda mi vida he luchado contra eso. Hay gente que hasta asegura que me han visto tomar parte en rituales santeros [...]. Yo respeto todas las creencias y todas las religiones, incluso la santería, pero no la sigo. Tampoco niego que sé algo de ella. ¿Qué cubano hay que no sepa algo de la santería? Pero tengo que confesar que mis conocimientos de la santería son bastante superficiales. Para mí, la santería es un asunto del folklore cubano. Aun así, mucha gente insiste en calificarme como santera. Una vez más, repito que eso tiene que ver con los prejuicios de los demás, ya que al verme negra y cubana, piensan que no tengo más remedio que ser santera.

Fuentes familiares citadas por Omer Pardillo Cid, último *manager* y albacea testamentario de Celia, han afirmado que en su juventud un célebre santero conocido como Chino Poey le dijo con firmeza: «Tú has venido al mundo con una protección tal que no necesitas tener santo ni hacerte nada. ¡Nunca dejes que te toquen la cabeza!». Y Celia se atuvo siempre a tal premonición.

Celia Cruz y Elena Burke, una de las grandes cantantes cubanas, 1948 (colección Malena Burke).

Terminó 1947 y el 13 de diciembre la Compañía Lírica Cubana llevó al Teatro Martí la zarzuela *Cecilia Valdés*, con la dirección musical de su creador, Gonzalo Roig. En los roles principales, la soprano Marta Pérez, el tenor Miguel de Grandy, y Blanca Becerra en su legendaria Dolores Santa Cruz. Cantando el solo de la esclava, en ese papel, una joven de solo veintidós años llamada Celia Cruz. Es la primera información documentada sobre la presentación de Celia como figura destacada en uno de los teatros habaneros con mayor historia, pero ella nunca grabó esta importante pieza, que la inscribe en la historia de la zarzuela cubana.

A viajar... y al gran cabaret
(1948)

El año 1948 comenzó para Celia con su primer contrato en uno de los tres cabarets más importantes de Cuba: el Sans Souci, donde actuó hasta finales del mes de febrero. Situado en la zona de Marianao, en el kilómetro 15 de la carretera hacia el poblado Arroyo Arenas, la instalación del cabaret aprovechaba en un alto grado las bondades naturales del enclave, distante siete millas del centro de La Habana de entonces. Sans Souci fue fundado en los días siguientes a la Primera Guerra Mundial, cerca de 1914, cuando los estadounidenses ricos comenzaban a ver a Cuba como un destino seguro para sus múltiples dispendiosos viajes. Con su estilo bucólico, el cabaret cubano tomó su nombre de Sanssouci, el conjunto de edificios y jardines imperiales ubicado en Postdam, en las cercanías de Berlín, que incluyen el antiguo palacio de verano oficial de Federico II el Grande, rey de Prusia. Su nombre podría traducirse como «sin preocupaciones», un sitio para el descanso y la relajación más allá de los avatares del poder político, y quizás eso mismo quisieron reproducir los dueños del cabaret al crear y mantener un lugar donde quienes llegaban se sintieran en pleno disfrute del ocio y la distracción.

De sus propietarios poco se sabe: solo que un gallego de nombre Arsenio Mariño, radicado en Cuba desde 1914, fue codueño del enclave. Era el padre de la cantante, bailarina y actriz hispanocubana Yolanda Farr, y vendió su parte en la década de 1930 cuando marchó a Suramérica. Sans Souci podría haber inspirado a quienes después, en la década de 1940, crearon en Villa Mina un espacio dominado por la naturaleza, la música y el baile que pronto se llamaría

Tropicana. La influencia norteamericana en sus propuestas escénicas dio paso cada vez más a elementos de la cultura afrocubana.

«Dos veces se presentará el magnífico show, en el que tomarán parte la pareja de bailes españoles Rocío y Antonio, que tanto gustan; la admirada cancionera Celia Cruz; la aplaudidísima bailarina cómica norteamericana Honey Murray, y la pareja de rumba Meche y Pablo». Así reseñaba el *Diario de la Marina* el 15 de enero de 1948 la presencia de Celia en el nuevo show que pronto estrenaría Sans Souci. Mientras Celia estuvo en ese espectáculo, los bailables en el cabaret eran amenizados por la orquesta de Guillermo Portela y el conjunto Los Leones, de Bienvenido y Alfredito León. Celia volvió a coincidir aquí con Alfredito, y quién sabe si quizás tuvo él algo que ver con la llegada de ella a Sans Souci, pues el conjunto Los Leones ya venía trabajando en los espacios bailables del cabaret al aire libre. Otras figuras pasan por el show en sus dos pases (once y media de la noche y una y media de la madrugada), como la bailarina norteamericana Marta Nita y el actor Rolando Ochoa en calidad de presentador.

Años después, el cronista Ñiko Gelpi, en las páginas de la revista *Show,* dio su versión sobre los inicios de Celia en el cabaret de la calle 51:

> Fue nuestro director, el doctor [Carlos Manuel] Palma, quien la inició [a Celia Cruz] en la gloria, cuando se la presentó al señor Miguel Miró, a la sazón dueño de Sans Souci, y este la contrató sin conocerla. Celia se hizo sentir desde su debut y constituyó una singular atracción por muchas semanas. De esa prueba en la aristocracia de los clubes exclusivos, Celia fue agigantando su personalidad en forma progresiva.

¿Celia cantando décimas?

En paralelo a su contrato en Sans Souci, Celia continuaba en Unión Radio con su programa diario *Ritmos Afrocubanos por Celia Cruz* y sumó una nueva participación: en la sección *Informaciones radiales*, el sábado 10 de enero el *Diario de la Marina* comentó el nuevo espacio:

> Dramas de la vida real que ocurren a diario en nuestro país son escenificados por Germinal Barral e interpretados por Gina Cabrera y su compañía Radio Teatral, todas las tardes a la una y cincuenta y dos, en *El teatro de la vida*, que transmite Unión Radio. Celia Cruz ilustra musicalmente *El teatro de la vida* cantando las criollísimas décimas que escribe el joven poeta y actor José Luis Cueto.

El Teatro de la Vida retomó para la parrilla de la emisora de Pumarejo una exitosa fórmula que ya entonces iba camino de convertirse en un clásico de la radio cubana. La idea de convertir en crónicas los sucesos cotidianos más impactantes a través de la radio había surgido poco más de diez años atrás cuando Joseíto Fernández, entonces cantante de la orquesta de Alejandro Riveiro, estrenó por la radioemisora CMCJ, en las calles Monte y Estévez, y a iniciativa de este, la guajira *Guantanamera*.

La letra y la música, según explica Oscar Luis López,

> llevaba una espinela escrita por él y fue siempre de tipo denuncia. Pronto se hizo popular, y en 1940 era el tema de la orquesta de Joseíto Fernández. En 1943, Joseíto es contratado por la firma Crusellas para incorporar la *Guantanamera* a un espectáculo que se titulaba *El suceso del día*, que se radiaba por la CMQ con sede entonces en Monte y Prado, y cuya característica era escenificar los sucesos de la crónica roja. El autor inicial del libreto fue el cronista Germinal Barral (Don Galaor), y las espinelas que cerraban el espectáculo las escribía Chanito Isidrón, con la melodía de la guajira *Guantanamera* interpretada por Joseíto Fernández.

Después la destacada repentista Nena Cruz, *la Calandria*, se sumó haciendo dúo con Joseíto.

Ahora Germinal Barral volvía a vincularse a un programa de este tipo, pero en lugar de Joseíto Fernández, fue Celia Cruz, con veintitrés años, quien le puso voz, asumiendo un género que pudo ser novedoso para ella —la décima—, y que influyó en su repertorio y grabaciones futuras. Por ese camino llegó a ser una excelente improvisadora en el son montuno y la guaracha.

Por este tiempo, Celia continuaba trabajando en Unión Radio, en Sans Souci y dondequiera que la llamaran. A mediados de enero tuvo lugar en La Habana la Conferencia de Comercio y Empleo, presidida por el ingeniero Sergio I. Clark, entonces ministro sin cartera del gobierno de Ramón Grau San Martín. El sábado 24 de enero Clark ofreció una gran cena en el restaurante del cabaret Sans Souci, después de la cual se presentó un espectáculo con la orquesta de Guillermo Portela y el conjunto Los Leones con Alfredito León, la cantante Lalita Salazar, la bailarina Martha Nita, la pareja de bailes españoles Rocío y Antonio, la pareja de rumba Meche y Pablo «y la fina cantante Celia Cruz», según reseña el columnista de *Crónica Habanera* en el *Diario de la Marina*. Entre los asistentes estuvieron el vicepresidente de la República, Raúl de Cárdenas, y otros personajes de la política y el comercio.

Pumarejo comenzó el año de Unión Radio trayendo a los mexicanos Eva Garza y el Charro Gil, e, imparable, se puso a implementar sus iniciativas propagandísticas, tan ligadas siempre a las amas de casas y a las mujeres en general, sector que congregaba a sus oyentes de mayor potencial. Así, organizó la Gran Subasta de Unión Radio y, con sus anunciantes tradicionales y marcas que consideraba probables patrocinadores, puso a disposición del certamen utensilios de casa, electrodomésticos, ropa, consumibles y otros tentadores objetos que, anunciaba, estarían «a mitad de precio», subiendo la parada, ya al final de la semana del acontecimiento, subastando un automóvil Dodge 1948 por la décima parte de su valor. La subasta de Pumarejo tendría como escenario el Teatro Nacional. Como parte del elenco de la novel emisora radial, Celia participó como una de las figuras centrales en la Gran Subasta de

Unión Radio durante la semana del 2 al 8 de febrero, en la que se proyectaron varias películas además de la revista teatral *Cuba, México y España,* con los españoles Curro Moreno y el Trío Moreno, los mexicanos Eva Garza y el Charro Gil, y por Cuba, «la reina del afro», Celia Cruz.

Para esas fechas, Celia era la cantante de afro con mayor visibilidad en los medios de prensa, la única cantante negra que consiguió epítetos similares en la prensa cubana del espectáculo y la radio, que en ocasiones se manifestaba demasiado obsequiosa sobre este tópico, y en otras, sumamente parca.

Comenzaba febrero y el Cine-Teatro Fausto anunciaba los filmes *Tronado y destronado* y *La princesa de la selva*, con el consabido —y ya obligatorio—espectáculo musical en directo, esta vez a cargo del grupo brasilero Los Ángeles del Infierno. Los traía CMQ, que, como empresa, manejaba vínculos con algunos teatros para extender a ese ámbito las presentaciones de los artistas extranjeros que contrataba. Además, el anuncio destacaba la presencia de Elena Burke «y seis bellezas tropicales» respaldadas por Felo Bergaza y la orquesta de planta del teatro (era la continuidad del esquema emergente de Las Mulatas de Fuego) en un espectáculo que estaría dos semanas en cartelera, acogiendo a continuación el debut de la cantante mexicana Martha Zeller. Allí llegaron unos visitantes inesperados que cambiaron el curso de las vidas de Elena Burke, las seis bellezas tropicales y Celia Cruz.

De nuevo en el Teatro Martí

Situado en la habanera calle Dragones, a escasos metros del Paseo del Prado, el Teatro Martí fue en la primera mitad del siglo XX uno de los principales coliseos del teatro bufo, vernáculo y lírico cubano. Había sido construido en 1884 con el nombre de Irijoa, hasta que en 1900 cambió su nombre a Martí en honor al poeta, escritor, patriota y ensayista cubano.

En 1948 el Teatro Martí mantenía su prestigio en el género con un criterio artístico-comercial que aseguraba trabajo a músicos y artistas, y éxitos de taquilla, con frecuentes estrenos y nuevas figuras. Así, el lunes 8 de marzo estrenó la revista *Su majestad Papaúpa*, con libreto de Carlos Robreño y dirección y coreografía a cargo del afamado Sergio Orta. En el elenco figuraba Celia, recogiendo ya los frutos de sus reconocidas presentaciones radiales. El espectáculo se estructuraba en tres partes: «Fiesta en México», «Rapsodia afrocubana» y «Mardigras en Brasil», y anunciaba a «los genuinos reyes de cada género: Los Kíkaros, reyes de la comicidad; Carlos Pous, rey de la risa; Aidita Artigas, reina de las vedettes; Raúl del Castillo, rey de los cancioneros; Verdaguer, rey del equilibrio; Lolita Berrio, reina de las actrices cómicas, y Celia Cruz, reina del afro, junto con las glamorosas Orta Girls». Días después se sumó Marianela Bonet al elenco. En el Martí continuó hasta el 15 de ese mes de marzo, cuando subió a escena, por una semana, la revista humorística *Pío-Pío en el Tíbiri-Tábara*, también de Carlos Robreño y Sergio Orta, con un elenco encabezado por Los Kíkaros —excéntricos musicales de México—, Lolita Berrio, Carlos Pous, Gladys García, Emma Roger, Marianela Bonet y Las Orta Girls.

El inicio del emporio Mestre: el circuito CMQ

El 12 de marzo de 1948 quedaron inaugurados los nuevos estudios y oficinas del Circuito CMQ: el fastuoso Radiocentro, que incluía, al estilo de sus símiles estadounidenses, un moderno cine-teatro gestionado en forma mancomunada con la Warner Bros. Las nuevas edificaciones de CMQ abarcaban cerca de la mitad de la manzana que cubría las calles 23, 21, L y M en El Vedado, y muy pronto se convirtieron en el centro neurálgico de la radiodifusión cubana en su proyección futurista.

Representaba un crecimiento tecnológico sin precedentes en el país, con los más modernos equipos. El emporio Mestre manejaba estaciones en La Habana, Pinar del Río, Santa Clara, Camagüey, Holguín y Santiago de Cuba, más una estación de onda corta. El equipo que formaban los hermanos Abel, Luis Augusto y Goar Mestre reforzó también su apuesta por el esquema de servicio publicitario que sustentaba económicamente la programación del circuito CMQ: en él, las empresas jaboneras (Crusellas, Sabatés) retenían los primeros lugares en el patrocinio de programas dramatizados (aventuras, radionovelas) y musicales. También dependían de las ya conocidas iniciativas de participación e interacción, a través tanto de la presencia del público en sus estudios-teatros como de la comunicación por correspondencia, y de la contratación de cantantes y músicos internacionales de probada o previsible popularidad.

El abrazo del presidente Ramón Grau San Martín a Goar Mestre cuando inauguraban Radiocentro, congelado en la foto publicada en la prensa nacional, no deja lugar a dudas del apoyo oficial a la empresa CMQ y sus dueños. Para la inauguración de Radiocentro, Goar Mestre hizo invitar a importantes nombres de la radiodifusión y el *show business* de Estados Unidos y otros países, como Clemente Serna Martínez, director de la poderosa XEW de México; Meade Brunet, vicepresidente y director ejecutivo de la RCA Victor; William F. Brook y John F. Royal, vicepresidentes de NBC a cargo de las áreas de relaciones internacionales y televisión, respectivamente. Esto da indicios de los planes de expansión tecnológica que, si no habían sido concretados, al menos ya bullían en las cabezas de los tres hermanos Mestre. Varios artistas internacionales fueron traídos especialmente para actuar en la gala inaugural. Se presentaron en la parte artística la actriz argentina del cine y la radio Amanda Ledesma y el cantante español Niño de Utrera, al igual que el maestro Ernesto Lecuona y el Orfeón Santiago, traído especialmente desde Santiago de Cuba. En todo caso, el programa musical respondía a las percepciones estético-musicales de los directivos de CMQ, que en su concepto de «lo culto» excluían cualquier manifestación estrictamente autóctona y popular.

Durante la semana, CMQ transmitió los programas que emisoras estadounidenses y de América Latina dedicaron a la inauguración de Radiocentro. En particular, la NBC difundió dos días después un programa especial con su prestigiosa orquesta de planta, dirigida por el maestro Frank Black.

Al día siguiente concluyeron los festejos anuales del Carnaval Habanero. Los premios a las mejores comparsas los retuvieron nombres de tradición y arraigo popular: con el primer lugar se alzó el Alacrán, de los moradores de la barriada del Cerro liderados por Santos Ramírez; el segundo premio correspondió a Las Boyeras; el tercero, a Los Componedores de Bateas, y el cuarto, a Las Guaracheras. Ramón Grau San Martín, presidente de la República, y Nicolás Castellanos, alcalde de La Habana, bajaron con rapidez de la fastuosa gala de la CMQ a los festejos populares y entregaron las principales recompensas.

Finalizó marzo y se anunció con gran despliegue el debut en el cabaret Sans Souci del mexicano Pedro Vargas, pero quien lo había traído era Gaspar Pumarejo y lo hizo cantar el lunes 29 en la inauguración del nuevo cine-estudio de Unión Radio, en la calle San Lázaro número 68, muy cerca del habanero Paseo del Prado. Le habían reservado el horario estelar de las nueve de la noche y a su pianista, Heberto Alcalá, se le sumó en el acompañamiento la orquesta Cosmopolita, dirigida por Humberto Suárez. Como preámbulo se anunció para las ocho y media de la noche un programa extraordinario, con la participación de la cantante española Pepita Embil —madre del tenor Plácido Domingo—, quien se encontraba hacía meses en Cuba con su compañía de zarzuelas; Carlos Pous, la pareja de excéntricos musicales mexicanos Los Kíkaros, y los cantantes Rita María Rivero, Cheo Valladares y Celia Cruz, quien, como artista exclusiva de Unión Radio, aparecía en sus programas y espectáculos más destacados.

Celia en el Zombie Club y el final de la Mil Diez

En la calle Zulueta, cerca de la nueva instalación de Unión Radio y a escasos metros del famoso bar Sloppy's Joe, se erguía el cabaret

Zombie Club, donde mismo décadas atrás había estado el primer gran cabaret cubano, el Edén Concert, y hoy se alzan parte de las instalaciones del hotel Parque Central. El Zombie era uno de los centros nocturnos que, en el estilo del cabaret, comenzaban a proliferar en la zona central y más antigua de La Habana, y su ubicación, cercana al Parque Central, el Capitolio Nacional y el Palacio Presidencial, era privilegiada, pero en 1948 impedía, por esas mismas características, su propia expansión y limitaba su capacidad de competir con los grandes espacios que ya triunfaban en La Habana: Sans Souci, Montmartre y Tropicana. Por ese carácter céntrico y por su cercanía a la zona portuaria, se mantenía como uno de los preferidos por los turistas norteamericanos que, en cifras crecientes, llegaban a la isla. Para mayor valor, el Zombie también era cercano a la zona de los más importantes teatros, como el Fausto, el Payret, el Martí, la Comedia y otros. Su lema —en inglés, por supuesto— era «a new spot in an old place in the heart of Havana», y presumía aún más al anunciarse como «America's famous Zombie Club».

Sus dos formaciones de planta eran en ese momento la orquesta Great Guzmán y el conjunto Kubavana. Por ellas pasaron músicos que luego fueron relevantes, como Dámaso Pérez Prado. A mediados de abril, el Zombie Club promovía su nuevo cartel, con las atracciones de Andreé Poupon, quien se presentaba como bailarina exótica francesa; el galán francoargentino George Ross, y Celia Cruz, a quien presentaban como cancionera. Celia permaneció en la pista del Zombie Club hasta finales del mes de abril. Décadas después recordaba que allí conoció al gran percusionista cubano Carlos *Patato* Valdés, quien hizo parte también de La Sonora Matancera, aunque en época distinta a la suya, y de cuyo trabajo siempre habló con elogios y orgullo por haber compartido con él diversos escenarios.

Mayo comenzó con la noticia del asalto, en un aparatoso despliegue policial, al local de la radioemisora Mil Diez, en la calle Reina, ordenado por el coronel Genovevo Pérez Dámera, jefe de la Policía, en cumplimiento de una orden gubernamental del presidente Grau San Martín, bajo el argumento de una orden del Ministerio de Comunicaciones que obedecía a «defectos técnicos» de la estación. En realidad, la operación era parte del enfrentamiento del grausato con el Partido Socialista Popular y sus principales cabezas visibles. El cierre de la emisora se hizo efectivo a partir del mismo día 1 de mayo de 1948. Mientras se producían las querellas y reclamaciones de rigor, en el plato del tocadiscos de la sala de control quedó por mucho tiempo el disco que se radiaba en el momento del asalto: *Dónde irás, corazón,* de Libertad Lamarque. Eran las once y cuarto de la mañana. En esa frecuencia comenzaba a transmitir la CMZ, emisora radial del Ministerio de Educación.

La Mil Diez nunca más volvió a abrir. Se cerró así un ciclo importante y una gran oportunidad para la música y los músicos cubanos. Más allá de la filiación política e ideológica de la Emisora del Pueblo, su contribución a la radiodifusión y a la cultura cubana no puede ser obviada, a menos que se decida olvidar o mentir. Muchos de los músicos y artistas que eran grandes, o lo fueron después, pasaron por los micrófonos de la Mil Diez. La revista *Bohemia,* que en la década de los cuarenta no podía clasificarse de filiación izquierdista o comunista, publicó, en su edición del 28 de agosto de 1949 (a más de un año del cierre de la Mil Diez), el texto «El elenco perdido», en una sección con un evidente compromiso comercial con algunas radioemisoras, no con la Mil Diez. En sus inicios, el artículo comenta:

> Si a usted le hicieran esta pregunta: "Qué emisora de Cuba ha presentado ante sus micrófonos a los más destacados valores artísticos?", usted respondería: CMQ o RHC. Y no habría acertado con una ni con la otra. La respuesta correcta, aunque a usted le extrañe, es ésta: Mil Diez.
>
> Efectivamente, Mil Diez, la emisora del Partido Socialista Popular, que una orden de clausura dictada por el Dr. Ramón Grau San Martín silenciara para siempre, aglutinó los valores más relevantes de la radio nacional, los mismos que ahora triunfan plenamente ante otros micrófonos.

Y a continuación daba una relación detallada de esos nombres y las emisoras donde en ese momento se desempeñaban. Entre ellos, el articulista anónimo señaló a los actores Eduardo Egea, Santiago García Ortega, Nenita Viera, Bellita Borges, Paco Alfonso, Raquel Revuelta, Antonia Valdés, Elvira Cervera, Enrique Alzugaray, Bob Wilkinson, Amador Domínguez; locutores como Ibrahim Urbino, también excelente directivo; músicos como Facundo Rivero, Bebo Valdés, Enrique González Mantici, Roberto Valdés Arnau, Félix Guerrero. Y al final del escrito se indicaba: «Y agreguen, además, que la emisora Mil Diez contaba con cantantes como Celia Cruz, Olguita Guillot y Oscar López, y se darán cuenta de que es cierto lo que afirmamos al principio». Poco más de setenta años después, la gran compositora Marta Valdés elogiaba el legado cultural de la extinta emisora, «donde hubo sitio para todo lo que ya era grande, así como impulso para toda corriente nueva que trajera luz propia».

Por fortuna sobrevivieron al menos cinco grabaciones realizadas por Celia en la Mil Diez con la orquesta de planta de la emisora: los afros *Mi Iyale, El cabildo de la Mercé* y *Ruego a Changó,* y las guarachas afro *Tuñaré* (Juanito Blez) y *Pa' congrí. Mi Iyale* es una suerte de canción de cuna con una progresión dramática en la letra a la que Celia se ajusta maravillosamente en su interpretación. La guaracha *Pa' congrí* había sido grabada cuatro años antes por La Sonora Matancera con las voces de Caíto y Rogelio, y parece ser el primer registro sonoro que hizo Celia de un tema del compositor José Claro Fumero, quien dos años después le traería a la joven guarachera otras alegrías autorales.

El *Tuñaré* que canta Celia no debe confundirse con el que grabó en 1940 Miguelito Valdés con la Xavier Cugat Waldorf Astoria Orchestra. Se trata de dos piezas musicales homónimas, aunque diferentes. La de Celia se conoce también como *Al compás del tuñaré,* y su autor, Juan Adolfo Blez González (Juanito Blez), la entregó también a Benny Moré, quien no la llevó a discos, pero sí hizo de ella una memorable interpretación en el filme mexicano *Carita de cielo,* su primera incursión cinematográfica, en 1947, donde se atisbaban ya los primeros indicios de lo que años más tarde sería el estilo personal y único del Bárbaro del Ritmo. Vicentico Valdés, en su etapa mexicana, lo grabó también con el Conjunto Tropical en 1947. Es decir, ambos casi en las mismas fechas en que Celia la estaba cantando en la Mil Diez. En la interpretación de Celia se aprecia su estilo guarachero inicial, que permite imaginar una vivaz expresión escénica por su parte y debió inspirar los excelentes solos de trompeta y el duelo de bongó y tumbadora. Curiosamente, en estas grabaciones se percibe que Celia aún estaba bajo la influencia de quienes dominaban el panorama de la guaracha en esos momentos: los cantantes masculinos, entre quienes descuellan Miguelito Valdés y Cascarita. Ciertas frases y palabras que, como ellos, Celia lanzaba en medio del estribillo, o los puentes a modo de apoyaturas, pronto desaparecieron, en su búsqueda de un estilo cada vez más personal.

Mientras tanto, Celia encontró más oportunidades en Unión Radio: Pumarejo exprimió las posibilidades de su elenco exclusivo y del 10 al 17 de mayo ofreció y transmitió un megaconcierto con Pedro Vargas como figura central, escoltado por los cantantes María Ciérvide, Celia Cruz, Raúl del Castillo, Cheo Valladares, el Mariscal de la Guaracha y la actriz Lolita Berrio, todos con el respaldo de la Orquesta Cosmopolita. El espectáculo, en el flamante cine-estudio de Unión Radio, se completaba con la proyección de una película diferente cada noche. El columnista Alberto Giró, al reseñar el programa en su espacio «Informaciones radiales» en el *Diario de la Marina*, calificó a Celia como «excelente voz afrocubana».

Celia se mantuvo trabajando en emisoras de radio y otros espacios donde podía. De momento, los grandes teatros habaneros con los espectáculos más relevantes, como los modernos América, Payret y Radiocentro, continuaban siendo infranqueables para la mejor voz de lo afrocubano en esos momentos.

El mes de junio comenzó sin Celia en las carteleras de Unión Radio, pero reapareció en ellas el 8 del mes siguiente con un nuevo programa, donde era la figura principal: *Quince minutos con Celia Cruz*, en el horario de las once de la mañana, con el cual la emisora de Pumarejo continuaba teniéndola en su programación, aunque sería por breve tiempo, pues recesaría al comenzar agosto.

Casi no se encuentra información detallada acerca de los temas que Celia cantaba por estos tiempos en Unión Radio. Tampoco han sobrevivido las placas de aluminio que podrían haber recogido sus programas. Solo su pasión por el detalle, que la hizo consignar simples datos en dedicatorias o al dorso de algunas fotografías, nos permite saber que por esos años cuarenta su repertorio incluía afro, como *Yo mambé,* de Luis Yáñez, o *Morumba.* José Antonio Méndez, relevante compositor vinculado, como Yáñez, al entonces naciente movimiento del *feeling*, afirmó que fue Celia Cruz quien en la Mil Diez le estrenó su primer gran éxito, la guaracha *Qué jelengue,* y que poco después la Guarachera de Cuba incluyó entre sus primeras grabaciones.

En la medianía de 1948, el emporio CMQ aún no contaba con programas dedicados especialmente al llamado estilo afro en voz de algún intérprete solista. En Radiocentro, junto con el filme *El tesoro de la Sierra Madre,* la voz y el encanto de Humphrey Bogart dieron paso al show que subió a escena a finales de julio, en el que Rita Montaner se convirtió en la primera afrodescendiente en actuar en el recién inaugurado y fastuoso Teatro Warner, integrado al circuito que lideraba Goar Mestre. La Única continuaba presentándose también desde hacía varios meses en el cabaret Tropicana, donde Armando Romeu y Ernesto Grenet tenían a su cargo el respaldo musical de un espectáculo que incluía a la gran rumbera Estela, a Felo Bergaza con su piano y al histriónico Carlitos Pous. Por esas fechas, y con la compañía del teatro vernáculo cubano Pous-Sanabria, Daniel Santos se estaba presentando en el Martí con La Sonora Matancera, en simultáneo con su debut el 20 de julio de 1948 ante los micrófonos de Radio Progreso con la misma orquesta de Matanzas. El 11 de julio, un anuncio publicado en el *Diario de la Marina* incluía a Celia, cultora de los ritmos afrocubanos, en una espectáculo que comenzaría a presentarse al día siguiente en el Cine-Teatro Radio Cine, donde Mario Fernández Porta actuaría como cantante junto con un número circense de Linda Chang, virtuosa de la fuerza capilar, pero dos días después el elenco había sido sustituido por la excéntrica Fanny Kauffman, la inefable *Vitola*, y el Trío Servando Díaz.

A mediados de año, Goar Mestre, director general y cerebro del auge de CMQ y Radiocentro, reforzó su posición internacional al ser elegido presidente de la Asociación Interamericana de Radiodifusión. La expansión de CMQ y sus espacios radiales fueron cruciales en la carrera posterior de Celia.

Justo por esas fechas de julio, el Consulado de los Estados Unidos Mexicanos en La Habana acuñó con un visado por seis meses el pasaporte número 30229 de la República de Cuba, emitido en La Habana el 16 de septiembre de 1947, a nombre de Celia Caridad Cruz y Alfonso, diez meses antes de que realizara su primer viaje al extranjero. Pronto veremos con qué objetivo.

México, primer viaje y primer filme

Marta Castillo, una de aquellas mulatas fogosas originales, cuenta en su residencia de Madrid:

> Llego a conocer a Rodney por mediación de Facundo Rivero, a quien me encuentro en la calle [...]. Iba yo para el Zombie Club, donde estaba ensayando para debutar allí como cantante, y me dice que vaya al Fausto, que están escogiendo mulatas para un show que se va a llamar *Serenata mulata*, donde todo el espectáculo lo va a montar Roderico y todo el elenco será de color. Fui de inmediato y Rodney me preguntó qué yo hacía, y cuando le digo que bailo y canto me responde: «Olvídate del canto, baila». Y desde ahí comencé a bailar. Cuando ocurre esto, aún no se llamaban Las Mulatas de Fuego.

La cartelera del Cine-Teatro Fausto comenzó a anunciar a Las Mulatas de Fuego de Rodney, acompañadas por Felo Bergaza y su orquesta, en un programa que exhibía en pantalla el filme *Festival en México*, con Xavier Cugat. Poco antes habían llegado a La Habana dos conocidos mexicanos: Gabriel Figueroa, director de fotografía, y César *el Chato* Guerra, productor de espectáculos, muy vinculado al célebre Teatro Folies, en la ciudad de México. Después de visitar varios teatros, fueron a ver el espectáculo del Fausto. De esa visita recuerda Marta Castillo:

> Después de aquel espectáculo *Serenata mulata* vinieron de México el Chato Guerra con el *cameraman* Gabriel Figueroa. Andaban buscando un espectáculo para incluirlo en una película que estaban preparando y alguien le recomendó ver a Rodney. Chato Guerra era el productor de la película y cuando vio el espectáculo, decidió que aquellas seis mulatas estarían en su filme. Aunque estuve incluida, no me eligieron porque mi mamá no me dejaba viajar al extranjero si no iba ella. Las seis fueron Olga Socarrás, Rita Mercedes Montané, Anita Arias, Marta Castillo, Mercedes Lafayette y Fefa (así le llamábamos y nunca supimos su nombre completo, porque fue la primera que abandonó Las Mulatas y no volvió nunca más).

Algunas fuentes indican que Fefa podría ser Felipa Josefa Morales Rodríguez y que tenía un segundo apodo: *Simaya*. Marta Castillo explica lo que ocurrio después:

> Al no ir yo en el grupo, se incorporó Vilma Valle. Y para el viaje a México se suman Celia Cruz y Elena Burke. Fue el Chato Guerra quien nos puso el nombre de Las Mulatas de Fuego, ni siquiera fue Rodney, como se ha dicho después. Ya para los anuncios empezamos a ser Las Mulatas de Fuego de Rodney. Pero para el viaje a México, que es el primero que hacen Las Mulatas de Fuego, fueron más de seis, porque se sumó Elena Burke, que no tenía nada que ver con el grupo de bailarinas, pero Chato dijo que necesitaba cantantes y entonces se sumó Elena y también Celia Cruz, que fue contratada aparte para cantar. También hizo el viaje Litico

Las Mulatas de Fuego (Elena Burke, Anita Arias, Meche Lafayette, Meche Montané, Olga Socarrás) con Tongolele; en segunda fila, Vilma Valle y Celia Cruz; Teatro Follies, México, 1948 (Celia Cruz Estate).

Rodríguez, que era bailarín, y como Roderico no podía viajar por la enfermedad crónica que tenía, le dio las indicaciones a Litico para montar las coreografías.

La *troupe* organizada por Rodney y contratada por los mexicanos viajó al país azteca en el mes de junio de 1948. Para todas era su primer viaje al exterior. El Chato Guerra se dispuso a rentabilizar la estancia de las chicas cubanas para participar en la película, y de ese modo se presentaron en el cabaret Waikiki y en el Teatro Follies, del que era administrador. El Waikiki, que se alzaba con un llamativo anuncio lumínico en el Paseo de la Reforma, llegó a ser, además de uno de los más concurridos, una de las plazas fuertes para las rumberas cubanas que luego hicieron historia en el cine mexicano en su época dorada. En ese entonces, la reina y señora de su escenario era la bailarina exótica Kalantán.

El Follies, en la famosa Plaza Garibaldi, había sido inaugurado en 1936 y desde entonces era una de las grandes mecas del teatro de variedades en México. Cuando llegaron Celia y Las Mulatas de Fuego, Yolanda Montes, *Tongolele,* era la primera figura del espectáculo, al que se integraron las cubanas junto con los cómicos Palillo, Manolín y Schilinsky, y otros. A finales de agosto cambió la cartelera y se anunció al cómico Borolas y a las bailarinas exóticas Kyra y Frine (estaban de moda las bailarinas «exóticas», cuyos nombres insinuaban orígenes asiáticos, hindúes...). Todas trataban de competir con la enigmática Tongolele, que reivindicaba unos ancestros tahitianos que se han mantenido en zona de misterio.

Entra en escena el pianista cubano Juan Bruno Tarraza, quien poco antes había armado un grupo que se presentaba en el Follies y el Waikiki, acompañando a Tongolele, Toña La Negra, Benny Moré, Yeyo Estrada y Kiko Mendive, y lo mismo hizo con las aún desconocidas Celia Cruz y Elena Burke en sus primeras presentaciones en esos escenarios y fuera de Cuba. Tarraza se hacía acompañar de músicos coterráneos suyos, como el cantante y tresero Humberto Cané; los percusionistas Antonio *Chocolate* Díaz Mena, Silvestre Méndez, Mongo Santamaría y Enrique Tappan, *Tabaquito;* el bajista Manolo Berríos; y Alejandro Cardona, Lucas Hernández y *Caramelo* en las trompetas.

Para iniciar septiembre, las cubanas se mantenían —junto con Kyra y Frine— en cartel, pero la marquesina del teatro anunciaba con grandes letras la actuación de Toña La Negra con el conjunto de Tarraza. En su libro autobiográfico, Celia se refiere a un tercer sitio donde se presentaron: «Un cabaret que se llamaba Zombie Club. También había un Zombie Club en La Habana, pero no sé cuál abrió primero. El dueño del Zombie de México era un cubano llamado Heriberto Pino, que luego se exiliaría en España. Las presentaciones que hacíamos allí siempre recibían buena crítica».

A partir del 9 de septiembre, y durante veintiséis días, el filme *Salón México,* protagonizado por Marga López, Rodolfo Acosta y Miguel Inclán, se rodó en los estudios CLASA, en el Distrito Federal, y fue estrenado casi seis meses después, el 25 de febrero de 1949, en el Cine Orfeón de la capital mexicana. Su director, Emilio *el Indio* Fernández, tuvo como director de fotografía al legendario Gabriel Figueroa, el mismo que había ido a La Habana y, sin saberlo, provocó el bautismo de Las Mulatas de Fuego. El argumento, construido en torno a un cabaret (el Salón México), como escenario principal, reitera el manido tema de la muchacha pobre, Mercedes, que busca abrirse paso en la capital para ayudar a su familia, pero que para lograrlo, como cabaretera, tiene que someterse a una relación de explotación con un hombre violento, el pachuco Paco.

Cerca del minuto seis comienza una larga escena que recrea un baile ritual afro, centrado por una de las Mulatas de Fuego, que parece ser la bella Olga Socarrás, y Litico Rodríguez. Mientras, las demás, junto con Celia y Elena Burke —quienes no cantan en el filme—, hacen coro en medio del grupo de espectadores y músicos. A cargo de la música estuvo Antonio Díaz Conde, al mando de muchas bandas sonoras del cine de rumberas, que aprovechó el acompañamiento del conjunto Son Clave de Oro —una de las agrupaciones habituales del cabaret Waikiki— para introducir en el filme danzones cubanos y mexicanos, y temas de autores cubanos, como *El caballo y la montura*, *Sopa de pichón* y *El meneíto*.

Ni Celia, Elena Burke, Las Mulatas de Fuego ni *Litico* Rodríguez aparecen en los créditos oficiales de la película, pero aun así el filme tuvo un significado incuestionable para Celia Cruz: *Salón México* marcó su debut cinematográfico y también su primer viaje con presentaciones fuera de Cuba. Resulta sugerente que la primera incursión de Celia en el cine ocurriera con esta película, considerada trascendente en la cinematografía mexicana, revalidada en su día también como gran exponente de la cultura popular —mal llamada contracultura—, ubicada en la ciudad de México de la década de los cuarenta, que tuvo en los cabarets y salones de baile sus escenarios por excelencia. El notable periodista y crítico mexicano Carlos Monsiváis la consideraba una de las obras imprescindibles de la cinematografía mexicana y la caracterizaba con exactitud: «En *Salón México*, el Indio Fernández y [Gabriel] Figueroa captan los poderes de un salón de baile que es microcosmos de la sociedad y macrocosmos de la expresión corporal». En particular, la presencia de los cubanos en esa escena, que podía parecer exótica en México en 1948, comenzaba a ser coherente con lo que ocurría en esos espacios en diversas zonas del país azteca, pero sobre todo en la capital y las principales ciudades, y que fue sello distintivo de una parte importante y mítica de la llamada Época de Oro del cine mexicano: el cine de rumberas.

De la fundación de Las Mulatas de Fuego en 1948, Celia dijo:

> Fue de las cosas más innovadoras que hizo Rodney. Esas mujeres paraban el tráfico dondequiera, ya que Rodney se buscaba a las mulatas más despampanantes que había. Incluso, hasta la fecha queda en el imaginario cubano esa fascinación con Las Mulatas. Pero cabe señalar que en realidad existieron varias versiones de Las Mulatas de Fuego. Por ejemplo, cuando las originales y yo estábamos en gira en México, Rodney formó otro grupo en Cuba, y luego, cuando regresamos, formó otro más y las mandó para la Argentina [...]. Las Mulatas de Fuego lanzaron su carrera en el Teatro Fausto en La Habana. Yo cantaba y ellas bailaban. Me acuerdo de algunas canciones de esa época, como *La puntillita, Meneíto pa' aquí... meneíto pa' cá...* y *Pulpa de tamarindo*. Ya no me acuerdo quién dirigía la orquesta del teatro, pero el pianista era Felo Bergaza. Empezaba la música, salía yo cantando y después salían Las Mulatas. Una por una, se deslizaban sobre el escenario con sus trajes llenos de plumas de colores. Eso era precioso y único. Era un espectáculo que no se veía en ningún otro lado. El teatro se llenaba todas las noches, y por lo tanto, nuestras presentaciones fueron un gran éxito.

Terminó la aventura y el Servicio de Inmigración mexicano acuñó el pasaporte de Celia el 2 de octubre de 1948, en Mérida, el mismo día en que llegaría por avión a La Habana. En la capital cubana estuvo poco tiempo, pues ya a ella y a Las Mulatas de Fuego les esperaba un contrato que debían cumplir de inmediato.

¡Más viajes! Venezuela con Las Mulatas de Fuego

Siete días después de llegar procedente de México, el Consulado de Venezuela en La Habana expidió el visado correspondiente en el pasaporte de Celia Caridad Cruz y Alfonso. Con el mismo espectáculo que llevaron a México, ella y Las Mulatas de Fuego, con la también jovencísima Elena Burke y Litico Rodríguez, llegaron al aeropuerto de Maiquetía el 16 de octubre de 1948. Se hospedaron en el Hotel Majestic y, como es lógico, llamaron la atención de la prensa venezolana. Sus primeras declaraciones confirmaban que, por su ingenuidad, ellas mismas no se sentían aquellas voluptuosas mulatas capaces de paralizar el tráfico allí por donde pasaran: «¡Periodista, periodista, nómbreme a mí, para que mi mamá me vea anunciada!», suplicó Olguita Socarrás. «Pero la que se llevaba los titulares era una negrita un poco menos agraciada, y según las malas lenguas, no la dejaban salir al escenario, aunque tras el telón su voz se encargaba de llenar todos los espacios, la misma Celia Cruz que la noche de estreno en el Hotel Majestic era anunciada por Radio Cultura como toda una estrella, a pesar de que aún faltaban dos años para consagrarse con La Sonora Matancera», escribió décadas después el investigador venezolano Gherson Maldonado, glosando anécdotas recogidas de testimonios y prensa de la época.

En la Taberna del Majestic debutaron el 20 de octubre, según anunciaba el diario *El Nacional*, y las acompañaron en el elenco Chanela, *la Reina de la Alegría;* la pareja de bailes de Olga Sotolongo y Faru, y «la mujer que lleva la rumba en sus venas», Virgilia Morales.

Así recogía el periódico *Últimas Noticias* el suceso:

Procedentes de Cuba llegaron antes de ayer a nuestra ciudad, después de una larga temporada en teatros mexicanos, el conjunto Mulatas de Cuba, integrado por hermosas chicas de color. Las pimentosas muchachas acudieron ayer tarde a visitar nuestra redacción, donde armaron un verdadero revuelo entre los chicos de *Últimas Noticias*. Permanecerán una larga temporada en nuestros salones de diversión por los cuales vienen contratadas. Se destaca entre todas ellas la admirada estrella del conjunto, Celia Cruz, Elena Burke y Litico Rodríguez, director del ballet, secundados por las muchachas que en él toman parte.

—¿Qué temas estrenarán en Caracas? —les preguntamos.

—Los que más éxitos han tenido dondequiera que fuimos —nos responde Celia Cruz—. El último grito de Cuba dentro del ritmo afrocubano son *La rareza del siglo* y *Rinquincalla*, pero el que será un verdadero suceso es *Mambé,* algo bembé.

—¿Quién es la más en el ballet?

—Yo —nos responde Vilma Valle impetuosamente.

Le siguieron varias presentaciones radiales de Celia en emisoras venezolanas: el 22 de noviembre actuó en el programa *Bingo Alas*, de Víctor Saume en Radio Caracas, y allí cantó *La mazucamba* (Orlando de la Rosa), *Zahara* (Eligio Valera), *Rumba columbia* (Senén Suárez), *Goyito* y *Al compás del tuñaré* (Juan Blez González), títulos que grabó en Venezuela durante ese viaje de 1948, a excepción de *Al compás del tuñaré* y *Goyito*. Una semana después, el día 29, en el mismo espacio radial, Celia interpretó *Qué jelengue* (José Antonio Méndez), *Arará*, *Estoy aprendiendo inglés* (Facundo Rivero), *Pa' gozá* (Aurelio Martín) y *Yemayá* (canto litúrgico), según se indica en un anuncio impreso que promociona ese programa.

El día antes, Celia, acompañada de Vilma Valle, una de las Mulatas de Fuego, posó en foto para la revista *Elite,* junto con el humorista Roberto Hernández, la actriz Angelina y el popular animador Víctor Saume, con quienes Celia trabajaría en el programa *La revista Ford.* El periodista anónimo escribe: «Celia Cruz es el nombre de la artista cubana que ha debutado en los programas nocturnos de la Radio Caracas. Esta gran intérprete de los ritmos antillanos ha llamado fuertemente la atención del escucha por su gran conocimiento musical y por las buenas interpretaciones del afro y de los ritmos negroides cubanos». Se presentó además en el programa *Eslabones de oro,* también de Radio Cultura, donde premonitoriamente fue presentada como «todo el fuego de Cuba en una voz privilegiada».

A pesar de los elogios que comúnmente prodiga la prensa a un artista extranjero que llega a cumplir un contrato, Celia no era conocida en Caracas. Sus dos únicas grabaciones no podían ser conocidas allí, y poco más podría haber llegado a tierras venezolanas acerca de sus presentaciones radiales en Cuba. Otra cosa fue cuando en sus actuaciones comenzó a demostrar su valía como cantante y su gracia natural.

De esas presentaciones en estudios de radio, Celia recordaría:

> Hubo algunas noches solitarias en que mejor nos aplaudíamos nosotras mismas, porque la gente no llegaba. Sin embargo, nuestra experiencia en el cabaret venezolano fue todo lo opuesto. Nos contrataron en un lugar que se llamaba La Taberna del Silencio, cuyo nombre siempre me pareció raro, ya que era un lugar para rumbear, y no era nada silencioso. Ahí nos presentamos por tres meses y todas las noches La Taberna se llenaba. Las Mulatas y yo hicimos tantas presentaciones juntas que yo me sabía los números de todo el elenco de memoria. Un día se enfermó una de ellas, y yo le dije a Elena [Burke], aunque no sé cómo se me ocurrió semejante idea: «No te preocupes, yo me sé los números y puedo salir en su lugar», y ella me dijo: «¿De verdad, Celia? Ay, gracias, negra. Coge, aquí está el traje». Me lo puse y me arreglé, y cuando estaba a punto de salir, me quedé tiesa. No salí. Es que no pude. Me quedé parada ahí como un palo, y después me metí en el camerino para cambiarme. Cuando regresó del escenario, Elena me preguntó: «Chica, ¿qué te pasó? ¿Por qué no saliste?», y yo le contesté: «Ay, Elena, lo siento, negra, pero no fui capaz. Me sentí completamente desnuda, y tanta gente ahí mirando. No, no, no, perdóname, chica, pero no pude». Elena no hizo más que reírse, y por supuesto nunca más volví a ofrecerme para hacer el papel de una de las Mulatas de Fuego. Me dediqué a cantar solamente, ya que eso era lo que yo sabía hacer bien.

La independencia que le brindaba a Celia su condición de buena cantante le permitió probar otros espacios de trabajo en Venezuela:

> Cuando estaba de gira con Las Mulatas, siempre buscaba la manera de conseguirme otro trabajito. En una de esas me salió una oportunidad con un señor que se llamaba Víctor Saume, un empresario muy importante de la radio venezolana. El señor Saume me citó para Radio Caracas, me hicieron una prueba, y a raíz de eso hice unos cuantos programas patrocinados por una marca de cigarrillos venezolana.

A finales de noviembre de 1948, encontrándose aún Celia y Las Mulatas de Fuego en territorio venezolano, se activó un golpe militar incruento contra el presidente Rómulo Gallegos, que desembocó en el nombramiento de una junta militar integrada por Marcos Pérez Jiménez, Carlos Delgado Chalbaud y Luis Felipe Llovera Páez, que se constituyó en gobierno el 25 de noviembre. Los sucesos y la inestabilidad que inevitablemente debieron ocasionar en la situación interna venezolana debieron influir en el normal desarrollo de la estancia de las chicas cubanas en Venezuela.

Grabaciones en Venezuela

Según el investigador y hemerógrafo venezolano Gherson Maldonado, fue en ese viaje cuando Celia realizó una serie de grabaciones en las que estuvo acompañada por tres orquestas venezolanas: la Leonard's Melody Boys, la Orquesta de Luis Alfonso Larraín y la Sonora Caracas. Los discos y otras evidencias dan fe de que fueron publicadas en diferentes momentos bajo los sellos venezolanos Turpial, Rex y Verco, y por el norteamericano Century. La propia Celia confirmó en su autobiografía las grabaciones con estas orquestas en su primer viaje a Venezuela, aunque en el texto se cita el año 1949, cuando en realidad está documentalmente probado que permaneció en Venezuela los tres últimos meses del año 1948 y que no realizó viajes a ese país en 1949.

La orquesta Leonard's Melody Boys estaba dirigida en ese momento por Leonardo Pedroza, que la había formado un año antes, cuando ya había pasado por la Sonora Caracas. La Leonard's Melody Boys hacía las veces de orquesta de planta de la emisora Radio Libertador en Caracas. No se han encontrado datos fidedignos que permitan fijar el lugar donde Celia realizó esas grabaciones con la Leonard's Melody Boys. Según el investigador venezolano Larry Daniel Cabello, las sesiones de grabación debieron realizarse en un estudio que radicaba en los altos del Teatro Nacional, en Caracas, pero también pudo ser en los estudios de Radio Cultura, según afirma el investigador colombiano Carlos Molano Gómez, con la lógica probatoria de los anuncios que promocionaban las audiciones de Celia en el programa *Eslabones de oro* en Radio Cultura durante su viaje de 1948.

Atendiendo a las pruebas documentales disponibles, en este caso el contenido que recogen estas grabaciones, aparecen como temas el afro *Mambé* (Luis Yáñez), la guaracha *El cumbanchero* (Rafael Hernández), el bolero negro *Quédate negra* (Facundo Rivero) y el capricho *La mazucamba* (Orlando de la Rosa). *Mambé* (*Yo mambé*) formaba parte del repertorio de Celia desde antes, según reza la nota que escribió ella misma en el reverso de una foto suya, donde indicaba que cantaba ese tema «el 1 de enero de 1947 en el debut de Miguelito Valdés por las ondas de Mil Diez, la Emisora del Pueblo». En cuanto a *La mazucamba,* la suya debió ser una de las primeras que se grabaron de este clásico en la carpeta autoral de Orlando de la Rosa. Particular destaque merece el bolero-afro *Quédate negra*, probablemente una de las primeras canciones que hablan claramente acerca de la reivindicación de la belleza negra frente a los patrones patriarcales establecidos. Su autor, Facundo Rivero, fue prolífico en temas que abordan la temática racial, desde la deformación tipificadora del modo de hablar y la pronunciación:

> Pasa y pasa peine y pelo no enderezá,
> pinta bemba y bemba no cambiá,
> unta y unta polvo. Total, pa' no blanqueá.
> Pa' qué engañar a la gente. Quédate negra como estás.
> Quédate así, no te hagas ná,
> quédate negra, que así me gustas más [...].
> Quédate así, no te hagas ná,
> deja tu carita negra,
> que así mismo la tiene la virgencita
> que tanto me acompaña.

Los cuatro temas se publicaron en discos de 78 revoluciones por minuto bajo el sello venezolano Rex (Rex-34 y Rex-35, respectivamente). También se ha constatado la publicación de los temas *La mazucamba* y *Quédate negra* por el sello venezolano Turpial, igualmente en formatos de 78 y 45 revoluciones por minuto (Turpial-34).

Luis Alfonzo Larraín ya era conocido con su orquesta, que se presentaba en emisoras radiales, bailes populares y eventos teatrales. A finales del año recibió la propuesta de la discográfica Comercial Serfaty —productora y distribuidora venezolana de discos— para acompañar a Celia Cruz en unas grabaciones. El investigador Gherson Maldonado ha podido confirmar la existencia de cuatro registros sonoros de Celia con la orquesta de Larraín: la conga *Se acerca la comparsa* (Julio Blanco Leonard); el mambo *Rareza del siglo* (Bebo Valdés), la conga *Comparsa Barracón* (Bebo Valdés) y el afro *Morumba* (Julio Chappottín).

Dos de los temas se inscriben en el ámbito carnavalesco de las comparsas populares, en particular *Comparsa Barracón*, dedicada a la comparsa habanera El Barracón y grabada en 1946 por Bebo y su orquesta para el sello Victor y también en Nueva York por Marcelino Guerra y su orquesta.

Rareza de siglo es, en rigor, un protomambo que Bebo Valdés compuso en la medianía de la década de los cuarenta. Su primera grabación la realizó la orquesta de Julio Cueva con Orlando Guerra, *Cascarita*, como cantante, en tiempos en que Bebo era el pianista de esta orquesta, que es quien llevó esta pieza a la popularidad. Este disco venezolano prueba que Celia lo grabó dos años después, en plena popularidad del tema, pero antes de que Rita Montaner lo cantara en el filme mexicano *Ritmos del Caribe* (1950), y que Celia volvió a grabar en febrero de 1958 con La Sonora Matancera. *Comparsa Barracón* fue grabado en 1946 para el sello Victor por el propio Bebo Valdés con una orquesta rítmica, en lo que constituye su primer registro fonográfico.

La mayoría de los autores estaban en el entorno inmediato de Celia por esos años: Luis Yáñez, Orlando de la Rosa, Facundo Rivero, Julio Chappottín y Bebo Valdés eran compositores afrodescendientes ya muy activos en 1948. Valdés y Yáñez, muy vinculados a la Mil Diez y su entorno, el segundo, en particular, con clara filiación política de izquierda. De la Rosa y Rivero eran además destacados pianistas y directores de cuartetos y conjuntos vocales, con presencia en las más importantes emisoras radiales y escenas teatrales. Aunque existen los audios de esas grabaciones, los discos donde fueron prensados han sido esquivos a la investigación y no han podido ser localizados, salvo las fotografías de su publicación bajo la marca discográfica personal de Luis Alfonzo Larraín.

No hay dudas de que Celia grabó con la venezolana Sonora Caracas. Lo afirma en su libro autobiográfico y también en *La dicha mía*, una guaracha que le escribió Johnny Pacheco décadas después narrando parte de su propia vida y que grabó en 1986 junto con Pete *El Conde* Rodríguez para el sello Fania:

El señor me dio la dicha de grabar
con La Sonora Matancera,
Memo Salamanca, Lino Frías.
Esa dicha me la dio el Señor
con Charlie Palmieri, René Hernández, la Sonora Caracas...

Sin embargo, un misterio de larga data, que nunca los biógrafos de Celia se decidieron a esclarecer con ella, rodea sus grabaciones con la Sonora Caracas y se hace presente en la investigación que sustenta este libro, con dos pruebas documentales: un único disco de 78 revoluciones por minuto que indica a una enigmática Sonora C, y un impreso comercial que anuncia una serie de grabaciones de la Sonora Caracas para el sello venezolano Verco y que el músico Jesús Marcano le obsequió al hemerógrafo Gherson Maldonado.

El Palacio de la Música es la compañía fundada en 1947 por Ernesto Aue Sr. y Miguel Ángel Piña para la venta de instrumentos musicales. Poco después, un socio estadounidense propuso ampliar el negocio a la producción y distribución de discos. Así surgió Discos Verco (Venezuela Record Company), con el que El Palacio de la Música comenzó a vender los discos de sus propias producciones, aunque inicialmente prensados en México, al no contar Venezuela con el equipamiento necesario. Según el *flyer* o impreso de Discos Verco, Celia grabó con la Sonora Caracas los siguientes temas: el son montuno *Qué jelengue* (José Antonio Méndez), la rumba *Rumba columbia* (Senén Suárez) (Verco-019), el bolero-mambo *Un poquito de tu amor* (Julio Gutiérrez) y la rumba *Pa' gozá* (Aurelio Martín) (Verco-020). Sin embargo, un único disco de 78 revoluciones por minuto publicado por el norteamericano sello Century, da fe de estas grabaciones, pero contiene *Qué jelengue* y *Pa' gozá*. No se ha encontrado rastro de los registros de *Un poquito de tu amor,* y en el caso de *Rumba columbia,* una placa de metal, presumiblemente con la matriz de la grabación, está actualmente en manos privadas. Persiste la duda de si estos dos temas finalmente llegaron a prensarse en discos comerciales —de los cuales no hay referencias ni indicios de su existencia— o si las placas con las grabaciones terminaron perdiéndose. Llama la atención que estos títulos nunca figuraron en el repertorio discográfico de Celia Cruz.

La Sonora Caracas, cuyos orígenes se remontan a 1933, tenía en 1948 la siguiente estructura: Carlos Guerra, T. Landaez y Pedro Baez en las trompetas; Alirio Ramos en el contrabajo; Elías

Carmonta en el piano, y E. Tejera en la guitarra. Jesús Marcano era su cantante melódico y Johnny Pérez, el guarachero; Víctor Piñero en los coros y, como representante y tumbador, Carlos Emilio Landaeta. El testimonio del músico venezolano Jesús Marcano, recogido por Gherson Maldonado, habla sobre cómo se originó la idea de la grabación y los temas registrados:

> Tuvimos el honor de grabar con Celia Cruz; grabamos en los altos del Teatro Nacional los temas *Un poquito de tu amor*, *Qué jelengue*, *Rumba y columbia* [sic] y *Pa' gozá*. No había grabaciones de Celia, nosotros no la llamamos, fue un cubano que se llama Galán, Don Galán, un comerciante, tocaba saxofón gallego. En combinación con Piñita hacen el negocio y nos llaman a nosotros para grabar con Celia.

Otro músico de la Sonora Caracas, Johnny Pérez, contó a Maldonado: «Celia se presentaba en el Nuevo Circo. Y había un señor, este… Piñita, que tenía la agencia de música que quedaba al frente de Radio Caracas, la agencia de música. Por supuesto, los músicos iban mucho ahí. Entonces, por medio de él fue que habló con Celia para que hiciera la grabación con nosotros». Maldonado subraya que Marcano, Pérez y el cantante Víctor Piñero no dudan en afirmar que estas grabaciones se realizaron en 1948, durante la primera visita de Celia a Venezuela.

Carlos Emilio Landaeta, conocido como Pan con Queso, dejó escrita su autobiografía, aún inédita, en manos of Gherson Maldonado, en la que habla de presentaciones de Celia en el Cine Anauco refiriendo erróneamente el año 1949, pues ya ahora sabemos que fue en 1948. Asegura Landaeta: «Celia grabó con nosotros en la Sonora Caracas, pero un cubano se llevó las matrices; no se supo nunca más de él». Las matrices con las grabaciones de Celia con la Sonora Caracas salieron de Venezuela, según las afirmaciones de Marcano y Landaeta, en el equipaje de este cubano que Marcano identifica como Galán, y esto puede explicar el hecho de que

Miguelito Valdés y José Antonio Méndez sostienen la guitarra. Detrás, Bebo Valdés asoma la cabeza. Le siguen Frank Emilio Flynn (con gafas), Francisco Fellove, Celia, Olga Guillot, Ibrahim Urbino. Estudio de la Mil Diez, La Habana, *circa* 1947-1948 (archivo personal Celia Cruz / Celia Cruz Estate).

dos de ellas hayan aparecido publicadas después bajo el sello norteamericano Century con la inscripción «Grabado en Cuba» y el sospechoso cambio en el nombre de la orquesta acompañante: Sonora C.

En su autobiografía Celia coincide en algo; después de los dos temas que grabó en Cuba con la Gloria Matancera, entre 1949 y 1950: «Hice otra con un señor al que le decían Don Galán, que creo estaba relacionado con la Sonora Caracas. Me acuerdo de él, porque el señor nunca me pagó, y en aquellos tiempos me hacía falta el dinero. Sin embargo, el daño no fue mayor».

Los discos del sello Verco con estas grabaciones no han podido ser localizados, ni hay pruebas de que realmente hayan existido. Algunas fuentes venezolanas incluso se cuestionan si realmente los temas *Rumba columbia* y *Un poquito de tu amor* llegaron a prensarse en discos.

En cualquier caso, y aunque hay certeza de que se hicieron durante su visita de 1948 a Caracas, no ha sido posible determinar el orden cronológico de las sesiones de grabación de Celia con las orquestas Leonard's Melody Boys, de Luis Alfonzo Larraín y la Sonora Caracas, que debieron realizarse entre octubre y diciembre de ese año.

El pasaporte de Celia Caridad Cruz y Alfonso exhibe el cuño de salida del país por el aeropuerto de Maiquetía el 25 de diciembre de 1948, y entrada al aeropuerto José Martí, de La Habana, el mismo día, a tiempo para festejar en familia la Navidad, los éxitos conquistados en Venezuela y el advenimiento del nuevo año.

Facundo y Suaritos
(1949)

En el último año de la década, con veintitrés años, Celia Cruz afianzaba paso a paso su posición en la escena del teatro musical cubano. No parece que contara con padrinos o mecenas: solo con su perseverancia y su disciplina para hacer valer su calidad vocal e interpretativa.

Un acontecimiento que cada año centraba la atención de la prensa y el público era la elección de la Reina de la Radio, promovida por el magnate Amado Trinidad, presidente y dueño de la RHC Cadena Azul, además de solvente empresario tabacalero. La Fiesta de Coronación, en un estilo pomposo que hoy se clasificaría en el kitsch más tradicional, era el acto culminante, que reunía en un extenso espectáculo a los artistas más relevantes o populares del momento. En 1949 resultó elegida Reina de la Radio la actriz Lolita Berrio, de amplia trayectoria e igual popularidad en sus histriónicos programas. El Teatro Nacional abrió sus puertas a la Fiesta de Coronación de ese año, fijada para comenzar a las nueve de la mañana del domingo 6 de marzo. El anuncio publicado en *Noticias de Hoy* incluía a Celia Cruz en un importante elenco junto a los cantantes Elizabeth del Río, Miguel de Gonzalo, Rita María Rivero, María de los Ángeles Santana, Obdulia Breijo, Idalmis García, Radeúnda Lima, los actores Carlos Badías, Gina Cabrera, Eduardo Casado, Candita Quintana, el Chino Wong, Armando Palacios, Rolando Ochoa, y otros como María Ciérvide, el trío Hermanos Rigual, Aurora Celles, Lidia de Córdova, el Dúo Amanecer, Lucerito de España y otros.

Para el 13 de marzo se promovió un acto organizado por el periódico *Noticias de Hoy* en el que se proyectaría, en función extraordinaria, el filme *Niñera último modelo* y un show, animado por Manolo Ortega, con el barítono Gil Mar, el trío Servando Díaz y Celia Cruz acompañados por una orquesta dirigida por Roberto Valdés Arnau.

La polémica está servida

En 1949 Celia Cruz se vinculó a la famosa compañía Pous-Sanabria, una de las formaciones esenciales del teatro bufo y vernáculo cubano, con la que por breve tiempo se presentó en varias revistas en el habanero Teatro Martí y otros espacios. En la sección «La farándula pasa», de la revista *Bohemia,* se anunciaba el debut para el sábado 9 de abril, «con Isora, Rosita Lago, Rosendo Rosell, Candita Quintana, Alicia Rico, el Chino Wong, Carmelita Bermúdez, Gilberto Delfino Rodrigo de la Cervera, Celia Cruz, Las Mulatas de Fuego y las Rodney Girls». El periodista Sergio Nicols, en su recién estrenada columna «Radiofilia», alertaba de este importante suceso en la carrera de la joven cantante: «A Celia Cruz no se le oye con frecuencia por radio, porque está derramando sal y pimienta en el Martí, con la revista *Mambo*». El *Diario de la Marina,* en su edición del 20 de abril, destacó los llenos totales que estaba registrando el Martí con dicha revista, con un récord de 7 mil 879 espectadores en las tres noches que siguieron al estreno:

> En el teatro de las cien puertas, el negrito Pous y el gallego Sanabria, al frente de un conjunto en el que abundan las atracciones, están haciendo teatro cubano, pero teatro cubano más que del bueno, del mejor. Ágil, dinámico, chispeante, moderno y con música de ritmo que se cuela y bulle muy dentro de nosotros [...]. En el elenco no hay estrella, porque todos son estrellas: Elizabeth del Río, Rosita Lago y Lolita Chanquet, entre las vedettes;

> el Chino Wong, Candita Quintana y Alicia Rico, entre las primeras figuras cómicas; Rosendo Rosell, Rodrigo de la Cervera y Armando Bianchi, entre los galanes; Carmelina Bermúdez y Gilberto Delfino, responsabilizándose con la parte más humana de las obras; Isora, las tropicales Mulatas de Fuego, y la voz *leader* [de] Celia Cruz y las Rodney Girls, entre las rítmicas atracciones. Y una orquesta, especializada en Mambo, que dirige [René] Urbino. Y a la cabeza de este elenco de todos estrellas, Carlos Pous y José Sanabria».

A juzgar por estos comentarios, Celia era un verdadero suceso en la escena del Martí y contribuía en mucho al gran éxito de *Mambo*.

Pero no todos reaccionaban igual ante el ascendente desempeño de Celia. En el diario habanero *El Avance Criollo,* su columnista de música y espectáculos, Sergio Piñeiro, escribió una opinión muy negativa. Para refutarla y salir en defensa de Celia, Sergio Nicols dedicó su columna en *Noticias de Hoy* a una opinión que tenía además una importancia notable para valorar la polémica como reconocimiento de lo que ya en 1949 había conquistado Celia, pues resumía el criterio de grandes directores orquestales acerca de su trabajo como solista de la llamada música afro.

> En un periódico de La Habana y con la firma de Sergio Piñeiro apareció hace pocos días un absurdo juico artístico sobre la valiosa artista del teatro y de la radio Celia Cruz, conocida y aplaudida por nuestro público. Es lástima que Gutenberg se hubiera pelado las pestañas para inventar las letras de molde y que se haga tan malo e injusto uso de ellas, como en este caso. Piñeiro anatemiza contra Celia escribiendo en su columna que «es descuadrada y descuartiza el FACUNDO [sic] de Eliseo Grenet». Inmediatamente los que entienden en la materia han salido en defensa de Celia Cruz para colocarla en el sitio que se merece y, para «arreglarlo», Sergio Piñeiro —despectivamente— escribe que, si es tan buena como dicen, que vaya a cantar al Metropolitan. Esto es «Astrakán» puro.

Guárdese esta vez Piñeiro su opinión particularísima donde no se entere nadie y no desbarre. A Celia Cruz la han dirigido y ensayado durante años músicos que conocen nuestro género como [Félix] Guerrero, [Enrique González] Mantici, Bebo Valdés, [Adolfo] Guzmán, Humberto Suárez, [Roberto] Valdés Arnau, etc., y jamás han osado expresar esa opinión de Celia, sino todo lo contrario. Que el ritmo y la medida le brotan por los poros, lo que es ya suficiente para que cualquier profano tenga tacto al circular por un terreno que conoce poco.

Y respecto a lo otro, a que vaya a cantar al Metropolitan, estamos todos seguros que, con el género cultivado por Celia Cruz, puede presentarse, no solo allí, donde asiste un público que no entiende ni papa de nuestra música popular afro-cubana, pero la aplaudirían, porque el arte, cuando no se comprende, se siente como un soplo que pone los pelos de punta.

Celia sabe cantar, siente nuestra música y hace creaciones de cuanto interpreta. Si no lo cree, pregúntesele al mismo Eliseo Grenet.

Ante la nota discordante y desafinada del crítico, el público que conoce del caso se pregunta: ¿qué hachita tendrá que afilar contra Celia Cruz, el señor Piñeiro?

Celia, sin embargo, no se detenía. Mientras esta polémica arrinconaba al fallido columnista, el 15 de mayo cantó en el escenario del Teatro Fausto, donde tuvo lugar un homenaje al periódico *Noticias de Hoy,* que desde las ocho de la mañana reunió, en torno a la orquesta dirigida por el maestro Valdés Arnau, a un amplio grupo de cantantes y artistas, según anunciaba el propio diario: Olimpia Ruiz, *la Muñeca Andaluza*; los tríos Buenos Aires y Servando Díaz; el cuarteto de Facundo Rivero; la soprano Mercedes Pérez Cairo; el *crooner* Pepe Reyes, y el gran Luis Carbonell, *el Acuarelista de la Poesía Antillana.*

Dieciséis días después Celia formó parte del elenco artístico en el homenaje que varias emisoras radiales organizaron para festejar el aniversario treinta y ocho del líder sindicalista Lázaro Peña. El Cine-Teatro Favorito acogió a los artistas más populares del momento, entre ellos, además de Celia, el cantante Pepe Reyes, el Trío Matamoros y el conjunto vocal de Facundo Rivero, quien presentó fuera de programa a la vedette cubana Isa de Mendoza. Los maestros Félix Guerrero, Roberto Valdés Arnau y Jorge Junco dirigieron la orquesta.

Pocos días después, a propósito de sus actuaciones en la revista *Mambo* en el Teatro Martí, la sección «La farándula pasa» de la revista *Bohemia* publicó el siguiente comentario, que se sumaba a las opiniones positivas al enjuiciar su arte, enfocándose, desde una comparativa, en sus características innatas para abordar la música: «Lo mejor de Celia Cruz es precisamente esa anarquía con que canta una canción, sin que los músicos tengan que preocuparse del ritmo y la melodía. Pero eso lo puede hacer Celia, porque es cuestión de oído. Y de facultades. Dos cosas con las cuales se pasan la vida luchando nuestros cancioneros más conspicuos». El conocido crítico, cronista y reportero Germinal Barral, *Don Galaor*, tras el anonimato de esa sección, no se equivocaba.

Sin dudas, con su éxito cimero *Facundo*, Celia estaba provocando un aluvión de reacciones positivas y de popularidad, que sustentaban su permanencia en cartelera en el Teatro Martí, tal como subrayaba el periodista Sergio Nicols, quien desde su columna volvió a romper una lanza en favor de la joven cantante: «Celia Cruz lleva cantando siete semanas seguidas, a petición del muy respetable público que acude al Teatro Martí, el *Facundo* de Eliseo Grenet». El afro de Grenet había tenido antes otros intérpretes populares, como La Sonora Matancera, que lo grabó en 1946 con Bienvenido Granda en la voz. En los fondos del Instituto Cubano de Radio y Televisión se ha conservado una grabación en directo de 1952, con respaldo orquestal y un arreglo mambeado, donde Celia innova con rubateos y un manejo singular del fraseo. Es uno de los escasos pero valiosísimos registros radiales que se conservan de su etapa en Cuba. Tuvieron que pasar poco más de doce años para que Celia llevara el tema *Facundo* de su éxito teatral a un disco comercial (Seeco-8086, 45 rpm).

La compañía Pous-Sanabria abandonó el Teatro Martí y fue contratada por el Teatro Campoamor el 23 de septiembre de 1949 para una temporada de varios meses, pero en noviembre Celia volvió al Martí, esta vez junto a la compañía teatral de otro grande del vernáculo cubano, Alberto Garrido, quien ofrecía una función de homenaje a las actrices Alicia Rico y Candita Quintana. El programa incluía el sainete-revista *Cubanos en Miami*, con libreto de Enrique Núñez Rodríguez, interpretado por toda la compañía, terminando con la pareja de bailes Estela y Rolando, y La Sonora Matancera con la cantante boricua Myrta Silva, que era entonces su voz femenina habitual. En la segunda parte se presentaba el juguete cómico *Póker de Ases* con las dos homenajeadas, más Garrido y Piñero, seguido del número *Rhapsody Manhattan*, del coreógrafo Sergio Orta, con Las Orta's Girls y los cantantes José Fernández Valencia y Miguel de Gonzalo; después, la pieza humorística *Qué clase de palo*, de Eladio Secades, con Alicia Rico y Candita Quintana, y al finalizar, las cantantes Celia Cruz e Idalmis García, el tenor René Cabel y la bailarina Sonia Saavedra. Completaban el cartel María de los Ángeles Santana, el Chino Wong, el viejito Bringuier y Luis Carbonell.

Por primera vez apareció una foto de Celia Cruz en *Bohemia*, una de las dos revistas generalistas más importantes de Cuba. Se insertó en un artículo de corte farandulero relativo a las costumbres y rutinas de los artistas antes de salir al escenario. Rita Montaner, Enrique Santiesteban, José Sanabria, Celia Manzano, Candita Quintana, el Chino Wong y Angeline Fernández hablaron de sus supersticiones. El pie de foto de la joven cantante decía mucho de cuánto seguía calando su interpretación del afro de Eliseo Grenet: «Celia Cruz coloca en todos los camerinos de los teatros donde trabaja una imagen de Cristo. Su *Facundo* no le sale bien, dice ella, si antes no le reza una oración. Se le considera hoy una de las mejores intérpretes de la música negra».

A Radio Cadena Suaritos

Suaritos dio otra vuelta de tuerca en su pulso con la competencia desde su emisora, la CMBL Radio Cadena Suaritos, de la que también era su principal locutor, productor y diseñador de anuncios. Nada lo amilanaba. Su carismática personalidad radial y su singular modo de diseñar su propia publicidad lo había convertido en uno de los hombres más populares de la radio e imprescindible en la historia de la radiodifusión cubana. Laureano Suárez Márquez, *Suaritos*, hizo del escándalo una herramienta radial y del desenfado, una marca. Su publicidad, diseñada en contrario, no tenía, al parecer, antecedentes en Cuba. Tampoco el uso del doble sentido, que en sus patrocinadores provocaba lo mismo el enfado ruidoso que una sonora carcajada: «Radio Cadena Suaritos. ¡No escuche esta emisora!»; «Póngase en cuatro, señora; póngase en cuatro, señor; póngase en cuatro horas de La Habana a New York en los Super Constellations de Cubana de Aviación. ¡A la vanguardia del progreso aéreo!»; o «En la fabada donde cae un chorizo Nalón, no queda una judía señorita».

Como paradoja, la contribución cultural de Radio Cadena Suaritos fue importantísima: favoreció el regreso de María Teresa Vera a las ondas radiales en la segunda mitad de los años treinta, esta vez en su memorable dúo con Lorenzo Hierrezuelo, y tuvo la sensibilidad suficiente y el olfato comercial para detectar un vacío en la programación de las emisoras radiales de la competencia ante una audiencia potencialmente propicia; decidió así destinar un espacio a la auténtica música ritual afrocubana, con cantos y toques yorubas. Para ello contratió a la persona ideal, Obdulio Morales, que no solo era uno de los directores de la orquesta de planta de RCS, sino también uno de los promotores de esta música en los espacios teatrales. Suaritos logró mantener este programa por varios años con altos *ratings*, centrados en dos cantantes folklóricos que llegarían a ser legendarios: el *akpwon* Felipe Gil y la gran Merceditas Valdés, considerados entre los más completos de la liturgia proveniente de culturas africanas asentadas en Cuba.

A esas alturas de 1949 ya había presentado con éxito en los micrófonos de su emisora a los boricuas Bobby Capó y Daniel Santos, y a la mexicana Avelina Landín. Ahora, además de los suyos propios, insertó llamativos anuncios publicitarios en la prensa para divulgar su nueva contratación internacional: la cancionera veracruzana Toña La Negra, de notable arraigo popular en Cuba desde que cantó en la isla a inicios de la década. La Sensación Jarocha inició sus presentaciones el 4 de mayo de 1948 respaldada por el pianista y compositor cubano Juan Bruno Tarraza, quien llevaba años acompañándola primero en Cuba y luego en México y en giras internacionales.

Con las grabaciones que hacía a los artistas que se presentaban en su emisora, Suaritos garantizaba una manera de hacer radio en la que fue pionero en Cuba: estructuró una cadena radial a partir de la difusión de grabaciones propias, fijadas en placas, y así llegó a crear una marca disquera con su nombre, aunque de efímera duración, que registró hitos tan relevantes como las primeras grabaciones de Celina y Reutilio. Sin embargo, la visión no le alcanzó para valorar a Celia Cruz en su justa medida.

En junio de 1949 Celia comenzaba su contrato por seis meses con Radio Cadena Suaritos. «Por la prensa me enteré que Celia Cruz ha sido contratada seis meses por Suaritos —anunciaba Sergio Nicols en su columna, sin cejar en su apoyo a la cantante—. ¡Buena adquisición, don Laureano! Celia, la magnífica, es uno de nuestros más preciados valores jóvenes por su voz, por su estilo y por su gracia criolla. No sabemos si va con calidad de "cañonazo" o de "descarga de fusilería", pero es un nombre que responde donde sea». Andrés Castillo, Jr., en su sección «Motivos radiales» en la revista *Guión,* comentaba: «Suaritos sigue "saboreando el picadillo", y sus adquisiciones más recientes han sido las presentaciones exclusivas a las nueve de la noche del tenor [Manolo] Álvarez Mera y la contratación de Celia Cruz, la reina del afrocubano, la cual se presenta en programas estelares siempre acompañada por la Orquesta Atómica Suaritos». La rimbombante orquesta no era otra que la misma que dirigía Obdulio Morales, única de la emisora radial del carismático empresario.

Sin embargo, el *gallego* Suaritos no le dio a Celia un programa personal a una hora fija, lo que de alguna manera la situaba en desventaja, en particular frente a los cantantes extranjeros que contrataba en esa etapa. Alguna prensa se hizo eco de esta observación: «Es una lástima que a Celia Cruz no se le oiga a una hora fija por Suaritos. ¡Tan buena cantante para hacer un programa bonito y cubano!», se lamentaba ya en septiembre el columnista del diario *Noticias de Hoy*. Ese mes Radio Cadena Suaritos inauguró una nueva planta de veinte mil watts y presentó a bombo y platillo al mexicano Trío Cantarrecio, pero la potente voz de Celia no tenía el reconocimiento que merecía y nunca logró que Suaritos le asignara un programa fijo. Del crecimiento profesional de Celia y de su versatilidad, que se convirtió en unos de sus rasgos más notables, dan fe las escasísimas grabaciones que han sobrevivido de su tránsito por Radio Cadena Suaritos.

Celia resumiría así su relación con Suaritos y su paso por la radioemisora del polémico promotor:

> Me quedé ahí como por año y medio. Ahí tenían de figuras principales a Amelita Frades, que en paz descanse, y a Candita Batista, y eran ellas las que grababan para la emisora. Yo hacía de corista, o sea, les hacía de segunda a Candita y Amelita, y nunca me permitieron ser solista. Un día, el señor Laureano Suárez me dio un numerito con un cantante que se llamaba Charles Burke, pero después de eso, más nunca me dieron otra oportunidad de hacer algo exclusivo con la emisora. De hecho, la cancioncita esa la transmitieron muy poco. Supongo que no fui santo de la devoción del señor Suárez. Sin embargo, aprendí mucho con todos ellos.

Pronto Celia tuvo una compensación, y de ello advierten las noticias: «A los que no les haya sido permitido escuchar por radio a Celia Cruz, por no haber tenido un programa fijo en Suaritos, les comunicamos que la estrella negra alumbra con su presencia y sus cantos afrocubanos el escenario del Teatro Campoamor, donde ha sido recientemente contratada».

Terminó octubre con dos verdaderos huracanes mediáticos: la llegada y actuación en Cuba de la diva María Félix y del trío Los Panchos. María Bonita actuó en CMQ y en Tropicana. Su escultural y enigmática figura y su ceja arqueada en señal de desdén se dejaron ver en el Casino Deportivo y en cuanto sitio importante la invitaran. También el trío mexicano cumplió contrato en CMQ y se presentó además en el cabaret Sans Souci.

La Sonora Matancera, que ya tenía contrato con la emisora de los hermanos Mestre, triunfó con Myrta Silva en el programa *Cascabeles Candado,* que iba remontando en popularidad gracias a la simpática boricua, al decano de los conjuntos y a las hilarantes presentaciones de Mamacusa Alambrito y Pirolo. Noviembre comenzó con el anuncio del debut el día 4 del astro norteamericano Cab Calloway en el cabaret Montmartre, en sus primeras presentaciones en Cuba.

De nuevo, teatros: Martí, Nacional y América

A partir del 30 de noviembre, el Teatro Martí repuso la revista *Poker de ases*, donde Celia volvió a participar, y 1949 cerró para ella con más teatro: para inicios de diciembre se anunció, al decir de la prensa, «la función más grande del año». Con el auspicio del Sindicato Nacional de Autores Musicales Cubanos, el Teatro Nacional abrió sus puertas el domingo 4 de diciembre a las nueve y media de la mañana a la Fiesta del Compositor. Las figuras más representativas y populares, que durante 1949 habían pasado por los escenarios teatrales y los micrófonos radiales, como Rita Montaner, Rosita Fornés, Bola de Nieve y René Cabel, conformaban el programa, que incluía el cuadro *Glorificación del mambo*, donde intervenían Las Mulatas de Fuego y Celia Cruz.

Las últimas semanas de 1949 reservaron para Celia su presentación en una de las plazas teatrales más selectas y codiciadas. ¡Al fin llegó al escenario del teatro de variedades América! Debutó el 19 de diciembre como parte del elenco del espectáculo *Christmas Show*, que acompañó la proyección del filme *Aquel hombre mío,* con Don Ameche y Catherine McLeod, y que se mantuvo en escena hasta el día 27. El cartel del show lo completaban la cantante María Ciérvide, los malabaristas cómicos The Coronas, la bailarina Marta Nita, The Canel Girls y los pianistas Mario Fernández Porta, Orlando de la Rosa, Felo Bergaza y Humberto Suárez.

En la radio, el año terminaba con un saldo de evolución: en la batalla por la audiencia, Radio Progreso había ido escalando con paso discreto pero firme, mostrando un empuje inusual en la presentación de cantantes extranjeros: con La Sonora Matancera, Myrta Silva había estado en la programación de la Onda de la Alegría, y en septiembre volvió a presentarse Daniel Santos con el decano de los conjuntos cubanos. Además, la mexicana Adelina García lo hizo con la orquesta de Humberto Suárez. CMQ, por su parte, anunció para el 24 octubre la salida al aire de la nueva versión reformada del programa *Cascabeles Candado* por CMQ, donde también La Sonora Matancera y Myrta Silva —cedidos por la gerencia de Radio Progreso a la empresa jabonera Crusellas, una de las dos principales firmas de la llamada *soap industry* en Cuba y patrocinadora del programa— tuvieron los roles más importantes. La maniobra radialista tenía como objetivo enfrentar con éxito el *rating,* que favorecía al programa dramatizado de aventuras *Tamakún, el vengador errante* —que transmitía la RHC Cadena Azul y estaba llevándose a todo el público de esa franja horaria—, patrocinado por la competencia en la industria de la espuma: la marca Sabatés. En el último *survey* realizado por los anunciantes, *Tamakún* retenía el segundo lugar, mientras que *Cascabeles Candado* no lograba avanzar desde el puesto número veintidós. La incorporación de la Sonora, así como la presentación de importantes figuras internacionales como la diva mexicana María Félix, renovaron un programa que llegaría con el tiempo a la cima de la popularidad, gracias, en gran medida, a la contribución de Celia Cruz.

Debutar con la Sonora
(1950)

Tras años de fino y perseverante accionar para convertir a Cuba en el objetivo inmediato del gran negocio de la mafia italoestadounidense, el inicio de la década de 1950 fijó el golpe de timón que a la larga beneficiaría sobremanera a la clase artística cubana, a pesar de lo contradictoria y deplorable que resultaba su vinculación con el juego como industria y los métodos que traía aparejados. En el periodo republicano en Cuba, los gobiernos de turno garantizaron el marco legal para ello, incluida la represión a cualquier elemento que pudiera poner en peligro los ambiciosos planes de sentido eminentemente económico. La floreciente industria, la visibilidad en la capital de los *businessmen* italianos y estadounidenses que alistaban su engranaje, y la sensación de bonanza económica que experimentaban los miles de empleados en toda la cadena que debían sustentar —músicos incluidos—, aseguraban que los fabulosos resultados financieros fueran visibles y engrosaran las arcas de empresarios y funcionarios venales a los que había que tener contentos para que todo marchara sin tropiezos. La expansión de los hoteles casino tuvo como elemento esencial la creación de clubes nocturnos, a los que se atraía a artistas de categoría, tanto cubanos como norteamericanos y europeos. Afirma T. G. English, experto en temas relacionados con la mafia y Cuba:

> El resultado fue una época fabulosa en lo que se refiere al mundo del espectáculo, tal vez el periodo más orgánico y exótico de la historia de la delincuencia organizada […]. La Habana siempre había

sido un lugar donde se podía escuchar música estupenda, pero en la época de la Mafia, una generación de músicos encontró su propia forma de expresión.

Y también, muchos más espacios para mostrarla.

Cantando con la Anacaona

Celia Cruz inició 1950 en preparativos para su siguiente viaje. Llegó de nuevo a Venezuela el jueves 16 de febrero, esta vez como cantante especialmente contratada (no era miembro oficial de la agrupación) por la orquesta Anacaona, la más notable formación femenina en la historia de la música cubana.

Cuando la huelga contra el gobierno de Gerardo Machado obligó a Concepción Castro, *Cuchito,* a interrumpir sus estudios para ser lo que soñaba (dentista), lo primero que se le ocurrió para ocupar su tiempo, y de paso ganar algún dinerito, fue armar un septeto. Era febrero de 1932. Debutaron en el Teatro Payret de La Habana, y gustaron tanto que empezaron a llamarlas para tocar en los Aires Libres, una zona de cafés y terracitas exteriores en el Paseo del Prado. Las hermanas Ada, Olga (a quien llamaban Bola), Cuchito y Ondina Castro, con sus amigas Isabel Álvarez, Berta Cabrera y Elia O'Reilly, formaron el septeto primigenio. Después, y según las circunstancias y los contratos lo requirieran, se convertían en *jazz-band* o en conjunto. Se sumaron las restantes hermanas, Caridad (Cachita), Emma, Flora, Alicia, Argimira (Millo), Xiomara y Yolanda. En la década de 1930 viajaron a Puerto Rico, México, Panamá, Colombia y Venezuela. Recorrieron Nueva York y París con un extraordinario éxito, que solo el comienzo de la Segunda Guerra Mundial pudo detener. Para entonces habían reclutado como cantante a una muchacha de voz estupenda y muy buena tocando las claves: se llamaba Felipa Graciela Pérez Gutiérrez, quien una década después se había convertido en la gran cantante cubana que triunfó en Nueva York como Graciela, la gran figura femenina de Machito y sus Afrocubans.

Debió ser en 1948. La orquesta Anacaona se estaba presentando por varias semanas en el habanero Cine-Teatro Actualidades, en la calle Zulueta, muy cerca del Teatro Payret y de los Aires Libres del Prado. «Fue por ese tiempo que conocimos a una cantante muy joven y con muchas ganas de triunfar. Su nombre es Celia Cruz [...]. Ella era capaz de convertirse tranquilamente en una verdadera sensación con su potente voz y su repertorio de música afro-cubana», cuenta en sus memorias Alicia Castro, una de las once hermanas Castro y saxofonista de la orquesta, acerca del momento en que conocieron a Celia.

> Observé que durante nuestro primer ensayo juntas, la muchacha negra, de baja estatura y muy curvilínea, subió al escenario con mucha timidez. Roderico Neyra, *Rodney* —que después sería el gran coreógrafo de Tropicana— dirigía el show que íbamos a ensayar. Celia se lanzó y comenzó a cantar un tema que era un hit en ese momento: *Mango Mangüé*.
>
> —¡Para, para ahí! —gritó Rodney interrumpiendo la canción y mirando a Celia con una tremenda consternación—. ¡Negra! ¡Así no es, así no es! ¡Con lo flaca que eres y te paras ahí como un palo frente al micrófono! ¡Tienes que moverte. Tienes que ponerle más sandunga, más pimienta cuando cantas!.
>
> Tuvimos que reírnos cuando Rodney saltó al escenario como un torbellino para ponerse al lado de Celia, moviendo las caderas y brincando como un pavo real. Rodney prendió el fuego en Celia y le enseñó cómo hacer que la gente no solo la escuchara, sino que también la mirara.

El inmovilismo de Celia en el escenario había sido desde muy temprano la gran preocupación de la tía Ana; ella quería que su sobrina acompañara sus excelentes dotes vocales con los movimientos corporales y escénicos que demandaban los géneros de la música que cantaba. La tía Ana sabía que debía desatar lo que su sobrina tenía adentro y trabajó mucho para que la joven Celia hallara la seguridad que necesitaba para proyectar una imagen de coherencia y solidez sobre el escenario o ante el micrófono. Prosigue Alicia Castro:

> Pronto nos hicimos buenas amigas de Celia. Ella vivía también en Lawton y su novio era Alfredo León, a quien conocíamos bien, ya que él cantaba en el septeto Segundo Nacional; era sonero, como su padre, Bienvenido León, que era cantante del Septeto Nacional [de Ignacio Piñeiro]. Nuestro padre solía encontrar a Alfredo en el Mercado Único [uno de los puntos *after hours* a los que los músicos iban a comer y a charlar cuando terminaban sus toques] cuando éste iba a tomar sopa wonton después que terminaba de tocar con el septeto.
> —Oye, Alfredo, ¿cuánto tú piensas casarte con Celia? —le preguntaba a cada rato nuestro padre.
> Pero como muchos hombres, Alfredo no quería amarrarse.

Arribaron a Venezuela por Maracaibo y el mismo día el revuelo llegó también a la prensa de la ciudad: «Se encuentra nuevamente entre nosotros la famosa orquesta cubana femenina Anacaona. Vinieron contratadas por la emisora de la calle del Comercio y para el Centro Social Deportivo Mara. Otro éxito radial de Ondas del Lago». Así daba la noticia el diario caraqueño *El País,* mientras que el medio *Mundo Radial* publicaba una foto de Celia con las chicas de Anacaona y adelantaba información sobre el baile que amenizarían en el Standard Sport Club, en el poblado de Tía Juana, y que sería transmitido por la emisora Ondas del Lago. Se presentaron después en esta emisora, propiedad de Nicolás Vale Quintero, en su Estudio de Verano, al aire libre, y también en Radio Cabinas, con un gran éxito popular.

Según lo publicado por *La Esfera* en su edición del 13 de marzo de 1950 y por *El País* también en esas fechas, en aquel viaje de Celia, en el estudio de Radio Caracas, se produjo su primer encuentro con

Celia y el compositor cubano Senén Suárez en Maracaibo, Venezuela, 1950 (archivo personal Senén Suárez / Belinda Suárez).

el tenor venezolano Alfredo Sadel, lo que dio inicio a una perdurable amistad. Senén Suárez realizó en 1950 su primer viaje a Venezuela, como parte del Conjunto Ernesto Grenet, contratado para actuar en los Carnavales de Caracas. «En el mismo avión en que íbamos para Maracaibo, iba la orquesta Anacaona con Celia como figura principal —cuenta Suárez—. Nos hicimos amigos. Nos retratamos juntos. Ella me cantaba un número que se llama *Mi bumbané*. Yo lo saqué en el año 44. Cuando regresamos de Maracaibo la amistad de Celia y mía continuó».

En entrevista con Rafael Bassi Labarrera, investigador y radialista colombiano, Senén Suárez afirma sobre Celia y el encuentro en Maracaibo en 1950: «Resulta que vivíamos muy cerca y nunca nos habíamos visto. Nos hicimos buenos amigos. Cuando la oí cantar quedé impresionado. No seré buen músico, pero tengo una vista para ver quién sirve y quién no sirve».

Celia salió de regreso a La Habana desde el aeropuerto de Maracaibo. Llegó a la capital cubana, entrando por el aeropuerto de Rancho Boyeros, el martes 7 marzo, según consta en su pasaporte.

Rincón Criollo, el segundo filme, el primero para cantar

Con un elenco estelar, el productor Salvador Behar aseguró el éxito del filme *Rincón criollo*, dirigido por Raúl Medina, que tuvo su estreno mundial en La Habana el 12 de junio de 1950. El filme reproducía el nombre, la idea y el ambiente de un popularísimo programa radial que por once años había centrado la atención de la radioaudiencia en torno a situaciones, temas y canciones vinculadas al campo cubano y también a la ciudad. Esta idea había sido llevada también al teatro vernáculo cubano, en el escenario del Teatro Martí, por la compañía de variedades Pous-Sanabria, con la que Celia ya había trabajado. Con argumento de Yeyo Arias, basado en una obra de Rodríguez Díaz, guion de P.P. Chávez y diálogos adicionales de la novelista Caridad Bravo Adams, la vedette y actriz Blanquita Amaro, Néstor de Barbosa y José Sanabria asumieron los roles protagónicos, seguidos de cerca por los actores Carlos Pous, Paco Alfonso, Asunción del Peso y otros.

Sostenían la parte musical, uno de los componentes más importantes del filme, Fernando Albuerne, el trío mexicano Los Panchos —de visita en Cuba por las fechas del rodaje—, Manolo Fernández, Celina y Reutilio, Rosita Díaz y su Coro Brasilero, Paquita de Ronda, Juan José Martínez Casado, el guarachero Ñiko Saquito con su conjunto, y nuestra Guarachera, que aparece en los créditos como «Celia Cruz y su coro Mambo». La dirección musical y los arreglos estuvieron a cargo de Obdulio Morales.

Con un ceñido vestido blanco, de estilo *strapless* o palabra de honor —tan gustado por ella durante sus años juveniles—, realzando su cuerpo, muy armónico dentro de los cánones habituales de los cubanos, Celia hizo una espectacular entrada en la pista del cabaret del set de filmación, acompañada por un grupo de ocho bailarines —las chicas eran las fabulosas Mulatas de Fuego— y el respaldo de la *jazz band* de Radio Cadena Suaritos —la Orquesta Atómica—, dirigida por Obdulio Morales. Con una proyección escénica comedida pero sensual, Celia canta *El mambo es así,* compuesto por Obdulio especialmente para la ocasión.

Se ha reiterado que Celia aprendió con La Sonora Matancera las claves del buen vestir para un artista, pero en realidad no fue así. Aún no habían llegado los tiempos de La Sonora Matancera. Además de fotografías anteriores, ahí está la primera prueba audiovisual del buen gusto que exhibe Celia en su vestuario, ya antes de comenzar a cantar con el decano de los conjuntos. Fue esa su primera incursión en el cine como figura destacada en una escena donde ella fuera la protagonista y el primer filme donde aparece su crédito. A las puertas del estreno de la película, el *Diario de la Marina* anticipó información acerca del elenco y la banda sonora de la cinta: «Obdulio Morales escribió para Rosita Díaz y su magnífico conjunto *Soy señorito,* y para Celia Cruz y su maravilloso grupo de mulatas tropicales, *El mambo es así.* Este número merece especial atención, ya que podemos sentirnos orgullosísimos de que Obdulio Morales haya vertido para *Rincón criollo* toda la gama de su saber en esta melodía, que ha de electrizar a sus oyentes». Celia nunca grabó esa pieza en discos comerciales, por lo que de ella solo existe el registro del filme.

Rincón criollo se estrenó en once cines de la capital cubana de manera simultánea el 12 de junio de 1950: el céntrico e importante Campoamor, seguido de los teatros Reina, Negrete, el Cuatro Caminos, Santos Suárez, Luyanó, Roxy, Gran Teatro, Record, Olimpic, Modelo y Marta. El filme tuvo escasa distribución internacional.

Inicios en CMQ

CMQ organizó una gran celebración por su decimoséptimo aniversario y el segundo de Radiocentro con una programación extraordinaria que tuvo como punto culminante la audición *Honor a quien honor merece,* para la entrega de diplomas a autores, actores y técnicos de los programas de mayores *ratings.* A las nueve y media de la mañana el Gran Programa Aniversario reunió a los actores más destacados del cuadro dramático de CMQ, y en la parte musical a Hortensia Coalla, Marta Pineda, Viola Ramírez, Fernando Albuerne, Bola de Nieve, Orlando Guerra, Pepe Reyes, el Conjunto de Facundo Rivero y Aurora Lincheta, todos acompañados por la orquesta de CMQ, dirigida por los maestros González Mantici, Félix Guerrero y Paul Csonka, en un programa con una hora de duración. Así dejaba constancia el *Diario de la Marina* en su edición del 12 de marzo.

Tres días después, al reseñar el evento, el periódico *Noticias de Hoy* comentaba: «Muy buena la audición de Marta Pérez, Carmelina Rosell y Oscar Lombado con selecciones de *Carmen* de Bizet y orquesta dirigida por Paul Csonka. También Pepe Reyes tuvo una noche muy buena, así como Celia Cruz, Bola de Nieve y los maestros Mantici y Guerrero».

En efecto, en marzo de 1950 Celia se vinculó al Circuito CMQ. El primer programa en que actuó como parte del elenco fijo fue *Cine revista*, un espacio cómico-musical producido por Manolo Reyes, con libreto de Francisco Vergara, destacado escritor de exitosos programas humorísticos, como *Cascabeles Candado* en sus inicios. Estrellas del calibre de Rolando Ochoa y Luis López Puentes, ambos muy apreciados por su versatilidad, lo mismo en la cuerda humorística que en la actuación dramática, figuran en el elenco. El *Diario de la Marina,* en su sección «Informaciones radiales» fijó una importante opinión: «Y en la parte musical, nada menos que Celia Cruz, la maravillosa intérprete de los ritmos negros que, acompañada por la orquesta del maestro González Mantici, hace prodigios con su voz y su estilo únicos».

Cine revista salía al aire todos los lunes a las 9 de la noche y de inmediato comenzó a cosechar favorables críticas, donde se destacaba el desempeño de la guarachera. Por ejemplo, el diario *Noticias de Hoy* dedicó, en menos de diez días, elogiosos comentarios que evidenciaban la incursión de Celia en el mambo, como género y ritmo: «Celia Cruz, la soberana negra de los ritmos afro, por su voz excepcional y arte único, obtiene triunfos merecidísimos en la audición de CMQ *Cine revista*»; «Celia Cruz está causando sensación en este programa todos los lunes»; «Mucho éxito para la formidable Celia Cruz en sus mambos».

Cuatro días después se presentó en el programa *Nieve en los trópicos*, que transmitía la emisora de Goar Mestre los jueves a las 9 de la noche y cuya figura central era el gran Ignacio Villa, *Bola de Nieve*. La perseverancia y disciplina de la muchacha de Lawton, con su voz inimitable, empezaba a rendir frutos: llamó la atención de los exigentes productores y ejecutivos de la CMQ, y a partir de ahí su crecimiento como artista de su elenco no se detuvo. Cierto es que su primer contrato no fue en exclusiva, pero llegar a la principal emisora del país fue un logro muy importante. Tal condición le permitió presentarse en otras estaciones radiales y espacios, y la prensa se hizo eco de algunas de esas apariciones: el 22 de mayo su voz volvió a salir por las ondas de RHC Cadena Azul a las seis y media de la tarde, en un nuevo programa humorístico-musical de frecuencia diaria, original de Marcos Behemaras, con populares personajes como el Viejito Bringuier y Pamela la Jamaiquina, y actores como Carmita Arenas, Américo Castellanos y Ricardo Palmerola.

Cercanas a estas fechas parecen ser las dos únicas grabaciones de Celia acreditadas al conjunto Gloria Matancera. Esta agrupación, fundada en 1927 por Juan Manuel Díaz Clemente, había evolucionado, al igual que sus coterráneos de La Sonora Matancera, del formato de septeto sonero al de conjunto, y consiguieron introducirse en el medio artístico de la capital. Entre 1949 y 1950 Celia y la Gloria Matancera coincidieron en la parrilla de programación de RHC Cadena Azul, aunque la fecha de estos registros no ha podido precisarse con exactitud. Celia confirma: «Grabé un par de canciones con un grupo que se llamaba la Gloria Matancera, con el cual ya había cantado en Radio Cadena Azul». Se trata de los

Celia con traje folklórico de escena, *circa* 1949-1950 (archivo personal Celia Cruz / Celia Cruz Estate).

títulos *Ocanasordi* (Carmelina Kessel) y *Para que sufran los pollos* (Myrta Silva). Cabe pensar que esas grabaciones se realizaron en los estudios de RHC Cadena Azul, pero no se han encontrado mayores detalles sobre los músicos y las circunstancias que rodearon la grabación.

Por primera vez en el Día de la Canción Cubana

En cuanto a los escenarios teatrales, Celia fue invitada por primera vez a formar parte del elenco del Día de la Canción Cubana, un gran concierto anual que festejaba desde 1945 el nacimiento del compositor Eduardo Sánchez de Fuentes y celebraba con un concurso la labor de los compositores cubanos. Celia fue a partir de 1950 presencia recurrente en ese acto. El Teatro Blanquita acogió el importante evento el 27 de abril a las 9 de la noche, con dirección artística de María Julia Casanova, decorados de Oscar Barnintes, escenografía de Oscar Hernández y producción de Maritza Alonso. Al escenario del flamante coliseo de Miramar subieron en la primera parte cantantes líricos ya con una notable carrera: el tenor Hipólito Lázaro, Carmelina Rosell, Esther Borja (notable con *Damisela encantadora,* de Ernesto Lecuona) y Marta Pérez (con *Flor de Yumurí,* de Jorge Anckermann), así como Celia (con *Mamá Inés,* de Eliseo Grenet), todas ellas destacadas por la crítica especializada. En los espectáculos del llamado *arte lírico,* Celia continuaba encasillada en los personajes y temas asociados a la herencia diaspórica africana.

Sergio Nicols, el columnista de *Noticias de Hoy* que desde las primeras incursiones de Celia en la extinta Mil Diez había apostado por su talento y llamado la atención de los lectores sobre la emergente cantante, el 18 de mayo le dedicó la sección fotográfica *Ego Sum* con el siguiente pie de foto: «Celia Cruz, indiscutible estrella de los cantos afrocubanos que se anota un éxito más en cada actuación que hace en teatros y radios. El gran sentido musical y artístico de Celia Cruz, que respalda su hermosa voz, hace de ella una de las más solicitadas figuras de las principales emisoras, como la CMQ y la RHC, por cuyas ondas se le escucha con frecuencia».

Un importante acontecimiento impactó en el *radio-business* criollo: el 29 de mayo, con la asistencia del presidente de la República, Carlos Prío Socarrás, se inauguró la nueva dotación tecnológica de Radio Progreso, instalada en la antigua finca Noguer, a dos kilómetros de Guanabacoa, en la carretera de Guanabo. Con el nuevo equipamiento de cincuenta mil watts, Radio Progreso se puso a la cabeza de la tecnología en la radiodifusión en el país. Se festejó además con un gran desfile artístico de figuras de la emisora, que incluyó a los boricuas Myrta Silva y Daniel Santos con La Sonora Matancera; los mexicanos Tito Guízar y María Luisa Landín; los cubanos Olga Chorens y Tony Alvarez, América Crespo, Aurora Lincheta, las orquestas Cosmopolita de Humberto Suárez,

Almendra, Casino de Sevilla, de Fernando Mulens y los conjuntos de Nelo Sosa y de Luisito Pla y sus Guaracheros.

La gerencia de Radio Progreso anunció también el debut en sus estudios, el 26 del mismo mes, del mexicano Chucho Martínez Gil, exintegrante del trío Los Panchos, con un contrato por cuatro semanas prorrogables. Incorporó como artistas exclusivos al popular binomio de Olga Chorens y Tony Álvarez en el muy escuchado espacio de las seis y media de la tarde y mantuvoe en la siguiente franja, a las siete de la noche, al boricua Daniel Santos con La Sonora Matancera, entre los de mayor preferencia. Para el siguiente año aseguró la presencia de María Luisa Landín, reconocida bolerista mexicana.

A finales de mayo, un acuerdo entre las gerencias y los sindicatos de trabajadores destrabó la crisis que mantuvo cerrados los cabarets por varias semanas. Los artistas se mantuvieron reclamando y defendiendo sus espacios de trabajo frente a los escarceos del empresariado. Algo similar había ocurrido con los cines-teatros después del decreto presidencial que en su día firmó el presidente Grau San Martín y que obligaba, entre otras normativas, a presentar un show artístico-musical en cada estreno de películas.

El debut con La Sonora Matancera

En 1950 La Sonora Matancera era ya un veterano conjunto, uno de los más respetados y populares, afianzado por varias décadas de hondo arraigo entre el público bailador. Un tiempo antes, cuando 1924 acababa de comenzar, el 12 de enero un grupo de muchachones, bajo la iniciativa del tresero Valentín Cané, fundaron en Matanzas La Tuna Liberal. Era un sexteto que debía su nombre a una sugerencia de la formación local del Partido Liberal para presentarlo en sus eventos y mítines políticos. El mérito de la acción fundacional les correspondió a Valentín Cané, en el tres; Ismael Goberna, en el cornetín; Domingo Medina, en la primera guitarra;

José Manuel Valera, en la segunda guitarra; Julio Govín, en la tercera guitarra; Juan Bautista Llópis, en la cuarta guitarra; Pablo *Bubú* Vázquez, en el contrabajo; Manuel Sánchez, *Jimagua,* en el timbal, y Eugenio Pérez, en la voz. En 1926 cambió su nombre a Septeto Soprano, de fugaz duración, pues ese mismo año volvió a cambiar, ahora por el de Estudiantina Sonora Matancera, mucho más acorde a su integración numérica e instrumental, y con el cambio se incorporó quien fue uno de sus pilares, el cantante Carlos Manuel Díaz Alonso, *Caíto.*

Un año después, en 1927, Caíto recomendó a Rogelio Martínez, *el Gallego*, que fue aceptado y llegó a ser su segundo, y definitivo, director. Sabían que solo en la capital había oportunidades de una superación en toda regla, y todos decidieron viajar y establecerse allí. Se pusieron en contacto con la RCA Victor y consiguieron realizar sus primeras grabaciones los días 12 y 30 de enero de 1928, en medio del *boom* sonero que estremeció La Habana. Eran composiciones de sus mismos integrantes: *El por qué de tus ojos, No te equivoques conmigo, De Oriente a Occidente* y *Matanzas, tierra de fuego*, de Valentín Cané; *Cotorrita* y *Fuera, fuera, Chino*, de José Manuel Valera, y *Eres bella como el sol*, de Ismael Goberna. Se suceden los cambios de personal y también unos que le van marcando las tendencias en cuanto a la incorporación de nuevos instrumentos, como el piano, que tocó por primera vez un jovencísimo coterráneo matancero, Dámaso Pérez Prado, aún lejos de conquistar la corona de Rey del Mambo. Estuvo con la Matancera hasta 1938, para dejar vacante la plaza que después ocupó Severino Ramos hasta 1944, cuando entró Lino Frías, el pianista más duradero y emblemático del conjunto. A partir de entonces, y hasta 1957, Ramos fue su arreglista oficial. En 1935 decidieron cambiar de nuevo el nombre y el elegido entonces fue el definitivo y con el que conquistaron todos sus triunfos: La Sonora Matancera.

En las décadas de 1930 y 1940 la orquesta de Matanzas realizó numerosas grabaciones para los sellos Victor, Stinson y Panart. Se amplificaron sus éxitos entre los bailadores y en programas y audiciones radiales. Varios cantantes pasaron por la nómina matancera desde su fundación, dando inicio a la estrategia que llevó hasta las últimas consecuencias Rogelio Martínez Díaz, su director legendario: no contar con un cantante fijo y único, sino varios y, en última instancia, muchos a lo largo de su historia. Hasta 1950 habían sido cantantes de La Sonora Matancera (o habían grabado con ella) Humberto Cané, Bienvenido Granda, Israel del Pino, Alfredito Valdés, Bienvenido León, Miguel de Gonzalo, los boricuas Daniel Santos y Myrta Silva, y, por supuesto, Carlos Manuel Díaz, *Caíto*. Cuando finalizó la década de los cuarenta La Sonora Matancera mantenía su paso firme, pero con el Conjunto Casino pisándole los talones como una variante del tradicional formato conjuntero, que ahora alentaba un aire de innegable modernidad gracias a los innovadores arreglos de Andrés Echevarría Callava, *Niño Rivera*. En una tesitura más apegada al estilo tradicional, aunque con aportaciones trascendentales al formato, Arsenio Rodríguez mantenía aún su conjunto en Cuba, que muy pronto, al decidir relocalizarse en Nueva York, se convirtió en Chappottín y sus Estrellas.

Transcurría el mes de mayo de 1950 y en los predios de CMQ y Radio Progreso ya se comentaba la decisión de la popularísima Myrta Silva de regresar a su país, Puerto Rico, donde la esperaban contratos, al igual que en Nueva York y Brasil. La Gorda de Oro, como comenzaron a llamarle, había llegado a Cuba por primera vez en 1940. Desde 1937 vivía en Nueva York y se había hecho notar en el Teatro Hispano de esa ciudad como cantante y animadora. En 1939 hizo sus primeras grabaciones con la orquesta del puertorriqueño Julio Roqué, y tres meses después se unió al Grupo Victoria, dirigido por Rafael Hernández, con quien actuó y grabó. Cuando llegó a Cuba se presentó cantando en la CMQ. En 1947, en lo que parece ser su segundo viaje, la Sylva fue contratada por la Mil Diez y fue esa la primera oportunidad donde ella y Celia compartieron escenario, en el programa *Radio cocktail musical*, junto al dúo Romay, los cantantes Toty Lavernia y Tony Chiroldy, y el cantante humorístico Carioca. También habían coincidido en los programas del Teatro Martí.

Su tercera temporada en Cuba fue en 1949. Ese año, a Rogelio Martínez, director y dueño de La Sonora Matancera, no se le escapó el tirón de la guarachera boricua y la sumó al conjunto, convirtiéndola en la primera voz femenina contratada para cantar con los de Matanzas. La popularidad de la Silva creció a niveles insospechados y fue construyendo en Cuba una legión de furibundos seguidores. Le llovieron las contrataciones a Rogelio Martínez y la remontada económica fue floreciente. En fecha indeterminada, cercana a 1949, Myrta Silva realizó cuatro grabaciones con la Sonora para el sello Cafamo: el son montuno *Qué corto es el amor*, y las guarachas *Suelta ese paquetón*, *Loca* y *Sangongo*.

Myrta había ganado dinero suficiente para acometer en su país los planes que quería. Dejó Cuba cuando estaba en la cima de la popularidad entre los que seguían y gustaban del estilo de los conjuntos, que la reconocían como la voz femenina de la guaracha en esos momentos. La Gorda de Oro, con La Sonora Matancera y el elenco humorístico, habían logrado sacar de los más bajos *ratings* al programa *Cascabeles Candado*, de CMQ, y situarlo en los primeros lugares de popularidad con lo que era su indiscutida especialidad: la guaracha.

Cierta prensa publicó, con un matiz de veracidad, la noticia de que Myrta dejaría Cuba los primeros días de junio y la casi certeza de que sería sustituida por Celia Cruz como voz femenina para La Sonora Matancera, aunque los principales medios —como *Bohemia*, *Diario de la Marina*, y *Noticias de Hoy*— nada decían sobre Celia y un posible vínculo con el conjunto. Ella seguía trabajando en Radio Cadena Suaritos. Décadas después contó lo que ocurrió cuando Laureano Suárez, el dueño de la emisora, se enteró de los rumores: «Me botó con las siguientes palabras: "Ya usted termina este viernes diecinueve [de mayo]". Al dejarme en la calle, Suaritos me puso a pasar hambre, porque en esos días yo no tenía más que eso […]. Suaritos me pagaba una miseria, pero me venía muy bien, porque con eso yo podía ayudar a mi familia».

Pero semanas antes de la drástica decisión de Suaritos, a Celia ya le habían llegado algunos rumores, que se concretan en esta anécdota que cuenta: «Estaba yo trabajando en Radio Cadena Suaritos cuando se apareció un señor que todo el mundo conocía como Sotolongo. Venía a buscarme porque quería que yo cantara con La Sonora Matancera. Cuando ese señor me dijo eso, se me saltó el corazón de emoción y casi me ahogo cuando me di cuenta que mi sueño podía hacerse realidad».

La dirección de CMQ y la empresa Crusellas, que continuaba patrocinando el programa *Cascabeles Candado*, que animaba La Sonora Matancera, habían decidido resolver el problema que ocasionaba la partida de Myrta Silva y buscar una voz femenina que pudiera cantar con la orquesta. «Por eso fue que mandaron a Sotolongo a buscarme a [Radio Cadena] Suaritos, donde me dijo que quería que cantara en el programa, y como él trabajaba en la emisora, hablaba con autoridad. Recuerdo que Sotolongo me dijo: "Vaya a la emisora, y busque al director de la Sonora, Rogelio Martínez, y dígale que yo la mandé". Le di las gracias y me despedí».

Quien había conminado a Celia a contactar a Rogelio Martínez era Rafael Sotolongo, publicista de la marca jabonera Crusellas, que patrocinaba los programas de La Sonora Matancera en Radio Progreso (denominado *La Sonora Matancera*) y en CMQ (*Cascabeles Candado*), un personaje de presencia casi permanente en los predios de las radioemisoras y con todas las facultades para actuar en estas circunstancias, incluso ante el director de una orquesta o conjunto. Continúa narrando Celia:

Me quedaban unas cuantas canciones antes de poder irme a casa, pero casi no podía cantar de tanta emoción. Cuando terminé, recuerdo que antes de regresar a casa decidí ir a hablar con Rodney y pedirle que me aconsejara. Como era viernes, sabía dónde encontrarlo: en el Teatro América. Puesto que para entonces ya éramos buenos amigos, le dije a Rodney: «Tú, que eres amigo de Rogelio Martínez, preséntamelo, por favor. ¡Fíjate tú que me han hablado para trabajar con La Sonora Matancera, chico!». Y él me contestó:

«Bueno, mañana vete al Teatro Blanquita porque tenemos una presentación. Allá te lo presento».

Celia fue, se hicieron las presentaciones de rigor, invocó a Sotolongo y Rogelio le indicó ir a Radio Progreso, donde, le dijo, ensayaban todos los días de lunes a sábado de nueve de la mañana hasta el mediodía. «¡La esperamos!», resumió Rogelio. Celia acudió puntual y el director del conjunto dio la orden de comenzar. «¡Cuando esa negra abrió la boca se me pusieron los pelos de punta!», dijo Rogelio Martínez décadas después en una entrevista con el escritor colombiano Eduardo Márceles.

Quien hubiera comprado el *Diario de la Marina* el sábado 22 de julio de 1950 y hubiera buscado la columna «Radio», del periodista Alberto Giró, se habría topado con el titular «Debutará próximamente en Radio Progreso la cantante Celia Cruz» y el subtítulo «Está considerada la mejor intérprete de la música afrocubana». Era en verdad un avance digno de tal destaque. En el texto de la columna, el periodista escribía: «Hoy vamos a ofrecer una noticia exclusiva de Radio Progreso: el próximo debut de Celia Cruz, Reina del Afrocubano, con el acompañamiento de La Sonora Matancera. En la tarde de ayer firmó el contrato la aplaudida artista que se presentará muy pronto a través de los 690 kilociclos». Por esta noticia, y por las declaraciones de Celia en diferentes momentos, queda claro que el contrato inicial fue firmado con Radio Progreso, no con La Sonora Matancera. Esto lo ratifica Celia misma:

> La confusión sobre mi lugar con la Sonora se debe a que muchos no saben que mi contrato no era con La Sonora Matancera, sino con Radio Progreso [...]. Cuando yo comencé con la Sonora, Bienvenido Granda era el cantante de plantilla. Tenía un tremendo bigote, y por eso la gente le puso *el Bigote que Canta*. Él se integró a la Sonora el mismo año que Pedro [Knight]. O sea, Pedro entró el 6 de enero de 1944 y Bienvenido entró en diciembre. Cuando Humberto Cané se retiró, dejó recomendado a Bienvenido y la Sonora lo contrató.

Celia mantenía así su independencia como solista, aunque es indudable el gran impacto que para su carrera tuvo el hecho de cantar, grabar y ser la imagen femenina por excelencia del decano de los conjuntos cubanos, implicado durante quince años en su ascendente camino artístico.

Recuerda Celia aquella vez que, tal y como le había indicado Rogelio Martínez, acudió puntual a los estudios de Radio Progreso: «Cuando entro en la emisora, al primero que me encontré fue al que sería mi futuro esposo, Pedro Knight». Era el segundo trompetista y había entrado a La Sonora Matancera el 6 de enero de 1944.

> Luego me enteré que él siempre era el primero en llegar [...]. Me le presenté a Pedro y le conté lo que Rogelio me había dicho cuando lo conocí —prosigue Celia—. Pedro me preguntó si había traído mis arreglos musicales, a lo cual respondí que sí. Como yo estaba haciendo mis pininos, y cantaba con una orquesta aquí y otra allá, pues ya empezaba a acumular mi repertorio y mis propios arreglos, que siempre llevaba conmigo cuando me brindaban audiciones. Los revisó y se dio cuenta que mis partituras eran para catorce músicos. Me dijo que no le parecía que me darían resultado, porque en la Sonora solo eran nueve músicos, pero me dijo que sería mejor esperar a Rogelio. Cuando este por fin llegó, me dijo exactamente lo mismo. Aun así, me pidieron que esperara, y cuando llegaron los demás, intentamos ensayar algunos números. Tratamos de hacer *No queremos chaperona* y *En el tiempo de la colonia*, pero no sonó nada bien. Decidimos que lo mejor sería dejarle la música a Rogelio para que se la pasara a Severino Ramos, el arreglista de la Sonora, y que fuera él quien adaptara mis partituras.

Severino Ramos había entrado a La Sonora Matancera en 1938, ocupando la vacante dejada por el anterior pianista, el gran Dámaso Pérez Prado, tras permanecer tres años en el conjunto. En 1944 entró como pianista Lino Frías y Ramos pasó a ser, hasta 1957, el arreglista oficial.

Transcurrieron cerca de dos semanas, durante las cuales Celia estuvo pendiente del aviso de Radio Progreso con una expectación lacerante, sin saber si su contrato finalmente se haría realidad, hasta que al fin, después de muchos intentos, pudo hablar con Rogelio Martínez. «Puede venir, ya por fin están listos los arreglos para ensayarla».

El martes 1 de agosto de 1950 Celia cumplió su gran sueño. Según publicó el columnista Alberto Giró en el *Diario de la Marina*, «Celia Cruz, la gran intérprete del afrocubano, debutó anoche, a las siete, en la Onda de la Alegría, acompañada de La Sonora Matancera. Su presentación ante los micrófonos de Radio Progreso constituyó un franco éxito. Muchas fueron las llamadas telefónicas, solicitando muchas de sus magníficas creaciones».

Sergio Nicols, que desde su columna en *Noticias de Hoy* tanto había apoyado la carrera de Celia, publicó de este modo la noticia: «Celia Cruz: Adquirida recientemente por Radio Progreso, en cuyas potentes ondas se presenta en el programa que, precipitadamente, tuvo que abandonar el "inquieto" boricua [se refiere a Daniel Santos]. Celia Cruz no necesita adjetivos de elogios. Escúchenla en este buen cambio de la Onda de la Alegría».

Celia llegó a un punto de inflexión y desarrollo que fue crucial en su carrera, y se acercó a él no como una novata, sino como alguien que ya había tenido un recorrido en ascenso ante los micrófonos de varias emisoras radiales —Radio García Serra, Mil Diez, Unión Radio, CMQ, RHC Cadena Azul—, en algunas de ellas con un segmento o programa propio. Había mostrado la finura y el sabor de su arte en importantes escenarios habaneros, como los teatros Martí, Fausto, Campoamor, Warner, Blanquita. Había actuado, aunque por poco tiempo, en uno de los tres principales cabarets cubanos. Había marcado un hito realizando, junto con Merceditas Valdés, las primeras grabaciones de música litúrgica afrocubana de la historia. Se había presentado en México y Venezuela, y realizado grabaciones en este último. Había participado en dos películas, cantando como figura central en una de sus escenas musicales.

Del día de su debut en Radio Progreso, Celia cuenta: «Mi familia entera estuvo ahí en primera fila. Mi primo Serafín, que tanto me había ayudado, estaba feliz esa tarde. Sin embargo, el pobre falleció al poco tiempo de que empecé con la Sonora, y por lo tanto nunca llegó a ver hasta dónde me llevó todo lo que él hizo por mí».

El reto estaba planteado, y no solo sería preciso tener una voz poderosa y una imagen y un estilo impecables. Celia era la segunda mujer en poner voz a las presentaciones de La Sonora Matancera, una orquesta de hombres. Su antecesora, Myrta Silva, era un mujer no cubana, blanca, y que había alcanzado una gran popularidad con su simpatía y buen hacer. A pesar de la emoción y la alegría, y del apoyo de un importante sector de la prensa, no todo era perfecto cada vez que se paraba delante del micrófono con La Sonora Matancera a sus espaldas:

> Por un lado había muchas personas que me aplaudían, pero por el otro había un público que estaba loco por Myrta Silva, y, por lo tanto, no me quería a mí para nada —cuenta Celia—. Llamaban a la emisora, le escribían cartas a Manolo Fernández, el director de la emisora, y a Rogelio y a mí, diciendo que yo no encajaba con un grupo como La Sonora Matancera y quién sabe cuántas cosas más. Las cartas que llegaban a mis manos las leía, y si había una crítica válida y algo que aprender, yo encontraba la manera de mejorar, pero si no eran más nada que veneno las botaba, pero rápido. De todas formas, ese tipo de correspondencia negativa me entristecía, ya que duele dar lo mejor de uno y que la gente se lo rechace sin razón, simplemente porque uno no es lo que quieren que sea. ¡Ay Ollita, mi madre santa, cómo me ayudaron sus consejos y los de tía Ana! Me decían: «No dudes de ti, mi niña. Dios sabe lo que hace» y «Usted siga p'alante. Si la gente no la quiere, quiérase usted más, y nunca baje la cabeza para nadie». Con esos consejos y ese amor yo me fortalecía todos los días. Le daba las gracias a Dios por todo, inclusive por las dificultades, porque sabía que con eso Él me estaba enseñando lo que tenía que saber para convertirme en la persona que quería ser.

La historia de perseverancia, disciplina, entereza y superación personal que caracterizó la vida de Celia Cruz tuvo ahí un momento supremo, en que su voluntad se puso a prueba y se demostró su altura de miras. Como concluyó muchos años después:

> Mi familia contaba con la ayuda económica que yo le daba, y por nada del mundo podía darme por vencida. Me fijé bien en lo que tenía que hacer. Me aprendía los números, nunca falté a los ensayos, siempre llegaba temprano, me portaba bien con la gente y me vestía de lo mejor, dentro de mis posibilidades. Dios no me dio una cara bonita, pero sí me dio muchos otros talentos y supe valerme de ellos. Y creo que, a fin de cuentas, mis virtudes me han valido más que cualquier otra cosa.

Que pudiera soportar y crecerse frente al barraje de negatividad que debió enfrentar demuestra que, con veinticinco años de edad, tenía la madurez suficiente para calibrar la situación, estar segura de sus virtudes e identificar las desventajas y diseñar un modelo de actuación que no ignorara los prejuicios presentes en la sociedad en que vivía, sino que contara con ellos para vencerlos. A pesar de todo, algunos medios opinaban de manera positiva. *Noticias de Hoy* comentaba: «El triunfo de Celia Cruz por Radio Progreso, en el programa de las 7:00 pm, ha resultado uno de los éxitos más grandes obtenidos en los últimos tiempos por la Onda de la Alegría».

La interacción entre el público, los músicos y la cantante era inmediata, habida cuenta de la tradicional afluencia de espectadores al estudio de la emisora donde se presentaba La Sonora Matancera. La reciente instalación del nuevo y potente transmisor de Radio Progreso les benefició de inmediato, pues su programa diario en directo se podía escuchar ya en todo el país e incluso llegar a otras zonas del Caribe insular, como Trinidad, Curazao, Bonaire, y las más cercanas Haití y Santo Domingo, donde la guarachera y el conjunto comenzaban a hacerse populares.

Cada día estaba más cerca de que llegara la televisión comercial a Cuba. A poco del debut de Celia con La Sonora Matancera, el 10 de agosto, en el estudio 3 de CMQ, Goar Mestre realizó una prueba demostrativa a la «familia CMQ», con diálogos y apariciones de los actores Carlos Badías, Gina Cabrera, Julio Díaz, Rolando Ochoa y Leopoldo Fernández, y la mezzosoprano Marta Pérez.

No había pasado un mes del inicio de Celia en Radio Progreso cuando el columnista del diario *Noticias de Hoy* comentó, el 24 de agosto: «Radio Progreso está ofreciendo a las seis y media de la tarde la actuación de Olga Chorens y Tony Alvarez para unirse con el programa de las siete de la noche con la gran Celia Cruz, quien se asegura pasará a actuar también en los programas *Cascabeles Candado* de las ocho de la noche por CMQ». Tres días después el *Diario de la Marina* confirmó la noticia ya como hecho consumado:

> La parte musical de *Cascabeles Candado* está a cargo del más gustado y aplaudido de todos los conjuntos: La Sonora Matancera cantando *Bienvenido Granda* y Celia Cruz, la célebre mambolera y reina de los cantos afro. Así que a reírse con las «boberías de Pirolo y Pompilonia», a carcajear con las ocurrencias de Tachuela y la Cansadita y a bailar y a gozar con la mambolera número uno: Celia Cruz, y el decano de los conjuntos: La Sonora Matancera.

La empresa jabonera Crusellas patrocinó ambos programas: el de las siete de la noche con Celia y La Sonora Matancera en Radio Progreso, y *Cascabeles Candado*, en horario estelar de las ocho de la noche en CMQ. Para Celia, la popularidad en ambos crecía como la espuma del mismísimo jabón Candado y se afianzaba con el poder que prometía la publicidad que centraba la inefable Conchita García, *Jazmín,* una de las primeras actrices negras en integrar el cuadro actoral de CMQ, que repetía sin cesar: «Candado tiene ahora pirey... pirey con fuerza blanca». Celia se integró con rapidez y naturalidad al elenco de *Cascabeles.* La revista *Bohemia,* en su edición del 19 de noviembre, publicó una foto que dejaba constancia de la visita de la afamada bailarina uruguaya Brenda —que hacía pareja con su coterráneo Siccardi— a la muy popular mansión Candado y a su «propietaria», la formidable Mamacusa Alambrito, personaje aún recordado y que encarnaba el actor Luis Echegoyen. En la foto, tomada después de la transmisión del programa, aparecen Jorge Guerrero, Celia, Lilia Lazo, Manolín Alvarez, Luis Echegoyen, Velia Martínez y el productor Celestino García Suárez. Al fondo, Marta Jiménez Oropesa, Bellita Borges y Conchita García.

Radio, teatros… y llegó la televisión

En paralelo a su actividad con La Sonora Matancera, Celia continuaba su trabajo como solista. En noviembre de 1950 el Teatro Nacional presentó durante dos semanas el espectáculo *Lluvia de estrellas*, producido por sus primeras figuras, Brenda y Siccardi, que concitaban cada vez más aplausos con sus danzas *Cocaína* y *El sueño del fauno*, y un impresionante elenco que, en este orden, anunciaba el *Diario de la Marina*: Manolo Fernández, *el Caballero del Tango*; Celia Cruz, «la más formidable intérprete de los ritmos afros»; Luis Carbonell, *el Acuarelista de la Poesía Antillana*; la actriz Zulema Casals; el humorista Kiko Hernández; los pianistas Felo Bergaza, Fernando Mulens y Orlando de la Rosa, y Las Mulatas de Fuego «dirigidas por Siccardi» y la orquesta a cargo de Armando Romeu, Jr. Todo esto, junto al estreno del filme *Tres pretendientes*, con Peter Lawford. Según el diario, en La Habana no se hablaba de otra cosa, y ante la gran demanda de público que aún no había podido ver el show, la gerencia del Teatro Astral decidió ampliarlo bajo el título *La danza sensacional*. Fue un momento de gran efervescencia artística en la capital cubana, donde coincidieron importantes actos: el debut de la diva franconorteamericana Josephine Baker en el Teatro América; Dámaso Pérez Prado en el Teatro Alkázar con las hermanas bailarinas cubanas Las Dolly Sisters; los circos

Ringling Brothers y Razzore, y una espectacular selección de filmes en los principales cines acompañados de shows de diverso calibre.

A fines de junio, el jueves 29, Celia volvió al programa de CMQ *Nieve en los trópicos,* animado por Rolando Ochoa y con Bola de Nieve como figura central, mientras continuaba con su espacio habitual en el programa *Cine revista,* que había sumado a su elenco a los actores María Brenes, Antonio Hernández e Idalberto Delgado. Al día siguiente se produjo su retorno a la escena del Teatro Martí con la Compañía de Bailes y Canciones Estampas Cubanas. Se insertaron anuncios en los principales medios nacionales de prensa, entre los que destaca el cartel encabezado, en este orden, por Esther Borja, Luis Carbonell, Celia Cruz y las Hermanas Valladares, seguidos del llamado Cuarteto de la Risa (el Viejito Bringuier, Alicia Rico, Candita Quintana y el Chino Wong), además de Las Mamboletas de Gustavo Roig, Raquel Mata, Lina Salomé, Armando Bianchi, Elena Burke y el conjunto vocal de Orlando de la Rosa.

El 9 de julio el *Diario de la Marina* anunció el debut de Celia, al día siguiente, en el Cine-Teatro Encanto, uno de los más importantes de la capital, como primera figura de un show que estaría en escena aproximadamente hasta el domingo 16, con el respaldo de la orquesta dirigida por Julio Brito.

La carrera por establecer la primacía la ganó Gaspar Pumarejo al inaugurar el 24 de octubre de 1950 las transmisiones televisivas comerciales diarias en Cuba a través del Canal 4. Su empresa Unión Radio y Televisión ubicó los estudios en una esquina de la calle Mazón, en el número 52, esquina a San Miguel, dotados con equipos de procedencia estadounidense marca RCA Victor. La primera imagen televisada fue la de una cajetilla de cigarros de la marca Competidora Gaditana, acompañada de un *jingle,* cuya música aún se discute si fue creada por Ñiko Saquito o por Alfredo Brito. El presidente Carlos Prío Socarrás pronunció el discurso central del acto inaugural, que comenzó a las doce y media del mediodía con la cámara número 1 instalada en el Salón de Recepciones del Palacio Presidencial para la transmisión por control remoto. La emisión de ese día incluyó un programa de variedades a las siete de la noche y dos horas después la fiesta de celebración, conducida por el anfitrión Pumarejo, desde el edificio del Canal 4. Con el lema que lanzó, Pumarejo confirmó que estaba a la ofensiva: «Unión Radio Televisión Canal 4. Primera en televisión, primera en popularidad».

Cincuenta y tres días después, el 18 de diciembre, los hermanos Mestre y sus asociados empresariales inauguraron la televisión que integraba el Circuito CMQ con sede en su nuevo edificio de las calles 23 y M en El Vedado. En su primer día, CMQ Televisión se estrenó con el dramatizado *Tensión* y un juego de la liga profesional de beisbol que enfrentó a los equipos Almendares y Habana, transmitido por control remoto desde el estadio del Cerro (hoy Latinoamericano).

La maquinaria venía alistándose desde hacía meses. El auge de la televisión se fue construyendo a lo largo de 1951; sería imparable y abriría nuevas y mayores posibilidades de trabajo para técnicos, actores, músicos y comunicadores.

Seeco Records.
Las primeras grabaciones con La Sonora Matancera

El panorama musical en las postrimerías de la Segunda Guerra Mundial en Estados Unidos trajo aparejada la disminución de la popularidad de las grandes bandas de la era del swing, que por 1926 encarnaba, como figura indispensable en la evolución al sonido propio de la *big band*, el gran pianista Fletcher Henderson y continuaron los portentosos Benny Goodman, Count Basie, Duke Ellington y Glenn Miller, que las hicieron legendarias en los años treinta y cuarenta y pusieron a bailar a los norteamericanos. Vinieron después las voces —cantantes como Perry Como, Frank Sinatra, Tony Bennett, Nat King Cole—, que en muchos casos se hacían acompañar de grupos con un formato reducido. Pero la gente sentía que le faltaba una propuesta diferente con la que poder continuar

Celia con La Sonora Matancera en Radio Progreso, inicios de la década de 1950 (archivo personal Celia Cruz / Celia Cruz Estate).

bailando. Se renovó entonces el sonido del swing con un mayor aporte rítmico e incidencia del blues, algo que ocurría con fuerza en la costa oeste y medio oeste y en el sur de Estados Unidos. Pero al tiempo que esto ocurría, en Nueva York y en la costa este de la Unión los sonidos latinos, y en particular la música cubana a partir del *boom* de *El manisero*, comenzaban a penetrar y demostrar sus enormes cualidades y su rápida acogida en los *ballrooms* y espacios de baile.

En ese contexto, un joyero de origen judío, nacido en 1902 en Nueva York, se percató del fenómeno, aguzó su olfato comercial y lo enfocó a la música latina que durante los años de la guerra hacía mover el esqueleto a cada vez más norteamericanos y otros residentes de sus territorios. Lo primero fue crear la marca, la empresa, y lo segundo, ampliar el diapasón de las ventas de su joyería Casa Siegel, en la 115th St y la 5th Ave, en Nueva York: Sidney Siegel destinó los activos de su negocio joyero (aunque también vendía muebles, radios y discos) para fundar en 1943 Seeco Records. Y no solo produjo grabaciones musicales: además de caros brazaletes, espectaculares sortijas, elegantes leontinas y llamativos pendientes y collares, desde su tienda comenzó a vender sus propios discos. Debido a las regulaciones existentes en Estados Unidos en cuanto al uso de goma laca en tiempos de guerra, Siegel tuvo que hacer en Canadá su primera operación de fabricación y venta de vinilos. Las cuatro primeras referencias del catálogo Seeco corresponden a sus grabaciones inaugurales con el puertorriqueño Grupo Marcano. Le siguieron las de Johnny Rodríguez y Bobby Capó —también boricuas—, hasta que llegó el primer cubano, Miguelito Valdés, para grabar una rumba y un bolero: *Cucha el eco del tambó* (Silvestre Méndez) y *Te quiero, dijiste* (María Grever). Luego vinieron otros cubanos: Guillermo Portabales, el Trío Servando Díaz —Los Trovadores Sonrientes—, Pupi Campo, el Conjunto Matamoros, Canelina, Carlos Varela con su orquesta, Chano Pozo y su conjunto, Rita María Rivero, Yayo el Indio, un misterioso Conjunto Tropicana que grabó cuatro temas en 1949 en los estudios de CMQ, el Trío Oriental, Los Hermanos Díaz…

Hasta que el 26 de enero de 1950 La Sonora Matancera debutó en Seeco Records grabando en un estudio de CMQ dos boleros-mambo: *Solo contigo* (Antonio López Martin), *Yo la quiero conocer* (Osvaldo Estivil) y dos guarachas: *El velorio* (Rubén Escobar) y *Hay que dejarse de cuento* (Ángel Duarte). Cuatro meses después Siegel volvió a ordenar que Rogelio y sus músicos entraran al estudio para grabar otros cuatro temas.

Rogelio Martínez, que hasta finales de 1949 había mantenido a La Sonora Matancera como artista exclusivo de grabaciones en Panart, se sintió agraviado cuando Ramón Sabat contrató en exclusiva al Conjunto Casino. La agrupación, que lideraba Roberto Espí, se disputaba con la Sonora el público y los espacios de la música de conjuntos. Aunque la decisión del dueño de Panart provocó la consecuente reacción del líder de la Matancera, Rogelio y Espí no eran enemigos, por el contrario: llegaron a ser amigos que tenían por encima de todo la decencia y la música. Rogelio, y en particular, Celia, sabían y encomiaban la calidad del Conjunto Casino.

Acerca de la pertinente rivalidad entre La Sonora Matancera y el Conjunto Casino, décadas después, estando en Medellín, Colombia, en territorio de fanaticada incondicional a La Sonora Matancera, Celia fue risueña y amable, pero enfática cuando alguien en la reunión quiso poner un disco del Casino. Así glosa el coleccionista Gabriel Pareja, presente en el encuentro, la reacción coloquial de Celia Cruz:

> ¿El Conjunto Casino? Chico, ¡los arreglos son inmejorables, te lo digo yo que los conocí, Faz enorme y Espí como bolerista, lindo, con aquella voz abaritonada! Canté y grabé mucho con la Sonora... aquí Gabriel nos habla del Conjunto Colonial, que a él le gusta... Cuando tenía tiempo, iba a ver al Pollo Masculino, así le decían a Nelo [Sosa]... ¡Qué voz, qué arreglos! La gente paraba de bailar para verlos tocar, tenía un sonido muy dulce y lindo, óiganlo y notarán la diferencia, oigan las charangas, las danzoneras, el danzón es lindísimo. Ahí está la Cuba profunda, Belisario López, Arcaño, Romeu, Cheo Belén, en fin, oigan la música de mi querida Cuba y no se queden en La Sonora Matancera... Ah, y no se olviden de mi maestra Paulina Álvarez.

«Nadie le replicó a Celia», concluye Pareja.

Según el registro oficial de matrices del sello Seeco, el 12 de diciembre de 1950 Celia Cruz realizó sus dos primeras grabaciones con La Sonora Matancera: la guaracha *Cao cao, maní picao* (José Carbó Menéndez) y el afro *Mata siguaraya* (Lino Frías), que saldrían publicados bajo el sello norteamericano en un disco de 78 revoluciones por minuto (S-7076). Fue su primer disco con La Sonora Matancera, y así, a la primera, ambos temas alcanzaron una inesperada popularidad. El registro fonográfico se realizó, según la misma fuente, en un estudio de CMQ Radio y estuvo precedido de un incidente premonitorio, que narra la propia Celia:

Rogelio [Martínez] ya me había dicho que quería hacer una grabación conmigo, y yo solo esperaba que me dijera cuándo. Un día llegué a Radio Progreso y me dijeron que estaba ahí un tal señor «Sígol». Sidney Siegel era el empresario americano del sello Seeco, que tenía el contrato de exclusividad para grabar a La Sonora Matancera, y nosotros le decíamos «Míster Sígol». Él estuvo oyendo el programa, y después fue a hablar con Rogelio, que le informó que iba a hacer una grabación conmigo. Sin embargo, Siegel le dijo que tenía que estar loco y que no quería que grabara conmigo. Rogelio no cedió, y le dijo que él era el que se encargaba de decidir quién grababa y quién no. Pero Siegel insistió, y le explicó que las mujeres no vendían discos; que servían para los programas en vivo, pero no para vender discos. Le contó que se le había caído la venta a Libertad Lamarque, y le preguntó que qué pensaba sacar con una muchachita como yo, cuando una mujer de la talla de Libertad Lamarque no estaba vendiendo bien. Pero Rogelio sabía muy bien que Siegel estaba equivocado, ya que otras cantantes, como Toña La Negra, Eva Garza, Elvira Ríos y María Luisa Landín, estaban vendiendo, y muy bien. Le trató de explicar a Siegel que una cosa era naranja y otra era piña, pero Siegel no quería ver la verdad. Finalmente, Rogelio y Siegel quedaron en que, si el disco no se vendía, entonces la Sonora me pagaba y que no le costaría nada a la Seeco. Y así fue. Grabé un sencillo con dos canciones. Ese disco pegó por toda Cuba, y a partir de eso más nunca tuve problemas ni con el público ni con Sidney Siegel. Años más tarde, Rogelio me contó que después del éxito de ese disco, Siegel le dijo: «Rogelio, go ahead», o sea, que le daba el visto bueno en lo que se refería a mí. Llegué a grabar setenta y cuatro LP con La Sonora Matancera. Es decir, cada tres meses sacábamos un disco, y duré quince años grabando exclusivamente con la Seeco.

Cao cao maní picao y *Mata siguaraya* fueron talismanes de la suerte que permanecieron para siempre en el repertorio de Celia. Al momento de la grabación sus compositores tenían un vínculo precedente con la Sonora. De Carbó Menéndez y en la voz de Bienvenido Granda, el conjunto había grabado en 1946 la premonitoria guaracha *La televisión*, y Lino Frías era el pianista de la agrupación desde el 6 de enero de 1944. También había aportado temas al repertorio: en 1949, con Bienvenido, la Sonora le grabó el bolero *Si alguna vez volviera*, y al año siguiente, *Oye este mambo*. Luego, ese mismo año, registró con Daniel Santos *Vuelve muñequita, vuelve*, pero ninguno alcanzó la popularidad que tuvieron esos dos temas en la voz de Celia Cruz. Mientras permaneció en Cuba, Celia no volvió a grabar temas de Carbó Menéndez, a diferencia de los de Lino Frías, de quien en la siguiente sesión perpetuó el mambo-conga *Baila Yemayá* y cinco años después, la guaracha *Óyela gózala*.

Buenas noticias de fin de año

El jueves 21 de diciembre reabrió el cabaret Sans Souci tras mantenerse cerrado varios meses y sometido a una total remodelación. Un show diseñado por el coreógrafo californiano Carlyle, respaldado por las orquestas de Rafael Ortega y Charles Rodríguez, dio la bienvenida a los asistentes, y para los días finales del año se les sumaron Pérez Prado y su orquesta. El día de Nochebuena, Radio Progreso anunció bailables con los conjuntos Casino y Colonial de Nelo Sosa, la orquesta Almendra con Dominica Verges, y La Sonora Matancera, anticipando la noticia de varios estrenos: *En la Nochebuena, Ban-Gan, Chupando caña, La mulata Lola* y la *conga camagüeyana*.

El año 1950 terminó para Celia con una grata noticia, de la que ella hacía parte: en el *survey* nacional, realizado por la Asociación de Anunciantes, el programa *Cascabeles Candado* (CMQ) se alzó con el primer lugar entre los espacios humorístico-musicales y el tercero más escuchado, mientras que el espacio *Celia Cruz y La Sonora Matancera* (Radio Progreso) ocupaba el puesto número 39 entre los 40 de mayor audiencia. La causa de tan baja puntuación se debía a la reciente contabilización del programa, que comenzó con Celia en el mes de agosto.

Cascabeles Candado se convirtió en el paradigma del humor al uso en la radio de la época, que nutría sus libretos de las vivencias del cubano común y corriente, sublimando algunas de sus características más acusadas a través de la creación de personajes que fueron de inmediato aceptados por el público por su dosis de ridiculez e inverosimilitud. Todo eso aderezado con buen equilibrio por la parte musical, de la que se encargaban Celia y la Sonora. Dirigido por Celestino García Suárez, que se ocupaba inicialmente del libreto, el programa tuvo después como libretista a Enrique Núñez Rodríguez, que con un concepto de serie, y la incorporación de personajes ya establecidos como el Viejito Chichí, lo llevó a un plano superior y, junto a las aventuras de Leonardo Moncada, los convirtió en los programas líderes de la radio en aquel momento, ambos a través de CMQ.

Pero el mejor regalo para Celia le llegó de la mano de la exigente Asociación de la Crónica Radial Impresa, que refrendó después un destacado titular en las páginas del conservador *Diario de la Marina,* en la sección «Radiovisión»:

> Celia Cruz, la inimitable estilista de los ritmos afrocubanos, y el Conjunto Casino, los campeones del ritmo, fueron seleccionados por la Asociación de la Crónica Radial Impresa como la mejor cancionera popular y el mejor conjunto típico, respectivamente, durante el año 1950. Sabido es que Celia Cruz y el Conjunto Casino pertenecen al staff de atracciones que brinda la Onda de la Alegría a sus miles de oyentes, lo cual se traduce indiscutiblemente en una positiva y valiosa contribución al porcentaje crecidísimo que obtuvo Radio Progreso en el último *survey* llevado a efecto por la Asociación de Anunciantes de Cuba en toda la República y que la sitúa en el tercer lugar entre las principales radioemisoras de Cuba. La dirección artística de Radio Progreso, que demuestra su capacidad y su sentido del éxito en cuanto a complacer los

gustos del público oyente, anuncia que Celia Cruz y el Conjunto Casino continuarán actuando indefinidamente ante los micrófonos de la Onda de la Alegría. Celia Cruz, desde luego, seguirá teniendo como acompañante a su inseparable Sonora Matancera, el decano de los conjuntos típicos, sin cuyo valioso acompañamiento dice que ella no se atrevería a cantar guarachas y boleros.

Sin embargo, como veremos más adelante, la propia Celia se encargó de desmentir esta afirmación, pues toda regla tiene sus excepciones.

Con Tongolele en La Habana
(1951)

Tras las fiestas de despedida del año 1950 y recibimiento del nuevo 1951, el evento más connotado de esos primeros días de enero fue el homenaje que se le tributó en el Teatro Martí a la vedette María de los Ángeles Santana antes de su partida a España para cumplir un importante contrato. Cantante y actriz, la vedette exhibía a la altura de 1951 una brillante carrera. Apoyada por Ernesto Lecuona, quien la atrajo a sus famosos conciertos de música cubana, se abrieron para ella las puertas a la radio cuando ingresó en el elenco de CMQ en 1940. Antes ya había incursionado en el cine y aparecía en varios filmes, como *El romance del palmar, Sucedió en La Habana* y *Cancionero cubano.* Durante la década de 1940 trabajó en México y a su regreso a Cuba consiguió éxitos de taquilla cuando se presentó en los teatros Martí, Principal de la Comedia y otros. A inicios de 1950 debutó de modo espectacular en Madrid con la revista *Tentación,* de un éxito arrasador, que motivó un nuevo y jugoso contrato para regresar a los escenarios españoles en 1951.

Y el *Diario de la Marina* volvió a focalizar el nombre de Celia en el titular de la noticia relacionada: «Celia Cruz, la reina de los ritmos afros, se presentará en la despedida a María de los Ángeles Santana, mañana en el Teatro Martí». Como si ello fuera poco, el anónimo periodista comenzó así su nota:

> Celia Cruz es uno de los carteles estelares más sólidos del momento teatral cubano. Su voz, su estilo, su personalidad indiscutible, se han impuesto en todos los programas en que ha intervenido.

Por eso, cuando se sumó a los artistas que van a decir «¡Hasta luego!» a la artista favorita de los cubanos, María de los Ángeles Santana, no se dudó un momento en considerar que el programa había adquirido un refuerzo considerable [...]. En efecto. Con Celia Cruz y María de los Ángeles Santana, aparecerán en el desfile estelar de mañana en el Martí, Siccardi y Brenda, Carmen Torres, Maruja González, Mimí Cal, Las Mulatas de Fuego de Rodney, la escultural Lina Salomé con las popularísimas Mamboletas de Gustavo Roig, Olga Guillot y los maestros Rodrigo Prats y Ramón Bastida.

Tales elogios no eran gratuitos: la distinción en páginas de un medio como el *Diario de la Marina*, situando a Celia en rango paralelo al de la Santana, dice mucho del destaque que ya, de manera individual y en su estilo, había alcanzado la que pronto sería la Guarachera de Cuba.

En el panorama escénico, Josephine Baker estiró todo lo que pudo sus posibilidades para continuar presentándose en La Habana. Actuó en Tropicana, cantó ante los micrófonos de CMQ y en el Teatro Astral. Por su parte, Sans Souci tenía a Pérez Prado con su orquesta como artista exclusivo, en momentos en que el mambo avanzaba literalmente en su marcha triunfal por el mundo.

Comenzó marzo y llegó Yolanda Montes, *Tongolele,* a La Habana, donde causó el revuelo esperado, con la alarma de las ligas de la decencia y los círculos más pacatos de la sociedad habanera. Nada de eso detuvo las caderas de la Tongo ni ocultó su ombligo, que en esos días parecía ser el vórtice alrededor del cual giraba la Tierra. Tongolele estaba en el cenit de la fama: llevaba años provocando en México una auténtica batalla entre moralistas y avanzados. Las películas de rumberas, que a partir de 1946 marcaron una tendencia en la Época de Oro del cine mexicano, y el asalto de ellas mismas a los escenarios de los principales sitios de la noche en la ciudad de México, revolucionó el modo y el signo de la diversión masculina. Tongolele, que insistía en no ser parte del fenómeno de las rumberas y reivindicaba un arte que ella ubicaba geográficamente —y erróneamente— en sus orígenes tahitianos, se convirtió en el *summum* de toda transgresión y todo atentado contra la moral y las buenas costumbres, en la diana de todos los dardos de la moralina provinciana. En Cuba fue más de lo mismo, aunque amortiguado por la decisión de los empresarios de cabarets y teatros de por nada del mundo dejar de presentar a quien era la manzana internacional de la discordia, pero capaz de colgar el cartel de *sold-out* donde se presentara.

Se produjo, pues, el reencuentro de la bailarina tahitiano-americana-mexicana Tongolele con sus amigas Celia Cruz y Elena Burke, a quienes había conocido cuando estas, con Las Mulatas de Fuego, compartieron escenario con ella en el famoso Teatro Follies de la ciudad de México, poco más de dos años atrás. Con Celia coincidió en *Cascabeles Candado* y con Las Mulatas de Fuego en Tropicana, donde la *Tongo* presentó su espectáculo *La diosa pantera* con coreografía de Héctor del Villar y un elenco en el que figuraban Olga Guillot, la pareja de bailes Juliette y Sandor y el pianista Felo Bergaza. Con ellos también subió a la escena del Teatro Nacional cuando lo visitó por primera vez para comenzar ensayos. Ahí la recibieron Celia y Elena junto con parte del elenco que la acompañaría en la producción *Delirio en ritmo*. Algunas fuentes indican que la tahitiana invitó a Celia a cantar también en Tropicana.

El Teatro Astral, que continuaba entre los primeros en cuanto a la calidad de sus espectáculos, contrató también a Tongolele. El show era el mismo que presentó en el Nacional, llevado por los productores González y Obrador bajo la inspiración de Carlos Sandor, y fue catalogado por la revista *Bohemia* como «de muy estimable calidad». A él se incorporó ahora Celia Cruz, junto con Olga Guillot, la pareja de bailes españoles Rocío y Antonio, el Negro Flamenco, Don Norait y el propio Sandor con su compañera de dúo danzario Juliette. Tongolele incorporó al show su escena *La diosa pantera*, esa recreación del cautiverio de fiereza animal —¡con jaula y todo!— que tanta fama le dio en México y dondequiera que se presentó.

Avanzaba el año y Celia consolidó su posición en CMQ a través de su participación continuada en *Cascabeles Candado*, que en marzo se ubicó como el tercer programa más escuchado de la radio nacional, según una encuesta radial de la Asociación de Anunciantes publicada a mediados de 1951 por la revista *Bohemia* y donde CMQ mantuvo el primer lugar en la preferencia del público. Radio Progreso retuvo el cuarto lugar, solo superada por la RHC Cadena Azul, de Amado Trinidad, y muy de cerca por Unión Radio, de Gaspar Pumarejo.

La responsabilidad de Celia por el éxito de *Cascabeles Candado* y su impacto popular era tal que la revista *Bohemia,* en su sección «Tele-Radiolandia», refrendó en tono humorístico este hecho al publicar, bajo el título «Disputada», una foto de Celia con Ibrahim Urbino y Enrique Íñigo. El pie de la foto iba de esta guasa: «"¿Qué pasa, Urbino? ¿Me la quieres llevar?", exclamó Enrique Íñigo, productor de Cascabeles Candado, programa donde la cantante es verdadera atracción. "A lo mejor", respondió Ibrahim Urbino, figura importante de la RHC Cadena Azul».

Al Teatro Blanquita

A las puertas de 1950, dos días antes del inicio del nuevo año, el magnate Alfredo Hornedo inauguró su nueva y flamante inversión: el Teatro Blanquita, presentado en la estrategia de promoción como el mayor del mundo e inaugurado con lujo y total repercusión. Con 6 mil 600 butacas, pista de patinaje sobre hielo con una sofisticada tecnología y cafetería para 200 comensales, superaba en 500 los asientos del afamado Radio City Hall de Nueva York. Lo bautizó así en memoria de su esposa Blanca Maruri, fallecida poco antes, en 1948. Desde que abrió sus puertas, con el espectáculo *De París a New York* por la compañía de revistas de Lou Walter, el Teatro Blanquita se propuso en sus espectáculos emular en estilo, temáticas y profuso elenco a los mejores de Estados Unidos. Desde ese momento los espectáculos que allí se presentaban presumían de la influencia norteamericana en búsqueda obsesiva del encanto de los grandes musicales de Broadway.

En agosto de 1951 estaban en La Habana la diva argentina del tango, Libertad Lamarque, y el actor y galán mexicano Arturo de Córdova. El equipo de Hornedo, para el manejo del Teatro Blanquita, no podía dejar escapar la oportunidad de presentarlos en el nuevo y ya famoso coliseo de la calle Primera en la suntuosa zona de Miramar. Organizaron un megaespectáculo, un *one-night show*, para presentar a las dos figuras internacionales junto a la vedette cubana Ninón Sevilla, que trabajaba y triunfaba en México; a su colega mexicana Lilia del Valle, y, completando el cartel internacional, a los muy castizos Miguel Herrero y el Niño de Utrera. Incluyeron además un verdadero desfile de artistas cubanos presentados por Carlos Amador y Rolando Ochoa: los populares personajes humorísticos Pototo y Filomeno (Leopoldo Fernández y Aníbal de Mar) con Mimí Cal; Otto Sirgo y Magda Haller, que reaparecieron después de una prolongada temporada en Suramérica, y acto seguido en el cartel se anunciaba a Celia Cruz, seguida de Luis Carbonell, el italiano Ernesto Bonino, Olga Chorens y Tony Alvarez, Marta Pérez y, en la parte danzaria, las parejas de Ana Gloria y Rolando con Leandro y Alicia, junto a Lina Salomé y Las Mamboletas de Gustavo Roig. Se iba convirtiendo en una regularidad la presencia de Celia en ese tipo de espectáculos de pretendido enfoque abarcador en cuanto a géneros musicales, en los que los productores garantizaban con ella la presencia de los géneros más populares: la guaracha y el llamado afro.

Radio Progreso y la Caravana de estrenos

Celia continuaba presentándose con La Sonora Matancera en *Cascabeles Candado* en CMQ-TV todos los lunes a las ocho de la noche y en el espacio de la Sonora en Radio Progreso. Justo en agosto de 1951 regresó Myrta Silva a La Habana y a los micrófonos de la Onda de la Alegría; comenzó el lunes 20 en el segmento de las siete y media de la noche, pero esa vez no fue La Sonora Matancera quien la respaldó, sino el Conjunto Colonial de Nelo Sosa. La Gorda de Oro aún disfrutaba del favor del respetable, pero Celia y la Sonora tenían ya una legión de seguidores que iba cada día en aumento, haciendo patente su leal fanaticada con una entusiasta presencia en los estudios de Radio Progreso.

Siete días después del renovado debut de la cantante boricua comenzó en Radio Progreso la *Caravana de estrenos* correspondiente al mes de septiembre, donde se anunció que Celia y La Sonora Matancera estrenarían un tema de otro boricua, Daniel Santos. El *Diario de la Marina* anticipó el nombre, *El padre del hijo de nadie*, que era al parecer *El pai y la mai,* un seis chorreao, expresión musical de Puerto Rico, que cantaron Celia y Bienvenido Granda. Rogelio Martínez anunció que estrenarían otros cinco temas, entre guarachas, afros y boleros.

La *Caravana de estrenos,* espacio destinado a promover la obra de autores cubanos y extranjeros defendidos por intérpretes del cuadro artístico de la emisora, continuó hasta 1952 en Radio Progreso y consiguió atraer gran cantidad de público, que acudía a ver en un mismo programa a sus artistas favoritos presentando nuevos temas. En su edición del 27 de abril de ese año, el columnista Alberto Giró, del *Diario de la Marina,* mencionó, sin mencionar género ni autor, haber escuchado en la *Caravana* de mayo de 1952 el estreno del tema *Amor de naylon* [sic] por Celia y La Sonora Matancera, del que a día de hoy no se han encontrado grabaciones. La fórmula funcionó, los fanáticos y espectadores que acudían al estudio o escuchaban el programa por radio eran movilizados por la salida de los nuevos estrenos: «¿Qué traerá este mes la Sonora?» «¿Qué traerá Celia?». En junio el éxito del programa rebasó las expectativas, a juzgar por lo que publicó Nelita Martín en su columna de *Noticias de Hoy*. Señaló como los grandes triunfadores ante el público a La Sonora Matancera con Celia y Bienvenido Granda, Olga

Celia con La Sonora Matancera en el escenario del Teatro Martí, en La Habana, primera mitad de la década de 1950 (archivo personal Celia Cruz / Celia Cruz Estate).

Chorens y Tony Alvarez. «Una y otra vez hemos dicho que de los triunfos de Radio Progreso, es responsable principalísima La Sonora Matancera con las voces de Celia Cruz, la inimitable reina del afro, y Bienvenido Granda».

Días antes, el domingo 5 de agosto, en un estudio de CMQ, la emisora donde Celia Cruz también cantaba regularmente, resonó el disparo que, según la prensa de la época, impactó en la conciencia de cada cubano: el popular político Eduardo Chibás, presidente del Partido Ortodoxo, apretó el gatillo de su pistola, señal de lo que llamó «mi último aldabonazo», con el que, al no poder probar las denuncias realizadas contra un funcionario venal, atentaba contra su vida en dramática pelea contra la corrupción imperante en el gobierno de Carlos Prío Socarrás. Murió, tras agonizar durante varias semanas, el 16 de agosto. Su sepelio ha sido uno de los grandes acontecimientos multitudinarios en la historia de Cuba.

Las grabaciones de 1951

El 9 de abril de 1951 Celia entró en su segunda sesión de grabaciones con La Sonora Matancera, producida por el sello de Sidney Siegel. Registró la guajira-mambo *El guajirito contento* (Severino Ramos) y el mambo-conga *Baila Yemayá* (Lino Frías), que fueron publicados por Seeco inicialmente en discos de 78 revoluciones por minuto (S-7100). Durante el año realizó otras cuatro sesiones. El 17 de julio grabó *Las frutas y mi son cubano* (René León Monzón) y *El disgusto de la rumba* (Aldo Carrazana) (S-7117), *Tatalibabá* (Florencio Santana) y *Lacho* (Facundo Rivero) (S-7118). El 15 de septiembre, en la tercera sesión de ese año, grabó *Ritmo, tambó y flores* (José Vargas) y *Eleguá quiere tambor* (Luis Griñán Camacho) (S-7134), *La danza del cocoyé* (Luis Griñán Camacho) y *La guagua* (Juan Bruno Tarraza) (S-7135). El 30 de octubre grabó *Abre la puerta, querida* (Guillermo Arenas) y *Yembe Laroco* (Rafael Blanco Suazo) (S-7151), *Mambo del amor* (Julio Blanco Leonard) y *Rumba para parejas* (Calixto Leicea) (S-7152). El 15 de diciembre registró un único tema: *El pai y la mai* (Daniel Santos) (S-7160). En estas sesiones los compositores Facundo Rivero y Julio Blanco Leonard repitieron en el repertorio que iba construyendo Celia, pues sus nombres también firmaron dos de las grabaciones que había realizado en Venezuela en 1948. Otros, como Calixto Leicea y Juan Bruno Tarraza, se reiteraron en posteriores grabaciones.

Los grandes cabarets cubanos, como plataforma de exposición de la música y la danza, terminaron el año 1951 con un modelo de espectáculo en franco desgaste, y al parecer sus gerentes y productores tenían conciencia de ello. Para las fiestas navideñas y el advenimiento del nuevo año, Sans Souci presentó a Olga Guillot, los pianistas Felo Bergaza y Juan Bruno Tarraza, la pareja

Celia en cabaret Sans Souci con la noruega Sonja Henie, campeona mundial de patinaje sobre hielo (centro), y la primera bailarina Marta Castillo (extremo izquierdo), entre otras, La Habana, 1952 (archivo Marta Castillo / colección Gladys Palmera).

de bailes españoles Pilar y Jesús Reyes, la pareja de bailes afros y folklóricos Marta y Alexander (Marta Castillo y Alexander Cutting), la bailarina norteamericana Skippy, el *chansonnier* francés Roland Gerbeau —que se había quedado en Cuba después de llegar con Josephine Baker a finales de 1950— y el binomio Henry Boyer-Sonia Calero. Completaban el show las producciones coreográficas *Capricho español* y *Rumbantela*, por el ballet de Sans Souci y las orquestas de Rafael Ortega y Charles Rodríguez. Pero específicamente allí, en el cabaret del reparto La Coronela, todo estaba a punto de cambiar.

Celia terminó 1951 manteniendo durante todo el año su presencia diaria a las ocho de la noche en el programa *Cascabeles*

Candado de CMQ Radio y los lunes en CMQ-TV, siempre con La Sonora Matancera. La prensa resaltaba la creciente afluencia de público a los estudios de CMQ Radio para verlos en vivo y en directo, junto al elenco humorístico del programa.

El gran éxito de Sun Sun Babaé
(1952)

El nuevo año fue continuidad de los triunfos de 1951. La Sonora Matancera, con Celia y Bienvenido, eran los reyes y señores de los dos espacios más populares en CMQ y también en Radio Progreso. En el entrante enero sumaron a Daniel Santos, *el Inquieto Anacobero*, quien había conseguido regresar a La Habana y volvió por sus fueros a cantar con el decano de los conjuntos cubanos. La prensa se hizo eco y Manolo Fernández, el director de Radio Progreso, mimó a quien había dado muestras de ser una de las figuras más populares y rentables. El 10 de febrero el diario *Noticias de Hoy* publicó una foto de Celia mostrándole a Fernández un ejemplar de su primer disco.

El Parque Martí fue la sede del Gran Festival de la Televisión, donde Rolando Ochoa y Lilia Lazo fueron proclamados Mr. y Mrs. Televisión 1952. El festejo fue un multitudinario desfile de artistas, orquestas y conjuntos, entre los que se encontraba La Sonora Matancera.

Planteada como estaba la batalla entre los tres grandes cabarets habaneros, la gerencia de Sans Souci dio un paso más para singularizar la diferencia. Era ya un hecho la presencia de elementos de la mafia italoestadounidense en el control del juego en los casinos. Los cabarets habían pasado a ser una ficha importante en ese engranaje, como elemento de distracción y variedad para los turistas que eran atraídos hacia los casinos y las salas de juego. El ambiente lúdico y sensual, donde la naturaleza —en el caso de Tropicana y Sans Souci— aportaba un valor adicional, tenía su punto culminante en los espectáculos o shows que llevaban a sus escenarios a los mejores artistas con una fórmula hasta entonces infalible, que incluía música cubana —contemplando la afrocubana aunque en una versión ligera y descafeínada la mayoría de las veces—, la española, lo más conocido de la norteamericana y algún que otro número circense. Para entonces, el norteamericano Norman Rothman dirigía y controlaba todas las operaciones del cabaret y de la sala de juegos del Sans Souci, pero se percató de que hacía falta algo más para pasar a un escalón superior. Ese plus estaba en el elemento autóctono de nuestra cultura musical.

El investigador norteamericano T. G. English resumía el acierto de Rothman al llevar al cabaret del reparto La Coronela a ser «el mayor rival del Tropicana entre las salas de espectáculos. El club de Rothman [en ese momento] llevaba ventaja, sobre todo porque montaba fabulosos espectáculos que eran la envidia de los directores de teatro de toda La Habana». En enero de 1952 ya Roderico Neyra, *Rodney*, estaba en Sans Souci contratado como coreógrafo principal, y su camino volvió a cruzarse con el de Celia. Su debut, su primera producción allí, no pudo ser más emblemático, tanto, que aún hoy se habla de la producción de *Sun Sun Babaé* por más de una razón.

Remozado y ambientado para la ocasión, el Sans Souci volvió por sus fueros, se atemperó a los nuevos tiempos y cumplió su cometido de atraer cada vez más a la clase media y alta de la sociedad cubana y a los turistas norteamericanos. El escenario estaba escoltado a ambos lados por dos escaleras semicirculares que terminaban en una pasarela rectangular, donde modelos y figurantes del cuerpo de baile se movían a los acordes de la orquesta de planta del cabaret, dirigida por el maestro Rafael Ortega, que se situaba al fondo y debajo de ella. El show pasaba dos veces en la noche: a las once y media y a la una y media, con dos tandas de bailables antes y después, a cargo de la orquesta, que compartía espacio con la de Charlie Rodríguez. Celia Cruz volvió a Sans Souci; reapareció el 15 de febrero de 1952 y se integró al programa, donde figuraban la cantante estadounidense Marion Murray; Felo Bergaza y Juan Bruno Tarraza, que ya impactaban con su impresionante dúo de pianos; la estelar cantante Olga Guillot, y tres parejas de bailes: Pilar y Jesús Reyes en lo español; Martha y Alexander en sus bailes afrocubanos, y Henry Boyer con Sonia Calero.

Poco más de quince días después Rodney dio muestras de su gran confianza en Celia, quien debutó por todo lo alto como cantante principal de la revista musical *Sun Sun Babaé*, creada, según los créditos que anunciaba el *Diario de la Marina,* por César Alonso, con montaje e ideas de Rodney y dirección musical del maestro Ortega. Las voces centrales estaban a cargo de «las máximas estrellas del canto Celia Cruz y Olga Guillot con Xiomara Alfaro y José Fernández Valencia, y la responsabilidad de los bailables bajo la asombrosa ductilidad de la bailarina norteamericana Evelyn Hetzer, conocida como *Skippy*, Marta Castillo y Alexander [Cutting], destacándose el magnífico cuerpo de baile de Sans Souci».

La nueva revista musical *Sun Sun Babaé* tomó su título de la canción afro homónima, de la que es autor Rogelio Martínez, director de La Sonora Matancera. Era el pretexto para recorrer, en amena demostración, los diversos géneros de la música popular cubana con énfasis en las raíces africanas.

> Sun sun sun sun sun babaé
> Sun sun sun sun sun babaé
> Pájaro lindo de la madrugá
> Pájaro lindo de la madrugá.

La nueva producción de Rodney marcó un hito en la representación escénica de eso que podría definirse como lo cubano. Se enfrentó rechazando la visión romántica e inconsistente que centraba la cubanía fuera del legado africano o, si acaso, lo situaba en un plano idílico y edulcorado. Ejemplo puede ser el publicitado espectáculo *Esto es Cuba*, que había subido a la escena del Payret unos meses antes, en 1951. Con mirada bucólica y fallida, se intentaba mostrar la idiosincrasia y la realidad del cubano. Rodney y César Alonso decidieron emplear un lenguaje impactante, que consiguieron hacer comprensible a través de percusionistas afrocubanos que se encargaban de toques auténticos, salidos de la ritualidad yoruba, mezclados con elementos profanos y eminentemente artísticos.

Durante los tres meses que *Sun Sun Babaé* permaneció en cartelera se sumaron al elenco principal, en diferentes momentos, otras figuras, como los norteamericanos Harvey Grant, Bobby Sherman y Marion Murray, que regresaba a la pista del cabaret cubano en otros cuadros y escenas.

Así permaneció Sun Sun Babaé en el recuerdo de Celia:

> Fue una hermosa celebración afrocubana […]. Se presentaban varios cuadros, conmigo como la cantante estelar […]. Duraba una hora y media […]. La presentación empezaba con bailes modernos, cantantes y vedettes como Olga Chaviano —que en paz descanse—, que salía reclinada en un palanquín sostenido por cuatros negros en cada esquina. Era algo sensacional. Luego había un cuadro con una rubia espectacular a la que le decían Skippy. Nunca supe si ese era su nombre de verdad, y después de ese espectáculo nadie más nunca supo de ella. Skippy aparecía sentada en una mesa como si fuera turista, oyendo los tambores batá y viendo a los negros bailar. De pronto, le entraba el santo y se iba detrás de ellos bailando muy exóticamente, despojándose de la ropa hasta quedar en bikini. Por cierto, los bikinis de esos tiempos tapaban mucho más que los de ahora, pero igual era considerado un atuendo bastante atrevido.
>
> Yo salía cantando primero en lucumí. Los tambores sonaban, las bailarinas entraban haciendo sus acrobacias, y el público se impresionaba con tanto espectáculo. A mí me dijeron que después de componer la música de la obra, Rogelio Martínez consultó con los santeros y que ellos les pidieron permiso a los orichas —los dioses del panteón afrocubano— para presentarlo. Tengo entendido que los orichas concedieron, pero se tuvo que cambiar un poquito para que no fuera igual a un auténtico. Quién sabe si eso es verdad.

Quizás sea un cuento que se inventó alguien para ponerle más misterio al espectáculo [...]. Con el éxito que tuvo Rodney con ese espectáculo, le dieron el contrato para ser el coreógrafo de plantilla del Tropicana. *Sun Sun babaé* fue el espectáculo que convirtió a Rodney en una leyenda.

El periodista Jay Mallin, de la revista *Cabaret Quarterly,* asistió al show como público y en su reseña «Cuba's Carefree Cabaret» coincidió en mucho con el recuerdo de Celia, aportando interesantes elementos:

> Era un espectáculo tropical kitsch. En escena, una mulata vestida con la tradicional indumentaria amarilla de Ochún, la diosa del amor, bailaba una especie de rumba rodeada por un grupo de bailarines negros que parecían mandingos. La mujer se movía sugestivamente al son de los tambores; los rostros de los hombres relucían de sudor. De pronto, los hombres se mezclaban con el público. Un reflector los seguía mientras descendían del escenario y se acercaban a una mesa donde una clienta rubia tenía un coctel en la mano. La rubia no podía apartar los ojos de los hombres semidesnudos que la rodeaban, pero también parecía asustada. Los hombres prácticamente la levantaban de su asiento y la subían al escenario, seguidos siempre por el foco. Una vez en el escenario, la mujer se embriagaba con el sonido de los tambores y los cantos rítmicos, que eran cada vez más fuertes y más intensos. Los espectadores estaban al mismo tiempo hipnotizados y confundidos, sin saber muy bien si lo que veían sus ojos iba en serio o formaba parte del número.
>
> De repente, sin previo aviso, la rubia se arrancaba el vestido largo de color negro y, sin nada encima excepto la ropa interior de encaje y un portaligas negros, se ponía a bailar. El público se daba ahora cuenta de que todo formaba parte del número y empezaba a reír disimuladamente. La mujer parecía estar hipnotizada y su baile se volvía más frenético a medida que iba cayendo bajo

el hechizo de los santos. Los hombres la tomaban en brazos y se la pasaban unos a otros. Entonces, en medio de la música *in crescendo* y de movimientos cada vez más rápidos, la mujer salía súbitamente de su trance, profería un grito de turbación y recogía apresuradamente su ropa. Todavía semidesnuda, abandonaba corriendo el escenario, cruzaba la sala y salía por la puerta trasera del cabaret. Los espectadores aplaudían, aturdidos, regocijados y excitados al mismo tiempo.

Para el investigador y escritor norteamericano T. G. English, en *Sun Sun Babaé* tuvo Rodney un motivo poderoso, que era también un objetivo de *marketing:* «invitar al público a dejarse seducir por la cultura afrocubana, a levantarse de sus asientos y participar en los placeres sensuales de la isla», lo cual fue crucial en la estrategia de los gestores del juego y la noche habanera para atraer cada vez más a los turistas norteamericanos, quienes sin saberlo comenzaban a contribuir con los planes de la mafia en Cuba.

En su labor de rescate de las culturas afrocaribeñas, la coreógrafa norteamericana Katherine Dunham tuvo en ese show de Rodney en Sans Souci un inesperado referente. Asistente en varias ocasiones al cabaret de La Coronela, Dunham conoció allí al percusionista Francisco Aguabella y a la soprano Xiomara Alfaro, que trabajaban en *Sun Sun Babaé*, e, impresionada por sus desempeños, los llevó poco después a su compañía para participar en el rodaje del filme *Mambo* en Roma, Italia.

La fama de *Sun Sun Babaé* iba *in crescendo*. Los periódicos floridanos *The Miami News* y *The Miami Herald* publicaban a gran tamaño anuncios que presentaban a Sans Souci como «World-famous "under the stars" dinner-supper club and casino» y al show de Rodney como «Afro-Cuban voodoo black magic revue». Resaltaban a Celia Cruz y a Skippy como las primeras figuras del cartel y mencionaban la presentación de «el *bondyé,* el último grito del baile», uno de los elementos nuevos que Rodney iba adicionando al espectáculo a lo largo de su vida en escena. *The Miami Herald* publicó en

Anuncio publicado en *The Miami Herald* el 2 de mayo de 1952 (copia digital, archivo de la autora).

su edición del 13 de julio una breve reseña crítica con el título «Revista habanera en su octavo mes»:

> Lo más destacado de la revista que presenta el *nightclub* habanero Sans Souci es la espectacular danza llamada *Sun Sun Babaé*, un ritual afrocubano que combina el canto y el baile de los talentosos Skippy Heltzer, muy conocida ex integrante de cuerpos de baile en Miami, Celia Cruz, Alexander y Marta, los Tambores Batá [sic], Henry Boyer y el Cuerpo de Ballet de Sans Souci. La revista va por su octavo mes.

Sun Sun Babaé, con algunos cambios en el elenco pero con Celia Cruz siempre, se mantuvo en cartelera hasta finales de julio de 1952, con un receso por parte de la cantante para realizar, con La Sonora Matancera, el primer viaje a Haití.

En cuanto al afro que dio nombre al afamado espectáculo, La Sonora Matancera lo habían grabado con Bienvenido Granda, antes de que fuera llevado a Sans Souci, en registro para el sello Seeco realizado en La Habana el 5 de diciembre de 1951 y publicado en disco de 78 revoluciones por minuto (S-156). Otra versión por ellos mismos quedó fijada en álbum doble del sello norteamericano Team (7030), que recoge el concierto que La Sonora Matancera realizó en el Carnegie Hall en ocasión de su sexagésimo quinto aniversario, el 1 de junio de 1989. El mexicano Ramón Márquez; los boricuas Tito Rodríguez y Eddie Palmieri; los venezolanos Oscar D'León y Dimensión Latina; el catalán Xavier Cugat, y los cubanos José Curbelo, Conjunto Casino, Carlos Puebla, Conjunto Kubavana son solo algunos de los intérpretes y agrupaciones que a lo largo del tiempo han versionado el célebre afro de Rogelio Martínez que inmortalizaron Celia Cruz y Rodney con su show homónimo.

Tras el éxito, Rodney continuó en Sans Souci con dos revistas sucesivas con tema afrocubano: *Omelenkó* e *Iroko Bamba*, en las que mantuvo idéntico elenco, incluida Celia, quien también durante algunas semanas de mayo cantó en la revista *Tatalibabá,* ideada por César Alonso, y que subió a escena como segundo *show.*

Pero *Sun Sun Babaé*, como revista musical, tuvo varias vidas después de Sans Souci: una inmediata, cuando a finales de junio el espectáculo abandonó los predios del cabaret para presentarse en el Teatro América y, ante la popularidad que ya alcanzaba el afro de Rogelio Martínez, se anunció como «el hit musical del año». Era una absoluta rareza que la prensa, y mucho más el *Diario de la Marina,* insertara una crítica sobre un show de cabaret; tal era el éxito de *Sun Sun Babaé.* Encontrándose Celia en Haití, la redactora Regina de Marcos publicó en su columna en ese periódico una elogiosa reseña crítica, que resultó importante porque por primera vez se valoraba la gran producción de Rodney y Alonso, como un producto de arte y como una muestra de alto valor:

Puede seguírsele la pista al *Sun Sun Babaé* por la Bodeguita del Medio, por los vodús haitianos, por el triángulo de África. Se descubrirán así sus orígenes, su leyenda, su rito ancestral y esa esencia fuerte que escapa, al parecer sin agotamiento, de cada cuerpo contorsionado por la inquietud y el éxtasis. El estudio sería profundo, erudito y también inútil, porque el *Sun Sun* es todo eso... convertido en espectáculo teatral. Y es solo esta síntesis brillante, móvil, sonora, la que lograra impresionar durante largos meses a la concurrencia del cabaret Sans Souci y la que ahora lleva al público hasta el teatro América.

El *Sun Sun* comenzó escandalizando un poco a los habituales del Sans Souci, todos ellos mayores de doce años. Es un show atrevido, en que los artistas mienten —hasta un punto de verdad— sentirse posesionados por los instintos. Y basta eso para conmover. Pero además, el *Sun Sun* está perfectamente dosificado y encierra un pequeño drama que toma su tiempo para prepararse, para que se anude al conflicto, para reanudarse brillantemente y, en fin, para terminarse, para silenciarse, o mejor, para apagarse en una nota casi poética: «pájaro lindo de la madrugá».

Haber visto el *Sun Sun* en Sans Souci y verlo, urbanizado, en el América es comparar los pros y los contras del teatro en escenario y del teatro en pista (o arena). En el verde marco —natural, vegetal, tropical y otras consonancias por el estilo— de Sans Souci, el *Sun Sun* absorbe el ambiente: surge entre el follaje, se mete entre los espectadores, se escabulle entre las mesas. Se adivina más que se contempla y su especie de hipnosis es más auditiva que visual.

En el escenario [del teatro], mantiene invariablemente la distancia estética. Está siempre visible, lo que permite admirar sin obstáculos la coreografía de Rodney. Pierde algunos grados de calentura hasta el momento del «santo», esto es, hasta que Skippy, desprendiéndose esta vez del lunetario, se deja arrebatar por el ritmo. Quizás el paralelo resulte inoportuno, pero aquellos movimientos en aspa, aquel cuerpo desarticulado, que actúa casi únicamente por reflejos, recuerda el inolvidable solo de *Petrouchka*.

No está Celia Cruz en el *América*, y esto sí es una pérdida para el *Sun Sun,* pues su voz grave, penetrante, algo metálica e impersonal, conseguía el justo tono de obsesión en el bembé. Afortunadamente queda Skippy, tan artista, tan sensible, que interpreta ya nuestros ritmos como si no hubiera nacido americana. Y Alexander y Marta, y todos los demás que han logrado componer, trabajando juntos un eficaz equipo teatral.

No hay dudas de que el desempeño de Celia en *Sun Sun Babaé* fue, hasta entonces, el momento culminante de su carrera, que la proyectó ante un público social y culturalmente diferente, cuya reacción positiva fue crucial para su consagración en el ámbito del cabaret y de la escena cubana.

Las vidas de *Sun Sun Babaé* continuaron sucediéndose cuando ese mismo año la patinadora noruega de fama mundial Sonja Henie se llevó a su compañía, contratada por un año, a la pareja de Martha y Alexander, primeras figuras danzarias del show de Rodney. Desde julio de 1952 los cubanos interpretaron en la compañía de la noruega el afro de Rogelio Martínez como gran cierre del fabuloso espectáculo de patinaje sobre hielo, que recibía atronadores aplausos en el cuadro final, con la Henie sobre la plataforma, donde, sin patines, Marta Castillo y Alexander Cutting, junto con toda la compañía, cantaban y bailaban al *pájaro lindo de la madrugá*. También durante 1953 el show de Sans Souci se presentó en Las Vegas, pero ahí tampoco estaría Celia Cruz.

Un acontecimiento inesperado cambió el curso de la vida del país: el 10 de marzo Fulgencio Batista, junto con un grupo de jóvenes militares descontentos con el gobierno de Carlos Prío, perpetró un golpe de estado, fracturando el orden constitucional, interfiriendo en el proceso que debía culminar con las elecciones presidenciales previstas para junio, e instauró una dictadura militar. Batista, como representante del Partido Acción Unitaria, tenía escasas posibilidades de hacerse con el poder, incluso después del fatídico suicidio de Eduardo Chibás, líder del Partido del Pueblo

Cubano (Ortodoxos), que no solo mantenía, sino que había aumentado su impacto en la preferencia popular y se perfilaba como el candidato más cercano al triunfo. Batista suspendió las garantías constitucionales, pero aun así recibió el apoyo —discreto en los primeros días— del gobierno norteamericano, y demostró a lo largo de su gobierno que sería el mejor garante para los intereses económicos de Estados Unidos en la isla. En el *show business* su impacto fue positivo, pues abrió aún más las puertas a las empresas de la mafia italoestadounidense que ya controlaban el negocio del juego en los casinos habaneros, de los que se nutría el entramado económico que sustentaba el espectáculo en los cabarets y *nightclubs* y sus ramificaciones.

De las primeras en la televisión

En 1951 la televisión comercial vivió sus primeras semanas de vida en Cuba. En enero uno de los primeros programas en compartir con el nuevo medio el éxito conquistado en la radio fue *Cascabeles Candado,* que ahora se presentaba también por CMQ-TV, con todo su elenco humorístico y las voces de Celia y Bienvenido Granda con La Sonora Matancera, todos los lunes en el horario estelar de las ocho de la noche. Esto situó a Celia Cruz entre las primeras cantantes en aparecer en la programación regular de televisión en Cuba, tras el periodo inicial de lógicos ajustes del nuevo medio de comunicación.

Al año siguiente, dos días antes de ser depuesto Prío por el golpe militar de Fulgencio Batista, el magnate Goar Mestre anunció a la prensa que CMQ-TV, ahora con transmisores en Santa Clara, Camagüey y Santiago de Cuba, extendía el alcance de la televisión comercial a todo el país. La televisión fue otra ventana promisoria para que Celia demostrara su capacidad de comunicar alegría y felicidad, y también para la escasa presencia de la cultura afro y sus principales exponentes. Apareció Celia en el programa *Cabaret,* que en franja de *prime-time* transmitía CMQ-TV, con un cartel que incluía a la soprano italiana Tina de Mola —que cumplía contrato en Cuba—, la pareja de bailes Clarisse y Marvin, la vedette Bertica Serrano y el conjunto Rodney, que, se presume, era una versión sucedánea de sus afamadas Mulatas de Fuego.

No era habitual la presencia de actores, actrices y cantantes solistas negros en los inicios de la televisión cubana. Estaban muy lejos de ser mayoría o igualar siquiera una cifra comparativa. De hecho, su ausencia fue restallante en las transmisiones inaugurales y en los primeros programas que salieron al aire. El récord de primacía parecía retenerlo Conchita García, una locuaz y espontánea actriz y presentadora que se hacía llamar Jazmín, en un desesperado y contradictorio gesto por destacar el color dominante y por ser reconocida como una igual. Jazmín, seguida por Enrique Alzugaray, *el Jiníguano;* Amador Domínguez; su esposa, la excelente actriz Gladys Zurbano, y la gran declamadora Eusebia Cosme figuraban, junto con Celia, entre los primeros artistas negros en aparecer en la programación regular de la televisión en Cuba.

Celia, Matilde Díaz y el batanga de Bebo Valdés

Era el domingo 8 de junio de 1952. Una *big band* ampliada, un verdadero orquestón *all-star* integrado por veintitrés músicos, colmó todo el espacio del escenario en el estudio de la RHC Cadena Azul, en el habanero Paseo del Prado, donde se presentó a la prensa, en un programa especial, la nueva creación de Bebo Valdés: el ritmo batanga. Culminaban así largos meses de preparación, que llevaron a Bebo a trabajar con los mejores tamboreros cubanos en la búsqueda y concreción de una idea musical con preeminencia de la percusión afrocubana, que pudo haber revolucionado la música cubana en su momento. La prensa, los músicos y los seguidores de Bebo lo sabían y estaban expectantes, y Bebo no los defraudó.

El director, compositor y arreglista explica cincuenta años después, en entrevista con CNN, qué era el batanga:

Una polirritmia bastante complicada. Tiene siete ritmos diferentes. Es una combinación de tres tambores. El primero es la tumbadora original, la segunda es el tanga. Yo le puse el nombre. Es otra tumbadora que contesta a la primera. El tercero es el batá. Eso era lo básico, y puse al ritmo *batanga:* ba-tanga. La palabra es masculina, no femenina, como se cree la gente. También hice un tumbao de cáscara para los timbales; cuando tocas los timbales por los lados se llama *cáscara,* y cuando se toca por arriba, *baqueteo.* Y saqué los bongoses, porque no se podía escribir polirrítmico para bongoses. El martilleo que se toca en los bongoses no cabe con el ritmo del batanga, y los platillos no cabían tampoco. Por eso puse los timbales, y el bajo tuvo su propio ritmo. Se necesitaba mucha gente solo para el ritmo.

Quería el batanga para el show de Tropicana. Todos los inviernos, a partir de diciembre, había un show afrocubano allí, cuando venían de los Estados Unidos. La idea era usar el batanga para el show. El ritmo ya existía, pero queríamos saber si podía triunfar.

La premier del batanga el lunes 9 de junio en la RHC Cadena Azul contó con un show adicional en el que Celia cantó la canción de cuna *Lacho,* que Facundo Rivero había compuesto para su hijo. Acompañada de piano y tambores, Celia provocó con su interpretación que alguna prensa la calificara de maravillosa. Actuaron además los cantantes Pepe Reyes, Olga Rivero, Oscar López y la colombiana Matilde Díaz, quien se sumó al elenco cantando un porro. Recién había llegado a La Habana junto con su esposo, el gran músico y compositor Lucho Bermúdez, por la RHC Cadena Azul. Matilde Díaz y Lucho Bermúdez debutaron esa misma semana en el programa *Ritmos de Cuba,* acompañados por la orquesta de la RHC dirigida, según el caso, por Bebo Valdés o por el propio Lucho Bermúdez.

Allí, muy cerca del Malecón habanero, nació entre Celia y Matilde una amistad que sería eterna. Cuenta Celia:

En Cuba yo oía una emisora que se llamaba Radio Continente. Como siempre me he despertado muy temprano, me ponía a oír a las siete de la mañana a una orquesta colombiana que se llamaba la Orquesta de Lucho Bermúdez. Ese grupo tocaba una música muy bonita con clarinete, y Matilde Díaz era la que cantaba. Yo era muy admiradora de ellos. Un día, en 1951, me enteré que habían venido a Cuba y que estaban en Radio Cadena Azul. Arranqué para allá con la esperanza de conocerlos en persona. Cuando llegué me dijeron que ya se habían ido, pero que los podía encontrar en un hotel cercano, y para allá fui.

Llegué al hotel, pregunté por ellos y bajó Lucho. Me presenté, le conté que yo era gran admiradora de ellos, y Lucho se portó muy fino conmigo. Esa vez no conocí a Matilde. Yo digo que eso fue en 1952, pero Matilde dice que fue en 1953. Qué más da, ya que desde ese encuentro comenzó una lindísima amistad. En Cuba estuvieron en el Tropicana, y cuando se fueron a trabajar a México, Matilde y yo nos escribíamos mucho.

Pasaron los años y mis discos sonaban por dondequiera, hasta que hubo uno que pegó bien fuerte. Ese número se llamó *Burundanga,* y me llevó a Colombia. Lucho y Matilde vivían en Medellín, aunque se fueron luego para Bogotá, y cada vez que íbamos a Colombia nos veíamos porque a nosotros solían llevarnos de Cartagena de Indias a Medellín y de ahí a Bogotá. Hemos sido muy buenos amigos los cuatro. Incluso, después de que se separaron, mantuve la amistad con los dos. Es más, soy madrina de su hija Gloria María.

La empresa que gestionaba el negocio en el cabaret bajo las estrellas se preparaba para la bonanza anunciada de cara a los siguientes años, con el auge del turismo norteamericano del juego y la diversión nocturna. Sus instalaciones al aire libre necesitaban un espacio cubierto que permitiera ampliar la propuesta escénico-musical y a la vez sirviera como alternativa a las noches de lluvia o mal tiempo. El proyecto constructivo y de diseño del joven arquitecto

Max Borges, Jr., sedujo a los directivos de Tropicana, que dieron el aplauso de aprobación y luz verde a la ejecución de una instalación que se insertaba de manera orgánica en el follaje natural y en el espacio ambiental en la antigua Villa Mina. En una fastuosa gala y un espectáculo con el grupo mexicano los Hermanos Zavala, Tito Leedock y el quinteto donostiarra Los Xey, que cerró la noche del 2 de mayo de 1952, se inauguró el fabuloso Salón Arcos de Cristal.

El año avanzaba y se registró la venta de Unión Radio, incluido su canal de TV, el 4. Tras meses en declive y problemas, fue comprada por Tele-Mundo, que ya controlaba el Canal 2 y estrenaba flamante edificio. La televisión se extendió con rapidez en número de canales y en el alcance de su señal a otras provincias.

Para la función de homenaje que el Teatro Blanquita organizó como despedida a los cantantes italianos Tina de Mola y Ernesto Bonino al terminarsus contratos en Cuba, la prensa anunció un profuso cartel de estrellas, lideradas por Celia y la Sonora, como unas de las grandes atracciones, junto a Luis Carbonell, la bailarina Brenda, el humorista Tito Hernández y otros. Lo ocurrido fue también ampliamente ventilado por los medios: de todos los anunciados, solo acudieron Lalita Salazar, Gil Mar e Idania Villegas —la hija de Blanquita Amaro—. Parecía que todos los demás artistas les pagaron a los italianos con su misma insolidaria moneda, pues ellos nunca habían accedido a presentarse en similares funciones cuando se les convocaba. No consta si la decisión de Celia y la Sonora tuvo la misma motivación, porque lo cierto es que por esos días se encontraban de gira en una provincia cubana y a punto de protagonizar un importante acontecimiento.

Haití y Santo Domingo. Primer viaje.

Los integrantes de La Sonora Matancera se ausentaron de La Habana durante diecisiete días. Fueron rumbo a la provincia de Camagüey, donde cumplieron algunos compromisos. Los programas del decano de los conjuntos cubanos con Celia Cruz, que salían al aire a través de Radio Progreso, tuvieron impacto en los países de la cuenca del Caribe, provocaron entusiasmo y motivaron que algunos empresarios tantearan posibles presentaciones del conjunto en otros países. La primera oportunidad se concretó en Haití, adonde llegaron el 30 de junio de 1952 los músicos y la Guarachera de Cuba, procedentes de Camagüey, para una gira de siete días. En todos los programas y compromisos de bailes y fiestas en Cuba los sustituyó el Conjunto Casablanca.

De acuerdo a lo convenido con Pierre LaElle, quien les había facilitado el contrato, el conjunto debía presentarse en el cabaret Cabane Choucoune y en el Teatro Verdure, informaba la revista *Bohemia* en un amplio reporte. Cabane Choucoune, en Pétionville, era entonces el más famoso centro nocturno de Haití. Con una construcción rústica, techo de guano y una estructura cónica, similar a un caney, fue fundado en 1940 por Max Ewald y se consideraba entonces uno de los mejores lugares de baile. Lo que pasó en Haití rebasó todos los pronósticos de Celia y los músicos de la Matancera. En su sección «Tele-Radiolandia», la revista cubana *Bohemia*, en su edición del 20 de julio, comentaba:

> Los de la Sonora nunca se imaginaron que lo de Haití iba a ser lo que fue. En el aeropuerto, esperándolos una entusiasta multitud y las más altas representaciones oficiales. De allí al hotel fue una monstruosa y alegre manifestación, que ellos encabezaban. Ésta era la primera de la larga e ininterrumpida serie de demostraciones de afecto y admiración que iban a recibir los cubanos. Amén del éxito de sus presentaciones en Cabane Choucoune y el Verdure (del teatro, Celia Cruz tenía que salir escoltada por los soldados que la defendían de la multitud que se agolpaba para verla de cerca), los de la Sonora tuvieron que presentarse en múltiples recepciones que les preparaban las más altas personalidades. Y para que visitaran los lugares más pintorescos del país, el propio presidente Magloire puso a disposición de los representantes de nuestros ritmos una potente nave aérea.

El director de la Sonora trataba de resumir sus impresiones y el periodista las recogió como anécdotas:

Un día de la semana anterior, Rogelio Martínez, director del conjunto, habló, entusiasmado, poco antes de comenzar el ensayo de *Cascabeles Candado*, sobre la estancia en la hermana República. Dijo: «Todavía estoy buscando una frase que describa el buen trato que recibimos en Haití y no la he encontrado. Nunca pensamos que nos conocieran y nos quisieran como nos quieren. Nuestros números se popularizan allá rápidamente. *Cascabeles Candado*, de CMQ, y *Alegrías de Hatuey*, de Radio Progreso, se oyen en Haití tanto como en Cuba. En el aeropuerto, el día que nos íbamos, hasta los hombres lloraban.

Celia opinó también y así lo recoge el periodista, apreciando «su natural gracejo»:

—¡Acabamos! Fíjense si seremos populares allá, que las fotografías del conjunto que nosotros llevamos para regalar fueron vendidas en una fiesta benéfica a cinco *gourdes* cada una, es decir, a peso.

Y la creadora de *Facundo* adicionó, entre risas:

—¿No saben una cosa? A Bienvenido le decían: «Bienvenue, le moustach qui chante» («Bienvenido, *el Bigote que Canta*»).

Y no fue más lo de la Sonora en Haití porque, según explicó el presidente de la República en la entrevista que les concedió a sus componentes, él acababa de perder un hermano.

—Si no estuviéramos de luto —les dijo el Primer Mandatario— les habríamos preparado más fiestas en su honor.

Como cantantes en ese primer viaje iban Celia y Bienvenido Granda. De esa primera experiencia en Haití, Celia cuenta: «De lo que más me acuerdo es de haber conocido a la maravillosa Martha Jean-Claude, que era una gran cantante y bailarina haitiana. La invité a que fuera a Cuba y me hizo el gran honor de venirme a ver en La

Habana en 1952. Realizó varias actuaciones en el Tropicana y grabamos un dueto muy famoso, que se llamó *Choucoune*».

La revista *Bohemia,* en su edición del 31 de ese mes de agosto, publicó una foto de Celia con Martha Jean-Claude y La Sonora Matancera y el siguiente texto al pie:

> Es la más destacada cantante del folklore haitiano. Ahora visita nuestra capital, invitada por los integrantes de La Sonora Matancera, para quienes ella tuvo grandes deferencias cuando visitaron su país, recientemente. Martha posó con los músicos cubanos y la cantante Celia Cruz en un estudio de Radiocentro. La Sonora acaba de grabar *Choucoune*, un merengue original de la artista haitiana, que lo interpretó además en su parte vocal.

Sin embargo, el periodista anónimo de *Bohemia* se equivocaba: el tema grabado no es de la autoría de la cantante haitiana, sino un tema tradicional, cuyos orígenes datan del siglo XIX, y su autor es Michel Mauléart Monton, quien hizo la música a partir de un poema de Oswald Durand, ambos haitianos. No era ese el único error en esta historia contada: en realidad no fue en Haití donde Celia y los músicos de la Sonora habían conocido a Martha Jean-Claude, sino en Cuba. Es este el testimonio de la clarinetista Sandra Mirabal Jean-Claude, hija menor de Martha: «El presidente Magloire, el mismo que había homenajeado a Celia y a La Sonora Matancera, había dado la orden de encarcelar a mi madre por considerar subversiva su obra de teatro *Avrinette*. Mi madre pasó muchos meses en prisión, me llevaba aún en su vientre. Todavía estaba prisionera cuando la visita de Celia y la Sonora a Haití en el mes de julio».

El relato que en su día hizo Martha Jean-Claude confirma las palabras de su hija Sandra, que nació en Haití: «Salí de Haití después de pasar varios meses en prisión durante el embarazo. Di a luz dos días después de salir. Un mes después de salir de la cárcel, mi marido estaba en Cuba; me fui con él». Varios años antes la cantante haitiana había conocido en su país al periodista cubano Víctor Mirabal, con quien se casó, tuvo tres hijos, y esperaba a la cuarta cuando fue encarcelada. Explica Sandra Mirabal Jean-Claude, quien nació poco antes de llegar con su madre a La Habana el 20 de diciembre de 1951:

> Solo una gran amabilidad hacia mi madre puede explicar la actitud de Celia y la Sonora, que se enteran de que ha llegado a Cuba una gran cantante haitiana, y deciden, de cara a la prensa y a la publicidad, relacionarla con los éxitos que habían alcanzado ellos en Haití, y no con su verdadera historia de persecución y encarcelamiento. La invitan a grabar ese tema haitiano *Choucoune,* lo que sería muy bueno para ambas partes y un apoyo más para que mi madre pudiera insertarse en el medio artístico cubano, como logró hacerlo con su gran talento.

Martha Jean-Claude no volvió a Haití y permaneció en La Habana. Cuando Celia y la Sonora actuaron triunfales en Haití, la cantante haitiana estaba ya en La Habana.

Al regresar del vecino país, Celia y La Sonora Matancera invitaron a Martha Jean-Claude y grabaron *Choucoune* el 26 de agosto de 1952 en un estudio de CMQ, en Radiocentro, que fue publicado, en primer prensaje, por el sello Seeco en disco de 78 revoluciones por minuto (S-7231). Por la otra cara, otro tema haitiano que se incorporó al repertorio de Celia con La Sonora Matancera: *Guede Zaína,* un afro congo haitiano sumamente rítmico, recreado con mucho acierto por la Sonora en una versión donde Celia canta en *créole,* respaldada por los coros de Caíto y Rogelio. La Jean-Claude se afincó en La Habana, donde desarrolló una buena parte de su carrera, que la llevó a los más importantes escenarios y programas de radio y TV, y ejerció de matriarca venerada de una descendencia de artistas y músicos. Martha Jean-Claude fue inspiración para el pueblo haitiano en sus luchas y en la defensa de sus valores culturales. Considerada por sus coterráneos la voz más alta de la canción haitiana, solían compararla con lo que Celia Cruz representaba como cubana para la música de su país.

El *Diario de la Marina,* en su edición del 6 de julio, comentó las actuaciones de Celia y la Sonora en Puerto Príncipe, Haití, y también en Ciudad Trujillo, hoy Santo Domingo, en República Dominicana, adonde habían viajado después de Haití, también por primera vez. Al regresar, Celia se reincorporó a Sans Souci como estrella de la producción *Sun Sun Babaé,* y comenzó en el programa *De fiesta con Bacardí,* uno de los de más larga data y popularidad de la CMQ. Animado por los presentadores José A. Íñiguez, Xiomara Fernández y Eusebio Vals, cubrió la franja de las nueve y media de la noche. En un programa donde su presencia llegó a ser habitual, a partir del 19 de julio Celia comenzó en sábados alternos, compartiendo espacio con Luis Carbonell y su conjunto vocal, y el respaldo de la orquesta CMQ dirigida por el maestro González Mantici. Al anunciar el debut en el popular programa, la columnista Nelita Martín comenta: «Pocas intérpretes de nuestra música folklórica han conseguido imponerse en las simpatías del público en la forma lograda por Celia Cruz».

Celia con y sin La Sonora Matancera

El sorpresivo cuartelazo del 10 de marzo de 1952, que reinstauró en el poder la figura de Fulgencio Batista, y la conmoción generada en la vida del país obligaron a aplazar la celebración anual del Día de la Canción Cubana para el 24 de julio y no el tradicional 3 de abril. Esa vez Celia también fue invitada al elenco del festejo, que con el tiempo se convirtió no solo en homenaje a Sánchez de Fuentes, sino también en un estímulo a la creación musical en Cuba. En cuanto a reconocimiento de trascendencia cultural, el evento constituyó uno de los más importantes en los que nuestra Guarachera de Cuba hubiera participado. Esta vez el Teatro Auditorium, en la calle Calzada de El Vedado, registró una gran afluencia de público. Al acto asistieron el primer mandatario, varios ministros de su gobierno, diplomáticos y personalidades políticas y de la intelectualidad. Fue inaugurado por los doctores Andrés Rivero Agüero, ministro de Educación, y Carlos González Palacios, director de Cultura.

El Himno Nacional abrió el acto, que en su primera parte, además de los discursos, incluyó la entrega de premios a los compositores ganadores por las obras presentadas a concurso. La segunda parte se dedicó al estreno de las canciones galardonadas, entre las que obtuvo el primer premio de la categoría A la canción *Y bajaron las estrellas*, de Francisco Formell Madariaga, interpretada por la soprano Marta Pineda. Le siguió *Romance criollo*, de María Emma Botet, con el segundo premio de la misma categoría, cantada por Sara Escarpenter. En la categoría A, el tercer premio correspondió a *África*, de Ángel Rodríguez, y fue esta la obra que defendió Celia Cruz. En la categoría B, las obras *La bruja* (Ricardo Bravo), *Cantar criollo* (Alfredo Gabriel) y *El caraquero* (Ofelia Grandales) fueron cantadas por el trío de los Armonians, Manolo Torrente y Oscar López, respectivamente. La tercera y última parte estuvo dividida en varios cuadros de carácter histórico-musical que recorrieron hitos de nuestra historia desde el siglo XIX hasta el triunfo de la música cubana por el mundo a través de las canciones más internacionalmente populares, de los géneros más representativos: la habanera, la guaracha, el danzón, el punto cubano, la guajira, la controversia, el zapateo, la criolla-bolero, el pregón, el son, la rumba, el danzonete y la conga. Destacaron los cuadros cuarto y quinto con la intervención de los llamados ritmos negros, que intentaron mostrar su preeminencia en la música bailable con el son, la rumba, el danzonete y la conga: desde *Son de la loma* (Miguel Matamoros) hasta la conga *Una, dos y tres* (Rafael Ortiz, Mañungo), pasando por el impacto internacional del afro *Tabú* (Margarita Lecuona), *El manisero* (Moisés Simons), el tango-congo *Ay, Mamá Inés* (Eliseo Grenet), estos dos últimos interpretados por la genial Rita Montaner.

En el elenco figuraban además Marta Pérez, Isidro Cámara, Oscar Lombardo, Tomasita Núñez, el Trío Matamoros, Ramón Veloz,

Vicente Marín y el conjunto Saborit, el Ballet Alicia Alonso y el conjunto de danza de Ramiro Guerra, al que se unieron de manera notable Celia y La Sonora Matancera, atendiendo a un libreto de María Julia Casanova y con la dirección musical de dos colosos de la música cubana toda: los maestros Gonzalo Roig y Rodrigo Prats. No hay pruebas de que Celia haya grabado alguna vez el tema de Ángel Rodríguez que ahí cantó.

Con un repertorio de rumbas, afros y guarachas, Celia singularizó su rol en La Sonora Matancera, que fue resaltado por los medios de prensa junto con los coros de Rogelio, Caíto y Bubú, el contrabajista, al igual que la excelente labor del cantante del conjunto, Bienvenido Granda. Agosto fue un mes de homenajes, a los que se convocó a Celia como parte ya ineludible de ese segmento superior de la vida musical cubana. En el Campo Alegre Club un grupo de colegas le ofrecieron el 26 de julio un tributo de simpatía al Trío Servando Díaz. Estuvieron y cantaron para ellos en el show Olga Chorens y Tony Álvarez (el popular binomio Olga y Tony), otro dúo pero humorístico, Pototo y Filomeno (Leopoldo Fernández y Aníbal de Mar), y Celia Cruz, que actuaron ante un público de amigos artistas y representantes de la prensa de radio y televisión. Pero ahí no acabó el festejo por la gira que emprenderían los Trovadores Sonrientes, como se conocía al trío: el sábado 16 de agosto se presentó en en el Teatro Blanquita un megashow, *La fiesta de la alegría,* con un elenco que reunía, sin lugar a dudas, lo mejor de la escena cubana en el momento, encabezado por Rita Montaner, Zoraida Marrero, Rosita Fornés, Marta Pérez, Olga Guillot, el Trío Matamoros y Celia, a quien el *Diario de la Marina* calificaba de superestrella en medio de ese elenco que, además, completaron América Crespo, Pototo y Filomeno, el Cuarteto Llopis-Dulzaides, el trío circense de los hermanos españoles Aragón —Gaby, Fofó y Miliki—, Otto Sirgo, Ramón Veloz, María Luisa Chorens, Enrique Santiesteban, el trío Hermanos Rigual, los mexicanos del Trío Chiapaneco y el español Miguel Herrero, todos con la orquesta de Julio Gutiérrez y la actuación especial del Ballet de

Alberto Alonso con los solistas Luis Trápaga y Sonia Calero, entre muchos otros.

Paco Salas era en 1952 un olvidado actor veterano de origen español con una destacada trayectoria en la radio cubana. En reconocimiento a su trayectoria, sus colegas del teatro, la radio y la televisión le ofrecieron un homenaje el sábado 23 en el Teatro Martí, con una gran función a las nueve de la noche que reunió a grandes luminarias del canto lírico, como Rosita Fornés, Maruja González, Panchito Naya, René Cabel, Zoraida Marrero y Marta Pérez; el pianista Francisco Godino; renombrados cantantes, como Olga Guillot, Guillermo Portabales, Ramón Veloz; la vedette Olga Chaviano; el trío Hermanos Rigual; los españoles Miguel Herrero y Carmelita Vázquez, y actores que animaban a personajes muy populares, como Leopoldo Fernández y Aníbal de Mar (Pototo y Filomeno), Enrique Alzugaray (el Jiníguano), Jesús Alvariño (Mamacusa Alambrito). La orquesta estuvo en manos de los maestros Gonzalo Roig, Rodrigo Prats y Enrique González Mantici. Celia Cruz, siempre invitada y participante en todos estos homenajes, estuvo entre las figuras de este elenco.

Volvió en esas fechas por dos semanas al Teatro Campoamor como primera figura del espectáculo de treinta y cinco minutos que acompañaba la proyección de los filmes *Sombra en el cielo* y *Tartu*, estrenado el 27 de julio de 1952. La acompañaba en la cabeza de cartel el cantante Oscar López, también clasificado dentro del género afro, y los secundaban Las Mamboletas de Gustavo Roig, Rosita Alfonso con el respaldo de Fernando Mulens y su conjunto, y el Negrito Silva, presentado como excéntrico musical. Celia doblaba cada noche entre el Campoamor y el Sans Souci, pues aún era la primera figura de *Sun Sun Babaé*, que seguía en cartelera en el cabaret de La Coronela.

Por primera vez el *Diario de la Marina* publicó una foto de Celia en tamaño destacado, para anunciar que el lunes 25 de agosto daría inicio el popular programa *Gran caravana de estrenos de Radio Progreso*, donde la Guarachera de Cuba estaría, como siempre en esas citas, con La Sonora Matancera. Era según sondeos figura favorita, junto con las hermanas Olga y María Luisa Chorens, Tony Álvarez, Manolo Fernández, Dominica Verges, Abelardito Valdés y su orquesta Almendra, Nelo Sosa y su conjunto, y Rey Díaz Calvet con el suyo.

Agosto comenzó también con otros importantes momentos que se relacionaban en mayor o menor medida con Celia y su carrera: se anunció la formación de la nueva compañía Cadena Azul de Cuba, S. A., como sucesora de la RHC Cadena Azul, con el estadounidense Edmund A. Chester como administrador general del grupo mixto que había realizado la compra y el cubano Roberto Smith Valdepares como nuevo presidente. Benny Moré debutó el 1 de agosto con la orquesta del batanga de Bebo Valdés en la RHC Cadena Azul, y ya la columnista Nelita Martín lo llamaba el Bárbaro del Ritmo. El éxito de *Sun Sun Babaé* en Sans Souci, la ovación final a la que respondía emocionado todo el elenco, encabezado por Celia Cruz y Skippy, se convirtió en la pesadilla de Alberto Ardura, director artístico de Tropicana, después de verlo con sus propios ojos. «Ardura ya no podía esperar más. Lo había visto de nuevo, y salió de allí preocupado, pensando, primeramente, qué le iba a decir a Martín [Fox] y después, cuánto tiempo le podría tomar llevarse a Rodney para Tropicana», cuenta en sus memorias Ofelia Fox, la esposa del dueño del cabaret bajo las estrellas. Por ello era de esperar que la competencia le hiciera una propuesta blindada al gran artífice de aquel memorable show, Roderico Neyra, *Rodney.* En efecto, le pusieron delante un contrato irrechazable como coreógrafo principal de Tropicana.

Rodney se estrenó el primer día de agosto de 1952 con el espectáculo *Prende la vela,* inspirado en el famoso mapalé (con música de Lucho Bermúdez y letra de Ramón de Zubiría) y popularizado en Cuba por Lucho y Matilde Díaz, que devino el mejor recuerdo de su paso por Cuba. En el elenco, como primera figura, la cantante lírica Zoraida Marrero, y las atracciones de la vedette en ciernes Minet Cendán y la pareja de bailes de Ana Gloria y Rolando, que ya desde hacía meses estaba bailando en el «paraíso bajo las estrellas». Todo esto, por supuesto, con la orquesta de Tropicana, dirigida por Armando Romeu, Jr., que también amenizaba los bailables, al igual que Senén Suárez y su conjunto. La llegada de Rodney a Tropicana no pudo ser un mejor negocio para su gerencia. Roderico fue decisivo en el camino ascendente del cabaret hacia el primer lugar indiscutible entre los tres grandes de Cuba. Marcó un estilo y un nuevo modo de hacer revistas musicales, situando el elemento afrocubano, si no como el principal atractivo, al menos como uno de los esenciales en la atracción del turismo foráneo y la consolidación del nombre de Tropicana. Comenzó así el desfile de estrellas, magnates, socialités, periodistas, advenedizos y candidatos a famosos, gángsteres y *playboys,* que venían solo para conocer aquel paraíso al aire libre del que tanto se comenzaba a hablar en Nueva York, Miami, Las Vegas o Los Ángeles.

La prensa destacaba como noticia el debut de Lola Flores el 4 de agosto en el Teatro América, acompañada del bailaor Faíco, el guitarrista Paco Aguilera, su hermana la bailaora Carmela Flores y el respaldo de la Orquesta Cosmopolita. Era su primera visita y presentación en Cuba. Gaby, Fofó y Miliki, los simpáticos y populares payasos españoles, deleitaban a chicos y grandes desde el programa *Aventuras,* de CMQ-TV, a partir de las seis y cuarto de la tarde, los martes, jueves y sábados. El 8 de agosto Nelita Martín en su columna de *Noticias de Hoy,* aventuraba el rumor de que Celia había rechazado contratos en México «porque se siente muy bien en Cubita y porque quiere ver ya con la llave puesta su casita».

A pesar del avance de la televisión, la radio se mantenía como el medio más popular y las novedades en él no se detenían. CMQ continuaba contratando importantes artistas extranjeros. El 9 de septiembre debutó ante los micrófonos del programa *De fiesta con Bacardí* el astro mexicano Pedro Vargas acompañado del Mariachi Vargas. Mientras tanto, Celia continuaba su ascenso en la popularidad de los oyentes de Radio Progreso. *Noticias de Hoy* resaltaba que estaba muy contenta porque el locutor Juan Manuel Tabares le mostró el magnífico récord de peticiones que obtuvo en la quincena que acaba de vencer su estupenda interpretación de la guaracha titulada *La rumba es mejor*, original del compositor Humberto Hausman, en el programa *La discoteca popular*, que transmite Radio Progreso diariamente de ocho a once de la mañana y de tres a seis de la tarde.

En realidad, el compositor de este tema es Humberto Jauma Puñales, autor de varias guarachas interpretadas por Celia a lo largo de su carrera. *La rumba es mejor* aparece en la discografía de Celia no como una grabación de estudio, sino como un registro en directo realizado en 1956 en Radio Progreso.

A mediados de mes, Radio Progreso anunció las estadísticas de las peticiones telefónicas de los oyentes, en las cuales los siguientes artistas sobrepasaban las solicitudes de grabaciones de cantantes extranjeros: Celia Cruz, Olguita Chorens, Bienvenido Granda, Tony Alvarez, Nelo Sosa y Dominica Verges.

Finalizando agosto ya era noticia el próximo reto para Celia, revelado en titulares de prensa, que la involucraba por primera vez en un contrato con el cabaret Tropicana y que venía con un halo de sorpresa. Se concretó por fin la esperada visita de Pedro Infante, quien se presentaría a partir del 9 de septiembre en el Cine-Teatro Radiocentro (antes Warner) acompañado por el Mariachi Vargas y compartiendo micrófonos con Luis Carbonell y el conjunto vocal de Facundo Rivero. También cantaría en el programa radial *De fiesta con Bacardí*.

La noche del 7 de septiembre, vísperas de la festividad de la Virgen de la Caridad de Cobre, a las diez de la noche dio inicio en Radio Progreso un programa especial dedicado a la patrona de Cuba, con La Sonora Matancera y Bienvenido Granda; el Conjunto Casino, con sus cantantes Faz, Vallejo y Espí; la orquesta Almendra de Abelardito Valdés, con Dominica Verges y los conjuntos de Nelo Sosa y de Luisito Pla. A las doce en punto de la madrugada se hizo un solemne paréntesis para que Celia, respaldada por la Sonora y

Celia con La Sonora Matancera; en primera línea, Caíto, con sus legendarias maracas, y Rogelio (archivo personal Celia Cruz / Celia Cruz Estate).

un gran coro, interpretara el *Himno de la Caridad del Cobre*. No sabemos si se trataba del tema *Virgen de la Caridad* (J. Ruffino), grabado por Celia años después, ya fuera de Cuba, acompañada por la Orquesta de Memo Salamanca, e incluido en el LP *Serenata guajira* (TRLP-1180) de 1968, pero en cualquier caso su discografía no recoge un himno ni un tema con ese título.

En la segunda mitad de 1952 la gerencia de Radio Progreso aceptó la idea de Rogelio Martínez de introducir los «Jueves de moda» dentro del programa *Alegrías de Hatuey,* que diariamente a las siete de la noche animaba el conjunto que dirigía. Según la iniciativa, se presentarían, acompañados por la Sonora, cantantes cubanos de reconocida popularidad, pero que por diversas razones en los últimos tiempos hubieran estado un tanto alejados de los micrófonos. A finales de septiembre ya se habían presentado los muy aplaudidos Pepe Reyes, Manolo Suárez y Facundo Rivero con su conjunto vocal.

Al declinar agosto, el día 26, Celia y la Sonora grabaron la guaracha *Agua pa mí* (Estanislao Serviá), que publicó el sello Seeco, y a inicios de octubre el tema alcanzó gran aceptación en *Alegrías de Hatuey* en Radio Progreso.

A beneficio de la construcción del Asilo de los Artistas, el Teatro Blanquita, anunció para el 9 de octubre un ecléctico megashow con cantantes y actores, encabezados por la pareja del momento en las radionovelas, Gina Cabrera y Alberto González Rubio. En el programa se presentó la pieza de teatro vernáculo *Garrido y Piñero, fotógrafos*, con la popular pareja de cómicos, y Rolando Ochoa, Alicia Rico, Rosendo Rosell, Humberto de Dios, Candita Quintana, Germán Pinelli, el Viejito Bringuier, Guillermo Álvarez Guedes, el Chino Wong, seguido esto de un fin de fiesta musical con —anunciados en este orden— Rosita Fornés, René Cabel, Celia Cruz, la terna de payasos españoles Gaby, Fofó y Miliki, Roland Gerbeau, Olga Guillot, Manolo Fernández, María Luisa Chorens, Pepe Reyes, Valencia, Obdulia Breijo, Raquel Mata, Luis Casanova, César Pomar, Sparry & Pluggy y el ballet de Alberto Alonso.

Unidos por un incidente humorístico real en torno a la moda en los predios de Radiocentro, Celia aparece en una foto junto a las cantantes Emma Roger, Dinorah Nápoles y Mercy Suárez y el actor Bobby López en la edición del 19 de octubre de *Bohemia*, que por entonces cubría las incidencias del *backstage* de los artistas mientras esperaban el inicio de sus ensayos y programas, y socializaban en los pasillos y exteriores de los estudios.

Antes de que terminara el año, La Sonora Matancera dio otra sorpresa: el 21 de octubre el cantante argentino Leo Marini hizo su debut con el decano de los conjuntos cubanos en los dos programas que animaban los muchachos de Rogelio: *Alegrías de Hatuey,* en Radio Progreso, y *Cascabeles Candado,* en CMQ. Para Marini la escena musical cubana no era desconocida: a inicios de los años cuarenta fue cantante de la orquesta de Don Américo Belloto, con la que interpretaba boleros de autores cubanos, y después, buscando nuevas oportunidades —pues había llegado antes a La Habana, en 1945— logró un contrato para cantar en la emisora RHC Cadena Azul de Amado Trinidad. Después, siendo artista de Seeco Records, Marini al parecer puso como condición en su contrato que en grabaciones y sus actuaciones en La Habana lo respaldara La Sonora Matancera. El éxito de Marini con la Sonora, unido ahora a sus cantantes habituales Bienvenido y Celia, motivó que Manolo Alonso, director de Radio Progreso, le prorrogara el contrato por seis meses, pero un incidente vino a traer disgusto al argentino y a Rogelio Martínez: «La suspensión por la Comisión de Ética Radial —que desde hoy día 15 será también de Televisión— de la guaracha *Tomando té,* que popularizó Leo Marini a través de Radio Progreso 600 en su radio, es la actualidad. Ya la coreaba el público asistente al programa *Alegrías* de los estudios de Prado y San José, a las siete de cada noche», comentaba el diario *Noticias de Hoy.* El delicioso y cubanísimo doble sentido de la guaracha de J. González y R. Gardy fue mal visto por los pacatos regentes de la famosa Comisión en pleno éxito de su intérprete en las emisoras cubanas.

Por su parte, el circuito CMQ continuaba con su ascendente desfile de estrellas extranjeras y tocó ahora el turno al mexicano Pedro Vargas, viejo conocido del público cubano, que reapareció el 4 de noviembre ante los micrófonos del programa *De fiesta con Bacardí.* La popularidad de Mamacusa Alambrito y Pirolo, personajes infaltables en *Cascabeles Candado,* llevó a la gerencia del Coney Island Park a presentar el 17 de noviembre un espectáculo para todas las edades, en el que la parte musical estuvo a cargo de la Sonora con Celia, Bienvenido Granda y Leo Marini, y que fue transmitido por control remoto en el espacio del programa por el Canal 6, de ocho a ocho y media de la noche. Según comentó el *Diario de la Marina,* era la primera vez que se realizaba en Cuba un control remoto de ese tipo. Aunque el columnista no explica las características que hacían singular esa transmisión, se sabe que anteriormente se habían realizado transmisiones por control remoto desde el Palacio Presidencial, así como de eventos deportivos, lo que permite suponer que quizás haya sido el primer programa eminentemente musical que se transmitía en remoto, y en tal caso Celia y la Sonora se inscriben en ese probable récord.

El despliegue tecnológico de cámaras y equipos para hacerlo posible era, de por sí, una verdadera novedad para quienes acudían al parque de diversiones en la Playa de Marianao, al que tenían acceso desde bien temprano. La vida de esa zona de la capital cubana transcurría de manera radicalmente diferente en sus dos lados o aceras, según fuera de día o de noche: bajo la luz solar, el ala derecha ofrecía el disfrute del parque de atracciones Coney Island, que emulaba a su par neoyorkino. De noche, el ala izquierda prometía el divertimento desprejuiciado, sin paliativos, con pequeños clubes y cabarets de quinta categoría, de mala muerte, donde el olor a fritanga y aguardiente tenían iguales decibeles que los de la lujuria permanente en otros pequeños recintos aledaños. Por lo mismo, la Playa de Marianao era punto atractivo en la noche, furtivo o no, pero obligado sin distinguir clase ni procedencia social.

Apenas quince días después, el 29 de noviembre, la Guarachera de Cuba estrenó en el escenario del Teatro Blanquita la pieza *Leyenda haitiana,* del afamado maestro Rodrigo Prats, precedida del anuncio de tan importante primicia. Ese día el moderno coliseo de Miramar abrió sus puertas a *La fiesta del sainete,* un evento que en las primeras décadas del siglo XX tuvo una tradición en el teatro cubano y desde hacía treinta y cinco años no se presentaba. En ese entonces fue renovado por el maestro Prats y el libretista Agustín Rodríguez, con un espectáculo muy ecléctico. Alberto Garrido y Federico Piñero presentaron el sainete *La Bodega del Medio* o *El derecho de permanencia,* original de Rodríguez; el trío por excelencia del teatro vernáculo, Mimí Cal, Leopoldo Fernández y Aníbal de Mar, en otro sainete, escrito por Fernández, Jesús Alvariño y Luis Echegoyen. El segmento lírico fue protagonizado por la soprano Maruja González y el tenor Panchito Naya, reviviendo la *Cecilia Valdés* de

Gonzalo Roig, y la mezzosoprano Marta Pérez en la zarzuela *María Belén Chacón*. El cabaret estuvo presente con las producciones de Rodney para Tropicana: escenas de *Prende la vela* y *Las viudas alegres*, que se presentaban por primera vez en un teatro, con las actuaciones especiales de sus principales figuras: Zoraida Marrero, las parejas de bailes Ana Gloria y Rolando, y Chiquita and Johnson. Completaban el cartel los pianistas Felo Bergaza y Juan Bruno Tarraza, el Trío Servando Díaz y los payasos Gaby, Fofó y Miliki, además de la orquesta Havana Cuban Boys, de Armando Oréfiche. En la discografía de Celia no se registra la grabación del tema que le confió Rodrigo Prats.

Ocho días después, en la medianoche del 7 de diciembre, Celia se presentó en el Teatro Alkázar como parte del espectáculo *Lluvia de estrellas*, que anunciaba reunir «lo mejor de la radio y el teatro». En el elenco, además de Celia, los cantantes líricos Marta Pérez, Zoraida Marrero, el tenor René Cabel, el Conjunto de Facundo Rivero, María Luisa Chorens, el Cuarteto Llopis-Dulzaides, junto con el Negrito Silva y un profuso elenco del teatro vernáculo con sus principales exponentes. Mientras todo esto ocurría, Celia había estado trabajando también en Sans Souci, junto con el *crooner* francés Roland Gerbeau, la vedette Marta Domínguez, José Fernández Valencia, el bailarín Tondelayo y los bailarines Nancy y Rudy, todos respaldados por la orquesta de planta, bajo la certera batuta de su director por muchos años, Rafael Ortega.

Como parte de la vertiginosa expansión de los cabarets como paradigma del ocio nocturno, y con el fin de atraer más y más entusiastas del turismo de casinos, los gestores norteamericanos contrataban espacios en importantes medios de prensa para anunciar el día a día de Tropicana, Montmarte, Sans Souci y otros cabarets asociados a los casinos. Uno de ellos fue la revista estadounidense *Variety*, de amplia circulación, en cuyas páginas el nombre de Celia aparecía encabezando los elencos al anunciar los shows de los principales cabarets habaneros. En paralelo a su trabajo con La Sonora Matancera, después del éxito monumental de *Sun Sun Babaé,*

Celia Cruz se fue convirtiendo en una de las principales cantantes demandadas por productores y directores a la hora de reflejar la llamada música afro, o de entusiasmar al público, en su mayoría norteamericano, con sus encendidas guarachas. El trabajo de Celia en el cabaret cubano sin La Sonora Matancera fue tan brillante como el que realizó en grabaciones y actuaciones con el afamado conjunto.

El primer LP y las grabaciones de 1952. El primer bolero

En 1952 Seeco Records publicó el primer disco múltiple, de diez pulgadas, de Celia Cruz, con el título *Selecciones favoritas de Celia Cruz* (SLP-28), que recogía ocho cortes: sus dos primeras grabaciones —*Cao cao, maní picao* y *Mata siguaraya*—, realizadas en 1950, y seis de las que registró en 1951. El anónimo y esmerado diseño de carátula no pudo ser más hermoso y moderno.

Celia con la Matancera realizó dos sesiones, ambas en el estudio CMQ. El 24 de junio, poco antes de salir hacia Camagüey con destino a Haití, grabó la fantasía negra *Sahara* (o *Zahara*) (Eligio Valera) y la guaracha *La batahola,* recogidas en el disco de 78 revoluciones por Seeco S-7220. La revista *Billboard,* en su edición del 21 de febrero de ese año, incluyó este disco entre los anuncios de lanzamientos semanales. Con *La batahola* se inició la presencia relevante de Oscar Muñoz Bouffartique como autor en la discografía de Celia, como se verá más adelante. En esa sesión estuvo presente por primera vez la obra de otro autor que llegó a ser importante en su carrera musical: el bayamés Ramón Cabrera, de quien en esa ocasión grabó *Tu voz*. Este bolero-mambo tiene una connotación especial en la discografía de Celia: si exceptuamos *Quédate negra,* que su autor clasificó como bolero-afro, aunque es más bien una canción afro, el bolero-mambo *Tu voz* es, en rigor, el primer bolero grabado por Celia, y fue trascendente en su repertorio y carrera, sobre todo a partir de la segunda grabación que hizo de él, también junto a la Sonora. Al momento de su primer prensaje en disco, en la interpretación de Celia, el bolero no fue apreciado en su justa dimensión, pero con el paso del tiempo y la presencia definitiva en su repertorio fue revalorizado y se considera una de las interpretaciones más altas de la cantante, donde muestra que su registro y emocionalidad la hacen también una destacada bolerista, con un estilo que fue perfilando a lo largo de su carrera.

En esa misma sesión, Celia registró la conga-babú *Ya llegó el carnaval* (Eduardo Angulo) (Seeco-7221). El 26 de agosto hubo una nueva sesión, para grabar otros cuatro títulos: los ya mencionados *Choucoune* (con Martha Jean-Claude) y *Guede Zaína*, además de la guaracha *Agua pa' mí* (Estanislao Serviá). Lugar especial corresponde en estas sesiones a *Reina rumba*, que escribió Senén Suárez especialmente inspirado en Celia y dedicado a ella, y que fue el punto de partida en la prolífica colaboración fonográfica entre la cantante y el autor, plasmada en la grabación de otros seis temas: *Sandunguéate, Pregones de san Cristóbal, Vallán Vallende, El barracón, Ahí na' má* y *La sopa en botella*. Esto convirtió a Suárez en el compositor con mayor presencia en la discografía de Celia Cruz con La Sonora Matancera en su periodo cubano.

De estas grabaciones de 1952, la revista *Billboard*, en su edición del 21 de febrero de 1953, eligió el disco de 78 revoluciones por minuto *La batahola / Zahara* y lo resaltó en su sección «Other records released this week», además de destacar a Celia como intérprete, en una de las primeras apariciones de su nombre en ese medio especializado. Es muestra del ingente trabajo de promoción que hacía el sello Seeco.

Tuvieron que pasar ocho meses para que entraran de nuevo al estudio para realizar grabaciones comerciales. La salida del primer LP de Celia con la Sonora es un elemento más que se suma a la repercusión en prensa que estaba teniendo la presencia de Celia como figura cardinal en el show *Sun Sun Babaé* de Sans Souci.

En su edición del 2 de octubre, el neoyorquino diario La Prensa comenta:

> Ya Federico Pagani está de regreso de su corto viaje a La Habana, a donde fue acompañado de Mr. Mack Hyman, el propietario del Palladium Ballroom, quien se trasladó a La Habana en busca de atracciones artísticas […]. Pagani «informó» [*sic*] que tiene contratada (?) [*sic*] a Celia Cruz, la colosal cantante de color, estrella por tres temporadas consecutivas del lujoso cabaret Sans Souci. También anuncia Pagani que para el año entrante traerá el conjunto de Sonora Matancera.

El columnista remata el comentario con una frase que transparenta su escepticismo: «Bueno, sobre el particular, diremos como el popular Armand: hay opiniones…». Aunque en ese momento los planes de Pagani y Hyman se diluyeron en la nada, es prueba de cuán temprano el arte de Celia Cruz comenzó a generar interés en el entonces llamado ámbito hispano en Estados Unidos. Sin embargo, no todo fue un camino de rosas en el empeño de debutar ante la comunidad hispanoparlante en el país del norte: tuvieron que pasar unos años para que el empeño del empresario boricua Federico Pagani pudiera concretarse en realidad.

En 1952 se dieron los primeros pasos para formar la Cadena Interamericana de Televisión, integrada por Cuba, México, Puerto Rico, Panamá, República Dominicana y Venezuela. Goar Mestre, presidente del Circuito CMQ, había llevado la presencia de Cuba a los organismos y acuerdos de carácter bilateral y continental para asegurarles a las empresas de la isla el lugar y los dividendos que les correspondían. Ese año se instalaron en CMQ los equipos para comenzar a realizar kinescopios de la mayor parte la programación o de toda. El kinescopiado de programas permitiría abaratar costes a los integrantes de la Cadena a través del intercambio y la difusión de las transmisiones. Era la primera tecnología de grabación de video y audio que se instalaba en la televisión cubana, y por supuesto que, tal como había ocurrido con la radio, la distribución continental beneficiaría a los artistas que llegaran a la programación televisiva.

Celia, en foto de Narcy y vestuario de Pepe Fernández, La Habana, años cincuenta (archivo personal Celia Cruz / Celia Cruz Estate).

En la radio, la Onda de la Alegría terminó el año 1952 entrando en una nueva etapa. La radioemisora creada por Domingo Fernández el 15 de diciembre de 1929 con el nombre de El Progreso Cubano tuvo su primera sede en Máximo Gómez (calle popularmente conocida como Monte) 139. Inicialmente tuvo el indicativo 2AF y, a partir de 1930, el de CMBC. A principios de los años cuarenta se había trasladado para los bajos del Centro Gallego en San José 104, en La Habana, en lo que entonces era el centro vital de la ciudad. Manolo Fernández, hijo de Domingo, continuó con su hermano Ovidio el liderazgo al frente del negocio de la emisora y fue quien entonces propició los significativos avances en la dotación tecnológica para la conformación de su cadena nacional, cuya señal alcanzó a Santa Clara, Camagüey, Holguín y Santiago de Cuba. Implementó también atractivos elementos de *marketing*, como ofrecer rifas, sorteos y facilidades para la adquisición de radiorreceptores, lo que repercutió de inmediato en el aumento de la audiencia de sus principales programas, *Alegrías de Hatuey* entre ellos.

Algunas distinciones y reconocimientos en el ámbito de la radio y la televisión incluían el trabajo de Celia: la poderosa Asociación de Anunciantes había publicado el 21 de septiembre en la revista *Bohemia* los resultados de su clásico *survey,* y el programa *Cascabeles Candado,* si bien bajó dos puntos en relación con el del año anterior, se mantuvo en la preferencia popular, ocupando el cuarto lugar entre todos los programas radiales.

Para la Guarachera de Cuba el año 1952 terminó, además, con el récord de llamadas para solicitar sus temas en Radio Progreso. Atrás quedaron las reacciones negativas, las molestas llamadas cuando intentaba hacer valer sus dotes musicales en sus inicios con La Sonora Matancera, fresco aún el recuerdo de Myrta Silva. Su éxito total en la Onda de la Alegría la hizo presente en el monumental programa especial para recibir el nuevo año junto con La Sonora Matancera, Daniel Santos, Bienvenido Granda, Nelo Sosa y su conjunto, y el Conjunto Casino.

Construcción de una imagen
(1953)

Para Celia 1953 fue el año en que hizo historia con un tema, clasificado por su autor como *ritmo bembé,* de enigmático título, *Burundanga,* del compositor cubano Oscar Muñoz Bouffartique.

Burundanga es una palabra de origen congo usada en el pasado cuando se quería indicar que algo era de poca monta o relevancia, pero en la canción de Muñoz Bouffartique alude más al uso más contemporáneo: una sustancia o preparado de efecto nocivo.

Con rapidez, *Burundanga* se hizo tema sumamente conocido y casi obligado en todas las presentaciones radiales, teatrales y televisivas, y en bailables de Celia con La Sonora Matancera. Celia no pudo nunca desligarse del singular afro, que llevó su popularidad por todo el mundo. Su primera fijación sonora de carácter comercial se realizó el 6 de junio de 1953 en los estudios de CMQ. Fue publicada junto a *Nuevo ritmo omelenkó* (Eduardo Angulo) en el disco S-7299 y le valió a Celia Cruz su primer Disco de Oro, aunque no faltaron problemas para que finalmente pudiera tener en sus manos el codiciado reconocimiento.

En el ámbito artístico, el evento más mediático de los primeros meses de 1953, con una clara apuesta por la popularización de la nueva tecnología de video y su entrada a los hogares cubanos que puedan adquirir los aparatos receptores, fue el II Festival de la Televisión, los días 6 y 7 de febrero en el Coney Island Park, en el popular balneario de La Concha, en la Playa de Marianao. Todo un diseño espacial, digno de una escenografía cinematográfica, remodeló el parque de diversiones para recrear un barrio cubano con la alegoría estereotípica representada por el tabaco, la caña de azúcar y la fisonomía de nuestras calles, y otro español, donde se sirvieron bebidas y comidas de la península ibérica, ofrecidas por populares artistas de la radio y la televisión, vestidas con trajes de sus diferentes regiones. Todo esto, animado por los músicos de una orquesta que recién llegaba a La Habana precedida de éxitos en España y Suramérica: la Serenata Española, de la que eran cantantes Enrique de Ayala y un apuesto joven colombiano que pronto daría mucho de qué hablar, asociado a La Sonora Matancera: Napoleón Nelson Pinedo Fedullo, conocido desde entonces como Nelson Pinedo. Dos grandiosos shows incluyeron canciones y bailes españoles. La recreación de un fastuoso cabaret, tómbolas, verbenas, iluminación especial, fuegos artificiales y más de cinco mil pesos en regalos completaron las atracciones que durante dos días encontraron los asistentes al festival.

 La Unión de la Crónica Tele-Radial Diaria, uno de los organizadores, entregó diplomas y trofeos a los destacados de 1952, entre los que Celia fue distinguida como Mejor Cantante de Conjunto. Se premiaron sus reiteradas actuaciones en el Canal 6 del Circuito CMQ. Dentro de la gala se eligió por voto popular a Miss y Mr. Televisión 1953, títulos a los que aspiraban los binomios Rosita Fornés-Armando Bianchi —que resultaron ganadores— y Margarita Balboa-Rosendo Rosell. También se seleccionó a los Reyes Infantiles de la TV del mismo año: Flor de Loto LaRúa y Robertico Rodríguez. La monumental acción mediática incluyó que el público asistente pudiera ver de cerca a sus artistas favoritos y hablar personalmente con ellos. Se prometió que estarían Jesús Alvariño, Rolando Ochoa, Tito Hernández, Rodney, Celia Cruz, Sonia Calero, Minín Bujones, Olga Rivero, Santiago Río y todos los que ya se consideraban como estrellas de la televisión cubana. La lista se amplió con orquestas para los bailadores, como la Riverside, La Sonora Matancera, el Conjunto Casino, la Gloria Matancera, Almendra, la de Orestes Santos, la de Neno González, la de Camacho, y las orquestas femeninas Ensueño Tropical y Mercy. Fue, sin dudas, uno de los eventos de mayor repercusión mediática del año que recién comenzaba.

Radio Progreso estaba a punto de estrenar nuevo y flamante edificio en una de las esquinas de las calles Infanta y 25, donde muchos identificaban una suerte de frontera invisible que dividía —o integraba— El Vedado y la hoy populosa zona de Centro Habana. Justo enfrente, el *nightclub* Las Vegas y, en la otra esquina, el Bar San Juan, eran vectores de actividad en una zona que era cercana y se aproximaba a ese concurrido segmento que simbolizaba La Rampa, donde se alzaban las entonces imponentes edificaciones del Circuito CMQ con sus estudios, oficinas y el moderno Teatro Warner. Cines, salas de teatro, cafeterías, centros nocturnos, aerolíneas y agencias de viaje, oficinas, tiendas, joyerías, dieron durante la década una identidad propia a la zona, cuyos inversores inmobiliarios y comerciales pronto intentarían convertirla, salvando las lógicas distancias, en un sucedáneo local del famoso Broadway.

Como era de esperar por los triunfos y la popularidad que se consolidaron en 1952, Celia y La Sonora Matancera continuaban centrando sus programas estelares en Radio Progreso —*Alegrías de Hatuey*— y en el Circuito CMQ —*Cascabeles Candado*—, potenciados por los dinámicos avances tecnológicos de la radiodifusión, que conseguían llevar la señal radiofónica a cada vez más y más regiones cubanas y a algunas zonas del Caribe.

En febrero estaban ya de regreso en Cuba la creativa y tenaz compositora y pianista Isolina Carrillo y su conjunto vocal, tras una temporada de nueve meses actuando en diversos escenarios de México. La dirección de Radio Progreso, La Sonora Matancera y Celia le dieron una calurosa y sonora bienvenida, invitándola a un programa especial el 14 de febrero en el estudio de la Onda de la Alegría, que se anunciaba como un regalo por el Día de los Enamorados.

La primera crítica en Estados Unidos

En el teatro musical, Celia también se afianzó como la intérprete por excelencia del repertorio afro. No había espectáculo que se preciara de importante que no la convocara. Con ella, esa línea iniciada en el teatro lírico cubano por la gran Rita Montaner adquirió, desde su peculiar percepción y asimilación de lo afrocubano, con piezas icónicas de Lecuona, Grenet, Prats o Roig, una nueva forma de expresión que la apartó de los modos de interpretación vocal apegados al *bel canto* y la zarzuela, pero que la incluyó como otra nueva y coherente posibilidad, más cercana a las formas populares. No fue la única defensa de los géneros populares ligados a la herencia africana, pero sí la de más impacto y la más consecuente y orgánica.

Su desempeño en el cabaret Sans Souci había sido de tal impacto que encontró reflejo en el rotativo *Daily News,* de Nueva York, en lo que podría ser la primera mención crítica sobre su trabajo en un medio estadounidense. El redactor Danton Walker, en su columna «Broadway», describía el 1 de marzo el panorama del divertimento en La Habana estableciendo una comparativa con Miami en favor de la primera, donde el juego legalizado intentaba vestirse de aparente inocencia con espectáculos musicales de franco atractivo. Al describir las instalaciones y el ambiente en Tropicana, Walker escribía, sin entender a cabalidad el asunto:

> El show en el Tropicana es una versión corta pero efectiva de una sesión de voodoo, con un espléndido vestuario, que ejecutan e interpretan Chiquita and Johnson, una pareja de bailes que avergonzaría a otras parejas tan promocionadas en los Estados Unidos. En el Sans Souci, que también representa una sesión de voodoo, la estrella es Celia Cruz, una soberbia cantante sepia de cantos nativos, quien con un manejo adecuado sería aquí un gran éxito. Ella graba para el sello Seeco.

Sin dudas, es importante que los norteamericanos que frecuentaban los cabarets y *nightclubs* cubanos, y principalmente la prensa especializada de Estados Unidos, ubicaran a Celia como la cantante por excelencia de lo afro, con independencia de su trabajo con La Sonora Matancera. Su temprana amistad con Roderico Neyra, *Rodney*, y la confianza de este en su talento, la situó en un lugar prominente en la escena del cabaret cubano de los años cincuenta, donde su voz y su dominio del *performance* la fueron convirtiendo no solo en una cantante grande y completa, sino también en una vedette.

Celia y Ernesto Lecuona

En marzo de 1953 Ernesto Lecuona se preparaba para emprender viaje a España, acompañado por Mimí Cal. Allí cumpliría contratos por una larga temporada y, para despedirlos, el Teatro Auditorium abrió sus puertas el 20 de marzo a un espectáculo en dos partes con obras de la autoría del eximio músico y compositor cubano. En su primer segmento se presentó la zarzuela *El Cafetal*, con un elenco que encabezaban la soprano Luisa María Morales y el tenor Miguel de Grandy, seguidos por Dora Carral, Mimí Cal, Luis López Puente, Pedrito Fernández, José Sanabria, Julita Muñoz y Candita García. Esa primera parte terminó con el juguete cómico *Me voy pa' España*, con Leopoldo Fernández, Aníbal de Mar y la propia Mimí Cal. En el segundo segmento Lecuona dirigió un concierto con las mejores voces que hubieran cantado sus canciones: las líricas Zoraida Marrero, Maruja González, Marta Pérez, Rosita Fornés, Rosaura Biada, Esther Valdés, Rita María Rivero y Tomasita Núñez; también Olga Chorens, el conjunto vocal de Isolina Carrillo, Hilda de Carlo, Marta Luque, Tony Alvarez y otros. Los poemas afroantillanos de Luis Carbonell y la actuación de Gaby, Fofó y Miliki completaron el programa. Celia también estaba entre las elegidas por el maestro Lecuona e hizo parte de ese segmento. No fue la única vez que la música uniera a Celia con el gran pianista, compositor y empresario.

Celia iba siendo cada vez más popular y surgían enamorados platónicos que no dudaban en interesarse públicamente por ella. Tal fue el caso del enigmático N. Bonilla, residente en Las Villas, que escribió a la sección «Estafeta», de «Tele-Radiolandia», en la revista *Bohemia*, para indagar por ella. Muy simpática resultó la respuesta del redactor:

> Celia Cruz —para nosotros nuestra primera cantante de lo popular— es soltera. De su edad, nada. Estimamos un pecado interesarse por la edad de las mujeres. Celia, eso sí, es muy joven. Si tanto le gusta, ya sabe: todas las noches a las ocho está en la CMQ cantando en *Cascabeles Candado*. El programa se acaba media hora después. Usted la espera a la salida, la saluda, se le presenta… y le declara su inmenso amor. Y luego a ver qué pasa.

Pero él y otros quedaron en el camino del intento. Y aunque algunas fuentes hablaban de cierta atracción que despertaba en ella el cantante Nelo Sosa, también líder del Conjunto Colonial, nada indicaba que algo hubiera traspasado el límite de la mutua admiración. Mientras vivió en Cuba, a Celia no se le conoció otro novio que no fuera el cantante sonero Alfredito León. «Llegó un momento en que Celia le dijo a Olga Guillot que quería casarse ya, pero Alfredo eludía el tema. Olga habló con Alfredo y él le respondió que su posición era que estaba tratando de hacer una grabación como solista e intentar *dar el palo*. Que él quería casarse también, pero se sentía apenado por la diferencia de nivel que había entre él y Celia», recuerda Santiago Alfonso, eminente coreógrafo, bailarín, y amigo personal de Celia. La boda nunca llegó a realizarse.

Debut en el Bambú

A finales de abril, y con un contrato por varios meses, Celia debutó en el cabaret Bambú Club, situado en la carretera de Rancho Boyeros, en las afueras del centro reconocible de La Habana. Junto a La

Campana, Palette, Southland, Pennsylvania, Panchín y El Colonial, el Bambú se había establecido como uno de los cabarets insignia de un circuito alternativo frente a los tres grandes —Tropicana, Sans Souci y Montmartre— que, por sus precios, propuestas musicales y rápida respuesta a los cambios en la popularidad de los artistas, se hizo más accesible al cubano común y dio empleo a artistas tanto consagrados como emergentes. En la revista *Batey,* el Bambú Club reunió a un elenco encabezado —no sabemos si fue un hecho fortuito— por Celia y Alfredito León, y, siguiendo el clásico esquema de incluir música cubana y española, contempló a la bailaora Rocío, la pareja de bailes Nancy y Rolando, y el cantante y presentador Gil Mar, acompañados por la orquesta de planta dirigida por Rafael Somavilla.

En la nota que acompañaba una foto de Celia para comunicar la noticia, el periodista anónimo terminaba con una frase que, ciertamente, retrataba el *performance* de Celia en cualquier lugar donde se presentase: «¡Es mucho ritmo el ritmo de Celia Cruz!». Con algunas intermitencias motivadas por compromisos internacionales durante 1953 y 1954, la Guarachera de Cuba cumplió una larga etapa de exitosas presentaciones en el Bambú Club.

Con esa costumbre tan suya de sumarse a cuanto homenaje, recibimiento o despedida se organizara entre los artistas y músicos, el 4 de julio cantó en el Teatro Campoamor en el concierto de despedida al cantante francés Robert Havre, al que se sumaron Rosita Fornés, Armando Bianchi, Esther Valdés y otros. Dos días después, el lunes 6 de julio, Celia volvió al escenario del Bambú Club. En el elenco, el actor y *crooner* Salvador Levi, las parejas de bailes Chiquita & Johnson, Rolando y Nancy, y las voces y bailes ibéricos de Fina de Villa y Angelito.

Piel Canela, *despojo en una película*

Tras varios meses cerrado y sometido, de nuevo, a remodelaciones, Sans Souci reabrió sus puertas el 9 de julio y Olga Chaviano seguía siendo su máxima y primerísima figura. No era para menos: la pequeña y linda bailarina y actriz era la preferida de Norman Rothman, el número uno de la gerencia del cabaret y representante de los intereses de la mafia italoestadounidense en su casino. A propósito de Sans Souci, en las últimas semanas la prensa comentaba noticias sobre el rodaje en La Habana del filme cubanomexicano *Piel canela*. El *Diario de la Marina,* con el habitual exceso de adjetivación positiva que utilizaba el redactor anónimo para llamar la atención de sus lectores, informaba:

> Para interpretar *Piel canela* se escogió un extraordinario reparto en el que figuran nuestra bellísima vedette Rosita Fornés, Miss Televisión de 1953. La incomparable Sarita Montiel, haciendo una verdadera creación de su brillante papel, a tal forma que a veces nos parece una cubana genuina; el decano de nuestros conjuntos La Sonora Matancera; la reina del afrocubano Celia Cruz; la sensacional Olga Chaviano; el popularísimo Clavelito, por primera vez en la pantalla, enviándole un mensaje de fe al pueblo de Cuba; la magnífica orquesta que dirige Julio Gutiérrez; el gran animador Gil Mar; el tenor continental Pedro Vargas ofreciéndonos el hit del momento, *Piel canela* de Bobby Capó; el gran actor mexicano Manolo Fábregas, Ramón Gay, Fernando Casanova, Felipe de Alba y presentando a la nueva actriz Rosa Elena Durgel; el grandioso show del Sans Souci; las producciones de Rodney de Tropicana, todos bajo la genial dirección de Juan J. Ortega, productor de *La mentira, El ángel caído* y *Ritmos del Caribe*.

Algunas escenas fueron rodadas en Sans Souci y se incluían cuadros del show que se exhibía en ese momento, y que permitían la excelente aparición de Rosita Fornés interpretando *Sinceridad,* acompañada de una orquesta dirigida por su autor, Julio Gutiérrez, en una de sus mejores y más hermosas escenas cinematográficas. Una emergente Sarita Montiel dejó buena impresión en su esforzada interpretación del afro *Agua ta caé,* de Alejandro Mustelier, *Chacumbele,*

CONSTRUCCIÓN DE UNA IMAGEN (1953)   205

Poster original del filme *Piel Canela*, donde pueden verse aún los créditos de Celia Cruz, Julio Gutiérrez y La Sonora Matancera (copia digital, archivo de la autora).

aceptable en el espacio del cabaret. Pero hay más: los carteles y anuncios publicados en la prensa mencionaban a Celia Cruz, Bienvenido Granda, La Sonora Matancera y Clavelito entre los artistas del elenco.

En el anuncio publicado el 14 de julio se observa, entre otras, una foto donde aparecen Celia, Bienvenido y Rogelio Martínez en plena actuación. El filme *Piel canela* se estrenó en Cuba el 13 de julio de 1953 en los cines Fausto, Reina, Cuatro Caminos, Florencia, Santos Suárez y Olympic. En los *lobby cards* y pósteres, Celia ocupaba el tercer lugar entre las solistas, solo por detrás de Rosita Fornés y Sarita Montiel. Estuvo en cartelera únicamente una semana y no pasó a otros circuitos cinematográficos. Solo volvió a ser mencionado en la prensa cuando se estrenó en México a poco menos de un mes, el 6 de agosto de 1953. Pero la copia que ha trascendido en la única versión conocida del filme no incluye las escenas donde cantan Celia y Bienvenido Granda con La Sonora Matancera, y Miguel Alfonso Pozo, el inefable *Clavelito*, ni tampoco aparecen estos artistas en los créditos. Las pruebas hablan de la existencia de dos versiones del filme: la que fue estrenada en Cuba, y la que a día de hoy ha trascendido públicamente, sin los cubanos mencionados, pero las causas que motivaron las exclusiones de los cubanos no han podido ser esclarecidas, ni tampoco el destino del pietaje original que los incluía y que, según informaciones, podría haber estado en los fondos de una colección privada de cintas originales y descartes de películas notorias. En cualquier caso, ha sido imposible apreciar el desempeño de Celia en este filme, aunque eso no impide que sea incluido en su filmografía, a la vista de las pruebas.

Construcción de una imagen

En julio Celia volvió a Haití para una brevísima visita. Llegó el 18 de julio y, al parecer, regresó el día 21. Su popularidad demandaba nuevas presentaciones en el cercano país francófono, mas los detalles de su vuelta a Puerto Príncipe han sido esquivos a la investigación.

Los primeros atisbos del cine en tercera dimensión fueron anunciados en La Habana como uno de los grandes retos a la curiosidad popular. En el Payret se exhibía *El diablo Bwana* como «la primera película de largo metraje en colores naturales», y para estar a tono, el coreógrafo y productor Gustavo Roig presentaba en el show en vivo que hacía parte del programa la revista *El mambo en tercera dimensión* y un gran desfile de modas a cargo del diseñador y modisto Pepe Fernández. Ya para esa fecha, Celia era visita frecuente de la renombrada casa Pepe Fernández Modas. A pesar de no figurar aún entre las artistas mejor pagadas, ni ser considerada de una elevada posición social como la mayoría de las que frecuentaban ese salón, Celia era ya una artista popular. Allí la conoció Irma Peñalver, una mulata joven, achinada y fina. Cuenta ella:

Conocí a Celia a inicios de los años cincuenta en Cuba, cuando ella empieza con La Sonora Matancera. Por ese tiempo, yo era jefa de costureras de Pepe Fernández, una boutique-atelier de modas donde se hacía ropa a la medida. Empecé buscando dónde trabajar, porque yo ya era profesora de corte y costura; tenía varias alumnas y algunas clientas. Mi mamá había fabricado una casa en La Lisa, pero a mí no me gustaba aquel barrio y una amiga me dio la solución: tenía que salir de allí. Y fue ella quien me presentó a Pepe. Empecé en su atelier como simple costurera y ahí es donde conozco a Celia. La boutique estaba en el edificio de la esquina O y 23, segundo piso, en El Vedado, en lo que después se llamaría La Rampa. La mujer cubana, no importa cuál fuere su posición social, siempre se vistió bien. Mi madre era costurera también y recuerdo que se solía comprar los figurines franceses de los grandes diseñadores, y por ahí se copiaba. La orientación que las cubanas seguíamos en la moda en los años cincuenta era más bien francesa, no norteamericana. Se usaban mucho los vestidos, y mucho menos o casi nunca los pantalones, al contrario de lo que es más usual ahora. En Cuba en los años cuarenta y cincuenta hubo diseñadores y costureros famosos, como Bernabeu, cuya clientela eran las mujeres de las clases más altas, con mayor poder adquisitivo. También Julio Inza, un gran diseñador cubano.

Pues bien, Pepe le hacía los diseños a Celia. Él elegía también los colores; no recuerdo que ella tuviera un color preferido, ella nunca ponía objeción al color que Pepe le sugiriera para un diseño de vestido. Todos los colores le quedaban bien, tanto en aquella época como después. Cuando estábamos en Cuba, a ella le gustaba mucho el estilo *strapless* o palabra de honor, como le dicen en España; le favorecía mucho, pues tenía muy buen cuerpo y muy bonita la zona de los hombros y el escote. En Cuba Celia y yo no tuvimos amistad, fue una relación profesional. A veces era yo quien le probaba los vestidos y le hacía los ajustes necesarios, pero fue suficiente para darme cuenta de la clase de persona que era: alguien muy amable, con los pies en la tierra, no se daba importancia, no se consideraba por encima de los demás; pienso que ella misma no se daba cuenta de su grandeza como artista. Celia hacía muy bien su trabajo, pero nunca fue orgullosa. Trabajé en la boutique de Pepe Fernández hasta que me fui de Cuba y llegué a Estados Unidos el 9 de enero de 1960. Pasaría mucho tiempo para que volviera a retomar el contacto con Celia y me convirtiera entonces en su diseñadora y modista.

Entre las peluqueras de Celia, Delia Montalvo fue la más conocida, quizás por ser ella misma famosa en el mundo del cuidado del cabello afro. Delia fue una gran emprendedora y supo mantener por mucho tiempo el liderazgo en su oficio; fue de las primeras mujeres afrocubanas en representar una marca norteamericana de belleza, con el aval de haberse ocupado del cabello de la diva franconorteamericana Josephine Baker en sus presentaciones en Cuba y en alguna gira internacional. Las largas sesiones de maquillaje en Sans Souci, Tropicana y en los estudios de CMQ-TV dieron a Celia los rudimentos necesarios para saber manejar su rostro como parte esencial de su imagen. «Dios no me dio una cara bonita», dijo ella alguna vez, infravalorando la belleza de los rasgos heredados de sus antepasados de la etnia balanta de Guinea Bissau, sin duda apresada en los estereotipos que por muchos años han estigmatizado a la belleza negra. El nombre de Carlos Gomery, maquillista del cabaret Tropicana en sus años gloriosos, es el más recordado entre los especialistas que contribuyeron a delinear la imagen escénica y el rostro de Celia Cruz.

Rematando su *look,* tanto en el escenario ante un micrófono o una cámara como en su vida cotidiana, los zapatos fueron siempre para Celia algo primordial, y con el tiempo llegaron a convertirse en uno de sus elementos identitarios más notorios, aunque en Cuba aún no usaba su icónico calzado, donde los tacones parecían haberse evaporado. Omer Pardillo Cid, su *manager* por muchos años y hoy albacea de su legado y presidente de la Fundación Celia Cruz, veía el detonante de esa pasión suya en un incidente familiar en su adolescencia. En la pobreza de aquellos años fue invitada a una fiesta, pero debió pedir prestados los zapatos a su hermana Gladys, pues no tenía ella misma unos adecuados. Gladys se los prestó, pero luego se arrepintió del gesto y se presentó en la fiesta exigiéndole que le devolviera los zapatos. Esa noche Celia regresó descalza a su casa de Santos Suárez y se prometió a sí misma que nunca más le faltarían todos los zapatos que deseara.

Algunos hechos culturales marcaron la mitad del año 1953. Espoleado por la feroz competencia entre los tres grandes, desde el 30 de julio el Montmartre continuaba presentando su mejor producción de los últimos tiempos: *El Danzón*, en homenaje al cincuentenario del género. Ahora el show se extendía también a otro género autóctono cubano, el son, y se llamaba *Danzón y son*. Rita Montaner, Bola de Nieve, la pareja de bailes Elpidio y Margot, René Cabel, el Ballet de Alberto Alonso con Sonia Calero y Raúl Díaz, el Trío Matamoros, el Sexteto Habanero y las orquestas acompañantes Casino de la Playa y de Esteban Antúnez son los responsables de llevar a buen puerto esta producción con libreto de Juan Herbello y dirección musical de Félix Guerrero.

En su número del 6 de septiembre, la revista *Bohemia* daba fe del nacimiento del más grande cuarteto armónico femenino de Cuba: el Cuarteto D'Aida, con Elena Burke, Moraima Secada y las hermanas Omara y Haydeé Portuondo, bajo la dirección de la gran pianista y pedagoga Aida Diestro. No había precedentes en Cuba de una formación femenina similar, si bien hubo antecedentes masculinos y mixtos, como los de Facundo Rivero, Bobby Collazo y The Cuban Pipers, considerado uno de los primeros cuartetos armónicos masculinos en Latinoamérica. El Cuarteto D'Aida revolucionó la escena musical y su estética, porque además de la coherente belleza de sus integrantes, cada una de sus fundadoras pasó, de manera individual, a la historia.

A mediados de agosto, aquel cantante colombiano que había llegado a Cuba con una orquesta española debutó con La Sonora Matancera en el programa *Alegrías de Hatuey,* que a diario continuaba alegrando a los fanáticos del decano de los conjuntos y sus cantantes. Conocido muy pronto como el Pollo Barranquillero, el apuesto, elegante y carismático Nelson Pinedo lo tuvo relativamente fácil en sus primeros tiempos en Cuba, enrolado en una orquesta española: se vestía y hablaba como un andaluz e intentaba plantar competencia a Juan Legido y otros cantantes de las orquestas españolas que ya habían marcado territorio en la popularidad de los cubanos. Cuando los músicos de Serenata Española se marcharon de La Habana, Tito Garrote, con ese olfato que tenía para detectar lo bueno en un artista, se había convertido en *manager* del colombiano. Lo acercó a La Sonora Matancera y lo presentó a Rogelio, que en ese momento buscaba sustituto para cubrir el espacio dejado por la perentoria partida de Daniel Santos. Así, Nelson Pinedo se convirtió en otro de los cantantes del conjunto e inauguró una nueva etapa en su historia.

Durante la década de los cincuenta Eugenio *Tito* Garrote fue uno de los más famosos e influyentes empresarios del *show business* en Cuba, como representante, *manager* y agente de *booking* de los principales músicos cubanos (en su catálogo empresarial los nombres son sumamente elocuentes; por citar unos cuantos: Benny Moré, el Conjunto Casino y Rolando Laserie) y extranjeros para sus presentaciones en Cuba (como Carlos Argentino, Antonio Prieto y Lucho Gatica). Se ocupó también de Celia y la Sonora, juntos y separados, aunque Rogelio Martínez, con perspicacia comercial y experiencia nada desdeñable, resultaba siempre una contraparte que se desdoblada con sagacidad, más allá de la música, en el rol de cliente exigente con capacidad de decisión para tener la última palabra.

Celia en sus inicios tuvo que valerse por sí sola, siempre sin mecenas ni empresarios, pues no tuvo mucha suerte para encontrar a un promotor que quisiera manejar su carrera. Según ella misma cuenta:

> No tuve representación hasta mucho después que empecé con La Sonora Matancera [...]. Después alguien me dijo que era porque algunos decían que era muy feíta; que sí, tenía una voz muy bonita,

pero no el *look* adecuado. Todo lo tuve que hacer sin representante, lo cual me enseñó muchísimo. Y así fue hasta que llegó Tito Garrote, mi primer representante. Es decir, hasta que no grabé con la Sonora, nadie me llamó para representarme.

Tito Garrote fue el *manager* de Celia hasta que ella salió de Cuba en 1960, y llegó a manejar no solo su *booking* nacional, sino también la intermediación con otros países, como Venezuela, Curazao, Puerto Rico y Estados Unidos.

Los autores y sus demandas

En un movimiento sin precedentes, un numeroso grupo de autores cubanos concretó la propuesta en favor de la creación del Instituto Cubano del Autor. El expolio flagrante de las editoras norteamericanas y sus representantes en Cuba, y una sociedad de autores con una dirigencia corrupta e inoperante, sumían a la mayoría en situaciones cercanas a la miseria. Exhibieron ante el periodista Don Galaor cheques que pagaban con centavos la edición de miles de discos y partituras, la enorme difusión de temas de incontestable pegada popular en la radio y el teatro, y ahora en la televisión y hasta en el cine. La muerte cercana, el 9 de enero de 1950, de Manuel Corona en la absoluta miseria, siendo uno de los más grandes compositores cubanos, terminó de estremecer la conciencia de sus colegas. Más de cuatrocientos autores firmaron la solicitud promovida por un grupo de compositores, muchos de los cuales tenían ideas de izquierda e integraban el activo grupo del *feeling*, como Rosendo Ruiz Quevedo, Luis Yáñez y José Antonio Méndez, junto con Lorenzo Hierrezuelo, Walfrido Guevara, Orestes Santos, Agustín Ribot, Julio Blanco Leonard, Humberto Hautman, Juan Blez...

En sus denuncias acudían a los medios de prensa, y *Bohemia*, por ejemplo, recogió algunos de los hechos que demostraban la razón de sus demandas:

Y vayan nombres y títulos para que aprecien todos la magnitud de este reportaje: José Antonio Méndez es el autor de *La gloria eres tú* y *Quiéreme y verás*. En más de catorce películas están incluidas sus canciones, y le dieron en la Federación [de Autores de Cuba] un cheque por valor de $10.97. Julio Blanco Leonard es autor de las canciones *Canto africano, Luna de miel, Mambo del amor*, con música en cuatro películas. Le dieron $2.28 en agosto. Orestes Santos es autor de *Amor del alma, Amor de media noche, Tu hijo, Señora;* tiene música suya en cinco películas. Le dieron en agosto $8.11. Juan Blez es el autor de *Poquito a poco, Ritmo alegre* y *Yo te conozco, camaleón*. También están incluidas sus canciones en varias películas. Le dieron $6.14 en agosto. A Walfrido Guevara, con cuarenta y dos grabaciones en discos por los intérpretes más populares del momento, le dieron $14.81 en agosto. Humberto Hautman, autor de *Emma* y *Ni novia ni luna*, cobró ¡56 centavos!

Oscar Muñoz Bouffartique realizó unas importantes declaraciones a título individual, con una curiosa acción personal, que también fueron recogidas por la revista *Bohemia* quince días después, cuando publicó textualmente:

> Atendiendo a que soy autor y propietario de varias composiciones musicales que se ejecutan en toda la Isla, entre las que figuran *La Batahola, Burundanga* y *Jecua Baba*, y habiendo recibido de la Federación de Autores de Cuba la cantidad de $8.10 como pago de «derechos de ejecución» de todas mis obras durante el trimestre que terminó en agosto 31 de 1953, considero que tan baja recaudación se debe a un estado de desorden existente en dicha institución desde hace muchos años. Desorden que es de público conocimiento, y entiendo que el autor que permanezca indiferente ante tales circunstancias está faltando a los más elementales principios cívicos, indispensables para la conquista y el mantenimiento de la libertad. Por lo tanto, resuelvo: dejarme crecer la barba indefinidamente para que mi presencia sea una protesta visible y creciente

Cubierta de la partitura original de Burundanga, de Oscar Muñoz Bouffartique (archivo Walkyria Johnson-Bouffartique).

por el ultraje que se comete despiadadamente con los indefensos autores cubanos. Esto hago como una modesta cooperación a nuestra justa causa y como testimonio de estrecha solidaridad con las declaraciones y propósitos de los autores entrevistados por la revista *Bohemia* el día 20 de los corrientes. R. Oscar Muñoz Bouffartique, maestro y compositor cubano.

En 1953 *Burundanga* y *Facundo* eran los dos grandes temas de mayor demanda en el repertorio de Celia. A la altura de 1953 contaba en su repertorio y en su incipiente discografía con varias guarachas, afros y sones montunos de algunos de los autores que reclamaban ahora sus derechos: *Yo mambé* (Luis Yáñez), *Qué jelengue* (José Antonio Méndez), *Se acerca la comparsa* (Blanco Leonard), cantados por ella en sus presentaciones en México y Venezuela, y también en sus primeras grabaciones discográficas; y con La

Sonora Matancera ya había grabado *A todos mis amigos* (Pablo Cairo) y *No sé lo que me pasa* (Jesús Guerra), entre otros. Muchos de estos autores —principalmente los del movimiento del *feeling* y afrodescendientes en su mayoría— constituyeron la editorial Musicabana como un medio para proteger sus derechos y los de quienes se sumasen a ella. En abril de 1950 quedó constituida, con la figura jurídica que consideraron más conveniente, la Asociación Editorial Musicabana, y se inscribió en el Registro de Asociaciones de la República de Cuba con la siguiente directiva: José Antonio Méndez como presidente, Luis Yáñez como administrador y Rosendo Ruiz Quevedo como secretario de Relaciones Exteriores. Muy pronto José Antonio partió a México y la presidencia fue ocupada por Rolando Gómez (del binomino autoral Yáñez y Gómez).

La editorial Musicabana continuó creciendo y expandiendo su trabajo con métodos rudimentarios pero efectivos. Llegó a tener representaciones en Estados Unidos y México, y contribuyó de manera adecuada a la difusión comercial del repertorio musical que administraba.

En sus demandas y en la estrategia pública e interna, los autores del *feeling* y de Musicabana eran asesorados por una figura muy cercana a ellos: el dirigente sindical de izquierda Lázaro Peña, miembro muy activo del Partido Socialista Popular y esposo de una joven compositora del grupo: Zoila Castellanos, *Tania*, quien desde finales de los años cuarenta era asidua a las descargas del *feeling* y, al parecer, ya noviaba con el dirigente sindical, quien, aficionado a la música, también asistía a esos encuentros, e iba conociendo en los músicos sus deseos de encaminar el descontento ante los manejos de las editoriales norteamericanas. Estos hechos y estos autores llegaron a tener una incidencia política directa y en ocasiones cuestionable en acontecimientos trascendentales e irreversibles en 1959 y 1960, no solo en el ámbito autoral, sino también artístico.

La casita

A mediados de octubre de ese 1953, entre los días 15 y 19, Celia logró hacerse un hueco en el espectáculo que presentaba el codiciado Cine-Teatro Radiocentro, donde ya antes se había presentado fugazmente al llamado de su amigo Luis Carbonell. Ahora lo hace con el respaldo de la orquesta dirigida por Adolfo Guzmán, el conjunto de baile de Alberto Alonso y los excéntricos humoristas mexicanos Los Tex-Mex. La revista *Bohemia* lo destacó como lo mejor de la semana en teatros. Celia no paraba de trabajar, no solo por lo mucho que le gustaba cantar, sino porque, más allá de su objetivo primario —su carrera—, tenía una meta inmediata: estaba construyendo una casita —el diminutivo habla de su calidad y dimensiones— para su madre y para ella. Es en Lawton, el barrio donde han vivido ella y muchos músicos importantes, desde su gran amigo Rolando Laserie hasta Lilí Martínez, el gran pianista del Conjunto de Arsenio Rodríguez en los años cuarenta. Todo esto motivó al crítico Germinal Barral, transmutado en su conocido alter-ego Don Galaor. Tras la entrevista, la caricatura de Arroyito y las fotos tomadas por Charlie Seiglie en el cabaret, en su casa, a pie de obra, la revista *Bohemia* publicó el 25 de octubre el primer gran artículo dedicado a la Guarachera de Cuba, una mezcla de crónica, reportaje y entrevista cuya importancia mayor estribaba en ubicar a Celia en el momento ascendente y notorio en que ya estaba su carrera.

Con el título «Celia Cruz», el subtexto resume noticias y valoraciones del cronista:

> Todo el mundo conoce su voz... Pero hay algo que no sabe el público que la ovaciona a diario. Y [es] esto: Celia Cruz está fabricando su casa propia con lo que le produce su voz clara, límpida, amplia, sonora, como la de una campana... Se puede decir que una canción, ella la convierte en un millar de ladrillos, y en otros materiales que intervienen en la fabricación de su casa [...]. *Facundo* de Grenet y *Burundanga* de Bouffartique, dos *hits* en la voz de Celia Cruz.

En ese momento, lo que escribía el influyente Don Galaor era decisivo: era el principal crítico de música y arte de *Bohemia,* la revista generalista cubana de mayor circulación, incluso fuera de Cuba. Y es importante que ponga esto en blanco y negro:

> Cuando termina de cantar una canción, el público pide otra. Cada grupo pide un título diferente. Y el barullo que se forma entre los aplausos atronadores es inmenso. Siempre ocurre lo mismo. En el teatro. En el cabaret. En el estudio radial. Como ella es incansable, complace a todos. Cada canción que Celia incorpora a su repertorio se convierte rápidamente en un *hit.* No importa que el autor, cuando vaya a cobrar sus derechos de propiedad, se encuentre con una miseria. Ella populariza la canción que canta. Y si la acabamos de oír por radio o la hemos visto hace unos minutos por televisión, no es nada extraño que nos topemos con su figura simpática y su voz magnífica en el teatro a donde vayamos esa misma noche. Y hasta en el *show* de algún cabaret, después de la media noche.

Celia había comprado dos terrenos en la calle Terraza, en la parcela correspondiente al número 110, en el barrio de Lawton, donde aún vivía en ese momento. En uno se construyó la casa y el otro se dejó como patio. Sabe que todo lo que necesita para terminarla habrá de salir de su voz, de su trabajo. Don Galaor lo escribe aún más claro:

> Y con el producto de un contrato de televisión, echó los cimientos de su casita. Cada pared ha sido levantada con lo que ganó con otros tantos contratos. El techo lo pagó con no sé cuántas semanas de actuación en el [cabaret] Bambú […]. Se puede decir que una canción de Celia Cruz, ella la convierte, en cálculos optimistas que hace mientras sonríe y se inclina para saludar la ovación que le están tributando, en un millar de ladrillos. O en las losas que cubrirán los pisos. O en las persianas y puertas que van a ser colgadas la mañana siguiente.

Celia paga a un obrero en la construcción de su casa, 1952 (archivo Celia Cruz / Celia Cruz Estate).

Don Galaor destaca un rasgo que fue característico en la vida de Celia, pero infrecuente en muchos artistas de iguales orígenes: la constancia y la objetividad. El de Celia

> es un caso que se presta al estudio sereno. A la medición acuciosa. Una artista como ella, que salió de la entraña misma del pueblo, se hace propietaria con el producto de sus canciones. En Cuba abundan pocos ejemplos de estos. Por eso lo estoy apuntando. El artista es derrochador. Derrocha dinero, y facultades y salud, dejándose arrastrar por el torbellino de la popularidad. Cuando ésta se acaba, se encuentra en el mismo punto donde había comenzado. Pero sin facultades. Sin los entusiasmos que le impulsaron para conquistar con los aplausos, y la fama y la fortuna, ¡el mundo!

Cuando el periodista la entrevistó, la acompaña a la obra, y lo hace frente a la casita que ya está casi terminada. «Estoy muy contenta de haberme decidido», le dice. Y se suscita este diálogo:

—¡Habrá ganado usted mucho dinero!

—Sí. Pero también he sudado lo mío. Hay días que me multiplico. Del radio al teatro. De la televisión al teatro otra vez. Del teatro al cabaret. ¡Pero había que hacer la casita!

Era ella quien controlaba, supervisaba y pagaba, directamente. Debía lidiar con los obreros, no siempre acostumbrados a que una mujer les dirigiera y les exigiera. En la etapa de la entrevista parece que ya todo marchaba viento en popa, pero, a juzgar por lo que Celia cuenta en su autobiografía, hubo un momento en que cierta impotencia ante los problemas la hizo aprovechar una inusual oportunidad que le brindó su amiga, la compositora María Hermida, quien interpuso relaciones e influencias para que Celia animara con su voz una fiesta en la finca Kukine, propiedad de Fulgencio Batista, entonces presidente de la República. Al terminar su presentación, Batista la saludó y se entabló un breve diálogo. Al venir al caso, Celia, con su desenfado habitual, le contó en qué temas y problemas se encontraba en ese momento y sus dificultades para terminar su casa. Al día siguiente recibió la ayuda del mandatario, quien le envió un camión con los materiales de construcción que requería la terminación del inmueble.

En cierta medida, Don Galaor en su reportaje de *Bohemia* fue premonitorio cuando afirmó que «Celia Cruz interpreta con hondura y con gracia [...]; en su garganta está la mina que ha de producir oro de ley en la voz magnífica».

Dio esa felicidad a su madre Ollita, que ya tenía su casa confortable y equipada. Era común en las casas de barrios populares, y Celia, devota eterna de la Virgen de la Caridad del Cobre, cuyo nombre formaba parte del suyo, decidió construir a la entrada de la casa un altar en honor a la patrona de Cuba. «Desde ese día me prometí que todos los días 7 de septiembre, la víspera de su día, en mi casa se celebraría una gran fiesta en su honor. ¡Las fiestas de la Caridad que se celebraban en casa de Celia Cruz se hicieron famosas por toda La Habana!», afirmó rotunda muchos años después.

CONSTRUCCIÓN DE UNA IMAGEN (1953)   219

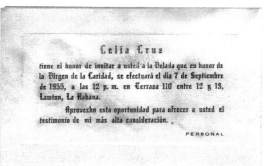

Invitación a la velada por la Virgen de la Caridad del Cobre que, como tradición, Celia celebraba cada año en su casa de La Habana (archivo personal Celia Cruz / Celia Cruz Estate).

A Venezuela en solitario

Para cumplir un contrato personal, sin La Sonora Matancera, Celia llegó a Venezuela el 27 de octubre de 1953, según el visto bueno de entrada del Servicio Nacional de Identificación venezolano asentado en su pasaporte. El permiso fue renovado el 5 de noviembre, y ocho días después Celia abandonó el territorio venezolano por el aeropuerto de Maiquetía. Debutó en el programa *Estrellas de estrellas*, de Radio Continente, el viernes 30 de octubre, y el diario *La Esfera,* de Caracas, en su edición del 1 de noviembre, con el lenguaje que era usual en la época, marcado por el tema racial, reseñaba así el suceso:

> *Celia Cruz* debutó anteanoche, con todo el éxito que su arte tan depurado en este género le hace merecedora. Por cierto que *Celia Cruz* se dio un apretado abrazo con la popular artista criolla

> *Josefina Rodríguez* (la Gitana de Color), quien cubrió los programas de la estrella cubana de color antes que ésta pudiera presentarse a sus numerosos admiradores venezolanos. En compañía de *Celia Cruz*, auténtica artista cubana que se sabe conquistar el aplauso a fuerza de puro arte y sin recurrir a la vulgaridad tan común en las «artistas» que a diario se presentan en tablados y «night club» [sic] de nuestra capital, se presentó el cantor venezolano *César del Ávila*, quien supo acaparar buenos aplausos al lado de la indiscutible estrella de color. Para todos ellos, así como para el director de *Estrellas de estrellas* de Radio Continente, nuestro sincero aplauso por el acierto de traer a esta orfebre de la música negroide.

La Gitana de Color era el nombre artístico con el que la cantante y bailarina venezolana Josefina Rodríguez anticipaba el tipo de música a la que se dedicaba: el llamado género español. Ella y Celia se habían conocido en La Habana, cuando ambas coincidieron en los estudios de Unión Radio a finales de los años cuarenta, en ocasión de la presencia de la peculiar figura venezolana en la programación de la emisora de Gaspar Pumarejo.

La presencia de Celia en Radio Continente fue destacada en esa misma edición con una foto firmada por Armand y dedicada por la Guarachera de Cuba a sus admiradores que seguían la sección «Radiomanía TV» del mismo medio de prensa, en cuyo pie destacaba:

> La aplaudida cancionera cubana Celia Cruz, quien ostenta el monopolio de las simpatías del público de Cubita la bella, considerada como la mejor exponente de la música negroide en el mundo, debutó exitosamente el pasado viernes por el espacio «Estrellas de estrellas» de la Primera en el Cuadrante, Radio Continente. Celia envía cordiales saludos al pueblo radiófilo venezolano a través de «Radiomanía TV».

Alberto López Ruiz, director del programa, vinculó la actuación de Celia con la inminente presentación de otras luminarias, como

Libertad Lamarque y Benny Moré, en el programa que animaba la conocida pareja de Marta Olivo y Roberto Hernández, preferidos del público por su estilo humorístico y ágil.

En su edición del 1 de noviembre, el *Diario de la Marina* confirmó la noticia de que Celia se encontraba en Venezuela cumpliendo contrato y que, en su ausencia, el binomio que formaban Mary Esquivel y Tony Lamar se estaban presentando, acompañados por La Sonora Matancera, en el espacio que a las siete de la noche animaban en la Onda de la Alegría. Por su parte, Nelson Pinedo, que casi acababa de empezar con la Sonora en Radio Progreso, batió récord de estrenos y consiguió aumentar la popularidad que ya ganaba entre el público cubano.

A su regreso de Venezuela, el mismo mes de noviembre, Celia, junto con el elenco del programa *De fiesta con Bacardí*, de CMQ —Pototo, Filomeno y Nananina entre ellos— se trasladó al poblado de Manacas, en la provincia de Villa Clara, para participar en el show del evento inaugural de la nueva fábrica de cervezas Hatuey, construida y equipada por la firma Bacardí como parte del desarrollo tecnológico de una marca de preferencia nacional. Bacardí era el principal patrocinador del programa, al igual que de *Alegrías de Hatuey* en Radio Progreso. Su primera factoría cervecera la inauguró en Santiago de Cuba en 1927, y mantuvo una expansión sostenida: veintiún años después fundó la Cervecería Modelo en El Cotorro, La Habana. La de Manacas fue inaugurada por todo lo alto y, como era de esperar, La Sonora Matancera, con sus cantantes Bienvenido Granda y Celia, hizo justicia a la popularidad alcanzada por la marca y por el programa que amenizaban.

En una noticia muy esperada y trascendente se convirtió la apertura, el sábado 28 de noviembre, del nuevo y flamante edificio de Radio Progreso, en una de las esquinas de las calles Infanta y 25, dotado de la más moderna tecnología, a la altura del lugar que ya ocupaba en la radiodifusión cubana la segunda emisora más sintonizada. Como parte de su grupo de estrellas, Celia participó en ese memorable día y se la ve, en una de las fotos que publicaron los medios de prensa, en el nuevo despacho de su director Manolo Fernández, junto a Rogelio Martínez, Bienvenido Granda, Olga Chorens y Tony Álvarez, lo que constata que se trataba de los valores más representativos de la emisora.

Mayombe. Debut en Tropicana

Con Rodney en su nómina, Tropicana inició un camino ascendente que acompañaría la conquista indiscutida del primer lugar entre los grandes centros nocturnos habaneros. Su dueño, Martín Fox, formó con Alberto Ardura y Oscar Echemendía la tríada decisora para los temas comerciales y financieros, con la cercanía tutelar de William Bischoff, alias *Lefty Clark,* encargado de las operaciones del casino. Dentro de su esquema expansivo, sabían que el cabaret era un atractivo esencial que vestía de cierta condescendiente ingenuidad la antesala del gran negocio del juego. Durante el año, Tropicana presentó shows que fueron subiendo en fastuosidad visual y calidad musical: *Orquídeas en la noche, Europa año cero, Nabonga-Haití, Cuban Medley, Las hijas de Alá,* espectáculos que iban renovando la imagen escénica. En algunos de ellos, Roderico volvió a apostar por su fórmula del éxito: el predominio de la música afrocubana con componentes de la ritualidad ancestral. El primer show de Rodney con temática completamente afrocubana fue *El Omelenkó*, estrenado el 22 de diciembre de 1952 con la música de Bebo Valdés. *Mayombe,* un año después, fue el segundo, y su originalidad y excelencia rebasó cualquier expectativa, junto con el segundo show, *Carnaval carioca (Carnival in Rio),* de obvia temática brasilera. Si en *El Omelenkó* Rodney utiliza a la bailarina norteamericana Chiquita como solista para interpretar una estilización de los bailes rituales yorubas, en *Mayombe* fue la cubana de ancestros asiáticos Emilia Villamil, *la China*, quien asumió ese rol principal, acercándolo mucho más a lo auténtico.

A finales de noviembre Celia estaba ya en los ensayos del nuevo show que se preveía estrenar a mediados de diciembre. Inicialmente se llamaría *Kimbámbula,* a juzgar por la galería de fotos que publicó la revista *Bohemia* en su sección *La farándula pasa,* donde puede verse a Celia intentando replicar los pasos de baile que Rodney le marca. Pero al final, el nombre elegido fue otro más sencillo y fácil, pero no menos auténtico: *Mayombe,* palabra de origen bantú y que alude a una de las ramas de palo monte como ritualidad afrocubana. El show subió a la escena del Salón Bajo las Estrellas de Tropicana el 18 de diciembre de 1953 en el primer horario y se extendió en cartelera hasta abril de 1954. La estrategia de comunicación diseñada desbordaba tintes folkloristas y hasta tenebrosos para los advenedizos, y jugaba con la ignorancia generalizada sobre las culturas africanas y su arraigo en Cuba que exhibía el público que comúnmente asistía a Tropicana: en los anuncios y notas de prensa lo calificaban como «grandiosa producción afro-hechicero». En estas notas Celia encabezaba el elenco, pero en los grandes anuncios publicados, siendo ya una estrella innegable, no estaba especialmente destacada. Es posible imaginar lo que representaba para ella en ese momento compartir escenario con alguien a quien con admiración siempre había señalado como su paradigma e inspiración: la Emperatriz del Danzonete, la gran Paulina Álvarez. Probablemente Rodney lo sabía, y lo hizo posible. «Trabajar con Paulina fue una experiencia maravillosa —cuenta Celia—, ya que le pude confesar en persona que desde niña yo había sido una gran admiradora suya. Paulina me felicitó por mi forma de cantar, lo cual fue todo un honor, me dio mucha alegría».

El resto del elenco principal de *Mayombe* incluye a la pareja de bailes Marta y Alexander (los cubanos Marta Castillo y Alexander Cutting) y a Maño López. La noche en el cabaret bajo las estrellas se completó con el segundo show: *Carnaval carioca,* una fantasía de inspiración brasilera que centraban la orquesta ibérica Solera de España con su cantante José Forns, los bailarines Leonela González y Henry Boyer, y Kiko Gonzálvez, el autodenominado

Rey del Pandeiro, probablemente brasilero. Los bailables de diez de la noche a cuatro de la madrugada eran animados por la orquesta del cabaret, dirigida por Armando Romeu y el conjunto de Senén Suárez. En esa temporada, por Tropicana desfilaron numerosas estrellas de Hollywood —entre ellas William Holden y su esposa Brenda Marshall— para presenciar la maravilla creada por Rodney con sus músicos, cantantes y bailarines. Celia en el elenco de Tropicana se destacaba como primera figura en el publirreportaje aparecido en la revista *Bohemia* el 20 de diciembre, casi en vísperas de los festejos navideños y de Año Nuevo.

La competencia, el Montmartre, presentaba un cartel en su tónica habitual de enfatizar una propuesta de corte más internacional: las parejas de bailes Teddy y Phillips Rodríguez, y Sonia Calero y Raúl Díaz con el ballet de Alberto Alonso; la orquesta de violines del Monseigneur de París y su director concertista M. A. Zarou, con su cantante O, y Rosendo Rosell actuando como presentador. En los bailables continuaban la orquesta Casino de la Playa y la de Esteban Antúnez. Sans Souci no se quedó a la zaga y propuso un show de tema afro, producido por Georgio Sacci, con el Negro Ballet de Walter Nicks interpretando una de las danzas rituales del orisha Changó, y como primera figura la vedette Olga Chaviano, al decir de Bobby Collazo «la dueña y señora del cabaret», privilegiada por su relación íntima pero pública con Norman Rothman. Collazo fue más explícito en cuanto al poder de la Chaviano sobre el escenario de Sans Souci por aquellos días: «Ninguna vedette puede trabajar en sus predios [...[. Ella triunfa en las producciones de Sacci [...]. Pueden cantar Olga [Guillot], Celia [Cruz] y Xiomara [Alfaro], pero para enseñar las piernas y mover la cintura, ella solamente; es la reina por su hermosura. ¡Qué bien me quedó la rima!», termina, sarcástico, el compositor y pianista. El Negro Ballet del reconocido afroamericano Walter Nicks le dio a la Chaviano la posibilidad de brillar a otra escala, arropada por la prestigiosa compañía del coreógrafo, que se había formado en la escuela de Katherine Dunham, de la que en 1946 fue nombrado director adjunto. En 1953 Nicks decidió independizarse y formó su propia compañía, con la que se presentó en Cuba en Sans Souci. En 1953 la televisión cubana seguía en marcha. Nació el Canal 11, de Manuel Autrán, con el nombre inicial de Televisión del Caribe, y la afamada cantante mexicana María Victoria llegó a La Habana para presentarse en radio, televisión y el Teatro Nacional.

Las grabaciones de 1953

Seeco Records continuó durante 1953 su camino ascendente e imparable dentro de la industria del disco en Estados Unidos, con su especialización en ciertas zonas de la música caribeña y latina. La revista *Variety* ubicó ese año al sello de Sydney Siegel en segundo lugar, detrás del gigante RCA, en el creciente mercado de música latina.

Durante 1953 Celia realizó tres sesiones para Seeco con La Sonora Matancera en los meses de abril, junio y noviembre, todas en el estudio CMQ. El 24 de abril grabaron solamente las guarachas *Matiagua* (Jesús y Rogelio Martínez) y *A todos mis amigos* (Pablo Cairo), recogidas en el disco S-7286. Se hicieron otras cuatro grabaciones el 9 de noviembre: la guaracha-rumba *Boncó* (Florentino Cedeño), la muy famosa guajira-mambo *Melao de Caña* (sin dudas la más famosa creación de la compositora cubana Mercedes Pedroso, que años después inspiró una excelente versión al sonero venezolano Oscar D' León), la guaracha-guaguancó *Pepe Antonio* (Jacinto Ledo) y el mambo *No sé qué me pasa* (Jesús Guerra). Estos cuatro temas se publicaron en sendos discos: S-7354 y S-7355.

Con *Melao de caña* se inauguró en el repertorio de Celia el capítulo de éxitos de temas compuestos por mujeres. En Cuba ella y Rogelio dieron cabida de manera creciente a compositoras como Mercedes Pedroso, a la que siguieron Elsa Angulo Macías, Grecia Domech, Isabel Valdés, Eridania Mancebo, Irma Murillo, Enriqueta Silva, Úrsula González, Oneida Andrade, María Hermida, July Mendoza, la venezolana Teté Cabrera y otras.

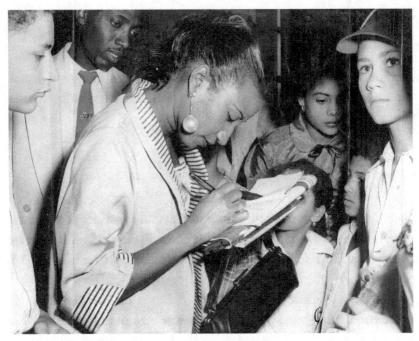

Celia firma autógrafos a su llegada al aeropuerto de Santo Domingo, 28 de julio de 1954 (archivo personal Celia Cruz / Celia Cruz Estate).

Como un momento importante en el año que terminaba, la fundación de la Banda Gigante de Benny Moré estremeció el ambiente musical, conquistó el favor del público, y su popularidad fue no solo creciente, sino duradera. La banda es una *jazz-band* en toda regla, con verdaderas estrellas en cada instrumento. Los arreglos de Eduardo Cabrera, *Cabrerita,* y Pedro Jústiz, *Peruchín,* más un repertorio rico e inteligentemente seleccionado, fueron el marco idóneo para que el Bárbaro del Ritmo explayara todas sus facultades y agregara aún más fuego a la construcción de su leyenda viviente. El panorama sonoro en Cuba se enriqueció con su llegada al sumarse al ya complejo, fructífero y diverso ámbito donde conjuntos como el Casino, Chappottín y sus Estrellas, el Colonial de Nelo Sosa y otros aportaban un aire de experimentación renovadora, esencialmente a través de novedosos arreglos y repertorios de mucha pegada.

Tiempo de conquista
(1954)

La llegada de 1954 encontró a Celia con casa nueva, trabajando de manera regular en calidad de solista en Tropicana y también en Radio Progreso y en CMQ, con la Sonora y sin ella, como la solista por excelencia de la música afro y la guaracha. Radio Progreso estrenó otra exclusividad: la cantante Olga Guillot, que iniciaba el año en un nuevo espacio: *El programa Cristal.* Una cálida bienvenida mediática le dieron Rogelio Martínez, Celia y La Sonora Matancera con los cantantes Nelson Pinedo y Carlos Díaz.

El 11 de febrero Rodney cumplió cuarenta y dos años y los artistas de Tropicana y Alberto Ardura, el responsable artístico, organizaron un sonoro festejo en el espacioso ámbito del cabaret La Campana, en homenaje al mago de las coreografías y los espectáculos. Se sumaron muchos otros cantantes, actores y actrices, conjuntos vocales, músicos, periodistas, y en el show dedicado al homenajeado, verdaderas estrellas: Esther Borja, Vitola, Bertica Serrano, Luis Carbonell, Maño López, el conjunto de Orlando de la Rosa, Olga Guillot, Olga Rivero, Paulina Álvarez, Felo Bergaza, los bailarines Rolando, Marta Castillo y Alexander Cutting, Celia y muchos otros, acompañados por la orquesta Solera de España y la de Tropicana, dirigida por Armando Romeu, Jr., que también amenizaron la parte bailable, donde todos se animaron a buscar pareja para tirar sus pasillitos, hasta la tremenda conga que se armó casi a los finales de la fiesta, cerca de las nueve de la noche.

El doctor Carlos Manuel Palma, conocido abogado criminalista, a la vez que bohemio irreductible, fundó la revista *Show,* dedicada especialmente al mundo del espectáculo, cuyo primer número vio la luz en marzo de 1954. Se convertiría en el medio impreso por excelencia para dar una visión particular, pero abarcadora, del trabajo y la vida de los artistas y músicos cubanos dentro y fuera de la Isla. En el primer número aparecieron varias fotos y referencias a Celia en el marco del cabaret Tropicana y el exitoso show *Mayombe*. En el segundo, en abril, una breve afirmación daba idea de la febril actividad que la Guarachera de Cuba venía desarrollando: «Celia Cruz es la artista que más trabaja en Cuba. Tropicana, Radio Progreso y CMQ». Pero como sabemos, la frase se quedó corta, pues Celia se prodigaba en otras muchas facetas y espacios de la vida artística cubana.

La competencia entre los tres grandes cabarets era encarnizada y obligaba a la constante renovación. En julio el cabaret Montmartre renovó el sentido y el estilo de su espectáculo: con la producción de Mario Agüero y con arreglos musicales de Félix Guerrero, estrenó el show *Ritmolandia*, donde figuraban Benny Moré, el Cuarteto D'Aida, la pareja de bailes que formaban Marta y Alexander —que se movían de Tropicana al cabaret de El Vedado—, Maño López y el ballet de Alberto Alonso, con sus solistas Sonia Calero y Armando Fernán.

Benny continuaba siendo una de las grandes atracciones de Radio Progreso, cuyos *ratings* se comparaban con los que mantenía desde hacía años La Sonora Matancera, con Celia Cruz y también con Bienvenido Granda, Nelson Pinedo, Rodolfo Hoyos y otros cantantes que Rogelio Martínez, con habilidad y sentido comercial, colocaba ante sus micrófonos. Los meses y años por venir demostraron que logró sobrepasarlos en popularidad y aceptación. La revista *Show* dedicó un reportaje especial a la Onda de la Alegría, que ya era un verdadero suceso con su nuevo y flamante edificio, y, junto a una foto donde se ve una larga y abultada fila, destacó: «El público desde las primeras horas de la tarde espera impaciente la oportunidad de ver en persona a sus artistas favoritos de la radio. Benny Moré, Olguita Guillot, Olga y Tony, La Sonora Matancera, Celia Cruz, Rodolfo Hoyos,

Celia canta con Pedro Vargas, el Tenor de las Américas, en el programa *Casino de la alegría*, de CMQ-TV, *circa* 1953-1954 (archivo personal Celia Cruz / Celia Cruz Estate).

la orquesta Hermanos Castro y Nelson Pinedo». Y apuntaba a un hecho incuestionable: el monopolio de las mejores figuras de la música popular en la radio lo tenía Radio Progreso.

Al hilo de esta constatación, la Onda de la Alegría lanzó un nuevo programa de largo nombre: *Conozca el momento más feliz de su artista favorito:* en esencia, un espacio de entrevistas por donde desfilaban los más populares artistas para responder a las preguntas del conocido locutor Juan Manuel Tabares. En abril Celia pasó por sus micrófonos, además de otros artistas de alto *rating*, como el Cuarteto Llópis-Dulzaides, Fernando Albuerne, Orlando Vallejo, y los actores Elvira Cervera, Raquel Revuelta, Manolo Coego y Juanita Capdevilla.

En la esquina de Infanta y Manglar se había abierto un nuevo cabaret, que ampliaba la geografía de la vida nocturna habanera. La inauguración de La Campana se convirtió en un gran suceso social:

de inmediato, el regreso de Myrta Silva, con sus ocurrentes y picantes guarachas, y su debut en ese escenario aseguraron que a diario se completara el aforo del recinto. La boricua tenía un público seguro en Cuba, desde furibundos defensores hasta quienes —la mayoría— compartían gusto entre ella y Celia a la hora de cantar guarachas. Los ánimos competitivos seguían siendo estimulados, y en agosto Radio Mambí comenzó a presentar a Myrta en su programa *La Corte Suprema del Arte* —sucedáneo del original de CMQ en los años treinta— en horario de cuarto para las ocho de la noche, quince minutos después de que terminaba en Radio Progreso el estelar y populárisimo *Alegrías de Hatuey*, que animaban La Sonora Matancera y una Celia Cruz que no se arredraba y se sentía imbatible.

A República Dominicana con La Sonora Matancera

Con el relevo del show *Mayombe* en abril, terminó Celia esa temporada en Tropicana y se alistó para una nueva gira que ya anunciaban los medios de prensa: la próxima escala sería República Dominicana, pues el 29 de julio comenzaban en Ciudad Trujillo (hoy Santo Domingo) los festejos por el decimosegundo aniversario de la popular radioemisora La Voz Dominicana. Gelpi, el corresponsal de *Show* en esa ciudad, observaba que no se había reparado en gastos para conseguir una fastuosa celebración, pues habían sido contratadas muchas e importantes figuras internacionales, como los mexicanos Pedro Infante y su mariachi, Pedro Vargas, Fernando Fernández, Dick y Biondi (cómicos rusoargentinos que en ese momento trabajaban en Cuba), los excéntricos mexicanos Manolín y Shilinski, y los cubanos Isolina Carrillo, Fernando Albuerne, la vedette Minet Cendán y la afamada María Antonieta Pons (junto con su esposo, el director de cine Ramón Pereda, a cargo entonces del elenco proveniente de México y de parte de la producción), La Sonora Matancera con Celia Cruz y Bienvenido Granda, y un conjunto de bailarinas dirigidas por Héctor del Villar.

Celia y la Sonora llegaron a la capital dominicana el 28 de julio de 1954 en un viaje de siete días, con el regreso previsto para el 5 de agosto. Los esperaba una multitud de fanáticos. La Guarachera de Cuba debió firmar numerosos autógrafos a solicitud de persistentes admiradores.

La celebración estaba fijada para el día siguiente a la llegada, y La Voz Dominicana estaba empeñada en tirar la casa por la ventana, lo que ya habían comenzado hacer al contratar a tal cantidad de importantes estrellas. Según testigos, fue lo nunca antes visto en la capital del vecino país. La fiesta comenzó en el Parque Colón al cuarto para las diez de la mañana con el estruendo de veintiún cañonazos. Se inició el desfile de los artistas por las principales calles de la ciudad: solistas, bandas, orquestas, conjuntos, tríos. Después, los bailarines y la orquesta dominicana Angelita. Un grupo representaba un pasaje de la vida de Anacaona, la cacica taína. Detrás, en convertibles y coches tirados por caballos, desfilaban María Antonieta Pons, Dick y Biondi, Pedro Vargas, Miguel Bodegas, Inés María y otros. Sobre una carroza, Pedro Infante cantaba corridos mexicanos con el famoso Mariachi Vargas de Tecalitlán, para luego descender y montarse en un brioso caballo de raza. La vedette Minet Cendán venció a María Antonieta Pons por *knock-out* (Maritoña fue la que más cobró —ocho mil dólares de entonces—, pero, según algunas fuentes, no estuvo a la altura de lo que entregaba en sus películas). La Sonora Matancera al completo, con sus cantantes Rodolfo Hoyos y Celia Cruz, iban en una carroza exclusiva para ellos, con un diseño que asemejaba un rincón del campo cubano en el que se realizaba un guateque, y ellos tocaban y cantaban guarachas, rumbas, afros y guaguancó. El público enloqueció con ellos, y también con otros: en medio de la multitud delirante de entusiasmo, Pedro Infante perdió las tres cuartas partes de la cola de su caballo y parte también de su lujoso traje de charro cuando esa misma muchedumbre se abalanzó sobre él en busca de un *souvenir*. Así, con todo detalle, lo contó el corresponsal Gelpi, quien remató su relato con una frase que resume la excelente actuación de la Guarachera de Cuba: «Celia Cruz se creció». José Alberto Íñiguez, el decano del Colegio Nacional de Locutores de Cuba, invitado también a las celebraciones, narró sus experiencias a la revista *Bohemia* y al mencionar a los cubanos subrayó que actuaron en los festejos: «Dejé a Celia para el final, porque ella fue la que acabó. Había que verlo: el público la seguía a todas partes. Lo que tienen en Santo Domingo con Celia es locura. Bueno, tuvieron que poner a su disposición policías que se encargaban de abrirle paso entre la multitud que acudía, para verla, a la emisora y al hotel donde se hospedaba».

La revista *Radiomanía y Televisión*, otro de los diversos medios cubanos que comentaron los eventos de Santo Domingo, coincidía en su reseña sobre el desempeño de Celia y la Sonora:

> No es posible describir en breves líneas el apoteósico homenaje que el pueblo dominicano tributó a nuestra Celia Cruz; fue sin lugar a dudas la máxima atracción de la XII Semana Aniversario de La Voz Dominicana. Miles fueron las fotografías que con su firma obsequió a ese público que solo la conoce a través de sus grabaciones. La despedida, ella, Rogelio Martínez —el director— y los demás componentes del conjunto pueden decirlo. Creo que Celia debe sentirse satisfecha de esta —tan bella— actuación por tierras de América.

La directiva de La Voz Dominicana, encabezada por el fundador de la empresa radiodifusora, el mayor general José Arismendi *Petán* Trujillo, ofreció una cálida despedida a los artistas participantes en el *nightclub* que regentaba la radioemisora, con la presencia de los embajadores de Cuba y México. Regresaron a La Habana el 5 de agosto, según lo previsto.

A poco más de dos meses de volver de la exitosa presentación en Dominicana, Celia y la Sonora grabaron una guaracha de Luis Kalaff, uno de los más populares compositores dominicanos: *Juancito Trucupey*, que tuvo gran aceptación entre el público cubano (Seeco S-7507). No fue esta la única composición del dominicano

Kalaff que Celia y la Sonora incorporaron a su repertorio y discografía: en enero de 1955 grabaron el bolero rítmico *Contestación a «Aunque me cueste la vida»* en su voz y la del dominicano Alberto Beltrán (Seeco S-7522). Incorporó el tema *A Santo Domingo* a su repertorio en 1956, y de ese año data una grabación tomada en directo en un programa de Radio Progreso.

En su edición del 14 de marzo, la revista *Bohemia,* en un discreto reporte, da cuenta de un acontecimiento en la Sonora: Bienvenido Granda, su cantante de muchos años, abandonó la formación «y embarcó, contratado, a Barranquilla, Colombia. Lo sustituye Orlando Vallejo. Buena adquisición para el conjunto de Rogelio Martínez», como termina diciendo el periodista anónimo. Pero el columnista no aclara que Vallejo no sustituye en el sentido estricto al Bigote que Canta: si Bienvenido había sido desde 1940 el cantante de plantilla de la Matancera, Vallejo era ahora un cantante con la categoría de invitado, que en paralelo a su trabajo con la Sonora continuó presentándose, como, hasta entonces, en diferentes sitios de manera individual. En los meses siguientes, Alipio García, el dueño del cabaret Alí Bar, lo contrató para cubrir el vacío que dejaba, de momento, Benny Moré, quien cumplía compromisos en el cabaret Montmartre con sus exitosas apariciones en los shows sucesivos *El Solar* y *Ritmolandia,* junto con el Cuarteto D'Aida, que cumplía su primer año de vida artística. En meses sucesivos Vallejo fue contratado también por Radio Mambí, al tiempo que mantenía todos sus compromisos con la Sonora.

El panorama artístico de la capital cubana marcaba un nota llamativa, que vinculaba la música con el deporte: el boxeador Kid Gavilán, quien fuera campeón del mundo de peso *welter*, decidió seguir los pasos de su colega estadounidense Ray *Sugar* Robinson y, como quien dice, meterse a bailarín, en un momento en que su carrera en el deporte profesional estaba en un mal momento. No le faltaron consejeros y adulones que le hicieron invertir dinero e imagen primero en una campaña política para hacerlo —infructuosamente— alcalde de Marianao, y después, ahora, bailarín solista, dueño y director de una compañía danzaria que le hicieron armar, en algo que parecía más una movida propagandística que un empeño con un objetivo económico. Gavilán debutó como bailarín en el escenario del Cine-Teatro Radiocentro, en un show con los cómicos Dick y Biondi, las Hermanas Lago y la orquesta de planta dirigida por Adolfo Guzmán. La fallida aventura mimética del boxeador trajo más de un problema al peleador criollo y a las bailarinas y artistas que se enrolaron en su descalabro. No era Fred Astaire ni tampoco Sugar Robinson: en La Habana las presentaciones de la compañía Kid Gavilán y sus Cuban Sepias en el Teatro Martí y en un sitio controversial —el *nightclub* Palette— dejaron mucho que desear; no obstante, quienes manejaban su carrera y su cabeza le dijeron que continuara, y lo embarcaron en una gira al interior del país y luego al exterior, asegurándole que el éxito lo esperaba fuera de Cuba. Así, le organizaron una función homenaje de despedida en la que actuaron las líricas Esther Valdés y Jorgelina Junco, la humorística Vitola, la cantante Hilda Lee, la pareja de bailes españoles Aurora y Reyes, y quien nunca faltaba al apoyo de sus colegas: Celia Cruz. Primero a Santo Domingo y luego a Venezuela y Estados Unidos, lo de Kid Gavilán bailarín no tuvo final feliz, y el saldo a la cuenta del púgil fue estrepitoso en declive y negativo en ganancias.

Con el fin de recaudar fondos para construir el panteón del Colegio Nacional de Locutores, el 7 de agosto el Teatro Martí presentó una monumental y única función que, entre múltiples estrellas, mostró los shows de Tropicana *Mayombe* y *El Charleston*. En el primero estuvo Celia, con sus afros y guarachas, en su aplaudida actuación.

A mediados de año Rogelio Martínez aceptó ensayar a un cantante dominicano que había llegado a La Habana en busca de nuevas oportunidades. Su potente y clara voz terminó por asombrar al cazatalentosen que se desdoblaba el director de La Sonora Matancera. Alberto Beltrán fue una de las voces más populares y recordadas de las muchas que pasaron por el conjunto, pero sobre todo por su bolero *Aunque me cueste la vida* (Luis Kalaff), con arreglos de Radhamés Reyes, con el que literalmente arrasó en popularidad, al punto que motivó —en la muy aceptada línea de hacer respuestas a canciones— la famosa *Contestación a «Aunque me cueste la vida»*, grabada por Celia, uno de sus boleros más espectaculares, con el que consiguió reafirmar sus posibilidades expresivas también en el bolero, que ya había validado con el éxito de *Tu voz*, de Ramón Cabrera.

En septiembre, el *rating* de Radio Progreso seguía en ascenso. La Sonora Matancera había incorporado a otro cantante masculino: Estanislao Sureda, *Laíto*. Celia, Rodolfo Hoyos y él continuaban siendo responsables de una buena parte del éxito de la Onda de la Alegría. La Guarachera de Cuba, por su parte, permaneció en el cabaret Bambú, cuya gerencia avanzaba en la competencia encarnizada por la supremacía en las noches habaneras entre sus iguales, el nivel inmediatamente abajo de los tres grandes cabarets. Apostó por Celia, que encabezó un elenco ecléctico en el que se mantenían Fina de Villa y Angelito con sus cantos y bailes españoles, la pareja de bailes Juliette y Sandor, y el barítono Gil Mar.

En su edición de octubre, *Bohemia* recogió la siguiente noticia, que, de haberse cumplido, habría representado la llegada de Celia y su arte a Europa: «Frank Pacheco ha conseguido un fabuloso contrato a la maravillosa Celia Cruz para España. Nuestra máxima cultora del cancionero afro-cubano prepara todo: vestuario, repertorio, equipaje para emprender la marcha a la Península». Pero solo quedó en eso: en noticias anticipadas a la realidad, o quizás hasta en rápidos preparativos, pero el viaje nunca se realizó.

Colombia la llama

El tema *Burundanga* se abrió paso más allá de las fronteras cubanas y especialmente en Colombia, en las ciudades de la costa Caribe. Según el investigador colombiano Héctor Ramírez Bedoya, fue el empresario Víctor Nieto quien se empeñó y concretó llevar a Celia Cruz por primera vez a Colombia. En La Habana, el *Diario de la*

Marina, que mantenía la sección «Aeropuerto», dedicada a informar de las llegadas y salidas de pasajeros ilustres o con notoriedad, informó en su edición del 26 de octubre de ese 1954: «Con destino a la ciudad de Camagüey en el Super-46 de Cubana de Aviación la conocida cantante Celia Cruz, quien continuará viaje hoy mismo hacia Barranquilla». Debió viajar dos días antes, pues su pasaporte exhibía el cuño de entrada a Barranquilla estampado por la Aduana de la República de Colombia. Por el reporte del periódico cubano, Celia viajaba sola, pues no menciona que van con ella los músicos de La Sonora Matancera. El anuncio publicado por el mismo diario el domingo 24, incluyendo a Celia y a la Sonora entre los cerca de cien artistas que participarían esa noche en el homenaje Antonio María Romeu, *el Mago de las Teclas*, en el Palacio de los Deportes, plantea la duda de si Celia cantó o no en este evento.

Su pasaporte confirma su presencia en Cartagena el día 25, y de ahí fue a Medellín. Según afirman los investigadores Sergio Santana y Octavio Gómez, «Celia Cruz debutó el 26 de octubre de 1954 en Medellín, sin La Sonora Matancera, por la emisora La Voz de Antioquia. Ya tenía en la ciudad un sólido prestigio por temas como *Burundanga,* el cual ratificó con sus presentaciones por las emisoras de la cadena Caracol».

Las actuaciones de la Guarachera de Cuba en suelo colombiano transcurrieron durante la última semana de octubre y los primeros días de noviembre en las ciudades de Barranquilla, Medellín, Cartagena y Bogotá.

En las fechas en que Celia llegó por primera vez a Colombia, algunos músicos cubanos se encontraban trabajando allí: el excelente bolerista Pepe Reyes triunfó en las audiciones de Emisoras Unidas y la C. R. C. de Barranquilla, acompañado de un conjunto muy popular en esas tierras: La Sonora del Caribe, dirigida por Adolfo Moncada, y que según el columnista de Bohemia «ha copiado el estilo de nuestra Sonora Matancera». Anunciaba también que Reyes ya había realizado veintidós grabaciones en Colombia con evidente éxito de ventas y que tras concluir allí pasaría a Cartagena para presentarse en Emisora Fuentes. A la pianista Numidia Vaillant le iba muy bien como directora del conjunto de Radio Miramar, en Cartagena de Indias, además de animar como pianista las noches del Casino Turístico del Hotel del Caribe en esa ciudad. En entrevistas posteriores, Celia afirmó que Numidia la acompañó en sus presentaciones en esa ciudad costera. El regreso desde Barranquilla a Camagüey en vuelo de Pan American se comprueba también el día 5 de noviembre a través de su pasaporte.

Tras su regreso de Colombia, el 14 de noviembre, Celia cantó con La Sonora Matancera en el Teatro Martí en el homenaje al importante músico Abelardito Valdés, director de la orquesta Almendra, de igual nombre que su más célebre danzón. Hacían parte ambos del elenco con las más populares estrellas del momento que se dieron cita en el coliseo de La Habana Vieja: Olga Guillot, Orlando Vallejo, Olga y Tony, Marta Pérez, Maño López, el Trío Matamoros, el Conjunto Jóvenes del Cayo y muchos otros.

Las semanas finales del año se destacaron por la presencia de Miguelito Valdés en Tropicana, mientras que en el Teatro América, Fernando Albuerne, Benny Moré y Olga Guillot, formando empresa, mantenían un show espectacular que hizo historia, donde se presentaban ellos mismos con destacable rentabilidad de taquilla, y algunos invitados puntuales, entre ellos Celia. Ella y Olga Guillot eran muy cercanas, a juzgar por lo que cuenta Santiago Alfonso, quien por ese tiempo era un mulatico quinceañero que soñaba con ser bailarín y que llegaría décadas más tarde a los planos más altos en la danza y la coreografía en Cuba. Era, en esos empeños juveniles de seguir y perseguir a los artistas admirados, inseparable de la Guillot, cuyo éxito convirtió en meta personal a alcanzar. Explica él:

> Mi acercamiento a Celia se produce a través de Olga. Eran como hermanas, y como yo prácticamente vivía en casa de Olga, la veía muy a menudo cuando salíamos juntos o cuando ella venía a casa por las tardes a visitarla, o en Radio Progreso, pues Olga también tenía un programa junto a Benny, Albuerne, la Aragón y Los

Hermanos Castro de ocho a ocho y media de la noche, y el de Celia y la Sonora era de siete y media a ocho. Benny, la Guillot y Albuerne tenían en el Teatro América un espectáculo que se llamaba *Cuba canta y baila*, y Celia hizo presentaciones ahí también. Al conocerla en persona me impresionó mucho porque me di cuenta de que era una persona muy educada, no decía malas palabras (que era usual en casi todas las artistas), pero a la vez su sencillez me hacía admirarla más. Tiempo después, en una conversación, supe que era maestra normalista. Disfrutaba mucho su presencia, porque estar cerca de una artista a la que admiraba tanto era para mí sentirme en el cielo.

Santiago cuenta más de su vínculo con Celia y Olga Guillot en Cuba:

Durante esos años íbamos a la fiesta que daba Roderico [Rodney] en su finca el 16 de diciembre para velar a san Lázaro, siguiendo la tradición de la religiosidad. No se me ha olvidado que el último año que fuimos Celia llevaba una saya de tela de tambor (así se llama la tela de saco), adornada con cintas moradas, muy bella. Allí ambas cantaron a dúo, a petición de Roderico, un número que en su inicio decía «Yo estoy loca por librarme de unos ojos que ayer vi». A las fiestas de Roderico yo era el que las llevaba. En los últimos años de Olga en Cuba el chofer trabajaba por lo general hasta las siete o las ocho de la noche. Si ella no tenía trabajo nocturno en cabarets o teatros o si el marido de Olga, Alberto Ínsua, no la acompañaba, yo la recogía, me daba las llaves del carro y la llevaba para la casa, y después dejábamos a Celia en su casa... En esos viajes Celia era mi defensora, porque yo no era un buen chofer, prácticamente estaba aprendiendo, no tenía cartera dactilar (que así se llamaba en esa época la licencia de conducción). Lo mismo me metía en un bache que me salía del carril. Olga empezaba a gritarme y Celia me defendía. El último año fue el peor: Olga estaba en estado de Olga María con una barriga descomunal —imagínate que eso fue el 16 de diciembre y parió el 6 de enero—; en esa etapa Celia iba todos los días y se pasaba la tarde en casa. Es ahí donde tengo una relación más cercana con ella.

De nuevo en el Bambú

En diciembre, llamada por el coreógrafo y director artístico Héctor del Villar, Celia reapareció en el cabaret Bambú para una temporada de varios meses. Su debut se produjo en momentos en que el centro nocturno asumió el formato de doble show diario, en este caso *Macumba* y *España canta,* que se estrenaron el día 6 con la pareja de bailes Chalía y Renny, los cantantes Gil Mar, Fina de Villa y las espectaculares Mulatas de Fuego, que estaban de regreso de una gira por Argentina. En su formación de entonces estaban, junto a las ya veteranas hermanas Álvarez —Lilia y Amelia, *Fello*—, Julita Borrell y Lina Ramírez. Sin dudas, la presencia de Celia jerarquizó el cabaret Bambú, que se debatía entre satisfacer la todavía importante demanda de géneros ibéricos y aumentar la presencia de ritmos y temas afrocubanos, para hacer justicia al lema con el que su gerencia prefería que se le identificara: «el paraíso de los ritmos exóticos». En la revista *Macumba*, mucho más afín al estilo afrocaribeño con influencias brasileras, intervinieron junto con Celia el excéntrico bongosero Manteca, Las Mulatas de Fuego, Las Goldens, y los bailarines Sonia y Rudy. «Celia Cruz es la máxima atracción del elenco —remarcaba la revista *Show* acerca de su desempeño—; se destaca como la folklorista de la década, interpretando los números que la han rodeado de tanta popularidad en todo el continente».

Las grabaciones de 1954 y el segundo LP

Los músicos de La Sonora Matancera regresaron a los estudios CMQ junto con Celia para realizar tres sesiones de grabación para Seeco.

Celia, Alfredito León, Nenita y familiares, *circa* 1954 (archivo personal Celia Cruz / Celia Cruz Estate).

En la primera, el 1 de abril, registraron los afros *El barracón* (Senén Suárez) y *Oyá diosa y fe* (Julio Blanco Leonard), *Silencio* (Elsa Angulo), y la guaracha *Pa' la paloma* (Aurelio Machín). El 12 de octubre, poco antes de Celia salir hacia Colombia, grabó otros cuatro temas: la ya mencionada guaracha *Juancito Trucupey* (Luis Kalaff) y otra guaracha, *Saoco* (Rosendo Ruiz Quevedo), la samba-mambo *Y mi negro está cansao* (Grecia Domech) y el lamento africano *Plegaria a Laroye* (Eligio Valera). Transcurrió poco más de un mes y el 16 de noviembre grabó junto con Laíto Sureda la guajira *En el bajío* (José Claro Fumero-A. Castro). Nuevos autores aparecieron en el repertorio de Celia y continuaron después con otras composiciones: el cubano José Claro Fumero, el dominicano Luis Kalaff y el también cubano Eligio Valera, uno de los miembros fundadores del grupo Loquibambia Swing, comandado por el pianista Frank Emilio Flynn, y parte de aquellos muchachos que en las descargas informales en sus propias casas iniciaron lo que hoy se conoce como movimiento del *feeling*.

Celia con La Sonora Matancera en gira internacional; a la derecha, Pedro Knight; de espaldas, con maletín, Rogelio Martínez, director; años cincuenta (archivo personal Celia Cruz / Celia Cruz Estate).

Pero lo más importante este año 1954 en cuanto a grabaciones fue el lanzamiento del LP *Celia Cruz* (SLP-054), un disco de diez pulgadas bajo el sello *Seeco*, que se publicó en Estados Unidos con un atractivo diseño de Stephen P. Haas, centrado en la curvilínea figura de la Guarachera de Cuba, pensado y diseñado para el mercado norteamericano. Cuenta con el respaldo de La Sonora Matancera en ocho temas que habían sido previamente editados en formato de 78 revoluciones por minuto. El gran éxito del disco y de Celia en esos momentos era *Burundanga*, en el que la Sonora emplea un compás de seis por ocho, que semeja el ritmo de los bembés o *toques de santo*.

Radio Progreso terminó el año en el segundo lugar de todos los *surveys*, y de ello en mayor medida era responsable su programación musical, que mantenía en los lugares de mayor preferencia los programas diarios que protagonizaban Benny Moré, Olga Chorens y Tony Alvarez, y el espacio *Alegrías de Hatuey*, de La Sonora Matancera con Celia, Laíto, Orlando Vallejo y Rodolfo Hoyos, patrocinado por Bacardí.

Una gallega en La Habana
(1955)

Como continuidad de la estrategia de promoción de la televisión y los artistas de los diferentes canales, la primera semana del año 1955 se elige a Miss y Mr. Televisión 1955. Las parejas candidatas: Olga Guillot y Benny Moré, y Olga Chorens y Tony Álvarez. El escrutinio de los votos enviados por la fanaticada fue el 6 de enero, Día de Reyes. Olga Guillot antecedió al Benny al presentarse temprano al conteo, lo mismo que la otra popular pareja. Son sin dudas cuatro de los más populares artistas que durante el año anterior fueron voces y cuerpos casi diarios en la radio y la televisión, además de copar los espacios de la noche habanera: Olga y Tony desde su gran show en el Teatro América, y Benny Moré abarrotando sin piedad el cabaret La Campana. Al final quedaron seleccionados Olga y Tony.

Durante enero Celia continuó en el Bambú en la nueva revista *Maracas en la noche,* donde cantaba y bailaba. No escapó a la prensa la novedad en su vestuario: llevaba pantalones, al parecer por primera vez en su carrera estelar. Mientras, todos los productores y coreógrafos de los principales cabarets saben que la presencia afrocubana en música, bailes y elementos escénicos era casi obligada a esas alturas, lo que beneficiaba las posibilidades de trabajo más o menos estable para muchos músicos y cantantes de formación empírica. En Sans Souci repusieron una versión de *Serenata mulata,* con el Conjunto de Facundo Rivero y Paulina Álvarez, mientras Rodney estrenaba en Tropicana su producción *Karabalí,* con otra gran voz del canto litúrgico afrocubano,

Merceditas Valdés, escoltada por el Cuarteto D'Aida y el pianista Orlando de la Rosa, entre otros.

El filme

En febrero llegó a La Habana la actriz argentina Niní Marshall para trabajar a las órdenes del director René Cardona, cubano afincado en México, y el productor Carmelo Santiago —que suscribe créditos de argumento y adaptación con la Marshall— en el filme mexicano *Una gallega en La Habana* —una historia en tono humorístico y resultados fallidos—, en el que comparte roles protagónicos con Antonio Aguilar, en un elenco que incluye a Ana Bertha Lepe y los cubanos Juan José Martínez Casado, Federico Piñero y Zulema Casals. Con este filme y su trama el director pretendía homenajear a la entonces muy nutrida comunidad gallega en Cuba, influyente en el ámbito industrial, y al poderoso Centro Gallego, al tiempo que retomaba el tema de la industria del tabaco, que ya había abordado años atrás en su filme *Tierra brava* (1938). Todo el rodaje se realizó en locaciones habaneras. La música estuvo a cargo de Manuel Esperón, quien incluyó a Celia Cruz, Nelson Pinedo y La Sonora Matancera con Las Mulatas de Fuego, el Trío Tariácuri, la Orquesta América y Las Bellezas de Montmartre, dirigidas por Carlos Sandor, en las consabidas e infaltables escenas de cabaret que debía tener todo filme mexicano que se preciara de estar a tono con la época.

La Sonora Matancera, con Laíto y Caíto en los coros, interpreta *Me voy pa' La Habana,* un porro del colombiano José María Peñaranda, cantada por Nelson Pinedo, y *Sandunguéate* (Senén Suárez), por la Guarachera de Cuba y Las Mulatas de Fuego, quienes en dos minutos y diez segundos consiguen la escena musical mejor lograda de la película. La Orquesta América se deja ver y escuchar en *Rico vacilón* (Rosendo Ruiz Quevedo) y *Montmartre chachachá* (A. Guzmán y M. Aguirre).

En las escaleras de Radio Progreso, Celia conversa animadamente con la cantante puertorriqueña Carmen Delia Dipiní mientras las observan el locutor Juan Manuel Tabares y Rogelio Martínez (archivo personal Celia Cruz / Celia Cruz Estate).

En febrero ocurrieron muchas cosas. Las cantantes puertorriqueñas Lucy Fabery y Carmen Delia Dipiní cumplieronn temporada de trabajo en Cuba. La primera se presentó en Radio Cadena Habana y en el *nightclub* campestre Mulgoba, al tiempo que la Dipiní comenzaba a hacerlo en el Alí Bar y también en Radio Progreso, a través de programa *Fiesta Ironbeer*, y en el Canal 4 de televisión en el programa *Vodevil del domingo*. Rogelio Martínez no dejó escapar la oportunidad, decisión de la que salieron algunas actuaciones de la Dipiní con La Sonora Matancera y la grabación de seis temas para engrosar la profusa lista de cantantes en los registros fonográficos del gran conjunto cubano.

Con *La Sonora Matancera a Venezuela, Colombia y Curazao*

El 12 de febrero de 1955, el *Diario de la Marina* insertó un anuncio sobre lo que ocurriría esa noche en el Teatro Blanquita: el homenaje a dos gloriosas figuras del teatro cubano: Alicia Rico y Candita Quintana. Además de los artistas icónicos del teatro vernáculo cubano, estarían la gran Rita Montaner, Rosendo Rosell, Fernando Albuerne, Luis Carbonell, Esther Borja, Rosita Fornés, Armando Bianchi y muchos otros, entre ellos Celia Cruz y La Sonora Matancera. Pero el prestigioso rotativo pifió en uno u otro caso, pues el día anterior, sábado 11, anunciaba en breve nota que los integrantes de La Sonora Matancera habían tomado un vuelo de Cubana de Aviación rumbo a Camagüey, donde abordarían otro avión de Pan American con destino a Maracaibo. Tras Haití y Santo Domingo, era esa la primera gira continental de Celia con la Sonora, cuya parada inicial fue Colombia. Hizo también el viaje el cantante dominicano Alberto Beltrán.

Debutaron el 10 de febrero en Barranquilla durante la temporada carnavalesca, en el estadio Tomás Suri Salcedo —hoy Elías Chewin—, en un evento organizado por la Cadena Radial del Caribe y, luego, en el *nightclub* Chop Suey. Al día siguiente llegaron a Medellín y actuaron en el Teatro Junín. Ese mismo día, en frenética agenda, se presentaron en un baile de gala en el Club Unión, que homenajeaba al industrial antioqueño Gonzalo Mejía. En el cartel del debut de los cubanos en Medellín aparecían la cantante Imperio Argentina, la orquesta de Luis Rovira, el tenor mexicano Mario Alberto Rodríguez, el guitarrista Esteban de San Juan, el poeta y declamador Ángel Pericel y el humorista Montecristo. Celia interpretó sus éxitos *Burundanga*, *Ritmo tambó y flores*, *Cao cao maní picao* y *Tatalibabá*, entre otros.

Actuaron en Venezuela del 18 al 23 de febrero y en Curazao del 28 de febrero al 7 de marzo. La gestión empresarial de las festividades del Carnaval de Caracas no escatimó esfuerzos ni presupuesto para tener allí a orquestas locales, como la de Luis Alfonso Larrain, y a otras foráneas, como Machito y sus Afrocubans con Graciela, que fueron contratados al Club Las Fuentes. Según el diario caraqueño *La Esfera*, la Sonora y Celia habían sido firmados por la empresa del Parque de Atracciones de Los Palos Grandes para presentarse en el Club Las Fuentes el día 18, alternando con Willy Gamboa, su orquesta y las Hermanas Montoya. Del 19 al 23, como parte también del Carnaval, el programa en Coney Island tuvo como grandes atracciones al conjunto cubano, Celia Cruz, la diva afroamericana Josephine Baker, el colombiano Nelson Pinedo y otros artistas, en un programa que se extendió hasta finales de febrero. A partir de 1955 las actuaciones de Celia y La Sonora Matancera en los carnavales caraqueños fue cita obligada cada año, como un clásico de las grandes festividades capitalinas en Venezuela.

La tercera parada de la gira fue Curazao. Tenía larga data la preferencia del público de las antiguas Antillas Neerlandesas por la música cubana, poco conocida quizás, pero lógica si se tiene en cuenta el vínculo histórico entre Cuba y esas islas desde que, a partir de la primera mitad del siglo XX, se hizo natural el ir y venir de jornaleros de Curazao y Aruba hacia Cuba. Empujados por la precariedad de las economías isleñas, veían posibilidades de trabajo seguro en la zafra azucarera en Cuba, sobre todo en las décadas de los treinta y los cuarenta. En su vida trashumante se hacían acompañar del recuerdo de la música que descubrían en la isla grande. Así, desde entonces se abrió una brecha empresarial de promotores y dueños de tiendas de discos, que aseguraba la afluencia de cantantes, orquestas y conjuntos cubanos a esas islas, sobre todo a Curazao: Arsenio Rodríguez, Benny Moré, Miguelito Cuní, el conjunto Chappottín y sus Estrellas, la Orquesta Aragón, el decano de los conjuntos Cubanos y la estelar Celia Cruz se presentaban allí y eran cada vez más populares, sobre todo entre los curazoleños, lo que hacía de las antiguas Antillas Neerlandesas uno de sus principales mercados.

Para esas fechas de 1955 ya la Sonora y sus cantantes eran muy conocidos por el público de Aruba, Curazao y Bonaire: desde 1953 la firma comercial N. V. Handelmij Tjon Pian G. I. tenía disponibles los discos del catálogo de Seeco y hacía anunciar su *stock* de ventas en los principales periódicos que circulaban en las Antillas Neerlandesas, entre ellos *De Surinamer,* un *magazine* de noticias y anuncios donde aparecían reiterados reclamos con los nombres de Celia, Bienvenido Granda y La Sonora Matancera, junto a los de Vicentico Valdés, el boricua Johnny Rodríguez y otros. A Celia, en particular, el público de Curazao ya había tenido la oportunidad de verla en el filme *Rincón criollo*, que en marzo de 1952 y diciembre de 1953 fue exhibido en el capitalino Cine-Teatro West-End, donde mismo ella se presentaría ahora, en 1955, acompañada por la Matancera. Entonces los anuncios en neerlandés que avisaban del estreno del filme cubano mencionaban el nombre de Celia junto al de la protagonista, Blanquita Amaro. Cuando el 28 de febrero Celia y los músicos de Rogelio llegaron al aeropuerto Dr. Albert Plesman (hoy Hato International Airport), había en las islas gran expectativa por sus presentaciones, previstas para el siguiente día, 1 de marzo, en Willemstad, la capital, a las siete de la noche, y después en el cabaret Chobolobo. El periódico *Amigoe* comentaba: «Debido a la llegada y actuación de la orquesta cubana Sonora Matancera, la policía tuvo que intervenir ayer varias veces. Alrededor de las 13:30 horas en el Hotel Park, donde se hospeda la orquesta; en el estudio de Radio Hoyer, donde una ventana fue casi destrozada por la multitud, y en el teatro West End, donde el tráfico se atascó irremediablemente».

Al día siguiente de su debut, el periódico *Amigoe di Curaçao* publicó la siguiente reseña, con el título «La Sonora Matancera conquistó un éxito abrumador»:

> La conocida orquesta cubana Sonora Matancera concitó ayer un abrumador interés por parte del público de Curazao. Cuando anoche la banda se presentaba en el West End Theatre, un público frenético, divertido y ávido de escuchar a la orquesta abarrotó el

cine-teatro. Todas las entradas se agotaron; hubo personas amantes de esta música que sin querer perderse este suceso se consideraron afortunados cuando se vieron obligados a pagar las entradas por encima del precio establecido. Los del «comercio negro» obtuvieron ganancias de hasta dos florines. Pero valió la pena, la banda no fue menos, tocó muy bien, y por eso la audiencia reaccionó con un gran entusiasmo.

Lo que ocurrió en el Chobolobo se encargó de contarlo también la redacción de *Amigoe di Curaçao* en el mismo artículo:

> Lo del Club Chobolobo, adonde los cubanos llegaron con retraso a las diez, debido a un puente que había permanecido abierto, también fue tormentoso. A pesar de que debieron pagar seis florines por entrada, hasta allí habían llegado casi cinco mil personas. Cientos de ellas, interesadas en ver de cerca a los artistas, estaban esperándolos en las afueras del club. Cuando llegó Celia Cruz le tributaron un fuerte aplauso. Lo más destacado de la noche llegó cuando las primeras notas de los instrumentos de La Sonora Matancera sonaron sobre la glorieta del Chobolobo. El señor Marchena, gerente del Park Hotel, decidió colaborar y trajo la mitad de su cocina ayer al Chobolobo, que no tiene un chef, y su administración quiso organizar especialmente una suerte de restaurante para el mayor disfrute y conveniencia del público.

Los días 3 y 4 el programa continuó en el Chobolobo con Celia como cabeza de cartel, con tandas a las nueve y media de la noche y dos y media de la madrugada. El 4 y el 5 se presentaron también en el Cine-Teatro Cinelandia y a las nueve de la noche del día 5 en el Club Van Engelen. Celia y la Sonora tuvieron tiempo para ofrecer un bailable a los trabajadores petroleros de la empresa CPIM-CSM. La cita fue en el Barge's Bad Club, a ritmo de guarachas, merengues y boleros. La pista se llenó de cuerpos danzantes, más de mil cuatrocientos, multitud nunca vista allí, según declaró a la prensa un alto empresario de la industria del ocio de la región. El domingo 6 fueron a Suffisant Dorp, también en Curazao, donde se presentaron en el Cine-Teatro Suffisant, con un éxito similar, y lograron reunir en la sala a cerca de tres mil personas. Según el discógrafo holandés Tim de Wolf, Celia y la Sonora actuaron también, esta vez en Aruba, el día 5, en el Club Caribe.

La presencia de Celia y la Sonora en Curazao coincidió con las presentaciones del declamador colombiano Julio Rubio en la Casa Dominicana, hecho que evoca una anécdota contada por la prensa curazoleña: el impacto de los cubanos fue tal que provocó la crítica pública del cónsul general colombiano, Andrés Julio Espinal, dirigida a los medios de prensa, con la sola excepción de *Amigoe di Curaçao,* ya que según él se habían volcado a exaltar a la cantante cubana sin ocuparse de destacar la importancia de su coterráneo. El lunes 7 en Cinelandia fue la última actuación de Celia y La Sonora Matancera en su primera gira por Curazao. El diario curazoleño anunció su regreso a Cuba al día siguiente a través de la aerolínea KLM. Los cubanos iban rebosantes de triunfos y con propuestas para un pronto regreso.

Unos meses después, en noviembre, Rogelio Martínez viajó a Caracas para concretar con el empresario Guillermo Pérez la negociación de cara a la presentación, como cada año, de La Sonora Matancera en los Carnavales de Caracas del siguiente año, y en el viaje de regreso a Cuba hizo una breve escala en Willemstad. El hecho no pasó inadvertido para el corresponsal de *Amigoe di Curaçao,* quien dio la noticia: «La Sonora Matancera, con la famosa cantante Celia Cruz, regresará a Curazao el 20 de febrero para tocar en diferentes clubes, contratados por Rino Marchena, el activo empresario curalozeño, quien se entrevistó con el líder del conjunto cubano, quedando refrendado el contrato. Llegarán a Curazao después que se presenten en los Carnavales de Caracas del 9 al 19 de febrero del próximo 1956».

Después de su primer encuentro con el público de esa parte del universo antillano, y de los que vendrían después, Celia tomó contacto también con la música popular de esas islas, y pronto dejó constancia de ello en su repertorio.

De regreso de la gira internacional, La Sonora Matancera, Celia y sus cantantes —ahora también con Orlando Vallejo— recuperaron los aplausos del público en su exitoso programa *Alegrías de Hatuey.* De ese periplo, la revista *Radiomanía y Televisión* destacó el contacto del conjunto con la música más popular de los países visitados, asimilado en excelentes arreglos de temas que ya estaban cantando casi a diario, y que, en algunos casos, provocaban hasta las clásicas contestaciones, como la que hicieron Celia y Nelson Pinedo al popular merengue *El marinero,* de los venezolanos Teté Cabrera y Ricardo Rico.

La misma semana en que regresaron Celia y la Sonora se produjo la reaparición de Daniel Santos ante los micrófonos de Radio Progreso, pero esta vez lo respaldaba el otro conjunto estrella, el Casino, en programa de lunes a sábado comenzando al cinco para las seis de la tarde y asegurando llenos totales en el estudio de la Onda de la Alegría.

Una Celia en miniatura

Caridad tenía apenas ocho años, pero tanto ella como su madre, sabían que lo que más le gustaba era cantar. Ya había ganado en el programa de participación infantil que organizaba Radio Mambí, una especie de *Corte Suprema del Arte,* pero para niños, hasta que Celia y La Sonora Matancera la escucharon y lo decidieron: la invitaron a cantar en el programa *Alegrías de Hatuey* en Radio Progreso, como una revelación entre sus cantantes Orlando Vallejo y Laíto, y causó sensación entre los músicos y el público asistente al estudio. Tanto es así que al terminar el año, en la selección de los Valores Destacados de la Radio y TV en 1954, la Asociación de Críticos de Radio y Televisión la eligió mejor Artista Infantil, en lauro compartido con la pequeña Nancy Simpson. Sería una noticia más si no fuera porque Caridad Cuervo era, por muchas razones, una Celia Cruz en miniatura: desde muy pequeña la Guarachera de Cuba fue su ídolo: entonaba sus mismos temas con una voz muy similar e imitando su estilo, y, para colmo, la niña no solo se le parecía físicamente, sino que las iniciales de su nombre y apellido eran las mismas.

Con sus nueve años Caridad Cuervo era tema de actualidad; muchos le vaticinaban un futuro promisorio. Celia decidió apoyarla, convertirse en una suerte de madrina musical, y pronto tuvo que romper lanzas en favor de la pequeña. Al igual que otras figuras relevantes que se alzaron en contra de un decreto gubernamental que prohibía la intervención de menores de catorce años en la televisión, Celia se pronunció con especial énfasis en favor de la pequeña Caridad y su futuro desarrollo musical.

El programa radial *Show de medianoche,* entre otros muchos medios, reclamó la derogación o modificación de esa medida en una emisión en la que diferentes actores y cantantes intervinieron en favor de los niños artistas, y Celia Cruz fue una de ellos. Algunos medios de prensa cifraban sus esperanzas en que el decreto fuera derogado, para lo cual pedían un debate con abogados, pedagogos, productores y miembros de la Comisión de Ética para Radio y Televisión. El abogado Carlos Manuel Palma, *Palmita,* denunció el decreto como inconstitucional al considerar a los artistas como trabajadores, cuando su clasificación legal era de profesionales del arte, y señaló que «los programas de menores eran la única cantera o laboratorio donde se estaba desarrollando la vocación artística cubana. Había algunos artistas infantiles que eran verdaderas luminarias: Nancy Simpson, Rolandito Ochoa, Sol Aparicio Pinelli, Néstor Molina, Tin-Tan Cito y Caridad Cuervo, la Celia Cruz en miniatura». Insistía en que Caridad Cuervo era una de las víctimas de esa medida, «una notabilidad, que ya estaba ganando lo suficiente para haber salido de una ciudadela [solar] y darle a su familia, pobrísima, la alegría de vivir en un apartamento confortable».

Celia con la niña Caridad Cuervo, años cincuenta (archivo personal Celia Cruz / Celia Cruz Estate).

Caridad Cuervo debió esperar tres años, hasta 1958, cuando el decreto dejó de surtir efecto, para retomar su vida artística infantil. La influencia de Celia, explícita o no, fue importante para que, tiempo después, la niña realizara sus primeras grabaciones. Los hermanos Ramón y Galo Sabat acogieron la idea, Caridad Cuervo entró en el estudio de la calle San Miguel y grabó su primer disco, bajo el sello Panart, con la guía musical y el respaldo de Severino Ramos. La acompañaron los conjuntos de Yoyo Casteleiro, Silvio Contreras y Severino Ramos en el LP *Caridad Cuervo* (LP-2053). Más adelante, Celia y Caridad volvieron a coincidir en espacios televisivos y se vio cómo la influencia de Celia Cruz fue la pauta en au carrera musical. Su presencia casi permanente en el elenco del cabaret Tropicana a partir de los años setenta, así como sus apariciones televisivas, recordaron siempre el estilo y la huella de Celia, de la que nunca renegó, y que llevó también a los escenarios internacionales. Solo la temprana muerte de Caridad, a los cincuenta y dos años, pudo detener su carrera musical.

Encuentro con los panameños

Desde hacía mucho había expectación en Panamá por ver en vivo y en directo a Celia Cruz y a La Sonora Matancera. Finalmente en mayo se confirmó que habían sido contratados por la empresa de Luis Donadio Demare y que debutarían el 25 de junio, con un caché pactado de mil dólares diarios, para actuar durante diez días en el prestigioso y céntrico cabaret Happyland, el Teatro Presidente, el Hotel El Panamá, en bailes populares y a través de las ondas radiales de la Red Panamericana. Con su patrocinio y el de los cigarrillos Istmeños, la promoción fue pujante y llegó a los bailadores que sentían preferencia por los conjuntos y orquestas cubanos.

Como se esperaba, las presentaciones en Panamá terminaron con un gran éxito. Una fiesta de despedida en honor a Celia y a La Sonora Matancera reunió a figuras panameñas, como el propio Donadio Demare, el gestor musical Humberto Lewis y Charles Chandler, *manager* del Happyland, además de numerosos artistas cubanos que en esos momentos se encontraban trabajando en el país istmeño: el cantante cubano Miguelito García —gran voz de la trova tradicional cubana, radicado entonces en Panamá—, Olga de Montenegro, los hermanos Mario y Pedro Rigual, y otros. No faltaron elogios a la labor de Celia y la Sonora, pues más de treinta personas pasaron por el micrófono a dejar su testimonio de aprecio y gratitud.

La bella vedette Elsie Brizuela, conocida como Piel Canela, fue víctima de una agresión en Lima, Perú, donde trabajaba, con trágicas e irreversibles consecuencias, que requieren la acción del doctor Carlos Manuel Palma y de la Asociación Cubana de Artistas Teatrales (ACAT). Su presidente, Luis López Puente, anunció una función en beneficio de la joven vedette que abarrotó el Cine-Teatro

América, en las calles Galiano y Concordia. La lista de artistas que accedieron a actuar en el megashow es enorme en calidad y cantidad: Celia, Nelson Pinedo y La Sonora Matancera, Olga Guillot, Bola de Nieve, Fernando Albuerne, Felo Bergaza, Juan Bruno Tarraza, junto a nombres del teatro vernáculo y artistas extranjeros que se presentaban en ese momento en Cuba, como Avelina Landín, Los Chavales de España, Dick y Biondi, Alfredo Sadel, Paco Michel y el italiano Pino Baratti, con el respaldo de las orquestas dirigidas por Julio Gutiérrez y Wilfredo García Curbelo.

Para el 3 de octubre estaban convocadas las elecciones en la ACAT y, como resultado de su notoriedad y reconocimiento en el gremio, Celia resultó propuesta para uno de los cargos directivos. Se incluyó su nombre en la candidatura número uno como segunda vicepresidenta. El cantante y actor José Fernández Valencia aparecía como candidato a presidente, el actor Juan José Martínez Casado como primer vicepresidente y Juan E. González Gaspar como secretario de Actas. Finalmente esa candidatura no resultó la ganadora.

Debut en Lima

Gracias a la creciente popularidad que iban alcanzado las grabaciones de Celia Cruz y La Sonora Matancera en Perú se comenzó a hablar de la inminente llegada a Lima de la cantante y los músicos. Según el diario peruano *El Comercio,* el bolero *Tu voz* en la versión de Celia Cruz era el más escuchado en la radio en ese momento. Otras opiniones, como la del corresponsal de la revista cubana *Show* en la capital peruana, ubicaban la guaracha *Goza negra,* también cantada por Celia, y las interpretaciones del dominicano Alberto Beltrán con la Sonora entre las más demandadas en las estaciones de radio.

La revista norteamericana *Billboard* se basaba en ese entonces en tres indicadores para medir el curso y el pulso de la industria de la música. Uno de ellos era el uso de las *jukeboxes* o victrolas, además de los índices de las ventas de discos en tiendas y los más sonados por los *disc jockeys* en salas de baile. Por ello resulta revelador el artículo «Las *jukebox,* buen juego en Perú», que publicó esa revista especializada en su edición del 30 de julio de 1955: «Las canciones más populares están siendo los boleros, guarachas, afros, valses criollos y merengues. Según las mediciones de usos en las *jukes,* las tres canciones más populares en este momento son *Me contó un amigo,* por Luc [Luis] Abanto Morales, de la marca Sono Radio; *Bésame morenita,* de los sellos Seeco y Sono Radio, y *Aunque me cueste la vida,* por Celia Cruz, del sello Seeco». En realidad, este bolero lo había grabado, con éxito rotundo y el respaldo de La Sonora Matancera, no Celia, sino el dominicano Alberto Beltrán, quien ya triunfaba con el conjunto en Cuba a través de las ondas de Radio Progreso. Lo que Celia grabó y popularizó es la *Contestación a «Aunque me cueste la vida»,* escrita por el también dominicano Luis Kalaff, siguiendo una tradición muy vieja en la canción trovadoresca, y luego del bolero, de responder con otra canción a un tema de éxito.

Billboard destaca a Celia Cruz el mismo año en que otro cubano, Dámaso Pérez Prado con su orquesta, se mantuvo por tres meses encabezando las listas de los discos más vendidos con su *Cherry Pink (and Apple Blossom White),* que conocimos como *Cerezo rosa.* Este éxito figura también como *top hit* entre las canciones más reproducidas por los *disc jockeys* durante la semana del 21 al 28 de mayo, y todo el mes de junio como preferido en las victrolas. El tema del Rey del Mambo solo pudo ser vencido por Bill Halley & His Comets con *Rock Around the Clock.* Desde 1940, cuando se empezaron a compilar estas listas de *Billboard,* era la primera vez que un músico cubano, latinoamericano de hecho, aparecía en ellas. Logró Pérez Prado el más alto reconocimiento de la Asociación de Críticos de Estados Unidos y el disco de oro de la RCA Victor. *Cerezo rosa* había vendido hasta finales de 1955 la asombrosa cantidad de un millón ochocientos mil discos.

Dos emisoras radiales peruanas contendieron para llevarse el contrato de Celia, pero salió victoriosa una tercera —ninguna de las dos que lucharon por vencer y presentarla en Perú a finales de 1955—: Radio San Cristóbal se anotó un triunfo al contratar a la Guarachera de Cuba para sus primeras presentaciones ante los peruanos, según comenta la revista *Show*. Finalmente, el 24 de noviembre, Celia partió hacia Lima. Conquistó de inmediato el favor de la prensa limeña: de Manuel Olivari, el periodista relámpago, que entrevistaba con rapidez y sagacidad a las luminarias de la música, el espectáculo y el cine, nomás bajaban por la escalerilla del avión que los había llevado a Perú, y de Guido Monteverde, a quien Celia comparaba con una versión suramericana del afamado Walter Winchell. Fuentes peruanas señalaron que la orquesta del percusionista peruano Ñiko Estrada acompañó a Celia en su debut en Lima.

Por esos días, otra cubana estaba arrasando allí, cautivando a los peruanos con su voz aguda y peculiar: la soprano de coloratura Xiomara Alfaro. A esas alturas, la Alfaro tenía ya una carrera internacional mucho más consolidada que la de Celia. Desde 1953 trabajaba en Europa en una de las más importantes compañías estadounidenses, el ballet de Katherine Dunham, y con ella tuvo una corta pero destacada aparición en el filme italiano *Mambo*, protagonizado por Silvana Mangano, trabajando a las órdenes de Robert Rossen. Sus exitosas actuaciones en Italia y Portugal le valieron no solo reconocimiento, sino también la posibilidad de un contrato importante para presentarse en Suramérica. En Chile revolucionó literalmente la escena teatral con la revista *Bim bam bum*, en el Teatro de la Ópera, y volvió allí al cine en la película *El gran circo Chamorro*. Con ese aval internacional y sin contrato, Xiomara Alfaro llegó a Perú, y pasó de ser una desconocida a la adoración más ostensible cuando en un homenaje a los periodistas peruanos cantó *Luna rosa* y arrebató. Fue en Perú donde grabó su primer disco.

Y aunque no hay similitud en estilos, tesituras y colores de sus respectivas voces, la prensa peruana encontró un punto donde explotar una posible rivalidad entre las dos afrocubanas. Así lo reflejó la revista *Show* desde la mirada de su corresponsal en Lima:

> El extraordinario caso de la soprano ligera Xiomara Alfaro es lo más sobresaliente y llamativo ocurrido en Lima en los últimos tiempos. Nunca se había visto en los diarios tanta publicidad gratuita y elogiosa a la gran voz que posee esta cantante [...]. *Sube espuma* es la grabación hecha por Xiomara Alfaro, que ha conquistado la predilección del oyente y la que la ha catalogado como la mejor embajadora de los ritmos cubanos de todos los tiempos. Muchos la comparan con Celia Cruz, la maravillosa reina del afro, pero esa afinidad no procede, por cuanto sus registros de voces son muy diferentes. Hay que reconocer que la calidad de Alfaro es un hecho indiscutible y muy bien podría competir con Celia Cruz de su privilegio como cantante, cuando llegue a La Habana completamente transformada. Mientras tanto, actúa en estos momentos en Quito y Guayaquil, después de permanecer en nuestra capital por espacio de un mes.

A partir de declaraciones de Celia, la revista *Show* se encargó de desmentir que existiera tal rivalidad en la vida real y de confirmar la admiración recíproca que públicamente ambas se profesaban. Para que no quedaran dudas, en febrero del siguiente año la revista dirigida por Palmita afirmó a través de uno de sus redactores, Ñiko Gelpi: «Celia Cruz tiene una gran discoteca. Sus favoritos son los de Xiomara Alfaro».

Durante el año 1955 Celia actuó en varios programas de la televisión cubana, como el *Casino de la alegría,* en el Circuito CMQ (Canal 6), en el que incluso llegó a bailar un chachachá con el mexicano Pedro Vargas, intentado enseñarle con su destreza y admirable gracia. Pero un contrato mejor y otras posibilidades artísticas la llevaron al Canal 4 (Unión Radio TV), de Amadeo Barletta y gestionado por un viejo conocido suyo, con gran aval en el medio y que había ido consolidando algunos programas con *rating* creciente: Gaspar

Pumarejo. Entre los programas en que trabajó Celia en este canal destaca el estelar *Noche cubana,* que comenzaba siempre con la intervención del ballet de Luis Trápaga. *Lluvia de estrellas* fue otro espacio importante en ese canal, que a inicios de diciembre estaba cumpliendo cien exitosas emisiones, por lo que ofreció un espectáculo de hora y media de duración que congregó en el estudio a gran parte de las primeras figuras de ese canal: Rosita Fornés, Armando Bianchi, Raquel Revuelta, Manolo Coego, Olga Guillot, Fernando Albuerne, Salvador Levy, Velia Martínez, Rosario Carmona, Enrique Almirante, Fela Jar, César Carbó, Pilar Mata, Enrique Montaña, Reinaldo Miravalles, Zoila Pérez, Alicia Rico, Luis Carbonell, los cuartetos D'Aida y de Carlos Faxas, Violeta Vergara, Severino Puente, Rosa Felipe y, por supuesto, Celia Cruz.

Las grabaciones de 1955

Tres fueron las sesiones de grabación aquel 1955: el 18 de enero, el 22 de marzo y el 14 de octubre. En la primera, Celia solo grabó con Alberto Beltrán el ya citado bolero *Contestación a «Aunque me cueste la vida».* En la segunda, la guaracha-mambo *Sandunguéate* (Senén Suárez) y *Goza negra* (Bienvenido Fabián), publicadas en el sencillo S-7529, y el pregón chachachá *Yerbero moderno* (Néstor Milí), que inserta el tradicional pregón —como género musical— en la evolución rítmica y sonora del chachachá, en pleno auge, y que se convirtió en uno de sus más grandes y perdurables éxitos junto con La Sonora Matancera. Ese mismo día grabó también la guaracha *Óyela, gózala* (Lino Frías), que se publicó con *El yerbero moderno* en el sencillo S-7530. Fueron igualmente cuatro los registros de la tercera sesión: la popular *Muñecas del chachachá* (otra obra de Oscar Muñoz Bouffartique) y *El merengue* (Alcibiades Agüero) (S-7585); *Contestación a «El marinero»* (merengue de Teté Cabrera y Ricardo Rico), grabado con Nelson Pinedo, y el son montuno *Mi soncito* (Isabel Valdés), ambos editados en el sencillo S-7586.

Celia en foto de estudio por Armand, segunda mitad de la década de 1950 (archivo personal Celia Cruz / Celia Cruz Estate).

Ya no había año en que Celia no recibiera alguna distinción: en la selección que anualmente hacía la revista *Show* de los Valores Destacados, Celia fue elegida como la Mejor Cantante de Afro y Guarachas, mientras que La Sonora Matancera se llevó el cetro en la categoría de Conjunto. Para homenajear a los premiados en una multitud de categorías, la revista consiguió patrocinios suficientes para organizar una fabulosa jornada de festejos, que se iniciaron el miércoles 11 de enero de 1956 a las ocho de la noche con una gran cena y espectáculo en Tropicana y terminaron con otra cena de gala, pero en el cabaret Montmartre.

Hollywood en La Habana
(1956)

*1*956 fue uno de los años más extraordinarios de los escenarios cubanos: dos divas internacionales, afronorteamericanas por más señas, subieron el listón de los grandes cabarets. En el Casino Parisien se presentó la sofisticada Eartha Kitt, traída especialmente por los magnates que regentaban el recién inaugurado casino para actuar en su show de apertura. Y en Sans Souci, Dorothy Dandridge validó sus méritos más allá de su gran éxito cinematográfico en el rol de Carmen Jones. Para la mayoría de los cubanos era una desconocida.

La permisividad y la tolerancia de los estamentos gubernamentales frente al auge del juego, el gran negocio que ha relocalizado a la mafia italoestadounidense en Cuba, no pasaron inadvertidas para la prensa norteamericana: un artículo de Jess Stearn, del *New York Daily News,* reproducido por la revista *Bohemia,* diseco la situación de ese momento, que, en su opinión, permitía visualizar a La Habana como el relevo caribeño de Las Vegas, y se preguntaba: «¿Está Las Vegas pasando el dado a nuevos centros tropicales?».

El desfile de cantantes norteamericanos continuaba, esta vez con su momento más alto: en el vuelo «Tropicana Special» de Cubana de Aviación llegó a La Habana el astro Nat King Cole, acompañado de su esposa María. Un grupo de periodistas cubanos y la pareja de bailarines Ana Gloria y Rolando, junto con un trío rítmico, viajaron a Miami con el único propósito de acompañar al cantante cubriendo su travesía hacia La Habana. Debutó en el cabaret bajo las estrellas el viernes 2 de marzo. La visita y la temporada del

Celia con las grandes cantantes cubanas Xiomara Alfaro (izquierda) y Merceditas Valdés (derecha) en Sans Souci, foto: Rey, *circa* 1956 (colección Frank Hinrichs).

King en el escenario de Tropicana se repitieron sucesivamente en 1957 y 1958. Los triunfos, a lleno total, también.

Pero al parecer eran más los que se apuntaban al ocio de moda y hacían el viaje hasta La Habana como simples turistas, sobre todo para ir a Tropicana: los actores de Hollywood Joan Crawford, Brenda Marshall, William Holden, Martin Carole; el ya muy famoso cantante Frankie Lane, a quien se le vio «echando un pie» con Celia Cruz, elegantísima en la foto publicada por la revista *Bohemia*. En plan diversión, en aventurero viaje, improvisadísimo, pero no menos excitante, llegó Marlon Brando a La Habana con el propósito de aprender a bailar rumba y comprar unas tumbadoras, y resulta increíble todo lo que hizo durante los tres días en que La Habana lo estremeció a él.

El dominicano Alberto Beltrán y el colombiano Nelson Pinedo, haciendo carrera en Cuba cantando con La Sonora Matancera, fueron contratados sin el conjunto para presentarse en los Carnavales de Panamá en febrero.

El 16 de marzo se realizó la animada Fiesta de los Artistas en el Salón Arcos de Cristal de Tropicana. En medio del espectacular sarao, la entidad Críticos Asociados de Radio y Televisión entregó sus trofeos, medallas de oro y diplomas a los más destacados en ambos medios de difusión durante el año anterior. Los invitados se confundían con los premiados y con los grandes artistas que subieron al escenario en un espectáculo soberbio: Gina Cabrera, Germán Pinelli, Enrique Santiesteban, Rosita Fornés, Armando Bianchi, Antonio Palacios, José Antonio Rivero, Luis Echegoyen, Jesús Alvariño, Coqui García, Normita Suárez, Salvador Levy, Reinaldo Miravalles, Eduardo Egea, Rosario Carmona, Violeta Vergara, Manolo Coego, Enrique Gónzález Mantici, Joaquín M. Condal, Antonio Vázquez Gallo, Roberto Garriga, Rita Montaner —quien durante las semanas anteriores había asombrado con su magistral interpretación de *La Medium*, de Menotti— y, por supuesto, quien ya desde hace mucho forma parte de ese estrato superior de la llamada clase artística: Celia Cruz. Se sumó al festejo, en una presentación especial, Billy Daniels, estrella del cine y la televisión norteamericana, de las muchas que siguen llegando a Tropicana y Sans Souci.

De espaldas... *una rara película cubana*

Con dos títulos en inglés para una misma película —*Back Turned* y *Cuban Confidential*— y uno en español —*De espaldas*—, el director y productor de radio y televisión Mario Barral decidió hacer su aporte a lo que consideraba «la pobre cinematografía criolla». Para ello creó la compañía Productores Independientes Americanos, S. A. junto con el actor y productor radial Oscar Luis López, uno de sus principales gestores, y el conocido fotógrafo Manuel

Samaniego Conde, popular por su seudónimo y nombre de su estudio fotográfico: Conde of New York. Los protagonistas eran Emilio G. Navarro y María Brenes. Actores como José de San Antón, Manuel Estanillo y Armando Martínez completaban el elenco en el desarrollo de un interesante argumento que se concretó en una factura cinematográfica poco común para la época dentro del cine cubano: en buena medida, prescindió de la filmación en estudio y optó por la cámara en mano en exteriores, aproximándose en estilo a las producciones del neorrealismo italiano.

De espaldas es el cuarto título en la filmografía de Celia Cruz, y en las breves escenas donde aparece lo hace de un modo espontáneo en plena calle y en medio del desfile del carnaval en el Malecón habanero, cantando y bailando congas tradicionales carnavalescas, acompañada por el grupo de tambores de Alberto Zayas. Su imagen aparece brevemente en tres ocasiones. Estas escenas vienen precedidas por el sonido ambiental del carnaval, donde se aprecia su voz al mismo tiempo que se escuchan varias congas de comparsas como El Alacrán, Los Marqueses de Atarés o Los Dandys de Belén:

> *Tumba la caña, montero, que ahí viene el mayor...*
> *Oh, La Habana. Quien no goza en La Habana, quien no baila, quien no ríe, quien no goza en La Habana...*
> *Ya Los Marqueses están en La Habana, óiganlo bien....*
> *Mírala qué linda viene, mírala qué linda va, la comparsa de Los Dandys que se va y no vuelve más...*

Ocho o nueve años atrás, en su primera grabación fonográfica, Celia había trabajado con Alberto Zayas, *el Melodioso*, alguien con un profundo conocimiento y extendida práctica en la religión yoruba y en la música afrocubana. Eso, sumado al conocimiento y soltura con que la guarachera interpretaba lo afro, fue una excelente elección para el filme, además de algo orgánico en su propia carrera. *De espaldas* es, además, la única película realizada en Cuba por Celia en exteriores, fuera de un estudio cinematográfico. En la cinta, el suyo es una de los escasos rostros en *close-up* que muestran una auténtica alegría, además de su espontánea gestualidad, a tono con el ambiente del carnaval: los demás rostros a los que se acerca la cámara se esconden detrás de máscaras y caretas, que resultan todo lo inquietante que deseó el guionista para estas secuencias.

Con apenas 57 minutos de duración, *De espaldas* fue concebida especialmente para apartarse de la tradición temática y de producción del cine cubano hasta entonces, que se enfocaba en ser una extensión del teatro vernáculo y en contar historias manidas y de final previsible, sin escasa o ninguna hondura. La historia que cuenta *De espaldas* es algo raro en las motivaciones que por esos años animaban a directores y productores en el cine nacional. Su propósito argumental era mostrar la breve aventura que vive el protagonista, un individuo común que se pregunta por qué los hombres suelen vivir de espaldas a las desgracias ajenas. Otra rareza del filme es que, por haberse pensado para distribuirse en circuitos cinematográficos norteamericanos, todos los diálogos son hablados en inglés y posteriormente traducidos con subtítulos en español. Todo lo que parecía innovador terminó siendo negativo para los distribuidores: la cinta ni se estrenó nunca ni pudo ser exhibida en Estados Unidos. Se realizó únicamente un pase privado por invitación en el habanero Cine La Rampa el 12 de agosto de 1956 —en el que no consta la presencia de Celia—, que motivó comentarios de diverso calado por parte de los principales críticos cinematográficos, que iban desde considerarlo un empeño fallido hasta un filme raro… erróneo, pero notable. Si atendemos a su significado innovador dentro de la historia del cine cubano, *De espaldas* es, probablemente, la película cubana más importante de todas en las que Celia intervino. El crítico Walfredo Piñera, desde su columna en el *Diario de la Marina*, explicó por qué, en su opinión, era importante:

> Sin negritos ridículos ni gallegos simplistas, ni mulatas dicharacheras y promiscuas, ni guajiros torpes y densos, *De espaldas* es una película íntegramente cubana por el perfil de cada personaje, por la manera de

ver y expresar cada situación, por la realidad exterior y la actitud de cuantos pasan, aunque sea un instante, por la pantalla [...]. Quizás los realizadores de *De espaldas* no tengan idea de que han escrito una página que puede ser definitiva en la historia del cine cubano.

De nuevo a Caracas y Curazao

1956 fue un año de mucho movimiento internacional para Celia Cruz: Caracas, Curazao, Colombia, Santo Domingo, Costa Rica, Nicaragua... contactos y experiencias que contribuyeron a su fogueo y a la adquisición de nuevos públicos. Para entonces estaba consolidada la preferencia de bailadores y melómanos venezolanos por muchas de las orquestas, conjuntos y solistas cubanos, que habían ido conociendo a través de las ondas radiales, los discos y las presentaciones en directo. Desde hacía muchos años Venezuela —principalmente las ciudades de Caracas y Maracaibo— formaba parte del circuito natural de difusión y contratación de los músicos cubanos y del espectáculo concebido en la isla, y diligentes empresarios venezolanos, como Guillermo Arenas, habían convertido en práctica habitual y muy rentable esas contrataciones, que favorecían la popularidad de los cubanos. Como iba siendo habitual, Celia y la Sonora se incluyeron en la numerosa lista de artistas a presentarse del 9 al 19 de febrero durante las fiestas carnavalescas de la capital venezolana. Benny Moré y su Banda Gigante revolucionaron el centro nocturno Claro de Luna en cartel con la orquesta criolla de Ernesto Magliano; la Orquesta América se escuchó a través de Radio Continental; Armando Oréfiche y sus Havana Cuban Boys llegaron directamente desde Francia al Tamanaco.

Celia con la Sonora, igual que otros años, en el cabaret Las Fuentes, alternando con la Billo's Caracas Boys, en Radio Caracas y Ondas Populares, y también en los canales 2 y 7 en el espacio del mediodía *El gran show de las doce*, donde compartieron espacio con el Sexteto Vocal de Lydia de Rivera, la española Maribel Llorens y los humoristas venezolanos Víctor Saume y Charles Barry. Todos ellos alternaron también en numerosos bailes populares con los cubanos Nelo Sosa y su Conjunto y la Orquesta Hermanos Avilés, y las venezolanas de Juan Arteta, Luis Alfonso Larraín, la Billo's Caracas Boys, la Sonora Caracas y muchas más.

El mambo ya había validado su pertinencia a escala internacional, sobre todo con su expansión a Europa, y el chachachá recorría un camino similar, apoyados ambos por la irrupción, desde finales de los cuarenta e inicios de la década de los cincuenta, de nuevos formatos para vender la música: el disco de 45 revoluciones por minuto y sus portadores legítimos, las *jukeboxe*s o victrolas, y los *long plays,* de 33 revoluciones por minuto, todos los cuales convivían con el formato antiguo y tradicional del disco de 78 revoluciones por minuto y los efímeros vinilos de diez pulgadas.

Cuando ya habían regresado de la gira, la revista *Bohemia,* en su sección «Tele-Radiolandia», donde el ejercicio de la crítica podía ir sin paliativos —en ambos sentidos, positivo o negativo—, calificaba de «triunfo apoteósico» las jornadas de la Sonora y Celia en Venezuela, y señalaba como único punto negativo el accidente que al llegar enfrentó Lino Frías, el pianista del conjunto, que le causó una fractura de pie que le impidió actuar todo el tiempo. El anónimo periodista aseguraba que el único que llegó con mal pie fue el autor del conocido afro *Mata Siguaraya. Bohemia* jerarquizó la noticia e incluyó una foto de toda la orquesta con la Guarachera de Cuba, subrayando su regreso a los predios de su reino: Radio Progreso.

Después Celia y la Sonora viajaron a las Antillas Neerlandesas, donde había una gran movida de artistas cubanos y caribeños. Llegaron a Willemstad el 20 de febrero para cumplir un programa, patrocinado esta vez por las empresas Industrias Antillanas, Pampero y Viceroy, que los llevaron a escenarios donde ya se habían presentado el año anterior: esa misma noche lo hicieron en la Gran Feria Fiestas Pampero, organizada por la Tropical Society en el club Chobolobo, escenario de grandes éxitos en su visita anterior, y donde esta ocasión compartieron escenario con el Conjunto Curazoleño

Lírico Antillano, también conocido como Doy's Band. Repitieron también en Cinelandia; de nuevo pusieron a bailar en Barge Bad a los trabajadores petroleros, que habían gozado con sus guarachas y afros el año anterior, y a los que ahora se sumaban para no perdérselo de nuevo; y el lunes 27 regresaron al Chobolobo con un esperado mano a mano de despedida con la orquesta local Estrellas del Caribe —los llamados Campeones del Ritmo de Curazao—, donde nadie sabe si el horario previsto —de nueve de la noche a dos y media de la madrugada— bastaría para colmar las expectativas creadas entre los fanáticos del conjunto y de la orquesta.

Las orquestas y conjuntos bailables cubanos eran sumamente influyentes en un movimiento que en las Antillas Neerlandesas reivindicaba los nexos entre los ritmos de la mayor isla del Caribe con los suyos propios, y del que formaban parte de manera destacada Jóvenes del Caribe, Melodía 57, La Perfecta y muchas otras formaciones, junto a la más popular: Las Estrellas del Caribe, formada en 1947 por Edgar *Gachi* Supriano, director, arreglista, trompetista y guitarrista que propició la interacción de su banda con muchos cantantes muy populares, como Daniel Santos, Kiko Mendive, Nelson Pinedo y, por supuesto, Celia Cruz, al ser una agrupación infaltable en los Carnavales de Caracas, Venezuela.

El surgimiento del sello local Grabaciones Angel Job, liderado por Angel Job, *el Gordito de Oro,* y afincado en Oranjestad, Aruba, fue un hecho determinante en la conformación de una discografía propia curazoleña, que incluyó licenciamientos a otras disqueras, y que ha quedado como legado sonoro del arraigo de los ritmos y géneros cubanos y su reinterpretación en las Antillas Neerlandesas durante las décadas de los cincuenta y sesenta.

Celia volvió a Curazao, esta vez sin La Sonora Matancera, especialmente contratada para cantar en la Feria de la K. S. C. los días 6 y 8 de junio, que animaron las bandas locales Estrellas del Caribe y Jóvenes del Caribe, quienes, ante la ausencia de La Sonora Matancera, probablemente acompañaron a la Guarachera de Cuba. Ella fue la gran atracción del evento.

El LP **Celia Cruz Sings***: impacto en Estados Unidos*

Robert Sylvester era un agudo y conocido cronista del mundo del espectáculo y su columna «Dream Street» en el periódico neoyorquino *The Daily News,* una de las más reconocidas. Había llegado a La Habana el 27 de enero para una visita de trece días, en los que tomaría el pulso a su vida nocturna, al espectáculo, a la música. Como parte de su estrategia, los capos del negocio del juego en Cuba aseguraban importantes espacios en influyentes medios de prensa para destacar el atractivo ambiente en la noche habanera. El 15 de febrero, con ojos admirados y, como él mismo reconoce, «como un obstinado aprendiz de cubano amateur», Sylvester escribió en su columna una crónica donde resumía lo que más le había impresionado de ese viaje: desde la modernidad alcanzada por la ciudad, con sus elevados y modernos edificios, hasta los nuevos autobuses de fabricación norteamericana, que hicieron desaparecer los viejos tranvías. Le llamó mucho la atención la incidencia en la vida de la ciudad de un peculiar personaje llamado Amleto Batistti, «que tiene su propio banco, es representante a la Cámara y hace poco logró hacerse con la tradicional regata de yates Miami-Nassau». Dedicó también su mirada asombrada al panorama del juego en los casinos; anunció con adjetivos no se sabe si ingenuamente reales o malvadamente irónicos, que «los operadores de Las Vegas han abierto dos grandes casinos, uno en el Hotel Nacional y otro en el Sans Souci, y están trayendo métodos muy honestos y prometedores para el juego. Los cubanos se niegan a mostrarse demasiado entusiastas con esto, probablemente porque piensan que ningún operador de Las Vegas tiene que venir aquí a enseñarles a ellos nada sobre el negocio del juego», en alusión a la charada y la bolita, dos juegos de azar muy populares, de los que tanto sabían, según Sylvester, los cubanos.

Del espectáculo musical, Robert Sylvester solo se refirió a quien lo había impactado:

> La estrella de este año es una chica fascinante llamada Celia Cruz, que canta acompañada de un conjunto de diez instrumentos. Sus músicos incluyen unas chirriantes trompetas y la percusión cubana usual. Ella es electrizante y podría simplemente acabar con todos en el Birdland. En la parte clásica, la soprano Estela Santaló podría cantar perfectamente en la N. Y. City Opera, y otra chica de coloratura, América Crespo, me sonó como una nueva Lily Pons.

La crónica de Robert Sylvester, «Old Home Town...», con su mención a Celia, fue replicada por varios medios estadounidenses, entre ellos *The Morning Herald* (Uniontown, Pensilvania) y *Asheville Citizen-Times* (Carolina del Norte).

Nueve días después, en su misma columna para *The Daily News,* Sylvester comentó, bajo el título «Words and Music», el más reciente LP de la Guarachera de Cuba:

> Una noche con el fonógrafo: Celia Cruz, quien me impactó durante una reciente presentación en La Habana, ha lanzado ahora un LP (Seeco): *Celia Cruz Sings.* La Cruz canta aquí doce de sus canciones nativas y vitales entre las que son mis favoritas la aflamencada «Plegaria a Laroye», la muy movida «Muñecas del chachachá», las melódicas «El merengue» y «Yerbero moderno». El ritmo detrás de estas diez canciones las impulsa y eleva. La Cruz tiene uno de los estilos más provocativos y emocionantes que haya escuchado yo jamás.

También esta reseña de Sylvester en *The Daily News* fue replicada por otros medios locales norteamericanos, como el *Citizen News* (Hollywood, California), *The Morning Herald* (Uniontown, Pensilvania), *Asheville Citizen-Times* (Asheville, Carolina del Norte), y *The Shreveport Journal* (Shreveport, Luisiana), y representó un importante espaldarazo a la difusión de Celia en el mercado discográfico norteamericano ya en 1956. La prensa cubana no fue ajena: la actriz Rita Conde, en su rol de reportera para la revista *Show,* ponderó el hecho y escribió que Sylvester «ensalza a Celia, en el sentido de que hace gala de un estilo excitante y original, con elogios para la orquesta acompañante» (La Sonora Matancera).

El LP *Celia Cruz Sings,* al igual que su predecesor, recogía temas que habían sido publicados anteriormente en discos sencillos de 78 revoluciones por minuto.

De gira con La Sonora Matancera

En los meses de abril, mayo y agosto, Celia y La Sonora Matancera, con Nelson Pinedo, se fueron de gira a Colombia, Venezuela, Costa Rica y Nicaragua. La primera escala fue en Colombia. Para Celia fue volver por tercera vez a Medellín, ciudad a la que la unía no solo la pasión de sus habitantes por la música, sino la amistad fraterna y creciente con la cantante colombiana Matilde Díaz. Tenía ahora, una nueva razón, pues Medellín se había convertido con el paso del tiempo en el centro de la industria fonográfica colombiana. Ella y La Sonora Matancera fueron aplaudidos el 20 de abril en el Teatro Junín, el mayor entonces en la ciudad. En mayo continuaron la gira colombiana y se presentaron en Bogotá y Cali.

La revista *Bohemia* destacó en su edición del 6 de mayo: «Nuestra Sonora Matancera está acabando en su gira por Colombia. Tanto sus músicos como su cantante, la sin igual Celia Cruz, constituyen la sensación artística de la hermana república. Con la Sonora y Celia también triunfa el cantante Nelson Vázquez [se equivoca el cronista, pues se trata de Nelson Pinedo], que se siente orgulloso de los éxitos que los cubanos alcanzan en su tierra».

El año prometía ser de constante movimiento y sucesivos viajes al extranjero, que Celia alternó con su protagónica posición ante los micrófonos de Radio Progreso, en La Habana, ya ubicada como la pujante cadena nacional que era. Tres estrellas habían logrado asentarse en el favor del público a través de su programación:

Luis Carbonell, Carlos Argentino y Celia Cruz, quien a esas alturas de 1956 lograba mantener el alto sitio alcanzado en popularidad. Ahora centraban los tres el espacio de 7:00 a 7:24 p.m., de lunes a sábado, con la animación de Oscar Jiménez y la locución de Pimentel Molina.

Regresaron a La Habana por breve tiempo, pues debían volver a viajar, esta vez a la vecina República Dominicana. En la Feria de la Paz, en Santo Domingo, se iba haciendo habitual la presencia de Celia Cruz, La Sonora Matancera y sus cantantes. Para la edición de ese año fueron contratados como figuras descollantes en un elenco donde aparecían el chileno Lucho Gatica y los cubanos Olga Guillot, Benny Moré y su orquesta, Margarita Sierra, Aquilino, y Carlitos Pous y su revista —compuesta de veintidós personas—, todos negociados por el empresario Mauricio Tajman. Celia viajó el 27 de mayo a Santo Domingo en vuelo de Pan-American.

En agosto Celia y la Sonora llevaron al delirio a los públicos de Costa Rica y Nicaragua. Al primer país fueron contratados por el empresario y agente teatral Delio González y a Nicaragua, de la mano de Moncho Bonilla, dueño y gestor del Casino Olímpico de Managua. En esa capital Celia cantó ante los micrófonos de Radio Mundial durante las tradicionales Fiestas de Santo Domingo. Radio Mundial había sido fundada en Managua, Nicaragua, por Manuel Arana Valle, con la licencia para operar otorgada por el gobierno de Nicaragua el 3 de diciembre de 1947, con el nombre inicial Radio Mejor. Llegó a ser de las más populares y escuchadas en el país. La foto de Celia saliendo de Radio Mundial, casi escoltada por un joven Pedro Knight, habla por sí sola de la conmoción que originó la presencia de la Guarachera de Cuba junto a La Sonora Matancera en la capital nicaragüense.

Ese mismo mes debutó en La Voz Dominicana, en tierras de Quisqueya, el cantante Bienvenido Granda, quien ya había abandonado La Sonora Matancera.

En el cine de Hollywood.
Affair in Havana *o* El árbol de la fiebre

Era el primer filme de su productora, la Dudley Pictures International Corporation of Cuba, pero no el primero para su director, el húngaro László Benedek, quien llegó a Cuba con el palmarés de haber dirigido a Frederic March en *La muerte de un viajante* y a Marlon Brando en *El salvaje*. A Benedek le quedaba claro, pero no quería que hubiera dudas: *Affair in Havana* no sería una película cubana, sino un filme de tendencia internacional y ubicación geográfica imprecisa, que podía transcurrir en cualquier sitio, aunque, aclaraba, «preferentemente en un medio con cierto prestigio exótico. No me considero autorizado para hacer una obra cubana. Ello demanda una larga estancia de observación y estudio. Llegar, admirar el paisaje, la rica variedad de tonos del verde, la limpidez del cielo en el día o en la noche […] es apenas nada para intentar una película cubana en el sentido exacto de la palabra». Esto lo dijo el director en el encuentro que sostuvo con los críticos afiliados a la Asociación de Redactores Teatrales y Cinematográficos para informar de sus intenciones y su proyecto. Allí mismo subrayó que la historia humana que contaría el filme, desarrollada en escenarios rurales cubanos, tendría como elemento nacional, en su sentido más raigal, a la música afrocubana «empleada no como mero acompañamiento externo, sino como un elemento dramático raigalmente vinculado al asunto y las personas», como reseñó el crítico cubano José Manuel Valdés-Rodríguez, quien resumió: «La integración de los motivos afrocubanos entre los factores dramáticos constituye el motivo de máximo interés para nosotros. Será la primera vez que nuestra música juegue ese rol y ello entraña ocasión de estudio y casi seguramente, un ejemplo eminente».

Tales muestras de sensatez y respeto de la dirección encontraron eco en la producción del filme, que encargó la selección y preparación de dos piezas afrocubanas a un auténtico cultivador de esa música y un incuestionable entendido en los temas de las religiones afrocubanas: Alberto Zayas Govín, *el Melodioso*, con experiencias anteriores en el medio cinematográfico. El vienés Ernest Gold se encargó de engarzar estos temas en el diseño general de la música de la película, al componer también el resto de la banda sonora original. Sería lógico suponer que de Zayas surgió la propuesta de integrar a Celia Cruz al elenco musical del filme.

Celia había trabajado anteriormente con el Melodioso cuando este dirigió su Coro Yoruba en los primeros discos de este tipo de cantos y toques para el sello Panart, que inauguraron la discografía comercial mundial de la música ritual yoruba. Ese mismo 1956, Zayas la acompañó con su grupo folklórico en la cinta *De espaldas*. Se conocían perfectamente.

Filmado enteramente en locaciones cubanas, el rodaje de *Affair in Havana* comenzó el 16 de agosto. Conocido inicialmente en Cuba como *Árbol de la fiebre,* se basa en la novela *The Passionate Prisoner*, de Janet Green, y cuenta en los roles protagónicos con los actores John Cassavetes, Raymond Burr y Sarah Shane. En posiciones secundarias aparecen los cubanos Lilia Lazo, José Antonio Rivero y Miguel Ángel Blanco. Celia tiene una participación destacada e importante si se tiene en cuenta su excelente interpretación vocal y danzaria. Asoma en plenitud y control de su escena, que discurre totalmente en exteriores, acompañada de un coro yoruba que canta y baila junto con ella, que irrumpe junto a Giraldo Rodríguez y sus tambores batá, abriendo el camino en un cabildo o procesión hacia el altar. En su canto, que mezcla vocablos en lengua lucumí (yoruba) y en español, Celia y el coro van pidiendo permiso a las deidades para comenzar el tambor o la fiesta.

Según el percusionista e investigador Angel Terry Domech, *omo añá* dueño de un tambor de fundamento,

> lo que Celia canta en esa primera parte tiene conexión con el drama que narra el filme y parece haber sido creado especialmente para esta ocasión a partir de cantos de la ritualidad ancestral. Ya en el altar comienzan a cantarle a Obbatalá, el orisha de la paz y la

tranquilidad, que es lo que se desea alcanzar en medio de la situación dramática que viven los personajes. Mientras transcurre el tambor o festividad, continúa el filme y los actores van hacia la costa, hacia el mar, y en el trayecto se toca y canta un *alaro* para Yemayá, que es el momento en que las aguas se revuelven, el mar se vuelve tormentoso, pues hay un grave problema, y con ese toque de tambor se está representando la situación dramática de clímax que alcanza el filme. A tono con esta situación y al salir de ahí se hace una invocación a Aggayú, un orisha de fuerza, de pelea, que tiene mucha conexión con Obbatalá:

*Mai mai soroso aé,
Aggayú soroso.*

Todo lo que ocurre en la fiesta religiosa es una especie de panorámica de lo que está ocurriendo dramáticamente en el filme.

A pesar de las intenciones del director y su equipo, el resultado final de la película fue calificado por la crítica de desastroso: el descontento de los principales actores del elenco cubano con el corte final trascendió a la prensa y probablemente influyó en la predisposición con que el filme fue recibido. Guillermo Cabrera Infante, aún periodista y crítico de cine que firmaba sus textos como Caín, le dedicó una ácida reseña en su columna en la revista *Carteles* bajo el título «Arbol del descaro o fiebre de vergüenza». La revista *Bohemia* hizo lo mismo, aunque, a diferencia de Caín —que no abordó el aspecto musical ni el desempeño de Celia—, el columnista anónimo de *Bohemia* —en realidad, René Jordán— se detuvo en este comentario, que, a pesar de intentar reivindicar el rol de los actores y figurantes nacionales, hoy resulta cuando menos incomprensible, por cierto mal velado desprecio y el simplismo racista que denota: «La música se reduce a algunos repiques de tambores tan violentos que constantemente parece que están tocando a la puerta. El folklore está integrado por un bochornoso areíto y los cubanos son todos criados, bailadores de conga o policías».

El filme se estrenó en salas de Estados Unidos el 1 de octubre de 1957, aunque en Los Ángeles se vio el 27 de noviembre de ese año. La presencia de Celia entre las primeras figuras del elenco fue mencionada en medios norteamericanos, como el *Terre Haute Tribune Star,* de Indiana, y otros. En Cuba tuvo su estreno en el Cine-Teatro Acapulco el 15 de agosto de 1958; se pudo ver también en salas de segunda y tercera categoría, con bajas recaudaciones en taquilla.

A mediados de noviembre volvió Celia a Tropicana, haciendo incursiones en el tercer show, junto con el italiano Pino Baratti y Los Armónicos de Felipe Dulzaides, en una propuesta donde los shows previos eran *Prohibido en España* y *Noche cubana,* ambos también de Rodney. Y comenzó también los ensayos para dos nuevas producciones que se estrenarían a principios del nuevo año.

Las grabaciones de 1956. Los discos viajan.

A esas alturas de 1956 había pruebas de que la voz de Celia Cruz había llegado más allá de los países del Caribe, Latinoamérica y Estados Unidos, donde ya tenía mercados en Venezuela, Panamá, Perú, Colombia, Haití, República Dominicana, las Antillas Neerlandesas y otros. En el Viejo Continente, la gran difusión multimediática del mambo y el chachachá benefició su conocimiento y disfrute en Italia y España a través de las grabaciones que con mucho tino distribuyó su disquera, el sello Seeco, pero sin que esto constituyera un fenómeno de masas, sino la aceptación en zonas cada vez más amplias del público en esos países. Un año antes, la revista cubana *Radiomanía y Televisión* comentaba en su edición de abril de 1955: «Los discos de la popular cancionista cubana Celia Cruz han obtenido el favor del público en Roma y otras ciudades de Europa, puesto que son muy solicitados por las casas expendedoras de discos». En España, la radio transmitía sus grabaciones con La Sonora

Matancera, y de eso dejan constancia las carteleras que insertaban los principales diarios, como *La Vanguardia Española* en su «Guía del Radioescucha», y breves programas con grabaciones de Celia y de La Sonora Matancera a través de Radio Nacional de España.

Durante 1956, Celia y los músicos de la Sonora entraron cuatro veces en el estudio de grabación: en la primera sesión, el 30 de enero, casi a punto de salir para actuar en las fiestas carnavalescas venezolanas, grabaron cuatro temas que salieron en los sencillos S-7606 y S-7607: la guaracha *La merenguita* (Eridania Mancebo) y el chachachá *No encuentro palabras* (Antonio Castro); el chachachá *Gozando* (Juan Bruno Tarraza) y la guaracha *Contentosa* (Sergio González Siaba). Con *La merenguita* comenzó la presencia de la compositora Eridania Claribel Mancebo Valdés en el repertorio de Celia. Esta muchacha de clase media alta, educada en el exclusivo colegio de Las Ursulinas, que aprendió el piano inicialmente con su abuela y luego en conservatorios, sucumbió a la pasión por la música popular, la guaracha, el bolero. Ni su matrimonio con Francisco Sabas Alomá, un exitoso comerciante, la hizo desistir. Era la más independiente, rebelde y creativa de las tres hermanas y pudo llevar adelante su gusto por escribir canciones, en paralelo a su condición de pequeña empresaria fotográfica. Eridania y Celia se hicieron amigas a través de las canciones que la Guarachera de Cuba convertiría en éxitos perdurables.

Poco más de tres meses después, el 3 de mayo, registraron otros cuatro temas: el bembé *Palo mayimbe* (Javier Vázquez) y la guaracha *Vallán Vallende* (Senén Suárez), publicados en el sencillo S-7625; *Cha cha güere*, montuno-cha de Severino Ramos y Luis A. Reyes, y *Vamos a guarachar*, guaracha-rumba de Salvador Veneito (S-7626). El 3 de octubre Celia grabó dos temas en otro aire (ambos quedaron fijados en el sencillo S-7661): el bolero-afro *Luna sobre Matanzas* (Frank Domínguez), uno de los más logrados y apreciados en su voz, donde muestra otra vez lo versátil que es y su capacidad de asumir de modo singular el bolero con todos sus códigos, posibilidad que probablemente no fue explotada todo lo suficiente en sus

De izquierda a derecha, Rodney con su perrita, Celia, los bailarines Raymond y Miguel Chekis, una persona no identificada y la cantante haitiana Martha Jean-Claude en casa de Rodney, años cincuenta (archivo personal Celia Cruz / Celia Cruz Estate).

grabaciones de la etapa en Cuba, y el bolero-cha *Tuya y más que tuya* (Bienvenido Fabián). El 30 de noviembre grabaron otros cuatro temas (que se prensaron en los sencillos S-7672 y S-7673): el son montuno *Me voy a Pinar del Río* (Néstor P. Cruz), la guaracha *El lleva y trae* (Isaac Fernández) con Carlos Argentino, el bolero-cha *Mi amor, buenas noches* (Roberto Puentes) y la guaracha-rock *Rock and Roll,* la otra creación del afamado compositor cubano Frank Domínguez en el repertorio de Celia.

Me voy a Pinar del Río le valió un año después su segundo Disco de Oro y su interpretación quedó para siempre fijada también en el celuloide. La guaracha-rock *Rock and roll* insertó a Celia dentro de la polémica nacional e internacional en torno al rock and roll, que comenzó a expandirse por Estados Unidos y el resto del continente cuando la industria decidió lanzar a Elvis Presley y Bill Halley & His Comets, ídolos blancos que mimetizaban la música surgida en los barrios negros de Nueva Orleans y otras ciudades. Celia y La Sonora Matancera fueron de los primeros en subirse al carro de la moda con esta guaracha, singular en el repertorio de Frank Domínguez, quien, sin dejar sus boleros, se sumó a la fiebre rockanrollera guiado por sus propias preferencias y percepciones, que durarían lo suficiente para que pocos años después creara un grupo con el que sumarse a otra derivación rockera de moda: el twist. Al año siguiente Celia incluyó el tema *Rock and Roll* en el repertorio que llevó a los Carnavales de Caracas, que transcurrieron en medio del *boom* rockanrollero y la polémica en Cuba, que llegó a cotas altísimas, hasta provocar el decreto de una prohibición legal.

En el camerino, a punto de salir a cantar, el anónimo periodista del medio venezolano *Últimas Noticias* la asaltó para inquirir su opinión sobre el nuevo ritmo de moda: «Traigo una guaracha que se llama así mismo, "Rock and Roll". Es muy buena. También es bueno [el rock and roll], lo baila casi todo el mundo, pero nunca podrá con la música cubana y desaparecerá pronto. ¿Quién va a poder con una guaracha, mi socio?». El periodista glosó su conversación con Celia en un artículo que tituló «Opina Celia Cruz: El rock and roll es un ritmo loco que muy pronto será olvidado».

En La Habana el género había calado con fuerza entre la juventud. Los discos de Bill Halley & His Comets y Elvis Presley se vendían como pan caliente en las tiendas especializadas, y su sonido se abría paso en la radio y la televisión. No era solo la música: el rock and roll acuñaba un estereotipo de imagen, moda y comportamiento entre adolescentes y jóvenes que encontró eco en algunos músicos del patio: surgieron nuevas figuras, como Jorge Bauer, un pepillo rompecorazones al estilo de Elvis, que ya a finales de 1956 movía el ambiente juvenil citadino, pero las orquestas y conjuntos de música bailable y algunos solistas guaracheros —como la

Orquesta Aragón, la Cosmopolita con Francisco *el Indio* Cruz, Julio Gutiérrez, Bebo Valdés con Sabor de Cuba y hasta Chico O'Farrill— lo llevaron a una suerte de fusión con el chachachá, la guaracha y otros géneros. En Cuba el rock and roll provocó las más encendidas polémicas, no solo por su forma musical, sino por su expresión danzaria y la estética que había impuesto. Las fuerzas más conservadoras ganaron una parte de la pelea al conseguir su prohibición en la televisión, luego matizada con unas increíbles normas dictadas por el ministro de Comunicaciones y publicadas en la prensa. Le preguntó de esto a Celia el periodista venezolano, y ella respondió: «Fue que por televisión armaron un escándalo los bailarines y fue prohibido. Ahora, más recatado, ha vuelto de nuevo».

Con Carlos Argentino, conmoción en Lima

Sin La Sonora Matancera, Celia y Carlos Argentino viajaron los últimos días de 1956 para presentarse en Perú con contratos de dos mil quinientos y mil ochocientos dólares cada uno. El cantante iba también como corresponsal viajero de la revista *Show* para contar los pormenores del periplo. En una suerte de diario condensado, titulado *Mis 10 días en el Perú*, narró en las páginas de la revista lo más significativo de lo ocurrido en tierras limeñas, como dos acontecimientos que demostraron una vez más las cualidades de Celia como profesional:

> Sábado, 29/12/1956. [...] Hoy debutamos Celia y yo en distintos horarios de radio, nos recibieron con enorme cariño. [...] Lunes 31/12/1956. Celia debuta en el Grill Bolívar, la aplauden a rabiar. [...] Gran baile de fin de año en Radiocentro, show, Celia y yo. 1/1/1957. Comenzamos a actuar en los teatros, se registran llenos, eso me llena de alegría, porque me demuestra que nuestro público es el de la clase trabajadora, los humildes que no pueden concurrir a vernos al grill por los precios altos. El día que venga La Sonora

Matancera esto va a temblar... hay delirio por verlos. [...] A Celia se le descompone el micrófono en plena actuación en el Bolívar. Lo hace a un lado y sigue su actuación sin él, la ovacionan y los periódicos comentan el asunto. [...] Sábado, 5/1/1957. [El periodista] Guido Monteverde entrega a Celia el trofeo que la considera la cantante extranjera más destacada de 1956. [...] Domingo 6/1/1957. Almuerzo en casa de López Zapata, quien a pesar de sus múltiples ocupaciones se estuvo ocupando continuamente de que nos sintiéramos como en nuestra propia casa, también concurrió Agustín Irusta, [y hermanos y amigos] de Zapata, su mamá nos preparó un almuerzo que nos hizo chupar los dedos. Lunes 7/1/1957. Hoy nos despedimos del público peruano en una audición que duró una hora, concurrieron a Radiocentro para despedirnos más de dos mil personas. No podré olvidarme jamás del cariño con que nos trató la concurrencia. Mañana tomaremos el avión que nos llevará a La Habana.

Una foto donde aparece la Guarachera de Cuba con Agustín Irusta y Carlos Argentino, a quien ya llaman en Cuba el Che del Chachachá, se publica junto a esta crónica-diario, y remarca: «La temporada de la cubana y el argentino ha sido brillante en grado superlativo. Lima los ha premiado como merecen».

En algunas presentaciones Celia se hizo acompañar por el peruano Ñiko Estrada y su sonora. La había creado a imagen de la Matancera y hasta incluyó a la cantante Vicky Zamora en un ingenuo intento de emular a Celia. Estrada y la Guarachera de Cuba se convirtieron en buenos amigos y hasta compadres, y coincidieron años después en bailes y escenarios.

La prensa peruana también se hizo eco de los éxitos de la cubana y el argentino a golpe de guaracha, son montuno y chachachá. En el diario *El Comercio* recibieron a Celia en sus instalaciones limeñas. Dejaron abierto el camino, y a las multitudes, expectantes para la llegada de La Sonora Matancera en pleno a tierras peruanas. No se sabe si de estas triunfales presentaciones en Suramérica

Celia junto al peruano Ñiko Estrada, músico y director de orquesta, Lima, *circa* 1955 (archivo personal Celia Cruz / Celia Cruz Estate).

surgieron los rumores sobre una posible relación sentimental entre Celia y Carlos Argentino. La vida demostró que eran infundados, con un inequívoco color sensacionalista engendrado a espaldas de los dos cantantes.

El ambiente político en Cuba vivió días de tensión a inicios de diciembre. El alzamiento de un grupo de hombres y la toma de varios puntos en la ciudad de Santiago de Cuba sirvieron de acciones de apoyo para que Fidel Castro cumpliera su promesa: en una expedición marítima con ochenta y dos hombres, regresó de modo subrepticio a Cuba, en un yate cuya endeblez ante la sobrecarga humana estuvo a punto de sumergir para siempre todas sus intenciones. Después de varios días de accidentada travesía desde el puerto de Tuxpan en México, el yate *Granma* llegó a la playa Las Coloradas, al sur de la provincia de Oriente, y los futuros guerrilleros se adentraron en el macizo montañoso de la Sierra Maestra.

Celia en la escena del Salón Bajo las Estrellas de Tropicana, show *Tambó*, 20 de febrero de 1957 (archivo personal Celia Cruz / Celia Cruz Estate).

Detectados por la aviación, diezmados ante las bombas y el ametrallamiento, Fidel Castro y los sobrevivientes formaron el núcleo originario del Ejército Rebelde, que, sumando varios miles de hombres más, en poco más de veinticuatro meses entró triunfante en La Habana, pero en ese momento ni ellos ni nadie podía siquiera imaginarlo. Fulgencio Batista tampoco. Ni siquiera Meyer Lansky y los nombres clave del entramado mafioso italoestadounidense que controlaba el juego, y del que dependían buena parte de los empleos de los músicos y personas que sostenían la hoy llamada industria del entretenimiento. Subvalorar lo que comenzaba a gestarse les hizo pagar, dos años después, un alto coste, ante el cual lamentar la imprevisión no será del todo suficiente.

Por fin, ¡a Estados Unidos!

Mucho trabajo y reconocimientos le esperaban a Celia a su regreso de Perú, en las primeras semanas de enero de 1957. Como cada año, la entidad Críticos Asociados de Radio y Televisión (CARTV) otorgó sus diplomas y menciones a su selección de los mejores artistas en los publicitados y ya notorios Premios CARTV, correspondientes a 1956. Celia Cruz se alzó con la distinción a la Mejor Cantante Folklórica y tuvo una noche de mucho lucimiento en la tradicional Fiesta de los Artistas, donde fueron entregados los galardones el 15 de marzo, en el cabaret Sans Souci. Y en la misma edición en que el *Diario de la Marina* reproducía la lista de premiados, otra noticia sobre Celia acaparaba la atención del lector.

Babiney, estreno como actriz

Radio Progreso había sido y seguía siendo un medio esencial para el trabajo de Celia, y su dirección sabía que tenía en ella una carta de triunfo que garantizaba elevados *ratings* de audiencia. En 1957 la unió a otros dos probados valores de éxito —el declamador Luis Carbonell y el cantante Carlos Argentino, que acaparaba popularidad entre el público femenino— en un programa que se transmitía de lunes a sábado durante casi media hora con la animación de Oscar Jiménez y la locución de Pimentel Molina. Pero eso no era todo, o por lo menos no era lo más importante.

Manolo Fernández, el director de Radio Progreso, apostaba por el talento de Celia y la llevó a una dimensión profesional hasta entonces desconocida para ella: la actuación dramática. La propuesta entrañaba el riesgo de lo desconocido, tanto para el empresario como para la cantante, que hizo valer la determinación y el rigor que ya la caracterizaban, y una valentía y una seguridad inéditas para enfrentar nuevos retos en su carrera artística. Se anunció para el 16 de enero a las once veinticinco de la mañana la salida al aire del primer capítulo de la radionovela *Babiney*, de la escritora Rosa América Coalla. «Radio Progreso presentó al público cubano el ritmo y la voz sensual incomparable de Celia Cruz y durante años ha sido la preferida de todos los públicos latinoamericanos. Ahora Radio Progreso presentará a Celia Cruz como actriz dramática protagonizando una gran novela radial, con la seguridad de que muy pronto, Celia Cruz se robará el corazón de todos con sus interpretaciones dramáticas», aseguraba el columnista del *Diario de la Marina,* por lo general no muy proclive a elogios de esta naturaleza.

La historia que narra la radionovela transcurre a inicios del siglo XIX, en la Cuba colonial y esclavista, en una hacienda lejana y perdida llamada Babiney —un vocablo indígena cuyo significado, según la autora, es «charco sucio»—, en la intrincada Sierra Maestra, en la zona oriental cubana, cercana a Santiago de Cuba. En la vida real, Babiney existe: es un poblado ubicado en el municipio de Cauto Cristo, en la actual provincia Granma, en una zona similar al escenario donde transcurre la novela, y cuenta con poco más de tres mil setecientos habitantes. Don Leandro de Altuzarra (encarnado por el actor Ernesto Galindo) es el amo y señor de esos dominios, con una dotación de más de cincuenta esclavos. El corte de caña, los cafetales y el ganado son la fuente de riqueza de esa gran hacienda, que sirve de escenario mudo —e idílico— a los conflictos y pasiones de sus habitantes, principalmente los negros esclavos de la dotación. La trama se acompaña de los elementos musicales litúrgicos afrocubanos, con preeminencia de la percusión afrocubana, cuya selección e inserción estuvo a cargo de Obdulio Morales, que ejerció de nuevo una influencia decisiva en un momento notable de la carrera de Celia Cruz.

De esos momentos, Delia Fiallo, la afamada escritora cubana de novelas radiales y televisivas, recuerda: «Conocí bien a Radio Progreso, escribí para esa planta mis primeras novelas, iba todos los días, era como mi segunda casa. Fue donde conocí al que es mi esposo desde hace sesenta y tres años, Bernardo Pascual, que dirigía seis programas de novelas y variedades». Y de acuerdo con ella fue Bernardo Pascual quien promovió ante la dirección de la Onda de la Alegría, la posibilidad de probar a Celia como actriz.

> ¿Por qué no probar? —dijo Bernardo—. De ahí surgió el proyecto de una radionovela llamada *Babiney* donde Celia trabajó como actriz por primera vez. *Babiney* se grababa de noche. Celia llegaba antes para que Bernardo «le montara los bocadillos». Y Celia demostró que no solo tenía talento para el canto, sino también para la actuación. Cuando terminaban de grabar ya era tarde en la noche, y mi marido la llevaba a su casa, porque entonces ella no tenía carro. Celia le pedía: «Bernardo, vamos a ver un ratico a Benny Moré». Él estaba loco por llegar a la casa para descansar, pero la complacía. A veces yo le reclamaba: «¿Dónde has estado? ¡Mira qué hora es!». Él me explicaba y yo le entendía. Al cabo, los dos también adorábamos al Benny y nuestro tema de amor cantado por él es «Cómo fue».

Manolo Fernández y Radio Progreso asumieron un riesgo importante, pero la decisión fue acertadísima: Celia consiguió no solo mantener, sino aumentar los *ratings* de Radio Progreso. La firma Sterling Products, Inc., conocida por destinar sus patrocinios a espectáculos que consideraba de calidad, se interesó en auspiciar la novela, mientras que la crítica especializada calificó la actuación de la guarachera como «una verdadera sensación [...] que se reveló como una actriz de gran temperamento». En julio conquistó el segundo lugar en el último *survey* nacional de la Asociación de

Anunciantes de Cuba, y el primero en la sintonía dominical. Con una trama sentimental, muy cubana y con recursos considerados novedosos en ese momento, *Babiney* consiguió rápidamente atrapar a los radioescuchas, y de ello la prensa responsabiliza en gran medida a Celia, de quien dice que «continúa cosechando aplausos en su primera obra dramática» y la describe como la revelación de una excelente actriz. Celia, en su papel de la mulata María del Rosario, compartió honores estelares con Ernesto Galindo, secundados por Raúl Selis, Miguel Navarro, Guillermo de Cun, además de Elvira Cervera y Bertina Acevedo, dos excelentes actrices afrodescendientes y otras figuras del cuadro dramático de la Onda de la Alegría.

A pesar de los reportes y reseñas aparecidas en prensa cubana sobre la radionovela *Babiney,* y que marcaron su debut en enero de 1957, las noticias aparecidas en mayo, junio y julio de ese año apuntan a que probablemente su estreno haya sido diferido a estos meses, sobre todo si se tiene en cuenta la agenda de trabajo de Celia Cruz en los primeros meses del año.

Tambó *y* Copacabana *en Tropicana*

El panorama musical en los cabarets era especialmente impresionante en la primera mitad del año. Continuaba el desfile de figuras extranjeras. Santo Trafficante había creado y dirigía la International Amusement Corporation con el propósito de gestionar la contratación de artistas estadounidenses para los cabarets y *nightclubs* vinculados a la red de casinos y salas de juego en La Habana, que controlaba la mafia italoestadounidense, y estaba trayendo lo mejor: el año anterior Eartha Kitt actuó en la reinauguración del remozado Casino Parisien del Hotel Nacional; Dorothy Dandridge ya había pasado con discreto éxito por Sans Souci; ahora lo hacía el *crooner* Tony Bennett y se dejaba ver y escuchar también en el *Casino de la alegría* de CMQ-TV. El cabaret Parisien anunció para el 25 de enero el debut de la diva francesa Edith Piaff y Tropicana subió

Carlos Gomery, maquillista principal de Tropicana, da los últimos retoques a Celia antes de salir a escena, 1957 (colección Vicki Gold Levy).

la parada y confirmó la reaparición en su pista bajo las estrellas de Nat King Cole desde el 1 de febrero. Con esta pieza del entramado empresarial que controlaba el juego y manejaba artistas, agendas de *booking*, hoteles y aviones, ni siquiera la parte artística internacional quedaba fuera del control de los capos: sin mucha exposición pública, pero con total implicación, la dirigía el estadounidense de origen judío Meyer Lansky.

El mismo día en que Dwight D. Eisenhower tomó posesión para un segundo mandato como trigésimo cuarto presidente de Estados Unidos, el 20 de enero de 1957, se estrenaron *Tambó* y *Copacabana,* las nuevas producciones de Rodney en Tropicana, para las cuales los ensayos habían comenzado desde finales del año anterior. En las promociones que se publicaron en los principales periódicos cubanos, encabezaba el elenco Celia, seguida del norteamericano Richard Robertson, los bailarines Leonela González y Adriano

Vitale, Paulina Álvarez, Merceditas Valdés, el conjunto vocal de Paquito Godino, José Parés, Johnny Puleo & His Harmonica Gang, la actuación de Ana Gloria y Rolando, y el Conjunto de Tambores Batá, imprescindible para que un espectáculo afrocubano tuviera autenticidad, con Trinidad Torregrosa y otros renombrados *olubatá*. Los arreglos musicales estuvieron a cargo de dos colosos: Armando Romeu, Jr., y Chico O'Farrill, y la luminotecnia a cargo de Ernesto Capote.

La prensa atribuyó a Rodney, con justicia, el éxito logrado por Tropicana. La revista *Show* califica de «apoteósico» el triunfo del coreógrafo y describió las dos producciones como «las más suntuosas que nuestros ojos han visto, donde se aprovecha con genialidad un marco de privilegio y de ensueño». Y continúa narrando los detalles

> Ochenta personas en escena y veintidós mil pesos el coste del vestuario [...]. Si hubiera un Oscar hollywoodense para este tipo de esfuerzo coreográfico, él lo merecía sin discusión. Porque ambas revistas son suntuosas y audaces, propias de un sitio de gran lujo y extensión escénica. La primera representa pasajes litúrgicos africanos, y la segunda, por contraste, es una versión llena de alegría artística, arrancada del más puro ambiente brasilero, terminando con serpentinas, globos polícromos y el aterrizaje de un auténtico zepelín. Todos contribuyen con esplendidez.

Las revistas *Tambó* y *Copacabana* mantuvieron los horarios habituales de once y media de la noche y una y media de la madrugada, y durante los meses que permanecieron en cartelera reportaron llenos totales para ver lo que, a juzgar por la prensa, constituían las dos mejores revistas de Rodney. Desde la Florida, *The Miami Herald*, implicado por obra y gracia de la promoción comercial diseñada, insertó este comentario de su columnista George Bourke en su edición del 10 de abril: «Tropicana ha traído de vuelta a Celia Cruz en dos excitantes producciones nativas de Rodney: *Tambó* y

Paulina Álvarez y Celeste Mendoza escoltan a Celia, junto con el norteamericano Richard Robertson y el cubano Adriano Rodríguez, cantantes todos en el show *Copacabana*, en Tropicana, 1957 (archivo personal Celia Cruz / Celia Cruz Estate).

Copacabana, cuyas cifras Alberto Ardura, su anfitrión, recibirá mucho mejor que los titulares que hablen de las estrellas, sin duda menos importante en este momento».

A esas alturas, quien se propusiera hallar en la prensa cubana alguna crítica adversa sobre el desempeño de Celia Cruz tenía ante sí una tarea complicada. Celia había ido cincelando su personalidad artística desde su portentosa voz y su expresión escénica, plena de autenticidad, y ello había transcurrido en dos ámbitos paralelos: sus actuaciones y grabaciones con La Sonora Matancera, por un lado, y por otro, su trabajo como solista sin el decano de los conjuntos cubanos. La revista *Show,* en una serie de juicios críticos que venía emitiendo acerca de cantantes y músicos cubanos, y que, aunque anónimos, se presume que eran escritos por su director, Palmita, la caracterizaba así en los comienzos de 1957:

> Celia Cruz es la mejor voz femenina de nuestro folklore. Mantiene todo su registro vocal sin color, no tiene impostación, y ese defecto la ha hecho distinta a las demás que cultivan el género afro, circunstancia que le ha creado notoriedad. Cuadratura perfecta. Interpretación magnífica. Está enamorada de su trabajo. Podemos decir de Celia lo que hemos exteriorizado en el caso de Benny Moré, esto es, que en todos los tiempos no se ha descubierto quien compita con ella dentro de su estilo.

La encarnizada competencia entre cabarets, canales de televisión y estaciones de radio trae a La Habana a Lucho Gatica. Montmartre lo anuncia como inminente debut, mientras advierte de la última semana de actuaciones de la francesa Edith Piaff en su escenario.

Filme ¡Olé... Cuba!

El 11 de febrero el director y productor Manuel de la Pedrosa dio la voz de «¡Luces, cámara, acción!» para comenzar el rodaje de *¡Olé... Cuba!,* un filme enteramente cubano y con la ya trillada estructura argumental, cuyo guion humorístico estuvo escrito deliberadamente en función de sus actores, que fueron, ni más ni menos, los nombres dorados del teatro vernáculo: Leopoldo Fernández, Aníbal de Mar y Mimí Cal. Eran la tríada del humorismo criollo representada en los personajes legendarios del programa *La tremenda corte:* los inefables Pototo, Filomeno y Nananina; Julito Díaz, Alicia Rico, y Emilio Ruiz, conocido como *el Chino Wong*, respaldados con una propuesta musical variada, que iba desde piezas clásicas como *Siboney* —cantada por Xiomara Alfaro— hasta el muy polémico y tan de moda rock and roll, interpretado por Los Llópis y bailado por Anisia y Rolando, pasando por otros temas cubanos y de aires españoles a cargo de Chucho Vidal, Moralitos, las orquestas Riverside y Sensación, y por Celia con La Sonora Matancera. Su única aparición en el filme, completamente incidental y desconectada de la narrativa de este, constituye, en cuanto a estética, una de las mejores escenas cinematográficas de Celia, quien, muy vistosa y excelentemente vestida, interpreta la guaracha-son *Me voy a Pinar del Río* (Néstor P. Cruz), acompañada por Celio González y La Sonora Matancera.

¡Olé... Cuba! fue rodada en los Estudios Nacionales del Biltmore, en La Habana, y estrenada en esa ciudad, en el Teatro Fausto, el 23 de diciembre de 1957. Permaneció hasta final de mes en el circuito que integraban además los cines Cuatro Caminos, Reina, Florencia, Olimpic y Santos Suárez. A nivel nacional tuvo muy buena aceptación, sobre todo por la interpretación que hacen Pototo y Filomeno de la guaracha *Ahorita va a llové* (Leopoldo Fernández), que se hizo sumamente popular entre los cubanos, y del tema *Boniatillo* (también de Fernández), que trascendió al ámbito latinoamericano gracias a la buena distribución que tuvo el filme en países de esa zona.

La gran reunión de músicos cubanos.
Reencuentro con Tito Puente

Por esos días Gaspar Pumarejo, con su programa-empresa Hogar Club y Escuela de Televisión, organizó la más grande reunión de músicos cubanos que trabajaran fuera del país. Invitó a los más representativos, con todos los gastos pagados, a visitar su tierra de origen. El festejo celebraba, según se anunció, cincuenta años de música cubana por el mundo, y llegaron músicos cubanos que trabajaban con éxito desigual en Estados Unidos, Francia, España, México, Italia y otros países.

Con dos macroconciertos los días 23 y 24 de febrero, en los terrenos del Stadium del Cerro, con capacidad entonces para cuarenta mil personas, y transmitidos por control remoto a través del Canal 2, los músicos agasajados presenciaron un fabuloso espectáculo diseñado y dirigido por Rodney. Al escenario, especialmente montado para la ocasión, el mago Roderico trasladó cuatro fastuosas producciones de Tropicana: *Estampas del pasado,* para presentar los ritmos y géneros tradicionales cubanos como el son, el danzón, el danzonete, el sucu-sucu y el campesino; *Evocación,* con selecciones de las figuras femeninas de las grandes zarzuelas cubanas: Cecilia Valdés, Amalia Batista, Lola Cruz, María Belén Chacón, Soledad, Rosa la China, y María la O; *Pregones,* con los más notables temas inspirados por los vendedores callejeros, y *Música negra,* con los mejores temas afrocubanos. Además del elenco de Tropicana, subieron a escena las cantantes líricas Estela Santaló y Blanca Varela, y en la cuerda de lo popular, Paulina Álvarez y Celia Cruz. Además, René Cabel, Fernando Albuerne, el Trío Matamoros, Wilfredo Fernández, y la pareja de bailes Ana Gloria y Rolando. El único artista extranjero que tomó parte en el espectáculo fue Lucho Gatica, quien por esos días se presentaba en Cuba y estremecía la radio, la televisión, los cabarets y teatros habaneros, y era considerado por la prensa como «el mejor cancionero de habla hispana». Con él, Gaspar Pumarejo volvió a pulsar los hilos de la emoción en el público, algo que tan bien se le daba siempre: había hecho traer desde Chile a la madre y a la hermana del cantante, quien recibió la sorpresa directamente sobre el escenario y ante las cámaras. En el espectáculo, los actores María Brenes y Otto Sirgo fueron coronados como Reyes de la Televisión 1957, como ya venía siendo tradicional desde que apareció la televisión en Cuba.

Cuando fueron agasajados por el alcalde de La Habana, la estatua del almirante Cristóbal Colón que preside el patio central del Palacio de los Capitanes Generales, entonces sede del gobierno de la ciudad, vio reunirse a sus pies a una irrepetible constelación de nombres: Mario Bauzá, Gilberto Valdés, Arsenio Rodríguez, Machito, Vicentico Valdés, René Touzet, José Bandera, Maño López, Raúl del Castillo, Zenaida Manfugás, Marino Barreto, Hilda de

Carlo, Raúl Zequeira, Graciela y muchos otros. Con los que viajaron desde Estados Unidos venía un percusionista que nació en Nueva York, pero descendía de puertorriqueños, y que al parecer, por su insistencia, fue invitado por Pumarejo, dada su permanente vinculación con la música y los músicos cubanos: Tito Puente. Fue este uno de los varios viajes realizados por el famoso timbalero, productor y director a la isla para, como siempre reconoció, beber de su música y sus percusionistas, en particular de uno de los grandes músicos empíricos: Silvano Shueg, *el Chori*. Josephine Powell, biógrafa de Puente, afirma que Tito y Celia se encontraron inicialmente en 1951 durante uno de los viajes de él a La Habana, cuando visitó, con Marcelino Guerra, La Tropical.

Se reencontraron en ese viaje de Tito en febrero de 1957 para la gran reunión de músicos cubanos en La Habana, como continuación de una amistad forjada en la música, y que fue para siempre. Ninguno de los dos podía imaginar en ese momento que la vida les depararía futuras colaboraciones que serían trascendentales en sus respectivas carreras.

Carnavales de Venezuela

Celia debía cumplir compromisos con La Sonora Matancera, como era habitual cada año en los carnavales de Venezuela, que se celebraron esta vez del 26 de febrero al 9 de marzo, por lo que sus actuaciones en el show *Tambó* se vieron interrumpidas y no coincidió con Nat King Cole cuando este apareció como figura cimera en los shows de Tropicana de esas semanas. Carlos Argentino hizo también el viaje a Caracas, y en su columna en la revista *Show* anticipó que iban contratados «por una suma muy alta». Se unieron a las numerosas orquestas —ocho de ellas cubanas— y solistas que habían sido contratados para los festejos populares, como, la Orquesta Aragón, Roberto Faz, Benny Moré, Lecuona Cuban Boys, América, Fajardo y sus Estrellas, y Sensación, y cantantes como Luis Donald y

Candita Vázquez. Contratados por Televisa, Canal 4, los hombres de Rogelio, con Celia, llegaron a Caracas el mismo día 26, y el 27 a las 11 de la noche debutaron en el baile de carnaval del exclusivo Caracas Country Club, alternando con Chucho Sanoja y su orquesta, y arrasaron después en el *Show del mediodía* de ese canal. Con la Orquesta Aragón, Benny Moré y su Banda Gigante, y Los Indios Tabajaras se presentaron el 1 de marzo en el Coney Island, y repitieron con el mismo elenco el día 8, sumando esa vez a las chicas de la orquesta Anacaona y un anunciadísimo mano a mano boricua-cubano entre los cantantes Daniel Santos y Panchito Riset. ¡Como para no perdérselo!

Celia, Carlos Argentino y la Sonora aparecieron también en el programa *Fiesta polar* en Radio Bolívar, cuyo director, José Antonio Fernández, los recibió al pie de las escalerilla del avión de la Línea Aeropostal Venezolana, que los llevó a Ciudad Bolívar en la Guayana.

Los periódicos *La Esfera* y *Últimas Noticias* cubrieron con varios reportes, breves artículos y anuncios el programa de Celia, Carlos Argentino y La Sonora Matancera. Abundaban los epítetos elogiosos para la Guarachera de Cuba y se sentían sinceros y emocionados. *Últimas Noticias* publicó breves entrevistas a ambos cantantes, y su periodista debió esperar por Celia más de lo que quizás deseara, pues se encontraba maquillándose para su próxima salida a escena. Al final, el periodista anónimo terminó abordándola directamente en camerinos y la invitó a hacer un recuento de las visitas realizadas a Venezuela: «En 1948 con Las Mulatas de Fuego; en 1950 con la Anacaona; 1953 para actuar sola, y 1955, 1956 y ahora, con La Sonora Matancera». Y Celia concluyó con gesto de asombro: «¡A este paso, chico, voy a adquirir la ciudadanía venezolana!».

Acababan de regresar a La Habana desde Caracas. Celia volvió a Tropicana, pero el 14 de marzo el *Diario de la Marina* dio la noticia de la salida de Celia, Carlos Argentino y la Sonora hacia Panamá, donde habían sido contratados para presentarse durante una semana en el Hotel El Panamá y en uno de los principales teatros del país.

Por primera vez en Estados Unidos. El Disco de Oro

Jueves de Partagás era uno de los programas estelares de la televisión cubana y de los mejores dentro del circuito CMQ. Patrocinado por la marca cigarrera, ocupaba la franja nocturna de *prime time* —nueve de la noche— y presentaba lo mejor de lo mejor en música y géneros. Hacía ya mucho que Celia era habitual en los programas de CMQ, convocada muchas veces por uno de sus productores estrella: Amaury Pérez García. Esa vez, casi a punto de emprender un importante viaje, actuó en el espacio del 11 de abril compartiendo cartel con la orquesta española Los Chavales de España y sus cantantes Luis Tamayo y Pepe Lara; Rosita Fornés y Armando Bianchi, popularísimos y adorados por los televidentes; la soprano María Remolá; la pareja de bailes Juliette y Sandor; la bailarina Gladys González; el coro de Paquito Godino, y el Ballet Partagás, todos con el respaldo de la orquesta CMQ, dirigida por González Mantici. En el segmento humorístico, la gran Rita Montaner y los grandes clásicos del teatro vernáculo: Leopoldo Fernández, Aníbal de Mar, Mimí Cal. Como conductor, el actor Enrique Santiesteban; a cargo de los libretos, Marcos Behemaras, y de la producción y la dirección, Amaury Pérez. Hoy nos parece increíble que un programa pudiera reunir tal cantidad de excelentes músicos y actores, pero es solo una muestra de lo que entonces resultaba habitual. La actuación de Celia motivó una crítica muy positiva del columnista Alberto Giró: «Hay que decirlo una vez: para que surja otra voz como la suya dentro de su género, será muy difícil, porque hasta el momento Celia es única en sus interpretaciones».

Nueve días después, el vuelo 998 de Cubana de Aviación despegó hacia el norte desde Rancho Boyeros, La Habana, con destino a Nueva York. Es sábado 20 de abril de 1957. En él viajaba Celia Caridad Cruz y Alfonso, ciudadana cubana, artista estelar, quien finalmente, tras varios inconvenientes, llegaría por primera vez a Estados Unidos. Una serie de situaciones negativas se habían alineado para impedir que Celia pudiera hacerlo desde años antes, como era su propósito y el de los empresarios que deseaban presentarla ante el público de aquel país. Entre los primeros interesados en hacer realidad este empeño estaba su casa discográfica en la persona de su presidente, Sidney Siegel.

En 1955 el Nueva York latino tuvo que aparcar el gran entusiasmo que provocó el anuncio del debut de Celia Cruz en el Teatro Puerto Rico, previsto para el 14 de abril, actuación que debió ser pospuesta indefinidamente. Inconvenientes relacionados con la emisión del visado por las autoridades norteamericanas de inmigración impidieron que la Guarachera de Cuba cumpliera con el compromiso. Pasaron siete meses después de este anuncio y en la prensa del espectáculo se informó que el asunto había quedado solventado: en la sección «¡Aquí Puerto Rico!», en la revista *Show*, que mantenía a la cantante Myrta Silva como su corresponsal en la isla borinqueña, se podía leer en el número de diciembre el subtitular «Celia Cruz conjura problema inmigratorio» y después, dentro de la noticia y sin más detalles: «Se arregló el problema de Celia Cruz con Inmigración, y por fin la colonia latina en Nueva York podrá aplaudir muy pronto a la Reina del Afro». Pero no era cierto, a juzgar por lo que la propia Gorda de Oro escribió un mes después en su misma columna: «Es una gran pena que no puedan venir a Nueva York ni ir a Puerto Rico, Celia Cruz y Olguita Guillot. Si hay cosas que yo no entiendo, ésta es una. Las dos son dos grandes artistas, personas decentes, exponentes de la música de Cuba en Hispanoamérica y, sin embargo, no pueden ni venir a Estados Unidos ni ir a Puerto Rico. Yo creo que la Asociación Cubana de Artistas debería tomar velas en este entierro… ¿Por qué, caballeros…? ¡No hay derecho!».

Los motivos por los que en primera instancia le fue denegado el visado estadounidense a Celia son los mismos que rigieron para otros artistas y músicos cubanos —Olga Guillot entre ellos— que estuvieron vinculados laboralmente a la radioemisora Mil Diez, en los años cuarenta, hecho que en 1955 adquirió un contravalor para las autoridades norteamericanas en un momento caracterizado por la persecución de intelectuales y artistas, de cualquier procedencia, que simpatizaran con las ideas de izquierda, o aparecieran con cualquier tipo de vínculo con organizaciones comunistas, de izquierdas o de corte progresista.

El instigador de esta política fue Joseph Raymond McCarthy, senador republicano por el estado de Wisconsin y entonces presidente de la Comisión de Actividades Antinorteamericanas del Congreso de Estados Unidos, cuyo apellido dio nombre al periodo de la política interna de la Unión conocido como *macartismo,* y que tuvo su inicio en febrero de 1950, cuando denunció —con inesperado apoyo— una presunta conspiración comunista dentro del Departamento de Estado. Las acusaciones de deslealtad, subversión, vinculación de acción o pensamiento, de traición a la patria, no se sustentaban mediante un proceso legal justo en el que se respetaran los derechos del supuesto acusado, sino que las meras sospechas implicaban acciones punitivas inmediatas por las autoridades estadounidenses.

En la historia de vida de Celia Cruz, el incidente llegó a adquirir tintes fantasmagóricos que aparecieron de modo recurrente en su carrera, cuando menos lo esperaba, y que retardarían, primero, su entrada a Estados Unidos por primera vez; luego, la normalización de su condición de emigrada en Estados Unidos, y después el otorgamiento de la ciudadanía norteamericana. Celia nunca abordó este asunto públicamente, ni nunca fue confrontada con él en entrevistas posteriores. Es evidente que le provocó suma preocupación en la medida en que era consciente de que poner en contexto tales aspectos de su vida y carrera quedaba fuera de su control, cuando años después un acontecimiento capital impactó de manera dramática en su curso vital y profesional: el triunfo de la revolución liderada por Fidel Castro el 1 de enero de 1959.

Un año después de la muerte de Celia, la periodista Carol Rosenberg, del diario *The Miami Herald,* dijo haber iniciado pesquisas en documentos desclasificados por el FBI, que desembocaron en artículos de prensa con diverso grado de precisión en los datos que aportaba, pero sin contribuir con pruebas documentales. Algunos medios y escribidores trataron tras su muerte de revivir y hasta explotar este tema como línea editorial en detrimento de su imagen, descontextualizándolo completamente e ignorando el vínculo no ideológico de Celia con la Mil Diez, con el partido que manejaba la emisora, y la verdadera naturaleza de sus espacios musicales, su apoyo a los músicos y artistas emergentes, negros y mulatos o pertenecientes a sectores desfavorecidos de la sociedad cubana, que, por lo general, no eran admitidos o se frenaba su desarrollo en las principales radioemisoras cubanas de entonces. Ese acercamiento, además, desconoció el marco de legalidad en que desarrolló su accionar la emisora en Cuba, hasta que otras circunstancias políticas decidieron su clausura. Ese contexto, que han explicado en reiteradas ocasiones los propios músicos que lo vivieron —como Bebo Valdés en su biografía—, está en la lógica de los vínculos, tanto amistosos como profesionales, establecidos por Celia en la década de los cuarenta, y también por otros músicos y artistas que, al igual que ella, trabajaron en la Mil Diez sin compartir ideologías o preferencias políticas, pero sí reconociendo su carácter inclusivo, y que evolucionaron a lo largo de los años por caminos diferentes.

Aquel sábado 20 de abril de 1957, acompañaba a Celia en el viaje su prima Luciana García Alfonso, *Nenita*, que hacía las veces de asistente personal. A medida que el avión descendía hasta aterrizar en el aeropuerto internacional de Ildewild, un pensamiento debió concentrar su atención: «¡Al fin, Nueva York!». Muchas emociones vivió Celia en la ciudad de los rascacielos, entre ellas una de entrañable significado: recibir, ¡finalmente!, su primer Disco de Oro, por haber alcanzado la guaracha *Burundanga* el millón de copias vendidas, y que se le entregaría en su concierto principal, previsto para el afamado St. Nicholas Arena, en el Bronx. Sin ser periodistas profesionales —lo que explica la simplicidad del lenguaje con que lo describen—, los integrantes del trío Los Romero, que hacían de corresponsales viajeros de la revista *Show* en Nueva York, escribieron una reseña que demuestra también que el incidente de las anteriores negativas del visado era de conocimiento público:

La actuación de nuestra Celia Cruz fue un exitazo. El público hacía mucho tiempo que la esperaba, pero la Inmigración americana [sic] no le daba entrada porque creía que Celia había pertenecido al Partido Comunista. Comprobado que no era cierto esto, ha podido regalar a los newyorkinos su gran calidad de cantante. La presentación estaba marcada para el St. Nicholas Arena (donde se presenta regularmente boxeo), pero hubo una tángana de los mil diablos cuando los empresarios vendieron más de cinco mil entradas cuando el local solo admite dos mil. La reyerta fue de tal naturaleza que hubo un montón de heridos y todo, y Celia tuvo que abandonar rápidamente el local sin actuar y sin recibir el Disco de Oro que le iban a entregar. Después actuó en el Teatro Puerto Rico, donde tuvo una gran acogida. Con Celia actuaron Los Casanova, quienes arrebataron.

Finalmente, la primera presentación de Celia Cruz en Estados Unidos tuvo lugar el jueves 25 de abril de 1957 en el Teatro Puerto Rico, en un espectáculo donde ella fue la cabeza de cartel, junto con Los Casanova, el Mariachi Femenino y Las Tres Guitarras, entre otros. Aquí recibió su primer Disco de Oro de manos de Sidney Siegel, presidente de Seeco Records. La noche antes había sido también de premios y de gran conmoción, sobre todo en la comunidad boricua, pues también Seeco Records había entregado similar reconocimiento a Cortijo y su Combo. Durante una semana, hasta el 1 de mayo, Celia cantó en el Teatro Puerto Rico al lado de Panchito Riset, acompañados por la orquesta de Vicentico Valdés. El investigador Richard Blondet aporta otro dato: «Ese fin de semana, no puedo precisar con exactitud si fue el viernes 26, el sábado 27 o incluso el domingo 28, Celia Cruz apareció en el *ballroom* del Manhattan Center».

La revista *Bohemia* destacó el acontecimiento al publicar una foto de Celia sosteniendo el preciado disco, y escoltada por Los Casanova y los tres integrantes de Los Romero en la escena del Teatro Puerto Rico.

Celia con su primer Disco de Oro, logrado por *Burundanga*, y entregado en Nueva York en 1957. Detrás, el presentador Perucho Irigoyen (archivo personal Celia Cruz / Celia Cruz Estate).

El restaurante La Barraca, entonces muy popular entre la colonia cubana y latina de Nueva York y entre los coterráneos asiduos a esa ciudad, estaba situado en la calle 51, entre Broadway y la octava avenida. Por esos días abrió sus puertas al homenaje que el presidente de Seeco Records ofreció a Celia por su visita, por la entrega del Disco de Oro y por el cumplimiento del contrato que la llevó a esa ciudad. Asistieron importantes nombres de la vida artística y el *show business* latino en Nueva York, como el músico y promotor Catalino Rolón —alguien que años después fue un importante apoyo cuando Celia decidió radicarse en Nueva York y continuar allí su carrera—, el periodista *Babby* Quintero y el cantante cubano Vicentico Valdés.

Cuando Celia estaba terminando con todo éxito su primera visita a Estados Unidos tras varios años de tropiezos y obstáculos para lograrla, el senador Mc Carthy, curiosa paradoja, murió el 2 de mayo de 1957. Una cirrosis hepática por alcoholismo crónico puso fin a su vida a los 47 años. Había perdido fuerza y credibilidad al aprobarse la moción de censura que acabó con su política de cacería de brujas, que atentaba directamente contra la esencia de la democracia, tal y como se entiende en aquel país.

Aún resonaban entre la comunidad latina y cubana los ecos de las triunfales presentaciones de Celia en Nueva York cuando el sagaz Sidney Siegel intentó poner en valor discográfico los ascendentes éxitos de Celia frente al público de Nueva York. Un mes después, el nuevo LP de Celia con La Sonora Matancera alcanzó un notable reflejo en la prensa cubana y estadounidense. Se trata del vinilo de doce pulgadas *Cuba's Queen of Rhythm* (Seeco SCLP 9101). En particular, la importante revista *Billboard,* en la sección de reseñas y calificaciones de los nuevos álbumes, comenta: «Los vendedores que se mueven comercialmente en el ámbito latino y aquellos cuya clientela incluye a seguidores del género afrocubano encontrarán en este disco una oferta rentable. Contiene doce selecciones, la mayoría de ellas fascinantes, que expresan los diferentes estilos de la música cubana. La voz de Celia Cruz es sensual y cálida, y se exhibe maravillosamente a través de los ritmos auténticos de La Sonora Matancera». El *Diario de la Marina,* en su sección «Grabaciones populares», reproduce la portada del disco junto a la del LP *Cándido,* «lo que ha constituido una sorpresa en los medios jazzísticos. Cándido, habanero nacido en 1921 y muy conocido como ejecutante del bongó, se hizo notar en sus actuaciones entre nosotros. Lo halló un *scout,* se lo llevó a Estados Unidos y ha triunfado en toda la línea». Se trata del gran percusionista Cándido Camero, y su disco y el de Celia fueron resaltados por Seeco Records como sus grandes y más recientes novedades: «Celia Cruz, una de las estrellas del canto popular cubano. Su fama en Estados Unidos y en América del Sur crece por días».

Como artista del circuito CMQ, Celia aparece con frecuencia en sus programas estelares de televisión, lo que le permite protagonizar un curioso récord que habla mucho de su calidad interpretativa, más allá de su experiencia positiva y casi cotidiana con La Sonora Matancera: en tan solo un mes, a Celia la acompañan y dirigen tres de los mejores directores orquestales cubanos: Rafael Somavilla, Enrique González Mantici y Gonzalo Roig —aunque no se trata de una primera vez en cada ocasión—. Los días 6 y 20 de mayo se pudo ver a Celia en el popularísimo *Show del mediodía*, programa que se hizo legendario no solo por los artistas, orquestas y conjuntos que pasaron por él, sino, más que todo, por su recordado animador, el gran Germán Pinelli. Esta vez completaron la propuesta televisiva la vedette Blanquita Amaro y la pareja de bailes Mitsouko y Roberto, todos con el respaldo de la orquesta CMQ, dirigida por Rafael Somavilla. Seis días después, junto a Marta Pérez y a Pedro Vargas, Celia encabezó el cartel del programa homenaje de CMQ a las madres cubanas en su día. El tenor mexicano se estaba presentando con extraordinario éxito en los shows *Primavera in Roma* y *Música del alma,* en Tropicana. Con motivo de la fiesta patria del 20 de mayo, el anfiteatro de la avenida del Puerto se engalanó especialmente: Justo Luis del Pozo, alcalde de la capital, celebró un extraordinario concierto gratuito en el que intervinieron Celia, las sopranos Esther Borja y María Remolá, y Luis Carbonell, a quienes acompañó la Banda Municipal, dirigida por Gonzalo Roig.

Es sumamente lamentable que de estas experiencias casi no existan grabaciones, ni kinescopios de sus numerosas apariciones en programas de televisión, teatro y cabaret con acompañamiento orquestal, lo que sin dudas habría enriquecido la noción del *performance* de Celia cuando ya acumulaba una notable experiencia en el manejo de este tipo de escenarios como vía de comunicación con el público.

A mediados de año volvió Celia a Curazao. Los días 17 y 18 de junio se presentó en un escenario ya conocido, el cabaret Chobolobo*,* animando los grandiosos festejos bailables para los que había sido especialmente contratada. El promotor y empresario Angel Job, *el Gordito de Oro,* fue quien se encargó de contratarla en las

Celia y bailarines en el programa *Jueves de Partagás,* de CMQ-TV, años cincuenta, foto: Santos (archivo personal Celia Cruz / Celia Cruz Estate).

Antillas Neerlandesas, en relación directa con su *manager* cubano, Eugenio *Tito* Garrote.

Durante julio y agosto, Celia continuó apareciendo con regularidad en programas del Canal 6, como el *Show del mediodía,* junto a Blanquita Amaro y un desfile de figuras que pasaban por el popular programa.

James Dean asaltó las pantallas de los cines Infanta, Metropolitan, Favorito y Florida con el filme *Rebelde sin causa,* que se estrenó en La Habana el lunes 20 de julio, y agosto inauguró el calor más sofocante con un soplo de brisa en la voz del *crooner* norteamericano Johnny Mathis desde el escenario de Sans Souci. En Tropicana siguió lo nunca visto: *Rodney Circus,* un espectáculo circense con fieras enjauladas y actos de acrobacia que competían en audacia y atractivo con música, cantantes, bailarines y coristas. En la televisión, la competencia no era menor: CMQ anunciaba a toda voz la actuación de la argentina Libertad Lamarque; CMBF-TV trajo desde

Venezuela al tenor Alfredo Sadel, mientras que el Canal 2, con Pumarejo, estaba presentando al chileno Lucho Gatica y al torbellino gitano que era Carmen Amaya. En la capital y en las principales ciudades ya habían comenzado a aparecer los pequeños *nightclubs,* menores en dimensiones y pretensiones, pero importantes no solo porque aumentaban las opciones de entretenimiento nocturno, sino porque representaban posibilidades de trabajo para muchos músicos, cantantes, y personal técnico.

Un Disco de Oro para La Sonora Matancera

Pasarían solo unos meses para que otro Disco de Oro de Seeco Records estuviera relacionado con el nombre de Celia Cruz, lo que motivó una visita muy especial de Sidney Siegel a La Habana. La Sonora Matancera había logrado vender un millón de copias de sus discos y fue acreedora de la codiciada distinción, el reconocimiento más alto a que podía aspirar una agrupación musical por sus grabaciones del año.

Rogelio Martínez recibió el Disco de Oro de manos del señor Siegel en un programa especial de Radio Progreso, la sede de sus grandes éxitos. Después el presidente de Seeco ofreció una cena y fiesta en honor de La Sonora Matancera, a la que asistieron sus músicos y cantantes. Sidney Siegel se sentó entre Celia y Rogelio, y en su mesa estaban también Irving Price, el inefable «Andresito», distribuidor de Seeco Records en la isla, y Rogelio Martínez, Jr., hijo del director de la Sonora y representante oficial de los intereses del sello norteamericano para Cuba.

Con la energía que aportaban logros como este, La Sonora Matancera, con los cantantes Carlos Argentino y Celio González, se dispuso a realizar una importante gira por Perú, Chile y Argentina, que se inició con sus primeras presentaciones en Lima.

La empresa que gestionaba la emisora peruana donde actuarían hizo un esfuerzo económico sin precedentes para llevar al laureado conjunto cubano a sus micrófonos y así satisfacer las expectativas del público, que llevaba largo tiempo esperando ese encuentro con los artistas isleños. Allí les favoreció la tremenda estela de triunfos que dejó Celia en sus recientes actuaciones con Carlos Argentino. Se registraron llenos absolutos en cuanto sitio se presentaron y los resultados económicos se cuentan en una sola palabra: espectaculares. De Perú pasaron a Chile, donde se presentaron con gran impacto en Confitería Goyescas, con Carlos Argentino imponiendo el ritmo merecumbé al estilo de la Sonora. También actuaron en Radio Corporación, Teatro de Variedades, Grill Ambassador, Tap Room, Sala Pigalle y Hotel Carreras, en cuyas instalaciones también se hospedaron. «El presupuesto que se ha obtenido por dieciocho días de trabajo es astronómico», cuenta Carlos Argentino en su crónica en *Show*. Según esta revista, de Chile van a Guayaquil, Ecuador, y de ahí a Brasil y a Uruguay. «El público deplora que no haya venido Celia Cruz», comenta Guillermo Zurita Borja, quien reportaba desde Chile para la misma revista.

Celia y Rolando Laserie, el suceso de Radio Progreso

Mientras La Sonora Matancera iba de éxito en éxito en su gira suramericana, desde agosto Celia estaba otra vez en el programa *Alegrías de Hatuey*, que había reformulado su esquema para cubrir la ausencia del conjunto y la presentó junto a quien se había convertido en la revelación del momento, el timbalero devenido cantante Rolando Laserie. Los respaldaba la orquesta de Ernesto Duarte y alternaban también con el Acuarelista de la Poesía Antillana, el declamador Luis Carbonell.

A esas alturas del año la prensa no dudó en llamar a Laserie el Guapo de la Canción y también el Cantante Revelación del Año. Sus «descubridores», el propio Duarte y el productor y actor Guillermo Álvarez Guedes, lo vieron de inmediato y con rapidez dispusieron todo lo necesario para grabarle su primer tema: *Mentiras tuyas*. Lo que siguió fue la locura. Era un bolero, cantado como nunca nadie había osado hacerlo, con la guapería y la sabrosura con que podía ser cantada en un bar junto a una victrola y una botella de ron. En la radio llovían las peticiones; Laserie era la gran atracción, a la altura de Benny Moré o Lucho Gatica. Sans Souci lo contrató y el antiguo baterista de su orquesta fue también allí una sensación ante el microfóno. Algún titular lo dijo con pocas palabras: Laserie encanta a «los de arriba» con el estilo de «los de abajo».

Pronto la prensa se encargaría de unir a Laserie y a Celia en una candidatura sin precedentes: ambos fueron promovidos para aspirar a Mr. y Mrs. Televisión 1957, los primeros artistas negros en ser nominados, aunque ya veremos que la suerte no les acompañó en este empeño. Donde sí triunfaron fue en las selecciones anuales de la Unión de la Crónica tele-Radial Diaria, que los eligió en la categoría de Mejor Cantante del Género Popular. Laserie se alzó también con el reconocimiento al Mejor Disco, por *Mentiras tuyas*, y al Mejor Cantante Folklórico. A inicios de 1958, Críticos Asociados de Radio y Televisión (CARTV) los eligió vencedores del año anterior en la categoría Mejor Cantante Folklórico. Celia, además, conquistó el trofeo a la Mejor Actriz Novel, por su desempeño en la radionovela *Babiney*.

Rita Montaner: diferendos y homenajes

Durante 1957 Celia realizó destacadas presentaciones en el estelar televisivo *Jueves de Partagás,* donde a inicios de año llegó a compartir escena con la gran Rita Montaner, quien entonces mantuvo por cinco meses una presencia semanal en el programa. Sin embargo, a medida que se acercaba el final del año, la enfermedad que aquejaba a la Montaner se tornó más grave e irreversible. La opinión pública se estremecía ante el paradójico ensañamiento de la naturaleza y los poderes divinos con una de las gargantas más privilegiadas que hubiera dado el canto lírico en Cuba. Soprano y cantante popular, pianista

Celia en el programa *Jueves de Partagás*, de CMQ-TV, segunda mitad de los años cincuenta (archivo personal Celia Cruz / Celia Cruz Estate).

virtuosa, actriz brillante en la cuerda dramática y en la satírica, sentó cátedra en la radio, el teatro, el cine y la televisión. En la gran popularidad de la Única y en el respeto conquistado a lo largo de varias décadas se sustentó la iniciativa del compositor Osvaldo Farrés, *host* de su propio programa, *Bar melódico,* para homenajear a la diva, iniciativa que iba cobrando mayor fuerza y alcance, y desbordaba cualquier pronóstico: sus colegas y los directivos de las empresas que regentaban la radio y la televisión decidieron ofrecerle, en acto nacional, el mayor tributo realizado hasta la fecha en Cuba a una artista.

Inicialmente se preveía disponer del horario estelar del programa *Jueves de Partagás*, de CMQ-TV, que ese día no saldría en pantalla. La propuesta fue asumida también por los directivos del Canal 6 CMQ-TV y del Canal 4, así como de numerosas emisoras de radio que se unirían a la transmisión en directo el día 10 de octubre, fecha de conmemoración patriótica en Cuba, a partir de las nueve de la noche. El homenaje a la Única —que se vio imposibilitada de asistir al estudio— transparentó las diferencias latentes entre Goar Mestre (CMQ) y Gaspar Pumarejo (Canal 2), y quedaron al descubierto la visión eminentemente comercial del primero y el sentido de solidaridad y respeto hacia Rita del segundo. Antes, Goar Mestre debió lidiar con un profundo y sonado diferendo con la Montaner en torno a su programa *Rita y Willy,* a lo que se sumó la precaria posición en que ahora lo dejaba la respuesta y postura de Pumarejo, que, ante la negativa de los jerarcas de CMQ a mostrar empatía hacia él y sumarlo al homenaje, decidió suspender su programación esa noche y en su lugar colocar un letrero explicativo en la pantalla de su canal mientras durara la transmisión del homenaje.

En todo caso, quienes sí estuvieron cohesionados en torno a la figura de la Montaner como muestra de respeto e indulgencia ante su enfermedad fueron la clase artística: la trascendental transmisión se convirtió, por la cantidad y calidad de los colegas, incluyendo a los artistas extranjeros que trabajaban en Cuba en ese momento, en el mayor acto realizado en homenaje a un artista cubano.

A partir de las nueve de la noche el homenaje a la Montaner fue transmitido además por CMQ-Radio y CMBF-TV. A los estudios de CMQ, en el edificio Focsa, acudió prácticamente todo el mundo artístico: unos para actuar en honor a la diva y otros para estampar su firma en el libro abierto a tales fines. La esperada transmisión fue producida por Amaury Pérez, Roberto Miranda y Rafael Duany, y como presentadores actuaron Osvaldo Farrés, Enrique Santiesteban, Rolando Ochoa, Miguel Hernández y Humberto Estévez. Las orquestas acompañantes fueron la de *Jueves de Partagás*, dirigida por Roberto Valdés Arnau, la del *Bar melódico de Osvaldo Farrés*, con Julio Gutiérrez al frente, y la de Tropicana, conducida por Armando Romeu, Jr.

No cabe duda de que Celia era, desde hacía mucho, quien encarnaba la máxima excelencia en el llamado afro y en la guaracha, y que los productores no se permitían ya un programa o un espectáculo que se preciara de ser bueno, sin su presencia. Rodney dirigió y presentó una estampa suya: *Historia musical de Rita Montaner*, estructurada, según explica Ramón Fajardo Estrada en su libro biográfico *Rita Montaner. Testimonio de una época,*

> con notables creaciones de la homenajeada: *Canto siboney, Aquellos ojos verdes, El manisero* y *Ogguere*, a cargo de Celia Cruz, Zoraida Marrero, Blanca Varela, el Coro de CMQ y los cuartetos de Facundo Rivero y Aida Diestro. Para cerrar la estampa se ejecutaron a seis pianos una danza de Ignacio Cervantes y *Malagueña*, de Ernesto Lecuona, por los maestros Adolfo Guzmán, Julio Gutiérrez, Paquito Godino, Fernando Mulens, Bobby Collazo y Orlando de la Rosa, que fallecerá pocas semanas después.

Celia había sido objeto, tiempo atrás, de los lances iracundos de Rita Montaner, que marcaron sus relaciones con algunas artistas. Eso no fue un obstáculo para que Celia mostrara indulgencia ante la tragedia que ahora vivía su colega y accediera a participar en su homenaje. Según refirió Celia a Omer Pardillo años más tarde, Rita, ya próxima a su final, quiso disculparse con ella, pero el encuentro no pudo producirse.

Desde su casa, Rita siguió la monumental transmisión y una cámara la captó emocionada, pero visiblemente sin salud. Los artistas y participantes en el homenaje dejaron también los centavos que ella había pedido como ofrenda a la Virgen de la Caridad del Cobre. Poco más de seis meses después, Rita Montaner murió en La Habana, a los 57 años, el 17 de abril de 1958, dejando un legado glorioso e inolvidable en las artes y la cultura de su país.

A México

En noviembre Celia viajó a México para cumplir un importante contrato por cuatro semanas, que la retuvo en el Distrito Federal hasta diciembre. Era su segunda vez en el país azteca, pero la primera que se presentaba como solista. Agustín Barrios Gómez era el dueño del cabaret Afro, uno de los más famosos de la ciudad, donde se presentaban músicos y cantantes de preferencia cubanos. La recibió en un debut que ciertos medios de prensa calificaron de «tumultuoso»: a él asistieron relevantes nombres de la farándula en México, como el cantante chileno Lucho Gatica, la actriz italomexicana Martha Roth, y el cubano Yeyo Estrada, muy conocido por haber sido cantante de la orquesta de Pérez Prado y que ahora se desempeñaba como director artístico de Afro. Celia convirtió de inmediato sus presentaciones en el gran suceso de las noches de la capital mexicana. Muy temprano, la gerencia del Afro se veía obligada a cerrar sus puertas ante la avalancha de público y el hecho de que desde los primeros días se habían agotado las reservas de mesas para los días en que Celia estaría cantando allí. El cantante Tony Smith, en su función de corresponsal de la revista *Show* en el Distrito Federal, cuenta que Celia también se presenta por televisión y que engañosa o erróneamente «anunciaron la llegada con ella, de La Sonora Matancera, y en la propaganda anuncia a los solistas de La Sonora Matancera, no sé con qué objetivo, si ya todo el cupo [del Afro] está cubierto». También confirma que sus temas más populares y difundidos en México son *El yerbero moderno*, *La sitiera* (Rafael López) y *En la orilla del mar* (José Berroa), y que Celia está entre las cantantes más gustadas, seguida de Olga Guillot y la puertorriqueña Virginia López.

Celia se presentó también con igual éxito en el afamado Teatro Iris, acompañada por el conjunto de un coterráneo: Eduardo Periquet. El cubano había alineado como trompetista de la formación originaria del Conjunto Casino, con el que llegó a México en la primera mitad de los años cuarenta, y allí se quedó, como muchos otros cubanos, a continuar trabajando y viviendo. Durante años, la agrupación de Periquet había animado las noches del cabaret Río Rosa y otros de la capital mexicana; era uno de los conjuntos cubanos reconocidos y que desde principios de los cincuenta dio trabajo a cantantes como Vicentico Valdés, Kiko Mendive, Lalo Montané y hasta Benny Moré, quien —cuando vivió en la Ciudad México— cantó alguna que otra noche con su acompañamiento.

Se festejaba el vigesimosexto aniversario del estreno en México del cine sonoro, para lo cual el salón Alameda del Hotel El Prado, en la avenida Juárez, abrió sus puertas a una fastuosa gala, presidida por tres actrices representativas de las tres grandes cinematografías: la estadounidense Jayne Mansfield, la francesa Christian Martell y la mexicana María Félix. La velada, un baile de gala, fue organizada por los sindicatos cinematográficos mexicanos y cerró los festejos del acontecimiento. El boleto de entrada costaba 100 pesos y la recaudación debía engrosar los fondos de la Cruz Roja Mexicana. Humberto Heldam, el corresponsal de la revista *Radiomanía y Televisión,* no dejaba de resaltar en su crónica el calado que ya tenía en México nuestra Guarachera: «En el programa figuran numerosos artistas mexicanos e internacionales, encabezados por la popularísima Celia Cruz, cuyo *Yerbero* anda recorriendo todas partes hasta el cansancio».

Durante su estancia en México, Celia coincidió con la cantante Vilma Valle, que por esas fechas debutó con éxito en el Río Rosa. Celia acudió a la presentación de su amiga, que también se convirtió en punto de reunión de cubanos, entre ellos el cantante Yeyo Estrada, el bongosero Virgilio Martí, el propio Periquet y otros. Tras cuatro semanas de éxitos en el Distrito Federal, Celia regresó a Cuba, dejando firmado un contrato para próximas presentaciones en Veracruz, donde también la consideraban la más popular y admirada de las cantantes cubanas.

La mirada de la crítica se centró ahora en esta nueva faceta de Celia, en la que se reveló con dotes histriónicas no desdeñables: el cronista y crítico Alberto Giró, desde su página en el *Diario de la Marina,* seleccionaba semanalmente a los que consideraba merecedores de la mención de honor según su desempeño en la televisión en los siete días anteriores. En su edición del 27 de octubre, Giró seleccionó, del ámbito musical, a Rolando Laserie —quien había impuesto su peculiar modo de cantar—, a Miguelito Valdés —que se presentó en *Jueves de Partagás*—, a Olga Guillot —ahora en los programas del Canal 2 producidos por Pumarejo— y a Celia, que «realizó una brillante faena como cantante y actriz en la audición del lunes [21 de octubre] en el programa *Garrido y Piñero*. Un nuevo triunfo para Celia».

En Radio Cadena Habana

Mientras Celia triunfaba en México, a finales de noviembre se anunció la contratación en exclusiva radial de La Sonora Matancera con los cantantes Carlos Argentino y Celio González por Radio Cadena Habana, emisora que había comenzado a transmitir en 1940 con la intención, no concretada después, de unirse a otras para crear una cadena de carácter local. El nombre permaneció y la emisora se dedicó a la música ibérica, orientada a la populosa comunidad española en Cuba, hasta que en los años cincuenta fue adquirida por Modesto Vázquez y Orlando Álvarez, dos jóvenes emprendedores, que le imprimen un aire renovador a tono con los tiempos al dedicarla exclusivamente a la música popular cubana. Con un alcance menor que las cadenas nacionales Radio Progreso y CMQ, a pesar de ser una emisora local, fue aumentando en progresión su radioaudiencia, gracias a los cantantes y conjuntos que presentaba en su estudio-teatro de la calle San José 104, en los bajos del antiguo Centro Gallego (hoy Gran Teatro Alicia Alonso).

Vázquez y Álvarez sabían que Celia con la Sonora y sus cantantes era un triunfo garantizado y consiguieron satisfacer las exigencias económicas de Rogelio Martínez y la orquesta. Tuvieron su publicitado debut en la nueva emisora durante la primera semana de noviembre con una frecuencia diaria en un programa estelar al cuarto para las siete de la noche. Tras muchos años, la tropa de Rogelio Martínez dejó los predios de Radio Progreso para legitimar aún más, con su popularidad y prestigio, a una de las emisoras de más fuerte competencia. La expectativa se tradujo en una enorme afluencia de público al estudio-teatro de Cadena Habana, que llegó al clímax cuando Celia, de regreso de México, en las últimas semanas de diciembre, se incorporó y aseguró llenos totales en las audiciones del programa, que se prolongaron hasta mediados del año siguiente. Con La Sonora Matancera permaneció en ese espacio desde finales de 1957 hasta mediados de 1960, en programas diarios de lunes a sábado. A su programa le seguía el espacio que compartían la orquesta de Neno González, y Arty Valdés y su trío. Al regresar, Celia reapareció triunfal también en la televisión, y se destacó su participación en el programa estelar de CMQ-TV, *Jueves de Partagás*.

Grabaciones y discos

La labor de distribución de Seeco Records parecía no detenerse. Sidney Siegel, con un gran sentido comercial, potenciaba las ventas con la edición de LP compilatorios a partir de ciertos temas y ocasiones, desde determinados acontecimientos periódicos, como las fiestas navideñas, hasta la alusión directa a ciertas ciudades donde eran muy populares los artistas de su catálogo. En esa línea, produjo el LP *One Night in Caracas,* una compilación de temas que asemejaban el variado y gustado programa que había presentado el venezolano Club Las Fuentes con La Sonora Matancera y sus cantantes Carlos Argentino *(Tu rica boca* y *Apambichao),* Nelson Pinedo *(El Gavilán* y *Sabrosito así)* y Celia Cruz, de la que incluyen sus éxitos *Gozando* (Juan Bruno Tarraza), *La merenguita* (Eridania Mancebo), *No encuentro palabras* (Antonio Castro) y *Contentosa* (Sergio González Siaba). «Un auténtico LP de alta fidelidad que lleva la vida nocturna de Caracas directamente a tu salón»: así lo calificaba el *Tampa Bay Times* en un artículo donde el columnista anónimo comenta varios discos que considera interesantes.

En su edición del 30 de septiembre, *Billboard* anunció que Seeco sacaba al mercado el álbum *El Disco de Oro (The Golden*

Record) (SCLP-9108), con «los doce nombres más grandes del catálogo de Seeco Records interpretando los mejores de sus grandes clásicos» y alertó de que se trataba de un disco «más para escuchar que para bailar». El disco incluye a Leo Marini, Bobby Capó, César Concepción y su orquesta, Joe Valle, Lola Flores y, claro está, Celia Cruz.

Para la campaña de Navidad y Año Nuevo, Seeco publicó otro recopilatorio que involucraba a Celia: el LP *Parade of Stars* (Golden Series SCLP-9120). Cada uno de los doce surcos corresponde a un tema interpretado por cantantes que grabaron con La Sonora Matancera: Bobby Capó, Bienvenido Granda, Vicentico Valdés, Nelson Pinedo, Daniel Santos, Alberto Beltrán, Tony Álvarez, Gloria Díaz, Celio González, Olga Chorens, Rodolfo Hoyos y, por supuesto, Celia Cruz, con *Ritmo, tambó y flores,* guaracha de José Vargas que había grabado en 1951. Meses más tarde, el rotativo *Tampa Bay Times* incluyó una mención sobre este disco.

Durante 1957 Celia realizó otras grabaciones con La Sonora Matancera, escasas en cuantía pero importantes: el 22 de mayo, con los coros de Rogelio, Caíto y Celio González, registra *Ipso calypso,* de Carlos Argentino, y la guaracha-guaguancó *La sopa en botella,* de Senén Suárez, con una historia peculiar: corría de boca en boca por La Habana el tema *El vive bien,* un guaguancó escrito por Alberto Zayas y que da título al álbum del Grupo Afro-Cubano de Alberto Zayas, considerado un clásico en la discografía de la rumba cubana. Es un verdadero himno al gigoló, al chulo, al mantenido por vocación, en su más pura expresión. La época era propicia para que el tema pegara, y fue tanto que su cantante, Roberto Maza, empezó a ser conocido como *el Vive Bien:*

> Nosotros nos casaremos,
> muy felices viviremos
> en nuestro cuarto bendito,
> de un solo pan comeremos
> y con lo que tú trabajes

yo podré comprarme un traje
y los domingos saldremos.
Y cuando te pongas bella
y vengas de la cocina
y me traigas la cantina
y la sopita en botella,
te diré que eres mi estrella
y que yo mucho te quiero,
tú vendrás con el dinero
de la primera mesada,
tú conmigo estás casada, mi amor,
lo tuyo me pertenece,
ven aquí todos los meses,
sin tocar del guano nada
y al fin de esta gran jornada,
dirás que yo soy muy bueno,
muy felices viviremos,
pero yo sin hacer nada.

A Senén Suárez le pareció, si no necesaria, cuando menos oportuna una réplica en voz femenina, en la línea de las contestaciones, tan al uso desde la época en que trovadores como Manuel Corona las utilizaron como elemento expresivo. Así nació *La sopa en botella*, una guaracha cuyo autor coloca la rebeldía en la voz de una Celia Cruz decidida a enfrentar esa forma de violencia machista. *La sopa en botella* se convirtió en uno de los temas más populares y duraderos de su repertorio, pero también en uno de los textos feministas más tempranos, elocuentes y avanzados de su tiempo, poco frecuentes en el género popular guarachero, y en el que Celia deja bien claro que, de sopita en botella... ¡nada!

Oye, mi socio,
no esperes que yo te lleve
esa sopita en botella

y que te compre tres fardos [trajes],
o que te dé la mesada,
acurrala de a butin [trabaja bien]
si quieres tener la vida bella.
Mira, mi hermano,
tienes los cables cambiados
y tu cerebro tostado.
Tú lo que estás es turulato
y si quieres un consejo
acurrala de a butin.
Si quieres poder llegar a viejo,
no esperes, mi socio,
esa sopita en botella.
Ay, yo no te doy la mesada,
ya tú no sirves pa' nada [...].
Esa sopita, ya tú no puedes con ella...
No esperes, mi socio,
esa sopita en botella.

La sopa en botella permaneció en el repertorio de Celia, y después fue retomado en nueva versión durante su etapa con Fania Records, con lo que se convirtió en uno de sus temas icónicos y más populares.

Ipso Calypso es la rápida reacción de su autor, Carlos Argentino, al avance creciente del calypso en Cuba, puesto de moda por el norteamericano Harry Belafonte y la llegada de grabaciones suyas, como *Day-O (The Banana Boat Song)*. No solo Celia y Carlos Argentino se sumaron al género: Julio Gutiérrez, siempre versátil y atento a la evolución de la música en el *show business,* creó el grupo The Cuban Calypsos, con Dandy Crawford como cantante principal, y grabaron al menos dos sencillos con cuatros versiones de calypsos originales. Pero la grabación de Celia se anticipó a estas, y en ella hace una interpretación un tanto alejada de su habitual fraseo guarachero y entronca con el estilo de los temas más rítmicos del repertorio del *feeling,* a los que Carlos Argentino en su composición parece hacer un guiño.

Otras dos grabaciones de Celia Cruz podrían enmarcarse dentro de 1957, aunque no es posible precisar con exactitud su fecha con los datos del catálogo original del sello Seeco. Ambas fueron fijadas en el disco de 45 revoluciones por minuto Seeco 45-7740: en primer lugar la guaracha *Mi Chaparra* (Salvador Veneito), ambientada por su autor en el trabajo de los cortadores de caña y en el central Chaparra, una importante fábrica de azúcar de la antigua provincia de Oriente, en el actual territorio de Las Tunas, y en segundo lugar la tumba curazoleña *Mi so den boso,* una suerte de merengue rápido del autor antillano neerlandés Ludwig *Luti* Samson, que Celia canta en papiamento, engalanado por el aire rumbero del arreglo de Javier Vázquez. Según Tim de Wolf, *Mi so den boso* no era un tema antiguo, sino un éxito reciente de la música curazoleña, pues fue grabado originalmente en directo desde el estadio Rif, en la voz de *Luti* Samson, acompañado por la orquesta Estrellas del Caribe, el 18 de octubre de 1955 en un evento realizado con motivo de la visita de la reina Juliana, entre el 18 y el 27 de octubre, y fue prensado en placa de laca que se obsequió al doctor F. A. de Graff, secretario del príncipe neerlandés Bernhard. La grabación de *Mi so den boso* es una hábil acción, común en la estrategia de Rogelio Martínez, que considera a Curazao y Aruba como dos importantes plazas donde Celia y la Sonora son venerados y se presentan con cierta regularidad. Años después, en su época con Fania Records, la Guarachera de Cuba retomó este tema con un nuevo arreglo.

El año se aproximaba a su fin y el 10 de diciembre se inauguró el nuevo Hotel Havana Riviera, la joya de la corona cubana de Meyer Lanksy. El show de Steve Allen fue transmitido directamente desde sus instalaciones, y para ello, además del afamado presentador norteamericano, llegó Ginger Rogers, que durante varias noches fue la atracción en su cabaret Copa Room. El desfile de estrellas internacionales de mayor o menor rango no se detenía: Yma Sumac al Parisien, donde se anunció para muy pronto a la italiana

Celia en programa de CMQ-TV; entre los músicos, a la izquierda, Oscar Valdés con la tumbadora, 1957 (archivo personal Celia Cruz / Celia Cruz Estate).

Katyna Ranieri; las castizas Juanita Reina y Marujita Díaz ponían salero al segmento español en los principales espectáculos, y Amleto Battisti, en su emporio del Casino de Sevilla, dio oportunidad a Sindo Garay, olvidado y preterido pero lúcido y vivaz en su música desde sus bien llevados noventa y tres años. Todo el engranaje continuaba funcionando en pos de convertir a La Habana en el centro continental del turismo y de los juegos de azar.

Conquistando nuevos escenarios
(1958)

*L*a renovación de plataformas para sus presentaciones y confrontación con el público se extendió en 1958 también a la televisión. En febrero Celia y la Sonora debutaron en el Canal 2, cesando su exclusividad con CMQ-TV. Las actuaciones en los estudios de radio y en la televisión, así como la participación en bailes y otras contrataciones con La Sonora Matancera, representaban el contacto directo con su fanaticada —el segmento más simple y menos sofisticado de su público—, de la que se nutría y recibía impresiones de cómo percibían su trabajo, en momentos de una mayor democratización del acceso a las propuestas artísticas. De una manera coherente, transcurrió en paralelo con la ya orgánica inserción de Celia en el segmento más alto del *show business,* representado por los cabarets de mayor rango, que no renunciaron, sino, por el contrario, reforzaron sus propuestas escénicas basadas en la temática afro y la liturgia yoruba y afrocubana, que conquistaban cada vez mayor aceptación en el público desconocedor y en gran parte foráneo, habitual de los grandes centros nocturnos de la capital cubana. Mientras Tropicana se alejaba por el momento de esa temática y Rodney experimentaba con un grupo de bailarinas y modelos asiáticas, traídas especialmente para los shows *En un paraíso del Asia* y *Chinatown,* en Sans Souci el coreógrafo y productor Víctor Álvarez estrenó el espectáculo *Yímbula*, con el estelar Rolando Laserie, María Magdalena, Miriam Barreras, Roberto Barceló, Ana Gloria y Rolando, la estadounidense Dolores Perry y una ya potentísima Elena Burke, que acababa de dejar las filas del cuarteto D'Aida.

En un espectro multirracial habían surgido otras guaracheras y cultoras del estilo afro escénico, que, si no imitaban, al menos intentaban seguir el camino que había llevado a Celia al más rotundo éxito: Gina Martin, Caridad Hierrezuelo, Celina González —quien llevó la guaracha y la liturgia afro al ámbito de la música campesina—, la pequeña Caridad Cuervo y muchas otras. No obstante, Celia retuvo el cetro en estos géneros, y, en todo caso, marcó el referente a seguir.

Para Celia como cantante y para La Sonora Matancera, la demanda en el área caribeña y latinoamericana crecía sin cesar. Muy temprano, al comienzo del año, se apersonó en La Habana el empresario Gilberto Rivera Torres, director gerente de Publicidad Girito, de Santo Domingo, y llegó a acuerdo con Eugenio *Tito* Garrote, para llevarlos al vecino país, donde seguían siendo venerados.

En plaza conquistada

De nuevo, Celia, la Sonora y sus cantantes del momento fueron contratados para presentarse en las fiestas del Carnaval de Caracas. Lo hacen desde el sábado 15 al martes 18 de febrero, como en ocasiones anteriores, en el Club Las Fuentes, donde ya se habían convertido en un clásico de esa temporada de festejos, y que los anunciaba en esperado *mano a mano* con orquestas locales, animando los bailes de disfraces. La propuesta del sábado no podía ser mejor: los cubanos alternaban con la Caracas Swing Boys, ni más ni menos que el nuevo nombre que había adquirido la banda de Billo Frómeta tras hacerse famosa como la Billo's Caracas Boys. Los cubanos, y Celia en particular, arrebataban: es el verbo utilizado por varios medios de prensa que también comentaban sus apariciones en el Canal 2 de la televisión caraqueña. Otras orquestas y conjuntos venezolanos se mezclaban actuando en las fiestas populares con colegas de Cuba y otros países: Aldemaro Romero con Vicentico Valdés; Manolo Monterrey y sus Guaracheros con Rafa Galindo; Lorenzo González y su banda con María Belem como solista; Ramón Márquez y su orquesta con Ivonne de Oro y Flavio el Guarachero; el conjunto Jóvenes del Cayo y varias agrupaciones de Curazao: Jóvenes del Caribe, Orquesta América Star y el conjunto Lluvia Musical; Chucho Sanoja con las tres grandes voces de Alberto Beltrán, Chico Salas y Alci Sánchez. En el Casa Blanca, dos excelentes bandas: la de Machito y sus Afrocubans y la de Luis Alfonso Larrain; en el Tiuna y Ciro's, la Orquesta América y Las Cinco del Chachachá; en el Centro Gallego, Roberto Faz y su conjunto. También la orquesta de Carlos Torres con Bienvenido Granda y Gina Martin, y de Panamá, Emilio Muñoz y su Tamborera Panameña, entre muchos otros. La Sonora con Celia se presentó en el popular programa *El Show de las 12:30* en Televisa Canal 4.

Para Celia y La Sonora Matancera, Venezuela era ya una plaza bien establecida, que garantizaba una demanda constante de su trabajo y sus novedades, tanto a nivel presencial como discográfico. Desde hacía años los representaba allí Guillermo Arenas, probablemente el empresario que gestionaba las presentaciones de los más afamados músicos y artistas cubanos.

En junio Celia volvió a las Antillas Neerlandesas, contratada especialmente para actuar los días 6, 7 y 8 en la feria organizada en Willemstad por la Sociedad Tropical en los terrenos de la K. S. C., de cuya cartelera era la principal atracción. Se anunciaban también dos de los mejores conjuntos de Curazao: Los Jóvenes del Caribe y Las Estrellas del Caribe. El día 7 Celia se presentó en el West-End Cinema, centrando un show de dos horas con música y bailarinas alternando con las proyecciones del filme *El hombre que venció el miedo*, de John Cassavetes. Repitió los días 8 y 9 en el mismo sitio y el viernes 13 debutó en el Club Suriname, animando una gran maratón bailable.

Celia, que fue contratada sin La Sonora Matancera, fue acompañada en sus presentaciones por la orquesta curazoleña Las Estrellas del Caribe, de Edgar *Gachi* Supriano.

Se abrieron nuevas posibilidades al gremio artístico y a la industria de los medios de comunicación en Cuba cuando Gaspar Pumarejo inauguró el 19 de marzo el Canal 12 de televisión a color, con sus estudios en el Hotel Habana Hilton. Aunque de discreto alcance, fue el primero de este tipo en Latinoamérica.

En mayo la política de «renovación» en los predios del circuito CMQ cobró tintes alarmantes. Sus gerentes decidieron no renovar el contrato a conocidas figuras artísticas que llevaban varios años en sus nóminas e imponer sensibles rebajas en sus honorarios a los que se decidiera que permanecieran. La prensa ventiló la situación, sobre la que venía informando desde hacía algún tiempo.

Desde hacía varios meses, en la sección «Tele-Radiolandia» de la revista *Bohemia,* un anónimo poeta, que se escondía tras el apelativo de Mirón, dedicaba décimas a personajes destacados de la radio y la televisión. En la edición del 27 de julio le tocó la suerte a Celia:

> Celia: tabaco y palmar
> dichos en una silueta,
> campana de azúcar prieta
> que Cuba pone a sonar.
> Sangre que nació a cantar
> y que se da cuando canta
> color que cantando encanta
> (campana de fuego y oro)
> con un manantial sonoro
> brotando en una garganta.

Desde la foto que acompaña los versos, la sonrisa de Celia, entre confiada y pícara, parece que presiente y dice: «Eso no es nada. Llegaré aún más lejos. Lo mejor está por venir».

Puertas a la radio y televisión en Estados Unidos. El Show de Jack Paar

El 27 de julio los técnicos y las empresas teledifusoras cubanas se anotaron otro punto a su favor con la transmisión desde el cabaret

Tropicana y el Hotel Habana Hilton del famoso programa de la televisión estadounidense *Tonight Starring Jack Paar* (renombrado en 1959 como *The Jack Paar Show*). Con ella quedaba inaugurado el Canal 10, regentado por la empresa Televisión Habanera, S. A., filial cubana del emporio televisivo norteamericano NBC. Para el espectáculo trajeron a la cantante francesa Genevieve —que dicen que no cantó— y el actor y galán de origen latino César Romero, más un elenco local, nutrido en su mayoría por bailarines y coristas de Tropicana y figuras como Celia y el pianista Felo Bergaza. La revista *Radiomanía y Televisión,* al referirse al evento, publicó una foto donde aparece la Guarachera de Cuba arrollando en una conga carnavalesca, sosteniendo una farola, al igual que Bergaza y la bailarina Gladys González, junto al cantante Rolo Martínez.

Jack Paar sucede a Steve Allen como *host* del espacio estelar de *prime time* en la NBC. Si Allen había presentado su programa desde La Habana en ocasión de inaugurarse el fastuoso Hotel Havana Riviera en 1957, Jack Paar no sería menos al aceptar la idea de los flamantes gerentes del nuevo Canal 10 cubano e insertarse en el incesante ir y venir de celebridades norteamericanas que propiciaban muy diligentemente los nombres y empresas que controlaban el juego en los casinos habaneros.

Lo que parece ser la llegada de la imagen de Celia por primera vez a un programa televisivo en una cadena de costa a costa de Estados Unidos reforzó su presencia creciente en la radio de ese país, sobre todo en Nueva York y la zona de la costa oeste, propiciada por las sostenidas publicaciones de sus discos por la marca Seeco.

Durante 1958 Celia tuvo destacadas apariciones en la televisión cubana. El jueves 8 de mayo se produjo algo que todos habríamos querido presenciar: Celia y Benny actuaron en una edición especial de *Jueves de Partagás*, el programa estelar dirigido por Amaury Pérez, ahora con la colaboración directriz de Joaquín M. Condall, que esta vez lo sacó del estudio y puso a los cantantes y a la orquesta en plena calle mientras las coristas bailaban en la marquesina del edificio, con las lógicas deficiencias de audio imposibles de solventar entonces, pero con el éxito que suponía sacar las cámaras y todo el espectáculo a la calle, a la vista de todos.

Otro hecho televisivo memorable, donde Celia dejó clara su clase, ocurrió el miércoles 21 de mayo en el programa *Casino de la alegría*. Por esos días, la española Sarita Montiel arrasaba con su película *El último cuplé* y abarrotaba los cines cubanos donde se proyectaba. La radio no cesaba de pasar su famosa interpretación vocal, en una cuerda muy cubana. El enorme suceso de fanaticada inspiró al coreógrafo Alberto Alonso, que recreó en clave humorística el tema castizo en *El último bembé,* una sátira criolla donde Sonia Calero brillaba con su habitual seguridad y personal estilo interpretativo. En la parte vocal, Celia no fue menos: según el columnista Alberto Giro, «ratificó que en su género es lo mejor que tenemos actualmente».

Cantó a dúo con Bola de Nieve. Cantó también en solitario, y dio muestras de su alta jerarquía musical cuando el 30 de octubre apareció de nuevo en una emisión de *Jueves de Partagás*, en otro dueto memorable que la tecnología no alcanzó a salvar para la posteridad.

Mientras tanto, en La Habana el Teatro Nacional revivía sus espectáculos musicales con el regreso de Tongolele y sus tambores tahitianos. Pero el no va más sucedió al aparecer en la capital el cantante español Pedrito Rico, que revolucionó el ambiente y dividió diametralmente las opiniones con su imagen andrógina aderezada con profusión de oro de joyería. El cabaret Parisien del Hotel Nacional prescindió de las estrellas norteamericanas que venían copando su elenco y presentó el show *Visite Cuba primero,* con un elenco completamente cubano, encabezado por quien ya era una arrolladora revelación: Celeste Mendoza, *la Reina del Guaguancó,* junto con la sensual Gina Romand, Manolo Torrente, la vedette Mónica Castell y los bailarines Ana y Julio.

Dentro de la estrategia de expansión del juego como elemento crucial de la industria turística, se inauguraron los nuevos hoteles-casino Comodoro, Deauville y Capri.

Jingles, publicidad y Bacardí

¡Dale más gusto a tu gusto con Partagás,
que es todo gusto!

En Cuba Celia nunca fue imagen de portada en las revistas de mayor circulación. Tampoco fue elegida para modelar en publicaciones de corte social, estilo de vida o de moda. A pesar de poseer un cuerpo de armonía notable y de llevar sus *outfits* con paradigmática elegancia, el suyo no era el prototipo de belleza de la publicidad visual. A diferencia del mundo del cabaret y los centros nocturnos, que potenciaban la presencia de músicos, actores y cantantes negros, el mundo de la televisión y la publicidad tenía un canon racial que les hacía darles un tratamiento diferente, más restrictivo, y preferían limitar la presencia de actores y figuras negras en la publicidad de ciertos productos. Hasta mediados de la década de los cincuenta, la industria del jabón y los detergentes asociaba la imagen de la mujer negra a los productos de limpieza, en clara alusión al sitio que, suponían, debía corresponderle en la escala social. Eso empezó a cambiar; un ejemplo claro es el famoso anuncio del jabón de lavar Rina con Consuelito Vidal, que enfatizaba la polisémica y entonces políticamente arriesgada frase «Hay que tener fe, que todo llega».

No podía evitarse la presencia de figuras negras en la publicidad de productos específicos para la población afrodescendiente, como fue la introducción en Cuba de un moderno sistema de alisamiento del pelo afro, que demandaba un reclamo veraz y convincente. Para anunciarlo eran idóneos los mejores cantantes y deportistas de Cuba. De ese modo, Celia Cruz, Xiomara Alfaro, Benny Moré, el boxeador Kid Gavilán, y la locutora y actriz Conchita García, *Jazmín,* fueron los primeros cubanos afrodescendientes en ser imagen de un producto específico de belleza: la crema desrizadora Allyn's, fabricada en Estados Unidos. La revista *Bohemia* insertó, en diferentes ediciones, anuncios donde aparecían las

Celia con La Sonora Matancera en evento auspiciado por Bacardí y su cerveza Hatuey, años cincuenta (archivo personal Celia Cruz / Celia Cruz Estate).

estelares figuras confiando sus cabellos a la afamada estilista cubana Delia Montalvo, una de las mujeres negras más exitosas en el mundo empresarial de los años cincuenta, y muy ligada al universo de la música por estar casada con Rolando Valdés, fundador y director de la Orquesta Sensación. Pero en realidad, cuando se trataba de destacar una figura femenina en función del producto promocionado, se solía elegir, casi sin excepción, a una que cumpliera los parámetros de belleza que imponía la sociedad patriarcal, discriminatoriamente restrictiva, y que siempre miraba al mundo anglosajón. No había negras ni mulatas anunciando jabones faciales, perfumes ni productos de belleza, ni siquiera algo tan popular como una cerveza. Ahí Celia fue la excepción que confirma la regla.

Mírala qué linda viene, mira qué sabrosa está,
llegó Jupiña a La Habana en su piña de cristal.
Da gusto brindar Jupiña, en su piña de cristal,
da gusto tomar Jupiña con su criollo refrescar.

Otra cosa un tanto diferente ocurría con los *jingles* de audio. En ellos Celia Cruz era la reina. A este trabajo ella se refirió muchos años después; su testimonio tiene el valor del recuento:

> Gracias a la Sonora me salieron oportunidades para hacer otras cosas. En esa época se usaba mucho que los cantantes grabaran su voz haciendo una cancioncita par productos como cigarrillos, jugos o cualquier otra cosa. Pero lo que acostumbraban era poner una modelo bonita, casi siempre era rubia o un hombre blanco con la voz de algún cantante. Yo grabé numeritos para el jabón Candado, el ron Bacardí, la Coca-Cola, los tabacos H. Upmann, el queso Guarina, Colonia 1800, Café Pilón, Jupiña, los tabacos Partagás, la cerveza Hatuey y el tema del *Casino de la alegría*. Hace unos años un señor que se llama Omar Marchant me regaló una cinta con la mayoría de esas cancioncitas que yo había grabado. Fue una sorpresa maravillosa.
>
> Ahora todo el mundo les dice *jingles*. Muchos de ellos eran buenísimos, pero la verdad es que nos pagaban una porquería. Me acuerdo que los de la Colonia 1800 me pagaron veintiún pesos por hacer ese anuncio. Normalmente nos pagaban cincuenta. No sé bien ni por qué lo hice. En esa época yo solía hacer lo que me dijeran. A mí me encantaba cantar, y cualquier oportunidad para hacerlo me parecía un regalo del cielo. Así fuera por tan solo veintiún pesos.

Oye lo que te voy a decir.
Ese buchito que le llevan a la cama, que sea Café Pilón.
Oye, ese buchito después de la comida, que sea Café Pilón.
Ese buchito de las tres de la tarde, que sea Café Pilón.
Café Pilón, sabroso hasta el último buchito.

Celia opinaba que la publicidad a través de los *jingles* hizo posible su aparición muy temprano en la televisión en Cuba, casi cuando daba sus primeros pasos en el camino comercial, pero también era consciente de que muchos evadían conjugar imagen y voz en la pantalla:

> Alguien me dijo que yo soy la «*jinglera* pionera». Me da mucha risa esa palabra. Pero a mí me pasaba una cosa muy curiosa: antes de darme un *jingle,* los productores, por lo general, ya habían pasado por cuatro o cinco cantantes [...]. Si los productores intentaban doblar mi voz con la imagen de otra persona, no les daba ningún resultado. El mismo público no se lo aceptaba y me tenían que poner a mí en el anuncio. Es que mi voz es una contralto con un poco de alto arriba y un poquito rara. La gente la conocía, y no se conformaba con que pareciera salir de la boca de otra persona. Los que insistían en poner a una modelo —porque yo no era el tipo que querían—, la tenían que poner bailando o haciendo cualquier cosa, pero cantando con mi voz, nunca. Así fue como salí en la televisión cubana, que en Cuba ya existía en 1950, poco después que la hubieran inventando en los Estados Unidos. ¡Cómo son las cosas! En un par de años, había ido desde el rechazo de algunos cuando reemplacé a Myrta Silva en la Sonora, a hacer *jingles* en la televisión, el medio más nuevo y emocionante de la época.

En efecto, las marcas Bacardí —el ron homónimo y la cerveza Hatuey— propiciaron la aparición de Celia en *spots* publicitarios de televisión y en anuncios impresos, también con su imagen. Sus ejecutivos hallaron así el modo de rentabilizar aún más el patrocinio de los programas que centraban Celia con La Sonora Matancera, conociendo su popularidad y aceptación por el gran público. En la misma línea, Bacardí los reconoció como portadores y propagadores de las bondades de sus productos y también patrocinó muchas de sus giras por las provincias, ciudades y pueblos de Cuba. En especial, Bacardí contrató durante muchos años a Celia y La Sonora

Matancera como artistas exclusivos para actuar durante dos semanas en los festejos del carnaval santiaguero en el mes de julio.

> Hatuey, la gran cerveza de Cuba,
> pedacito de domingo que usted se merece.
> Con Hatuey bien fría, Hatuey jacarandosa.
> Brindar con Hatuey, Hatuey para ti.
> Gozar con Hatuey, Hatuey para mí
> Hatuey, la gran cerveza de Cuba.

La campaña para apoyar la industria nacional, iniciada a finales de los años cincuenta y reforzada en 1959 y 1960, también contó con la voz y el ímpetu de Celia en un *jingle* televisivo promovido por los Laboratorios Gravi en el final de la década:

> Consuma productos cubanos,
> que así también se hace patria.

Una amarga noticia

El año 1958 trajo para Celia una noticia alarmante: Ollita tenía una grave e insalvable enfermedad, un cáncer de vejiga con el peor pronóstico. A partir del momento en que el doctor Doval Valiente confirmó el diagnóstico, Ollita, que ya era la principal preocupación de Celia, se convirtió en su angustiosa obsesión para prolongar lo más posible y con la mejor calidad de vida los días, meses o años que le quedaran. Celia gozaba en ese momento de una buena situación económica, y por decisión propia se había convertido, desde que comenzaron sus éxitos artísticos y su progreso económico, en el sostén familiar casi absoluto, algo normal en una familia cubana de humildísimos orígenes, donde el primero (o único) que triunfa en la vida es el motor para salir de la pobreza. Sin embargo, la enfermedad de Ollita tensó al máximo la situación familiar, pues fue necesario asegurarle la mejor alimentación, los mejores medicamentos, revisiones periódicas con facultativos en clínicas privadas, exploraciones médicas y, llegado el caso, atención directa especializada de enfermería en casa. Celia trabajó, en primer lugar, para asegurarle a su madre el tratamiento que merecía y que ella deseaba que recibiera por encima de todo. Ese era «el asunto más importante de mi vida», reconoció siempre. En 1958, según declaró décadas después, ella era consciente de que la situación en Cuba se estaba volviendo incierta y aunque no le faltaban contratos ventajosos, los mejores pagos los obtenía en giras y presentaciones internacionales, pero por fuertes razones afectivas sufría la contradicción de tener que apartarse de su mamá para poder asegurarle una óptima calidad de vida y atención médica.

Puerto Rico por primera vez. Maelo

A finales de agosto de 1958 Celia viajó por primera vez a Puerto Rico —sin La Sonora Matancera—, para cumplir un beneficioso contrato en el famoso cabaret Flamboyán, calificado por la prensa cubana como «el Tropicana de San Juan». Celia era la principal atracción en la producción musical *Cuba y Puerto Rico,* para la que fue especialmente requerida. Cantó acompañada por la orquesta del boricua César Concepción, considerada la mejor en ese momento, y alternó con Rafael Cortijo y su Combo, que tenía a Ismael Rivera, *Maelo*, como solista. El son, la guaracha y la rumba se sumaron a las coincidencias estilísticas que hicieron grandiosos los dúos que protagonizan Celia y Maelo en las noches del Flamboyán. La empatía musical y personal evidenciada durante sus presentaciones en San Juan fue el germen de una leyenda que los unió en una fugaz y romántica relación, alimentada por periodistas y escritores puertorriqueños que han escrito sobre ella tras la muerte de Celia y que, paradójicamente, y hasta donde se sabe, nunca se atrevieron a confrontar públicamente con los implicados. De cualquier manera, fuera cierta o no la posible atracción mutua, lo que sí prevaleció entre ambos fue una amistad y un respeto como artistas.

Compartieron escenario más de una vez. Aún se recuerda su dúo en *Cúcala,* bomba puertorriqueña de la que Maelo hizo una popularísima creación y que Celia grabó después junto a Johnny Pacheco. Celia dejó constancia de su aprecio por Maelo como sonero y cantante cuando años después, al cumplirse cinco años de la muerte del popular cantante puertorriqueño, grabó su LP *Tributo a Ismael Rivera,* (Vaya Records JMVS-110), un recorrido por temas icónicos del gran sonero boricua. El paso exitoso de Celia por Puerto Rico fue también reflejado por la revista *Radiomanía y Televisión,* y calificada por su corresponsal en San Juan como un «suceso extraordinario».

Para el 29 de octubre, en la prensa cubana se anunció la actuación de Celia en el escenario del Prospect Theater en el Bronx, en espectáculo con artistas mexicanos como la vedette Kitty de Hoyos y los cómicos mexicanos Tin Tan y Marcelo. Algún medio ventiló el incidente surgido en torno a esta presentación de la guarachera en Nueva York y protagonizado por David, el empresario del citado teatro, y el conocido promotor boricua Catalino Rolón, que mantenía la bien ganada fama de presentar en Nueva York a las mejores atracciones latinas. De acuerdo con la revista *Show,* David se apresuró a firmar a Celia, y viajó a México con ese propósito cuando ella se estaba presentando allí con éxito total, lo que según Rolón fue un acto de piratería. Algo ocurrió con el empresario del Prospect, porque Tito Garrote le ofreció al promotor boricua la misma fecha para un concierto de Celia en Nueva York, pero este, trastocando el proyecto en molestia, le dijo que ya no le interesaba la propuesta de Celia. No se han podido encontrar pruebas de que esa actuación tuvo lugar en realidad, pero en todo caso, la admiración y el respeto de Rolón hacia Celia superó el incidente y el boricua fue un apoyo determinante cuando la Guarachera de Cuba decidió, años después, fijar su residencia en Nueva York.

El 20 de noviembre Celia llegó a New Orleans, al parecer en visita privada, y después volvió a la capital mexicana para cumplir un nuevo contrato en el cabaret Afro desde el mes de diciembre.

La irrupción de la Guarachera de Cuba en la costa oeste de Estados Unidos se había iniciado con el sonido de su voz transmitido a través de las ondas radiales, y el músico y promotor Lionel *Chico* Sesma fue, en gran medida, responsable de ello. Pudo haber comenzado antes, pero corresponde a 1958 la primera referencia que encontramos sobre Sesma y su vínculo con la carrera de Celia Cruz.

Con una corta trayectoria como trombonista, Sesma se convirtió en un sagaz e inteligente locutor, promotor, empresario y *disck jockey* de origen chicano, hijo de padre mexicanoestadounidense y madre mexicana, sin una gota de sangre cubana en las venas, pero cautivado después por la música de Cuba, Puerto Rico, Santo Domingo y todo lo que tuviera que ver con ella. En 1949 comenzó como *disc jockey* en la emisora KOWL (denominada después KDAY) y se empeñó en difundir música cubana y latina a través de su programa en diversas radioemisoras de la costa oeste. De hecho, Sesma fue el primero en hacerlo de manera sistemática, y por su labor las grabaciones de Celia Cruz y la Sonora fueron cada vez más conocidas y solicitadas. En 1955 había comenzado sus famosas Latin Holidays en el Hollywood Palladium de Los Ángeles, donde presentaba en la escena a populares figuras de la música cubana y latina. Durante 1958, gracias a Chico Sesma y sus programas en varias emisoras californianas, como la KDAY y la KRHM de Los Ángeles, los discos de Seeco Records expandieron por los barrios latinos de California la voz de Celia con La Sonora Matancera. Chico difundió y hace populares los LP *Canta Celia Cruz*, *Sonora Matancera Invites You to Dance* y muchos otros. Sus Latin Holidays en el Hollywood Palladium muy pronto tuvieron mucho que ver con la expansión de la carrera de Celia en la costa oeste de Estados Unidos.

Las grabaciones de 1958

1958 es el año en que Celia realizó el mayor número de grabaciones: un total de treinta temas en cuatro sesiones, los días 6 de febrero,

15 de agosto, 1 de octubre y 1 de noviembre. En la primera grabaron con La Sonora Matancera los doce títulos incluidos en el LP *La incomparable Celia* (SCLP-9136), más la guaracha-conga *Camadde,* uno de los escasísimos títulos que se acreditaron a su propia autoría, y el merengue *La negrita sandunguera* (Bienvenido Fabián), que se publicaron originariamente en el sencillo Seeco-45-7798. En la segunda y tercera sesiones, y en previsión de la campaña navideña, el 15 de agosto grabaron solamente el bolero *Feliz Navidad* (Humberto Jauma) y *El chachachá de la Navidad* (Julio Gutiérrez, Bobby Collazo y Osvaldo Estivil), y el 1 de octubre, *Aguinaldo antillano* (Claudio Ferrer) y la versión guarachera de *Jingle Bells (Cascabel),* con arreglos de Carlos Argentino. En la última sesión del año —que se realizó en el estudio de Radio Progreso—, Celia y la Sonora registraron los doce temas que se incluirían en el LP *Cuba's Foremost Rhythm Singer* (CELP432), publicado por Seeco en su Celebrity Series. La portada del disco fue encargada al estudio de diseño Graber Art Association a partir de una fotografía del norteamericano Hugh Bell.

A lo largo de 1958 la reaparición de las divas Carmen Amaya y Sarita Montiel, el triunfo arrasador del andrógino cantante Pedrito Rico, el debut de Malena Montes y la presencia de Imperio de Triana devolvieron el aire cañí al panorama artístico teatral y televisivo, que complacía demasiado a los amantes de lo español. Para los que disfrutan de lo cubano, las opciones dan envidia hoy, desde la distancia: en el circuito de los llamados «cabarets de segunda», dos estrellas verdaderas y ases de la popularidad: Benny Moré con su Banda Gigante en el Sierra, y Rolando Laserie en el Alloy's.

En el resumen del año, Celia conquistó varios premios y reconocimientos, como iba siendo ya habitual: en el balance anual de la revista *Show,* ella y Benny Moré fueron seleccionados como los mejores cantantes de música popular, como era de esperar y como había ocurrido en años anteriores. El diario *Avance* y sus colaboradores Casa Faroy y cigarrillos Super Royal le otorgaron el trofeo a la Mejor Canción Típica en radio y televisión, y CARTV la eligió como la Cantante Folklórica del Año.

Celia con Ninón Sevilla, la cantante cubana Hilda Lee y el cantante mexicano Miguel Aceves Mejía, México, 1959 (archivo personal Celia Cruz / Celia Cruz Estate).

En el último mes de 1958, *Bohemia* dejó constancia de la presencia en Cuba del cantante Vicentico Valdés, quien desde hacía años vivía y trabajaba en Estados Unidos con gran éxito. El motivo del viaje era la grabación de un disco de larga duración con La Sonora Matancera para el sello Seeco, de lo que también la revista daba fe.

Durante 1958 las noticias que llegaban desde la zona oriental de la isla eran cada vez más inquietantes, pero todos en el entramado empresarial, y muchos en el político, subestimaban las señales, que hoy parecen inequívocas. La maquinaria de la industria del turismo y sus baluartes —el juego y el *show business*— se activó, como de costumbre, para enfrentar los tradicionales festejos de Navidad y recibimiento del nuevo año. Como era tradicional, desde noviembre se impulsó a través de los medios de prensa la campaña publicitaria para las compras de la temporada. Las tiendas de todos los rangos intentaban mantener la usual ornamentación para esas fechas y los cabarets de todas las categorías reforzaban sus propuestas. Músicos, cantantes, artistas vivían la buena racha de la Navidad cumpliendo contratos en plazas cercanas, fuera de Cuba, pero los atentados e incidentes en la capital y otros puntos de la isla y la situación en la zona de guerra en las montañas de la Sierra Maestra y la Sierra del Escambray impedían cualquier noción de normalidad. Ya descendían algunos indicadores de la afluencia de turistas extranjeros, señal que el poder económico, si no ignoró, al menos subestimó, en un error que se tornaría histórico e irreversible.

Para la noche del 31 de diciembre, Tropicana brindó «doce uvas bajo las estrellas, el embrujo de sus Arcos de Cristal... el hechizo de su lujo inigualable». En el Parisien del Hotel Nacional, el plato fuerte fue la voz de la peruana Yma Sumac, mientras que en el cabaret Sierra el año se despidió al estilo de Rolando Laserie, *el Guapo de la Canción,* y en los bailables, el Conjunto Casino. La gente común festejaba como podía, la mayoría en ambiente familiar. A media noche la noticia se esparció como reguero de pólvora, pero no todos le dieron la misma importancia: «¡Batista se fue!».

Comienzo del fin de una era
(1959)

El cabaret Afro, en el Distrito Federal de México, prometía una noche extraordinaria a quienes decidieran despedir 1958 y recibir el nuevo 1959 en sus instalaciones. Celia, sin La Sonora Matancera, continuaba centrando su cartelera con resonante éxito cada noche. «Me enteré de todo el revuelo por la prensa mexicana, y enseguida llamé por teléfono a casa, para que me contaran bien qué estaba pasando —recordó Celia décadas después—. Fue un cambio muy brusco para Cuba y se vivían en esos días momentos de mucha tensión, así que apenas terminé mi temporada en el Afro, decidí regresar a Cuba el 28 de enero en un avión nuevo de la compañía Braniff».

Cuando llegó a La Habana ya habían ocurrido cambios trascendentales. El día 1 de enero el Ejército Rebelde había entrado en La Habana. Las primeras tropas en llegar habían avanzado desde Santa Clara, ya tomada militarmente por las columnas al mando de Camilo Cienfuegos y Ernesto *Che* Guevara, quienes alcanzaron el control en medio de un júbilo popular de dimensiones idénticas al caos generalizado. No es un secreto que el gobierno de Fulgencio Batista experimentaba ya un desgaste que el influyente sector económico y empresarial no estaba dispuesto a soportar, y que hacía tiempo había perdido una buena parte de su base popular. El aumento de la inseguridad ciudadana y de la violencia, y el avance de las tropas rebeldes estaban muy lejos de posibilitar el marco idóneo para el mantenimiento y la expansión de sus negocios. Desde esa perspectiva, la decisión de Batista de abandonar cargo y país, y el triunfo del ejército insurgente, fueron acogidos con alegría no solo por amplios sectores populares, sino también por empresarios y propietarios. Así, durante los primeros diez días de enero, el *Diario de la Marina* vendió espacios para anuncios de numerosas e importantes empresas, firmas, marcas que fijaban su posición en la tónica del agradecimiento y apoyo total a Fidel Castro y al Ejército Rebelde: desde las tiendas por departamentos, agencias de seguros, pequeñas empresas productivas y de servicios, hasta bancos e industrias del mayor calibre e influencia en el panorama nacional.

Desde la perspectiva de un cronista del *show business*, la sección «La farándula pasa», de *Bohemia,* glosaba así, un mes después, aquel primer día que inauguraba 1959:

> Fue, en verdad, un primer día de año diferente. A medida que adelantaba el día, las calles se iban animando. Y las iniciativas populares se hacían cada minuto más destructoras. Primero los parquímetros. Después las máquinas tragamonedas de los casinos. Por último, las fabulosas residencias de los colaboradores de la tiranía. Los casinos de los hoteles Plaza, St. John, Deauville, Sevilla y Capri fueron destruidos. Los dineros de las maquinitas tragamonedas de estos casinos y de los cabarets Sans Souci, Nacional, Pennsylvania y Rumba Palace, fueron recogidos en sacos y entregados para obras de beneficencia. La noche del día primero no hubo cabarets, ni teatros, ni cine. Sin embargo, fue una noche de enorme alborozo. La alegría era general. Contagiaba a todos el bullicio y la algazara. El día 2 amaneció todo el comercio cerrado. Estaba en vigor la huelga general [...]. El día 4 terminó la huelga para los periódicos y revistas a las doce del día [...]. El día 5 amanecieron abiertos los establecimientos. Los ómnibus salieron a hacer sus recorridos acostumbrados. La vida de la ciudad se normalizó totalmente con la apertura de los cines el día 6. El día 9 abrieron los cabarets.
>
> Los casinos, en los momentos en que escribimos estos comentarios, no han abierto aún. Permanecen cerrados, desmantelados, como si hubiera pasado por ellos un tifón, los del Plaza, Deauville

y St. John. Los hermanos Balsera, del Nacional, bajos del teatro, están queriendo abrir a reservas de que les sea autorizado el juego más adelante. El del Sevilla ya está abierto. Sin juego. Pero con su acostumbrado desfile de variedades. [Los casinos de los hoteles] Riviera y Capri han pagado a su personal las semanas que llevan cerrados.

Y en otra parte de esta sección, el cronista resumía y subrayaba: «La normalidad de las actividades artísticas se va a acentuando [...]. Falta algo para que esa normalidad sea total: que funcionen los grandes casinos. Especialmente los que funcionaron siempre: los de Tropicana, Sans Souci y Montmartre». Tenía claro que los cabarets no podrían, de momento, funcionar ni sostenerse sin su vía principal de financiamiento: el juego en los casinos. La ira de amplios sectores populares se cebó contra las instalaciones de los casinos en acción de franco rechazo al juego, considerado por buena parte de los ciudadanos como una lacra moral, y a la presencia de los mafiosos en su control y auge. Todavía el periodista y muchos tenían esperanzas de que se estableciera un marco de comprensión entre el nuevo gobierno y las empresas para reanudar la actividad de los casinos. Todavía él y muchos pensaban que el nuevo gobierno sería uno más en la larga lista de los que terminaron haciendo lo mismo y no perdería la jugosa tajada económica que le correspondería.

Los manejadores del juego, por su parte, también se resistían a creer que todo estaba perdido para ellos. Nat Khan, director de Relaciones Públicas del Hotel Havana Riviera, declaró por esos días al reportero de *Bohemia:*

Con el juego legalizado de atracción principal, La Habana tuvo su mejor temporada turística en 1957-1958, con unos 300 mil visitantes, los cuales dejaron en Cuba unos 75 millones. Otros 100 mil turistas adicionales no vinieron debido al temor de verse envueltos en la revolución que inició el doctor Fidel Castro en la Sierra Maestra. Los 75 millones significan un aumento considerable sobre los cerca de 6 millones que anualmente dejaban los turistas en

Cuba cuando el juego no era legal, sino meramente tolerado por el gobierno.

Y continuando con su argumentario, Khan afirmó: «Tres nuevos hoteles de lujo en La Habana que se inauguraron el año pasado [Riviera, Capri y Deauville] fueron factores decisivos para arrebatarle la clientela a la Florida. Muchos viajeros que normalmente se detenían unos días en Miami, o en alguna otra ciudad floridana, hicieron el viaje directo a La Habana, dejando atrás los centros turísticos de la Florida».

En el momento en que estos testimonios y declaraciones salieron publicados en *Bohemia,* el primer día de febrero, ya el nuevo gobierno se había pronunciado, mediante instrumentos legales, en contra del juego organizado, entre los primeros decretos y leyes en ser promulgados por el nuevo poder judicial en funciones.

Cuando Celia llegó a La Habana el 28 de enero, el cambio experimentado en el mundo donde desarrollaba su carrera, donde trabajaba y del que dependían sus ingresos económicos —el mundo del *show business*, la industria de la música y el espectáculo— era descomunal, pero ella no tenía mucho tiempo para razonar y profundizar en lo ocurrido: el primer día de febrero debía estar en Venezuela, cumpliendo un importante contrato.

Las primeras medidas del cambio.
Agonía del show business

Es preciso poner en contexto histórico-político el accionar de los músicos y artistas a partir de enero de 1959 y las subsiguientes decisiones de carácter individual que cada uno adoptó. Para ello, es necesario partir de una definición: Cuba tenía una industria del entretenimiento con elementos integradores intervinculados que aseguraban trabajo a miles de músicos, cantantes, técnicos, actores y actrices, bailarines y modelos, entre otros. Garantizaban ese engranaje cadenas de comunicación con un desarrollo creciente en radio y televisión con producción propia de contenidos y también con capacidad para recepcionar otros producidos por emisoras norteamericanas. Se vinculaban también las empresas distribuidoras de los aparatos receptores —radios, televisores, antenas, etc.—, que ofrecían diferentes facilidades de pago para asegurar la adquisición y la recepción de programas donde la publicidad comercial de marcas de cervezas, tabacos, cigarros, jabones, detergentes, alimentos y muchas más definía el contenido y el alcance, y financiaba la propuesta artística. Una red de casinos y cabarets, pequeños *nightclubs* de diversas categorías, en la capital y las principales ciudades, vinculaban al juego y sus ganancias al sostenimiento de los espacios donde trabajaban músicos y artistas. Sellos discográficos y representaciones de marcas norteamericanas de discos controlaban y aseguraban la fijación sonora de la música y su comercialización. Varias decenas de revistas y publicaciones periódicas, y columnas y secciones en los principales medios generalistas, se dedicaban a la música, el espectáculo y el mundo artístico. Decenas de agentes y promotores cubanos y extranjeros aseguraban contratos para presentaciones más allá de las fronteras insulares en circuitos articulados y mantenidos principalmente en Centro y Suramérica, España, Francia, Italia, el Caribe y Estados Unidos.

El *show business* en Cuba al llegar 1959 transcurría en íntima relación con el turismo y el juego al más alto nivel, con la inevitable expansión de los elementos negativos que en la sociedad traen aparejados, en un entramado que contó con la benevolente colaboración gubernamental y la mirada preocupada de ciertos segmentos del empresariado cubano.

Para quienes trabajaban en los principales cabarets no era un secreto que estos, en su mayoría, eran financiados por los casinos y las salas de juego, de manera que el cierre de los casinos y los ataques sufridos por algunas de sus instalaciones fue el primer elemento de sorpresa que, ante la nueva situación nacional, debieron enfrentar sus miles de trabajadores: músicos, cantantes, bailarines, productores, modelos, diseñadores, vestuaristas, peluqueros, y una larga lista de trabajadores y empleados que hacían posible la materialización de las ideas y los diseños artísticos. Ellos eran, dentro del gremio, un segmento al que el esquema que partía del casino favorecía y, por tanto, fueron de los primeros afectados, pues la condena al juego y su suspensión o adecuación fueron una de las primeras medidas que adoptó el nuevo gobierno revolucionario.

En su edición del 30 de enero, el periódico *Revolución* publicó como primer titular «El dinero del juego para combatir el juego», anunciando que se permitía ya el juego en los casinos, que reabrirían para dar trabajo a miles de personas, pero que sus ganancias no caerían «en manos de tahúres y hampones internacionales». Una semana después, trabajadores gastronómicos, músicos y artistas afectados por el cierre de los casinos se manifestaron públicamente visitando la redacción del periódico *Revolución* para pedir al nuevo gobierno y a su Consejo de Ministros «la urgente necesidad de resolver el problema relacionado con la reapertura de dichos centros de trabajo. Los visitantes entienden que dicha actividad no afecta la economía popular, ya que a dichos centros solo concurren turistas y personas adineradas capaces de sobrellevar los gastos que la misma ocasiona».

Doce días después, el 11 de febrero, el Gobierno Provisional Revolucionario, en una de sus primeras decisiones legales, promulgó la Ley 73, «Supresión de autorizaciones para juegos prohibidos», cuya finalidad era regular de manera transitoria la situación que se había creado con los empleados y trabajadores «mientras se resuelve la forma en que el Estado administrará las salas de juego de los grandes Casinos, de los Hoteles y Cabarets de lujo». Pero esta ley tiene otro significado aún mayor: exactamente a 34 días de la entrada de Fidel Castro en La Habana, el nuevo gobierno deja clara su postura respecto al juego como negocio en los dos primeros *porcuantos* de ese instrumento legal:

> Es propósito firme del Gobierno Revolucionario claramente expresado, erradicar de Cuba la práctica viciosa de los juegos de azar,

por considerarla profundamente perturbadora de la vida económica de la nación, lesiva a la moral pública y a la responsabilidad del trabajo, y perjudicial a las clases populares del país.

Es evidente que el régimen derrocado con manifiesto afán de lucro y con el fin de desviar la atención pública acerca de sus actividades ilícitas, fomentó hasta límites insospechados el juego de azar en todas sus manifestaciones, convirtiendo a la República en un verdadero garito, centro del hampa internacional, lo cual provocó las justas protestas de toda la ciudadanía.

Solo seis días después es promulgada otra ley, la 85, que crea el Instituto Nacional de Ahorro y Viviendas, y si bien reafirma la posición sobre el juego, también modifica la suspensión refrendada en la ley anterior, al facultar a la directora del Instituto Nacional de Ahorro y Viviendas (INAV) a autorizar, o no, «el juego en los casinos de lujo como atracción turística», regulando el aporte que deben destinar al INAV. Tal sucesión de leyes es, cuando menos, un indicio visible de la rapidez con que se sucedían los acontecimientos y el efecto acción-reacción, que también denota la falta de coordinación interna, hasta cierto punto lógica, dentro del recién nacido poder ejecutivo. Los cabarets y *nightclubs* reanudan su actividad, en medio de un panorama que comenzaba a ser incierto para ellos. Los músicos no son políticos y la música era su medio de vida, su trabajo, lo que les daba el sustento familiar. Todavía pensaban que las cosas no irían a más, y continuaban cumpliendo sus contratos y sumándose a las nuevas oportunidades que surgían.

El 7 de mayo la empresa del cabaret Sans Souci cerró sus puertas aduciendo incosteabilidad y bancarrota.

Carnavales en Venezuela y de nuevo a Curazao

Como cada año en febrero, la prensa venezolana se anticipó entusiasta al hecho: el diario caraqueño *El Mundo* anunció que

Miguelito Valdés, Celia Cruz, Rolando Laserie y Nelson Pinedo serían las atracciones principales del carnaval, y subrayaron que los cuatro cantantes habían sido contratados para presentarse con orquestas locales. Se trataba de una medida a la protección del talento artístico venezolano, según lo entendían la Asociación Venezolana de Artistas de la Escena y la Asociación Musical, que pidieron, y fue aceptado por el gobierno, no permitir la contratación de orquestas extranjeras en las fiestas carnavalescas de ese año, para asegurar trabajo a las agrupaciones locales, que ahora tendrían que acompañar a los cantantes que se presentaran como atracciones de los festejos. Ya Celia estaba en Venezuela, y se preveía para el día 2 su presentación en el Canal 4 de televisión. El día 4 tendría un mano a mano con la cantante venezolana Canelita Medina, encabezando el excelente cartel que presentaba el Club Tiuna de Maiquetía, que completaban el dominicano Alberto Beltrán, Gaspar Navarro, Johnny Pérez con Los Guayaberos y la afamada Sonora Caracas, en uno de los grandes bailables del carnaval. El día 7 estaría en los centros sociales junto con los cantantes Víctor Piñero y Germán Vergara, con la orquesta Los Melódicos amenizando el evento. Se anunció también su reaparición con la Sonora Siboney en un sitio ya habitual para ella: el Club Las Fuentes, en Caracas. Los calificativos de la prensa no escatimaban elogios: «la primera guarachera del mundo», «la alegre guarachera cubana», «la formidable guarachera del momento»... Esa vez Celia actuó también en el Patio Andaluz, donde compartió la pista con sus coterráneos Laserie, Rolo Martínez y Miguelito Valdés.

Como también era habitual, de Caracas viaja a Curazao, donde permaneció del 26 de febrero al 4 de marzo, contratada por el promotor Angel Job. Los días 1 y 2 de marzo se presentó en el ya conocido Cinelandia, con el respaldo de la orquesta local Estrellas del Caribe. Pocos días después de las presentaciones de Celia en Curazao, se estrenó allí, con una publicitada premier, el filme *Olé Cuba,* con un mayor destaque en las promociones de quienes eran adorados por los curazoleños: Celia Cruz y La Sonora Matancera.

Regresó a La Habana el 5 de marzo, pero con planes de viaje para muy pronto.

De nuevo a Estados Unidos
con Albuerne y por Sagua de Tánamo

En medio de la conmoción generalizada en que vivía Cuba desde el inicio del año, el cantante Fernando Albuerne, oriundo de Sagua de Tánamo, inició una campaña destinada a recaudar fondos para la reconstrucción de su ciudad natal, que había sido destruida durante los bombardeos de la aviación del gobierno de Fulgencio Batista contra el Ejército Rebelde en diciembre de 1958. Para ello convocó a sus amigos músicos y cantantes, y formaron una suerte de embajada cultural que viajó por tres días a Estados Unidos para realizar dos grandes espectáculos bailables en Miami y Nueva York. Tito Garrote hace tándem con Albuerne para la parte empresarial y organizativa. Celia, con su proverbial disposición a apoyar las iniciativas de sus colegas, fue de las primeras en apuntarse y alinear junto con Albuerne, además de Rolando Laserie, Alba Marina, Esther Borja, Jorge Guerrero, los actores Leopoldo Fernández y Mimí Cal, la pareja de bailes Mitsouko y Roberto, el trío Hermanas Lago, entre otros afamados músicos y actores: Como cierre dorado de ese haz de estrellas, Benny Moré con su Banda Gigante al completo.

Llegaron al aeropuerto de Miami el jueves 16 de abril, con apenas tiempo para hospedarse en el Hotel Surfcomber y alistarse para salir a escena. Ese mismo día, el diario *The Miami Herald* insertó en sus páginas uno de los escasos anuncios y comentarios que promovieron el baile donde actuarían los cubanos: «Un show de tres horas de duración es lo que promete el Dinner Key [en Coconut Grove]. Entre las estrellas que prometen están Olga Guillot, estrella de grabaciones; Celia Cruz y Fernando Albuerne, de los *nightclubs;* Benny Moré con su orquesta de dieciséis músicos; Roberto y Mitsuko, y los tríos Matamoros y Hermanas Lago».

Celia, en foto de estudio, retratada por Narcy, La Habana, años cincuenta (archivo personal Celia Cruz / Celia Cruz Estate).

De Miami viajaron a Nueva York, donde se presentaron en un multitudinario evento en el St. Nicholas Arena, muy arropados por la comunidad cubana y latina en esa ciudad, y con la participación de la agrupación de Bolo Sánchez y su Orquesta Oriental Cubana. Este es el viaje al que se hace referencia en el informe desclasificado de los archivos del FBI y citado por la periodista Carol Rosenberg en *The Miami Herald,* que deja en un limbo la posibilidad de que el desplazamiento se haya efectuado o no: «Es una popular cantante cubana, y estuvo buscando ingresar a los Estados Unidos durante cerca de dos días como miembro de un grupo patrocinado por la Comisión de Turismo de Cuba, para hacer apariciones en Miami y Nueva York para recaudar fondos para la restauración de una ciudad cubana devastada durante las recientes hostilidades allí».

Pero el viaje ocurrió ciertamente, y regresaron a La Habana el domingo 19. Esa misma semana, Celia se presentó en el estelar televisivo *Jueves de Partagás,* centrando la propuesta, junto con la mezzosoprano Alba Marina. El programa, con importante componente afrocubano, incluía a Trinidad Torregrosa y sus tambores batá, la comparsa Las Bolleras y Luis Carbonell, y en otro ámbito al Cuarteto D'Aida, Angelita Castany y otros artistas, con una orquesta dirigida por Enrique González Mantici.

Las grabaciones de 1959

En julio Celia y los músicos de La Sonora Matancera entraron en el estudio de Radio Progreso para grabar los doce temas del LP *Su favorita* (SCLP-9171), publicado por Seeco Records en su Golden Series y también en discos sencillos: *Crocante habanero* (Juan José Trujillo), *Mulense* (Florentino Cedeño), *Sueños de luna* (Eridania Mancebo), *Dime la verdad* (Vinicio Camilo), *Así quiero morir,* (Oneida Andrade), *No te rompas el cráneo* (Humberto Jauma), *Saludo a Elegguá* (July Mendoza), *En Venezuela* (Justi Barreto), *Que critiquen* (José Claro Fumero-Josefina Grande), *Llegó la zafra* (Enrique Bonne), *De noche* (Piloto y Vera) y *Rumba quiero gozar* (Calixto Leicea*).* Son las únicas grabaciones en un año de intenso movimiento en presentaciones en Cuba y viajes internacionales de nuestra guarachera.

Bongó Congo y Canto a Oriente, *últimos shows en Tropicana*

A estas alturas, la presencia de Celia sobre el escenario del Salón Bajo las Estrellas era ya un clásico de Tropicana. Fuera de los estudios de grabación y el acompañamiento del decano de los conjuntos cubanos, el *performance* de Celia en el cabaret devenía uno de los momentos culminantes y a la vez recurrentes de su entrega artística. A la perfección de su voz unía su coherente proyección escénica, con un espontáneo manejo del cuerpo, en un modo de bailar que enseñaba claves dominadas a la perfección y que, según las exigencias coreográficas y dramatúrgicas del show, ella sabía atemperar sin que perdieran autoctonía y sabrosura. La historia del legendario cabaret cubano no puede escribirse sin su nombre. «Por supuesto que la vi alguna vez, aunque no puedo precisar qué cantó —rememora Santiago Alfonso—. En mi mente están números como *Prende La Vela, Burundanga, Changó ta' vení* y otros muchos, pero no sé cuándo ni dónde se los vi cantar; lo que sí puedo afirmar es que su presencia en Tropicana era un obligado en los espectáculos de invierno, por su calidad y carisma y porque Roderico la admiraba y quería mucho».

La temporada centrada por *Bongó Congo* y *Canto a Oriente* fue la última que Celia trabajó en Tropicana. El sábado 6 de junio de 1959 Rodney estrenó en Tropicana estos dos nuevos shows, en los que Celia era la figura central. La secundaban el cuarteto Los Rivero, María Teresa Tolón, los bailarines Marta Castillo y Miguel Chekis, Willy y Miriam Barreras. La figura de Celia de cuerpo entero ataviada con una bata cubana reinterpretada por el diseñador presidió el anuncio de estos shows en el *Diario de la Marina*. En los *headlines,* la gerencia de Tropicana privilegió dos mensajes importantes y dictados por el momento que vivía el país: en el caso de *Bongo Congo* ratificaba los elementos de atracción turística con que habían jugado y vencido desde los inicios mismos de la expansión del turismo de juego, sexo y ocio nocturno: «Hermosas mujeres con música cubana en la cintura, apasionante ritmo afrocubano». Y en cuanto a *Canto a Oriente*, con él se pretendía dejar clara la adhesión y buena voluntad de los mandantes en el paraíso bajo las estrellas al nuevo gobierno, al Gobierno Revolucionario que estaba a punto de cumplir cinco meses en el poder: «Homenaje de Tropicana a la Reforma Agraria y a la soberana Oriente». Probablemente, Rodney quiso también homenajear a la tierra donde nació, «cuna de heroicos mambises y rebeldes».

Pero no solo Tropicana trató a lo largo de 1959 de ponerse a tono con las circunstancias: muchos músicos, cuyos caminos se dividieron poco después entre Cuba y el exilio, se sumaron también esos primeros años al apoyo a la Revolución y a las loas musicales a Fidel Castro y al Ejército Rebelde. No solo cantaron, sino que también fueron grabados por las marcas discográficas: tan temprano como a solo treinta días del 1 de enero, la revista *Bohemia* anunciaba: «La Revolución tiene su *hit parade* en el mercado del disco con *Sierra Maestra,* por [el boricua] Daniel Santos, y *Fidel ya llegó,* por Rolando Laserie. Y pronto se sumarán *Como lo soñó Martí,* por Orlando Vallejo, y *Alas de libertad,* por [el español] Pablo del Río», a quien la huida de Batista y la entrada de Fidel en La Habana lo había sorprendido cumpliendo contrato en Cuba. En justicia, Daniel Santos se había inspirado dos años antes, en un bar de Caracas según dice la leyenda, y había escrito la letra en una servilleta. Pero había tenido problemas para llevarla al acetato, pues no consiguió hacerlo en esa ciudad, y finalmente consiguió grabarla en Nueva York y que después fuera publicada, ya en 1959, por el sello Gema de los hermanos Álvarez Guedes junto con *Victoria de la juventud,* dedicada a los guerrilleros de la organización Directorio Revolucionario 13 de Marzo.

Les siguieron otros: Carioca, el humorista musical, cantó y grabó con la Orquesta Mayía *Vinieron a salvar a Cuba* y repitió, a dúo con Ibrahim Ferrer, en *Muchas gracias, Fidel*. En la clave satírica y de choteo que fue su estilo, Pototo y Filomeno llevaron a la televisión y también al disco su *Ensalada rebelde;* el sonero René Álvarez registró en el acetato *Sigue adelante, Fidel;* Celina y Reutilio convirtieron su clásico *Que viva Changó* en *Que viva Fidel;* Arty Valdés con su grupo grabó *Guaguancó del 26* y la guajira-son *En tu nombre,* con Ladys Soto y las hermanas Junco; el conjunto de Osvaldo Estivil, cantando Gloria Arredondo, grabó *El sol de la libertad,* y Chepín con su Orquesta Oriental, la guajira-mambo *Ya soy feliz,* cantando Ibrahim Ferrer. José Antonio Fajardo con su flauta y orquesta no se quedó atrás y grabó e interpretó mucho

Los barbudos, chachachá de su propia autoría, que tuvo un homónimo en el danzón de Gilberto Valdés que grabó Obdulio Morales con la orquesta Antobal's Cuban All Stars. Esta lista podría extenderse, pues se acercan al centenar los elogiosos temas cantados y grabados. Luego entonces, no era de extrañar que La Sonora Matancera, con Celia como cantante y sus manejadores artísticos, hiciera también lo mismo.

Guajiro, llegó tu día

Celia mantenía en paralelo sus presentaciones diarias en Radio Cadena Habana junto con La Sonora Matancera, que habían comenzado desde finales de 1957, y se extenderían hasta los primeros meses de 1960, con anuncios y comentarios casi permanentes en medios de prensa como el *Diario de la Marina.* A los cantantes Celio González y Carlos Argentino se había sumado ahora el santiaguero Rey Caney, que no era otro que el sonero y guarachero Reinaldo Hierrezuelo. Al programa donde se presentaban diariamente le seguía el espacio *Patria guajira,* con similar tiempo histórico en transmisiones. Cuando el 15 de mayo se proclamó la Ley de Reforma Agraria, los dueños y gestores de Radio Cadena Habana se sumaron al apoyo popular, y no eran ellos los únicos en la radio y la televisión nacional: se sucedían programas con canciones y espacios dramáticos e informativos dando la bienvenida a la ley que beneficiaba al campesinado en general frente a los grandes propietarios. También los músicos y hasta las casas disqueras hicieron visible su apoyo específico a esa legislación, y dejaron diversos registros fonográficos que prueban que Celia Cruz y La Sonora Matancera no fueron los únicos que se sumaron a esos apoyos como parte de lo que fluía en el ambiente: la afamada cantante Olga Rivero ofreció un concierto pro Reforma Agraria en el popular Palacio de los Yesistas. Aún no había sido intervenida la industria del disco; sus propietarios originales estaban en ejercicio y el sello Puchito, uno de los principales, grabó a los rumberos de Fuico y su Ritmo en el guaguancó *Al pan y al vino,* de Ricardo Díaz. En las memorables sesiones que a instancias de Justico Antobal —la Antobal's Cuban All Stars— dirigió para la ocasión con una banda armada, Obdulio Morales incluyó una guajira melódica de Pedro Jústiz, *Peruchín*, y con su propio arreglo: *La Reforma Agraria va,* donde Roberto Cordero asumió los segmentos cantados de un instrumental que es una joya en su factura. Destacan verdaderos genios —que luego también vivirían en la emigración—, como Alfredo *Chocolate* Armenteros y Alejandro *el Negro* Vivar en las trompetas, o Generoso *Tojo* Jiménez en el trombón. El oscuro sello Dandy registró al Trío Los Titanes en *Mambo de la Reforma Agraria* (José Raúl Carrión, D-254, 45 rpm) con la participación del actor Jorge Socías en un segmento dramatizado, y músicos que mantuvieron su afinidad con la Revolución Cubana, como Carlos Puebla y Harry Lewis, componen y cantan *Todo por la Reforma Agraria* y *Reforma Agraria y guagüí.*

En realidad, la línea de apoyo de músicos y disqueras a la bisoña Revolución comenzó casi desde el mismo 1 de enero de 1959, y es cuando menos superficial adjudicar filiaciones políticas de relevancia a esos músicos en un momento tan temprano de los cambios en Cuba. La vida ha demostrado que cualquier mirada desde el presente debe tomar en cuenta el contexto de aquellos días.

Modesto Vázquez y Orlando Álvarez, máximos directivos de Radio Cadena Habana, decidieron sumar el programa *Patria guajira* a una ingente campaña a favor de la Reforma Agraria, y recabar el aporte de los miles de oyentes para adquirir tractores, arados e implementos agrícolas, y el mismo 17 de mayo anunciaron que entregarían «un magnífico tractor, un arado, dos grandes carretas y gran cantidad de implementos agrícolas».

Fue probablemente en ese contexto que Celia cantó, en transmisión radial con público en el estudio, el son montuno *Guajiro, llegó tu día*, del compositor Roberto Puentes Martínez, de la que se ha conservado la grabación de audio. No es posible afirmar si ocurrió en los estudios de Radio Progreso o en el de Radio Cadena

Habana, pero se presume que pudo ser en este último, donde Celia y La Sonora Matancera mantenían su programa habitual. La obra autoral fue debidamente registrada por Puentes Martínez en la entidad cubana de derecho de autor musical y forma parte del catálogo de la Editora Musical de Cuba. *Guajiro, llegó tu día* nunca fue llevada a disco por la Guarachera de Cuba, como tampoco *Cuba, qué linda es Cuba*, la famosa canción de Eduardo Saborit que, según la revista *Bohemia,* Celia estrenó ante las cámaras de la televisión cubana ya bien avanzado el año 1959. La notable vedette Rosita Fornés, quien después fue una de las intérpretes de este tema, confirma este dato en su libro biográfico *Rosita Fornés,* del autor Evelio Mora: «El propio Saborit me la montó y le hizo algunos arreglos para adecuarla a mi voz. Pero no fui su primera intérprete, ni fui yo tampoco quien la estrenó. Ese honor le corresponde a Celia Cruz».

Sería cuando menos inexacto y especulativo identificar la interpretación de estas canciones con una filiación política sustantiva de Celia en ese momento justo: en todo caso, estaba reaccionando como la inmensa mayoría de la población cubana, que a poco más de seis meses del cambio dotaba al nuevo gobierno de un capital político de altísima cuantía. Pero aún no se cumplía un año de la huida de Batista y las medidas más trascendentales (o dramáticas, según se mire) estaban por llegar.

La Sonora Matancera a Estados Unidos por primera vez

A propósito de los nuevos shows en Tropicana, el desempeño de Celia fue elogiado por el empresario y cazatalentos uruguayo Buddy Day, calificado por algunos medios como «el hombre fuerte del *show business* en Suramérica». De visita en La Habana, Day dejó constancia de sus impresiones sobre ella:

> Por primera vez escuché a Celia Cruz en persona. Vine en busca de una cantante y lo que encontré fue una vedette, pues en Francia se

les llama *vedette* a los remolcadores, «los que con una soga arrastran un barco», ¡y vaya qué vedette esta Celia Cruz!, que cambia la soga por sus canciones, su dinamismo, alegría y ansias de agradar al respetable, con un sentido de responsabilidad maravilloso, arrastrando tras de sí a todo el espectáculo, y si me descuido, es capaz de arrastrar con sus guarachas a todo Tropicana.

En junio La Sonora Matancera recibió el Premio Wurlitzer, seleccionada como el conjunto más destacado de Hispanoamérica. La Asociación de Cronistas Latinoamericanos, junto con la empresa fabricante de las famosas victrolas, había creado esta distinción para honrar a los artistas y compositores cuyas obras alcanzasen mayor popularidad y difusión a través de esos medios. Rogelio Martínez recibió el trofeo acreditativo de manos del enviado especial y su representante en México, Roberto González, en uno de los programas que diariamente transmitía Radio Cadena Habana al cuarto para las siete de la noche. Esa transmisión tuvo un sentido especial, pues se produjo en cadena a través del circuito radial de Tampa y México. Celia estuvo presente en ese feliz momento junto con Carlos Argentino; Celio González; Reinaldo Hierrezuelo, *Rey Caney*, y sus compañeros de la Sonora. También festejaron Orlando Álvarez, dueño de la radioemisora, y el compositor Rosendo Ruiz Quevedo, quien había recibido el trofeo Wurlitzer el año anterior por su éxito con el chachachá *Los marcianos*. La entrega de este premio fue motivo poderoso para que la Sonora y sus cantantes fueran contratados para actuar durante una semana en el Teatro Nacional a partir del día 8, alternando con la proyección del exitoso filme mexicano *El diario de mi madre*, en un show especial que reprodujo los grandes éxitos del programa en el que diariamente se presentaban.

En este contexto se produjo, por fin, la primera presentación de La Sonora Matancera en Estados Unidos. Hicieron el viaje los músicos que la integraban en ese momento: Rogelio Martínez, Carlos Manuel Díaz, Ezequiel Lino Frías, Elpidio Vázquez, Simón Esquijarrosa López, Ángel Alfonso Furias, Calixto Leicea y Pedro Knight,

Anuncio de la presentación de Celia y La Sonora Matancera en el Teatro San Juan, de Nueva York, el 2 de septiembre de 1959 (colección Jaime Jaramillo).

y los cantantes Celia Cruz, Carlos Argentino y Celio González. El público hispano debió esperar hasta este año 1959 para que sucediera el deseado encuentro con el conjunto cubano. El previsible éxito se concretó ante el público hispano y los amantes de la música cubana y latina en Nueva York, que el miércoles 2 de septiembre abarrotaron el Teatro San Juan, en Broadway y la calle 165, que se hacía realidad, según el diario neoyorquino *La Prensa,* gracias al empresario argentino de origen judío David Ehrenreich, el primer promotor que consiguió presentar en Estados Unidos a La Sonora Matancera y que desde 1950 venía presentando, de manera esporádica, espectáculos latinos en Nueva York.

En el show figuraba también el cantante puertorriqueño Gabriel Eladio Peguero Vega, conocido como *Yayo el Indio,* con su agrupación Los Caciques, quizás sin imaginar que años después entraría en la dilatada nómina histórica de cantantes de la Matancera para permanecer en ella por veintitrés años, y las dominicanas Hermanas Malagón. El domingo 6, presentados también por Ehrenreich, la Sonora con Celia y sus cantantes actuaron en el Manhattan Center, en la avenida 8 y calle 31, junto con la orquesta de Arsenio Rodríguez y Kako y su Combo, anunciado como «el baile del siglo. La orquesta más conocida del mundo hispano en su primero [*sic*] y único baile en Estados Unidos».

Entre ellos no se hablaba de otra cosa que no fuera el cartel de *sold out,* que aparecía en todos los sitios donde se hubieran presentado. Con un caché de veintidós mil pesos a la semana, según contrato, la Sonora con sus cantantes era la sensación del momento. Para Celia era la tercera vez en la Gran Manzana; ya había tenido contacto directo con su público y ahora, en cierto modo, introducía a la Sonora en su debut neoyorquino. Comenta el corresponsal de la revista *Show* en Nueva York sobre el impacto arrasador de Celia, la Sonora y sus cantantes:

> Esperada por muchos años, y con una gran popularidad basada en la gran demanda de sus discos dentro de la colonia latina, Rogelio Martínez y sus muchachos presentándose en el primero de los dos bailes, en el cual actuaban también como empresa, metieron cerca de seis mil personas en el inmenso salón del Manhattan Center, dejando en taquilla para alegría de ellos y del empresario cerca de diecisiete mil pesos. Las puertas se abrieron a las seis de la tarde y a la diez hubo que cerrarlas, pues la autoridad de los bomberos, encargada de velar por la seguridad de los asistentes, así lo dispuso.

El periodista no deja de resaltar uno de los rasgos más notables del director del conjunto, y relata: «Con categoría de auténtico *businessman* consiguió para su banda uno de los más jugosos contratos de cuantos hemos visto firmar aquí. Su hospedaje ha sido en uno de los más exclusivos hoteles de la ciudad». Destaca también el desempeño de Celio González, quien, en su opinión, con «su creación en el bolero *Total* (el que por cierto tenía que cantar todas las noches) lo dejó como un favorito ya dentro de la inmensa y variada colonia latinoamericana de esta ciudad».

Durante ese viaje, Sidney Siegel, presidente de Seeco Records, hizo entrega pública en Nueva York de los Discos de Oro conquistados por músicos cubanos: Vicentico Valdés, Celio González (por el merengue *Cosita linda*), La Sonora Matancera y Celia Cruz. Para ella se trataba de su segundo Disco de Oro y lo obtuvo por el récord de ventas que estableció con el son montuno *Me voy a Pinar del Río* (Néstor Pinelo Cruz). La revista *Bohemia* destacó el suceso insertando una foto en la que aparecen todos los mencionados, además del cantante Joe Valle, acreedor también de un Disco de Oro. Las distinciones doradas estaban respaldadas por las crecientes ventas del catálogo Seeco en otros países y en Cuba, donde la representación de RCA-Victor se encargaba de su distribución para que llegaran a todas las tiendas y compradores mayoristas del país.

La última noche que actuaron en el Teatro San Juan cerraron el show con una conga que los llevó a todos hasta los camerinos, incluidos muchos de los cubanos que acudieron al espectáculo, como Vicentico Valdés. Y el sábado 12 cerraron el ciclo neoyorquino en el Manhattan Center, alternando con las orquestas de Vicentico y de Noro Morales. Al día siguiente tomaron el avión de regreso, plenos de éxitos y vivencias.

Transcurrió poco más de un mes y el 17 de octubre Celia volvió a Estados Unidos, a Miami, para una única actuación en el Bay Front Park Auditorium, pero esta vez no fue con La Sonora Matancera, sino con el Conjunto Casino. No era la primera vez: en algunos bailes y presentaciones Celia había cantado con la formación liderada por Roberto Espí, pero esta era la primera, y única, vez que lo hacían fuera de Cuba. Celia apareció sobre la pista con una preciosa bata cubana verde —según recordó Espí— y con su jocosidad habitual, a punto de salir ante el público, Celia le espetó con su risa sonora: «¿Qué tú crees, Robertón? ¿Cómo me queda? ¿Es verdad que parezco un bisteck con perejil?». El recuerdo de aquella actuación quedó en Espí y en Orlando Morales, entonces uno de los cantantes del Casino, como uno de los momentos memorables de la historia del conjunto. Regresaron de inmediato, al día siguiente: a Celia le esperaba ese mismo día un importante compromiso artístico.

La convención de A. S. T. A.

El mes de octubre se anuncia la celebración en La Habana de la vigesimonovena Convención Mundial de Agentes de Viajes, organizada por la Sociedad Americana de Agentes de Viaje (American Society of Travel Agents, A.S.T.A.). A pesar de las medidas inmediatas adoptadas por el nuevo gobierno cubano relacionadas con el mundo del juego, y que afectaban de manera directa al turismo, tal y como había sido concebido por los artífices del cuestionable paraíso lúdico cubano, a sus principales figuras no se les escapó la importancia de revalidar a Cuba como un destino seguro, que podía cubrir las expectativas de quienes pretendieran visitarlo. Para enfrentar esto y dar marco legal a la intervención gubernamental en el ámbito de la industria turística, el 2 de junio se creó la Junta de Fomento Turístico de Cuba, que remarcaba la prioridad que se concedía a este sector, hecho que debía ser muy evidente de cara al importante evento que acogería La Habana.

Para demostrarlo a través de la música y el arte, se preparó una gala que reunió a los más notables y reconocidos músicos y cantantes cubanos de los diferentes géneros. El equipo de realización estaba a la altura y aseguraba un espectáculo de excelencia: Rodney estaba a cargo de la dirección artística; los arreglos orquestales fueron encomendados nada menos que a los maestros Ernesto Lecuona, Gonzalo Roig, Félix Guerrero y Roberto Sánchez Ferrer, quienes también dirigieron la gran orquesta en diferentes momentos; como pianistas ensayadores, Felo Bergaza y Laurence Davies; como coreógrafos asistentes, Armando Suez y Gustavo Roig; Velia Martínez y Miguel Ángel Blanco son los presentadores.

El 19 de octubre a las nueve de la mañana se abrieron las puertas del Teatro Blanquita para dar paso a la inauguración de la convención, que reunió en La Habana a más de dos mil profesionales del turismo. Estaban presentes Osvaldo Dorticós Torrado, presidente de la República; el primer ministro, Fidel Castro Ruz, y el embajador de los Estados Unidos, Philip W. Bonsal. Tras los discursos y presentaciones, la gala artística se constituyó en hecho memorable. El exquisito y abarcador programa fue un recorrido por los temas más emblemáticos del repertorio cubano, precedido de un *opening* singular: el *Te Deum* de Anton Bruckner en las voces de los cantantes líricos Zoraida Marrero, Carlos Barrena, Rosaura Biada y José Le Matt, una coral de cincuenta voces y la orquesta dirigida por Paul Csonka. El cuadro *Fiesta guajira* estuvo a cargo de Radeúnda Lima, Celina y Reutilio y los tríos Servando Díaz y Matamoros, seguido de María Teresa Carrillo interpretando *Quiéreme mucho* (Gonzalo Roig). Los maestros Gonzalo Roig y Ernesto Lecuona centraron los minutos siguientes: la soprano Blanca Varela cantó la *Salida de Cecilia Valdés* (Gonzalo Roig), respaldada por el coro, mientras que Esther Borja y el cuarteto Los Rivero ofrecieron *Siboney* (Ernesto Lecuona). Impresiona la interpretación al piano de su autor de dos piezas también de su autoría: *La comparsa* y *Danza lucumí*. Después, el mismo Lecuona, acompañado de doce pianos y una orquesta dirigida por Roig, interpretaron sus obras *Andalucía* y *Malagueña*. Los pianistas: Zenaida Manfugás, Ofelia Jiménez, Zenaida Romeu, Sara Jústiz, Erundina Roche, Isolina Carrillo, Bola de Nieve, Felo Bergaza, Adolfo Guzmán, Rafael Somavilla y Mario Romeu. Les siguieron *Aquellos ojos verdes* (Nilo Menéndez), por Ana Margarita Martínez Casado y los bailarines Gladys Robau y Roberto Rodríguez; *Siempre en mi corazón* (Ernesto Lecuona), por Berta Dupuy y el cuarteto Los Rivero; *Acércate más* (Osvaldo Farrés), por René Cabel, el dúo Nelia y René, y los bailarines Carlisse y Raymond; *Mamá Inés* (Eliseo Grenet), por el dúo vocal Hermanas Romay y los bailarines Gladys Robau, Marta Castillo, Miguel Chekis y Arnaldo Silva. La gran mezzosoprano Marta Pérez cantó *Marta*

(Moisés Simons); el cuarteto Los Rivero se encargó de *Tabú* (Margarita Lecuona); *Quizás, quizás* (Osvaldo Farrés), por Rosita Fornés; y, como no podía faltar, Celia Cruz en el clásico *Babalú* (Margarita Lecuona), seguida de la canción cubana más universal, el pregón *El manisero*, en las voces del Cuarteto D'Aida. Todos los cantantes se reunieron en el *grand finale*, donde interpretaron *Panamá* y *Para Vigo me voy* (Ernesto Lecuona).

La reputada revista estadounidense *Variety* se encargó de colocar en contexto el congreso de A. S. T. A. desde el mismo titular de su amplio reporte: «Agentes de viajes intentan impulsar a Cuba, pero la cosa está políticamente demasiado caliente» («Travel Agents Try to Boost Cuba, But Spot Is Too Hot—Politically»). En cuanto a la gala, la califica como «uno de los mejores espectáculos realizados jamás en Cuba. Recorrió toda la gama de lo que puede ofrecer un show: desde la música campesina y popular hasta la de concierto». Al comentar acerca del elenco, su anónimo cronista menciona a los principales en este orden, que muestra el lugar ya alcanzado por nuestra diva: «Entre los participantes estuvieron los compositores Ernesto Lecuona y Gonzalo Roig, y los cantantes Celia Cruz, Ester Borja y René Cabel». El columnista comenta después que «Castro se quedó todo el tiempo a presenciar el show. De buena gana firmó autógrafos a los delegados», lo que pudo ser la primera vez que el comandante rebelde, después de su llegada al poder, presenciara una actuación pública de Celia Cruz.

Al Million Dollar Theatre de Los Ángeles y al Senate Theater de Chicago

A inicios de noviembre Celia viajó por segunda vez a Puerto Rico, adonde llegó el 6 de noviembre. Se hospedó en el Olimpo Courts de San Juan y se presentó en algunos escenarios en compañía de Bobby Capó, en momentos en que circulaban favorablemente sus discos con las recientes grabaciones de *Ven, Bernabé* y *Changó ta' vení*. Sin embargo, no se han encontrado otras informaciones precisas sobre ese viaje. Lo que sí se sabe es que el 20 de noviembre viajó de San Juan a Los Ángeles para cumplir un ventajoso contrato en su primera visita a esa ciudad. Celia amplió la cosecha en que se revirtió la popularidad de sus discos convenientemente distribuidos y promocionados por Seeco: ya no era solo Nueva York, sino que se abrió para ella un promisorio mercado en la costa oeste.

La prensa californiana dio la medida del impacto de un hecho que iba a ser trascendente en la carrera de Celia: su primera presentación en el mítico Million Dollar Theater a finales de noviembre de 1959, con un elenco donde la única cubana era ella. En su edición del miércoles 25, el *Mirror News,* de Los Ángeles, ofrece en sus páginas una sugerente crítica firmada por Pepe Arciga bajo el título «Celia canta alto y claro»:

> Celia Cruz, una bomba que canta proveniente de la turbulenta Cuba, y Luis Pérez Meza, la mejor apuesta de Sinaloa para establecer la canción ranchera a lo largo de Broadway (nuestro Broadway), se unen esta semana para terminar el movido año del Million Dollar de 1959. Recién llegada al edificio de la gran fauce, la señorita Cruz no deja duda alguna de por qué su lugar como cantante con La Sonora Matancera en Castroland es tan sólido. Su voz, no totalmente sumergida en la sensualidad tropical, tiene ese cierre de autenticidad que solo se encuentra en los grupos que cantan rodeados de caña de azúcar en la Cuba provinciana. *Dime la verdad, Sueño de amor* y particularmente *Quiero morir* sacan lo mejor de la estrella que es Celia, cuyas grabaciones de Seeco nunca deben confundirse con las de bombas americanas que salen de las victrolas y *jukeboxes*.

Los tres títulos que distingue el columnista del *Mirror News* figuran entre los grabados por Celia en la sesión con La Sonora Matancera de julio del propio año 1959: *Dime la verdad* es un bolero-mambo de la autoría de Vinicio Camilo. El título correcto de la segunda canción citada es *Sueños de luna*, un lamento de Eridania Mancebo, la prolífica compositora cubana y amiga de Celia, que recoge la tradición de las nanas o canciones de cuna afro que tiene en Facundo Rivero uno de sus más luminosos exponentes. La dramaturgia de *Sueños de luna*, trazada por la historia que cuenta, es perfecta para que Celia muestre sus dotes dramáticas, algo que se observa —y se escucha— claramente en la grabación que realizó para el sello Seeco. *Así quiero morir* es el verdadero título de ese chachachá-mambo de otra compositora cubana, Oneida Andrade, en el que Celia pudo explayarse y mostrar su gran dominio escénico y, en particular, su manera auténtica y espontánea de bailar. Son tres temas en los que su voz es dueña y señora absoluta del micrófono en la grabación para disco, sin la participación de los coros de Caíto y Rogelio.

El diario *Los Angeles Times,* bajo el título «Celia Cruz Shines in New Latin Revue», también se implicó en destacar lo que estaba ocurriendo en el afamado teatro angelino: «La cantante más destacada, Celia Cruz, encabeza la revista escénica actual en el Million Dollar Theatre. Los ritmos y melodías cubanos adquieren un brillo cálido al ser presentados por esta fina artista habanera. La entrega de la señorita Cruz es bastante sencilla, pero es, efectivamente, la esencia de la vitalidad». La revista latina en que actuaba Celia incluía, además de a Luis Pérez Meza, a la cantante Doria María, la pareja de humoristas Mimí y Rolando, y al Mariachi Los Camperos, en una sesión donde, como era usual en ese tipo de teatros, se proyectó el filme *La marca del cuervo,* con Antonio Aguilar. No se ha podido conocer cuál fue la orquesta que acompañó a Celia.

Cuando su primer dueño, Sid Graumann, lo inauguró en febrero de 1918, el Graumann Theater, como se llamó inicialmente, era, con sus más de dos mil trescientas butacas, el mayor cine-teatro de California. A su función inaugural asistieron Charles Chaplin, Mary Pickford, Douglas Fairbanks y otras luminarias de la época. La opulencia de sus espacios interiores; la majestuosidad de su fachada, que mezcla a las musas del arte con símbolos de la cultura del oeste americano, como cabezas de águila y bisontes, y las tarifas y precios que su dueño y gestor imponía, motivaron que la *vox populi* cambiara su nombre a Million Dollar Theater.

Desde 1950, y por muchos años, el legendario teatro de la calle Broadway en el *downtown* de Los Angeles mantuvo la política de presentar únicamente espectáculos hablados en español, lo que benefició en mucho a los artistas y músicos latinoamericanos, principalmente mexicanos. En su escenario recibieron la ovación de multitudes los más queridos y populares: Agustín Lara, María Félix, Dolores del Río, José Alfredo Jiménez, Cantinflas, y después José Feliciano, Juan Gabriel, Vicente Fernández...

La labor difusora de Chico Sesma era sistemática y coherente con su estrategia comercial para espectáculos similares, y pronto tuvo positivas consecuencias para Celia y sus primeros pasos hacia la expansión de su carrera en Estados Unidos. Tras su presentación en el Million Dollar Theater en 1959, la siguiente parada de la gran cantante en la costa oeste fue en el Hollywood Palladium, donde debutó en 1960, de la mano de Sesma.

A poco más de quince días, Celia regresó a Estados Unidos en solitario, sin La Sonora Matancera. De los documentos migratorios consultados durante la investigación, al entrar al territorio norteamericano el 23 de diciembre por Nueva Orleans, la cantante declaró por escrito que su destino final en ese viaje era el Senate Theater de Chicago, y que su lugar de alojamiento sería el Southerland Hotel, en esa ciudad. Situado en W. Madison Street, entre las avenidas Albany y Kedzie, muy cerca del Garfield Park, el Senate era un teatro antiguo, fundado en 1921, pero ya algo venido a menos en 1959. En entrevista posterior realizada en Cuba, Celia confirmó que en su presentación en el Senate de Chicago «fue acompañada por una magnífica orquesta cubana denominada Nuevo Ritmo». El calificativo que utilizó Celia no es gratuito, pues la Nuevo Ritmo, dirigida por el percusionista cubano Armando Sánchez, no era una orquesta cualquiera: en 1959 gozaba de popularidad entre la comunidad cubana y latina de Chicago, donde se había afincado su

En los extremos, los bailarines Jorge Martínez y Tomás Morales, y entre ellos, la realeza de la música popular cubana del momento: desde la izquierda, Celia Cruz, Benny Moré, Rolando Laserie y Celeste Mendoza; programa de televisión en 1959 (archivo personal Celia Cruz / Celia Cruz Estate).

director, y tenía en su haber el mérito de ser, según el cronista musical Max Salazar, la segunda orquesta charanga creada en Estados Unidos (la primera fue la de Gilberto Valdés, que data de 1952). Salazar aportó la nómina original de la orquesta en fecha cercana a la actuación de Celia en Chicago —aunque no podríamos afirmar que fue exactamente la que la acompañó—: en el piano, el cubano René *el Látigo* Hernández; Cuco Martínez en las pailas; Julián Cabrera en el güiro; Elizardo Aroche y Pupi Legarreta en los violines; Víctor Venegas en el contrabajo; Rolando Lozano en la flauta, y como vocalistas, el puertorriqueño Pellín Rodríguez y los cubanos Rudy Calzado y Leonel Bravet.

Celia en un estudio de CMQ-TV en otra versión de una constante en su vestuario artístico: la clásica bata cubana, *circa* 1958 (archivo personal Celia Cruz / Celia Cruz Estate).

Tras el periplo que la llevó a Puerto Rico, Los Ángeles y Chicago, Celia quería recibir el año 1960 en casa, pero la revista *Show* reveló en esa entrevista algunos detalles sobre cómo fue su final de año: «Al regresar a Boyeros, el 29 de diciembre, el aeropuerto estaba muy neblinoso y no pudieron hacer el aterrizaje, teniendo que pasar la noche en Montego Bay, Jamaica. Terminó el año participando del show-comida que el comandante doctor Fidel Castro ofreció al excampeón mundial de peso pesado, el boxeador Joe Louis, en el Salón Pavilion del Hilton». En realidad, el evento no fue dedicado especialmente a Louis, aunque por su visibilidad mediática fue la figura central entre los invitados. El acontecimiento fue destacado en primera plana por el *Diario de la Marina*, en su edición del 2 de enero de 1960, como una de acciones cruciales del nuevo gobierno cubano hacia el empresariado norteamericano, pues invitó a figuras notables de Estados Unidos, entre ellos al excampeón mundial de los pesos pesados, a redactores y editores de importantes medios de prensa y empresarios de diversas ramas. Celia se encontraba ya trabajando en el show del cabaret Caribe, y a los a los asistentes a ese evento se les mostró un fragmento en el que actúan el Cuarteto de Facundo Rivero, Sonia Calero y Celia, entre otros.

El año 1959 terminó para Celia Cruz con un récord personal: había logrado viajar en plan profesional tres veces a Estados Unidos. Sus discos, siempre con La Sonora Matancera y convenientemente distribuidos por Seeco Records, habían calado con fuerza en la comunidad cubana y latina en algunas ciudades norteamericanas, y eso era un incentivo para empresarios y promotores del espectáculo en directo. Ya no solo se presentaba en Nueva York: ese año lo hizo también en Los Ángeles, Chicago y New Orleans. En sus presentaciones en directo durante ese año allí, Celia demostró su ductilidad y su dominio de la escena y los géneros que asumía cuando la acompañaban orquestas y conjuntos diferentes de La Sonora Matancera. Hacía mucho que Celia era una perfecta conocida para la comunidad cubana y latina en esas y otras ciudades norteamericanas. Este es un dato a tomar muy en cuenta para evaluar correctamente y ubicar en fecha las decisiones cruciales que tuvo que tomar en el futuro inmediato.

Despidiéndose sin saberlo
(1960)

Recibiendo 1960, la Plaza de la Catedral de La Habana acogió el primer día del año un concierto de música folklórica concebido y dirigido por el gran director y compositor Gilberto Valdés y ofrecido a la población habanera como parte de los festejos organizados por el Instituto de Turismo. El programa y el elenco fueron toda una apoteosis: interpretando obras de Ignacio Cervantes, Moisés Simons, Ernesto Lecuona, Jorge Anckerman, Gonzalo Roig, Miguel Matamoros y el propio Valdés, subieron a escena los cantantes Sarita Escarpenter, Wilfredo Fernández, Paulina Álvarez, Merceditas Valdés y Celia, que cantó dos canciones; el Grupo Folklórico de Alberto Zayas; la bailarina Sonia Calero y otras parejas de bailes, y una orquesta dirigida por Gilberto Valdés asumiendo temas de su autoría.

Como era tradicional, La Habana se preparaba para sus fiestas carnavalescas, que habían sido casi siempre en el mes de febrero. La revista *Bohemia* se puso a tono y en plan festivo invitó a sus lectores a disfrazarse de los artistas más populares y notorios del momento. A Don Galaor y el fotógrafo Charlie Seiglie se les ocurrió inventar las caretas de esos artistas, y junto a Benny Moré, Ernesto Lecuona, Gina Cabrera, Pepe Biondi, Rosita Fornés, Rolando Laserie, Josephine Baker y Guillermo Álvarez Guedes, estaba la de Celia, con este texto que no solo muestra hasta qué punto había volado alto en su carrera, sus cualidades personales y profesionales, sino que gozaba del favor de los exigentes cronistas:

> Si usted quiere disfrazarse de Celia Cruz, pruebe primero su voz. Celia es la voz. Una voz criolla que resuena como una campana en los ámbitos líricos del Continente, llevando a los corazones libres la gloria de la patria que la vio nacer. La llaman la mejor voz afro de Cuba. Pero aceptar eso sería limitar los contornos universales de su canto. Ni cuando canta canciones de esclavos la voz de Celia deja de ser libérrima en su amplitud sonora. Estamos para decirles que el disfraz más difícil de todos los que hemos glosado es el de esta inmensa artista. Por cuanto representa ella para el cancionero cubano. En Celia se reúnen todos los atributos que hacen eminente a una artista. Jamás se le ha subido a la cabeza la fama que disfruta como ídolo indiscutible. Sigue siendo la persona más modesta e inteligente que fue mientras luchaba para situarse entre las grandes luminarias de la canción. Nunca abandonó su trabajo por enfermedad. Porque para ella cantar equivale a salud, a felicidad. Y como compañera no la hay más sociable ni más cordial. Es por esto que le decimos que, si usted no reúne tan magníficas cualidades, no intente disfrazarse de Celia Cruz. Por una vez y por todas. Es que, de verdad: Celia Cruz ¡no hay más que una!.

Desde hacía mucho tiempo, como puede verse, la prensa cubana daba a Celia el tratamiento de una individualidad, una cantante sumamente destacada, independiente de La Sonora Matancera, con la que su vínculo no dejaba de ser fuerte, pues su popularidad emanaba en gran medida de los programas en Radio Cadena Habana (antes, en Radio Progreso) y en bailables, festejos y otros eventos públicos en los que participaba con el gran conjunto. En la música bailable, La Sonora Matancera había mantenido por décadas una calidad a la que no hacía concesiones y una distintiva sonoridad que la identificaba, así como un adecuado manejo de su estrategia de contar con varios cantantes que pasaban y grababan durante temporadas, y pocos fijos. De ese modo mantenía su popularidad habitual, y pareciera que Rogelio Martínez, su director, se aferraba a esas verdades para introducir pocos cambios —o ninguno— en cuanto a formato, tipos de canciones y estilo de los arreglos. No olvidemos la sostenida labor de sus dos únicos arreglistas de plantilla: los destacados Severino Ramos y Javier Vázquez. Pero la Sonora no estaba sola en el panorama musical, ni estaba desde hacía mucho libre de miradas competitivas ni comparaciones: la popularidad alcanzada por orquestas como la Aragón, la de Fajardo y la de Benny Moré, y conjuntos como el Casino, Chappottín y sus Estrellas con Miguelito Cuní, y el de Roberto Faz mostraban una evolución innegable en sus arreglos, al que incorporaban influencias disímiles y complejidades novedosas, a la par de tener en sus respectivas nóminas a tremendos cantantes y verdaderos virtuosos en sus respectivos instrumentos.

Cuba en ritmo, *su último cabaret en Cuba*

A pesar de los acontecimientos que revolucionaron el país, la vida artística fue recuperándose a lo largo de 1959. Los cabarets volvieron a funcionar e intentaban mantener su ritmo a pesar de la ilegalización del juego en los grandes casinos, aunque algunos, como Sans Souci —que se declaró en quiebra—, cerraron para siempre sus puertas.

Concluía 1959 y el cabaret Caribe del Hotel Habana Hilton estrenó la revista *Cuba en ritmo*. Fue el último show de cabaret en que Celia Cruz actuó en Cuba. Dice Santiago Alfonso: «*Cuba en ritmo*, junto con el show que vi en Montmartre con Benny, Rita y Las Aidas, son de las puestas en escena de cubanía más impresionantes que he visto en un escenario».

Con gran despliegue de fastuosidad en vestuario y escenografía, la revista ponía en escena una evocación de los géneros y ritmos cubanos de mayor arraigo popular, traídos a aquel presente con un moderno sentido del espectáculo y de comunicación con el público. La prensa enfocó los aspectos más llamativos del acontecimiento a nivel artístico y empresarial, con un subtitular que rezaba: «Celia

Cruz y Rolando Laserie, las estrellas más cotizadas y populares, al frente de una constelación de ases», y seguía: «Parece sueño, pero es realidad, porque es un golpe de audacia rayana en locura presentar en un mismo elenco a Celia Cruz y Rolando Laserie, esos favoritos del público que se hacen pagar sumas astronómicas y que individualmente, ya de por sí aumentarían la nómina en forma alarmante. Pues bien, el empresario Raúl González Jerez hizo posible el milagro y los llenos cada noche responden al singular esfuerzo en la nueva producción de Víctor Álvarez». En el elenco figuran el Cuarteto D'Aida, Los Armónicos de Felipe Dulzaides, Raquel Bardisa, Ana Gloria Varona, Ada Zanetti, El Martin y el cantante Felo Brito, entre otros. Celia interviene en escenas que recrean la vida en un solar. Entre otras estampas, en la denominada *Tumba* cantaba el pregón *Ecó* (Gilberto Valdés) con Moraima, Haydeé, Omara y Leonora —las chicas del Cuarteto D'Aida— y en el cuadro final, el clásico de Rogelio Martínez *Sun Sun Babaé.* Laserie, por su parte, hacía una creación singular del bolero *No juegues conmigo* (Piloto y Vera) y Ana Gloria Varona bailaba *Cactus mambo*, de Bebo Valdés, quien, junto con Rafael Somavilla, se encargó de todos los arreglos. La orquesta acompañante estaba dirigida por el propio Somavilla y logró reunir un verdadero *all-star* de instrumentistas: él mismo se ocupaba del piano; en la batería, Daniel Pérez; Papito Hernández en el bajo; en la sección de saxofones, Jesús Caunedo (saxo alto), Pedro Chao (saxo tenor), Orlando Fernández, *Macanta* (saxo barítono), Pedro Pardo (saxo alto), Braulio Hernández, *Babín* (saxo tenor); en la sección de metales, Leonardo Timor, Nilo Argudín y Eddy Martínez en las trompetas y Pucho Escalante en el trombón.

El periodista Gleen Hoffer comentaba el 31 de enero en el diario *Fort Lauderdale News* la resonancia de la revista musical *Cuba en ritmo:* «Entre los mejores espectáculos de los hoteles está la nueva producción *Cuba en ritmo* en el Caribe Super Club del Hotel Habana Hilton. El espectáculo, que tiene apenas una semana de estrenado, está protagonizado por la famosa cantante cubana Celia Cruz y la bailarina Ana Gloria [Varona]. Es una revista cubana típica, cargada de muchas muchachas bonitas, vestuario impresionante y candentes pasos y escenas de baile».

El domingo 17 de enero Celia apareció en *prime time* en el programa televisivo *La revista,* del circuito CMQ, y su interpretación de *Los aretes de la luna* motivó un destacado comentario crítico del columnista Alberto Giró: «Es una magnífica cancionera. Y es que Celia Cruz domina todos los géneros». Celia había trascendido el segmento en que habían querido encasillarla —el de los afros y guarachas— y tanto el público como la crítica coincidían en reconocer la versatilidad que venía demostrando desde hacía ya mucho, en particular la emotividad e interiorización con que asumía los boleros, de los que hablan sus grabaciones, realizadas en Cuba, de piezas como *Tu voz, Contestación a «Aunque me cueste la vida», Luna sobre Matanzas, Tuya y más que tuya, Mi amor, buenas noches* y otras.

A propósito de su éxito en el cabaret Caribe, la revista *Show* publicó bajo el título «La fabulosa Celia Cruz ha batido récord de vuelos» un breve pero abarcador resumen de su carrera, que comienza con un justo elogio: «Hablar de Celia Cruz es referirse sin duda alguna a la primera voz afro de Cuba, galardón indiscutible que nadie ha podido arrebatarle en diecisiete años de triunfos consecutivos. La presentan al público como cantante, pero en puridad de verdad es una vedette de envidiables facultades cuya sola intervención es capaz de llenar por sí solo un espectáculo». Subraya como méritos de esta «mujer sensacional» una voz fresca, que interpreta como nadie guarachas, guaguancós, pregones y toda la música ritual afrocubana, sus bailes y desplazamientos escénicos, y sobre todo, «una explosiva intuición escénica que arrebata y contagia». El redactor de la revista más importante sobre música y *show business* en Cuba se refiere a las cifras de los contratos de Celia y lo dice, con la propiedad que le da la jerarquía del medio para el que trabaja, aunque fuentes fiables difieren en el dato: «Ninguna artista cubana ha ganado tanto dinero como Celia Cruz, ni ninguno ha realizado tantas horas de vuelo. Una prueba de lo que percibe por su trabajo la tenemos en su próximo contrato en Caracas, a través del empresario Guillermo Arenas, donde recibirá la suma de diez mil pesos por dos semanas». Hace un recuento de la proyección de su carrera, que resulta premonitorio en momentos en que se iniciaba el año que, nadie podía saberlo, sería el último de los que viva en su amada Cuba: «Cincuenta y cinco viajes en avión que representan sobre mil quinientas horas de vuelos», dice el periodista. Había actuado en estos países y ciudades, de los que consigna las veces que viajó a cada uno: México, 3; Venezuela, 9; Puerto Rico, 2; Miami, 6; Nueva York, 5; Tampa, 2; Nicaragua, 1; Costa Rica, 1; Perú, 2; Panamá, 3; Colombia, 3; Curazao, 5; Haití, 3; Chicago, 2; Los Ángeles, 1, y Nueva Orleans, 2.

La valoración de la prensa fue confirmada por voces autorizadas que vivieron esos años y que proyectaron los logros de Celia Cruz en Cuba más allá de lo esencialmente artístico, al considerarlos verdaderas conquistas en el ámbito social como mujer negra y de clase social originaria económicamente empobrecida que, con su trabajo, espíritu de superación, disciplina y comprensión de la realidad y los códigos de su tiempo, supo y pudo vencer las barreras del menosprecio clasista y racial. Es el caso de Santiago Alfonso, quien reconoce el impacto en su carrera como bailarín y coreógrafo de los logros de Celia Cruz y de su conocimiento y cercanía a los valores humanos que constituyeron el capital que la cantante invirtió en su carrera:

> Sinceramente, si lo pensamos como algo directo, podrían no tener que ver sus logros con mi carrera, pero si lo analizo desde el punto de vista de la imagen que yo había podido construir a partir de la admiración que sentía por ella, es posible, porque no puedo olvidar que mi gran sueño de convertirme en un buen bailarín negro estaba basado en Katherine Dunham y su obra, teniendo como centro las culturas afrodescendientes, y Celia, sus logros artísticos, su categoría profesional y personal, el respeto que todos le dispensaban y el hecho de que su trabajo estuviera basado en las mismas líneas estéticas de la Dunham, aunque no fuera el baile, representaban algo muy especial, mi ideal artístico.

Estableciendo una comparativa con lo que sucedió después con su figura artística, suele discutirse sobre la magnitud de la popularidad que tenía Celia Cruz en su país al momento de partir, en 1960. Algunos afirman que en ese momento Benny Moré reinaba en la cima de la popularidad, seguido muy de cerca por Rolando Laserie y Celeste Mendoza, y Olga Guillot como cancionera, del mismo modo que ya La Sonora Matancera no era el *top* en los conjuntos, sino que el Conjunto Casino hacía rato que había rebasado el sonido extraordinario y ya clásico de la tropa musical de Rogelio Martínez. En opinión de Santiago Alfonso,

> Hay que diferenciar a cada uno de estos artistas: Benny Moré era la figura cimera de la música popular cubana, su reinado era indiscutible; junto a él, Olga Guillot era la más importante del bolero, la mejor voz cancionera de Cuba. Ellos dos dominaban el mundo del espectáculo en Cuba. Celia Cruz era la Guarachera de Cuba, sin discusión ni dudas, pero entre ellos no se estorbaban: cada cual era el mejor en lo suyo, aunque en lo económico los primeros la superaban [...]. No creas que mi opinión está basada en el afecto y la admiración por Celia: la Guarachera de Cuba ya era la mejor en su género y una atracción internacional con un recorrido artístico que no se podía borrar, era ya un clásico de la música popular cubana. Además siempre he opinado que nadie sustituye a nadie. Lo que Celia había logrado estaba ahí, y lo seguía haciendo.

A Venezuela, Nueva York y Colombia

Para Celia estaba muy bien, y al empresario Guillermo Arenas le venía de maravilla, la promoción que probablemente contrató este a la revista *Show,* porque tenía muy claro que de los muchos artistas cubanos que en los últimos años llevaba regularmente a Venezuela, el de Celia Cruz era el contrato de mayor connotación. Con foto incluida, el acto de la firma fue publicitado como nunca antes:

«La fabulosa vedette cubana que ya estaba programada en la revista del Habana Hilton obtuvo que se le permitiera en febrero ausentarse por solo dos semanas, que le representan la friolera de diez mil dólares, recibiendo en el acto de formalizarse la negociación un fuerte anticipo».

Uno de los sitios donde actuó fue el Centro Asturiano (El Paraíso), cuya administración —junto a Empresas Arenas— presentaba desde las diez de la noche el *Carnaval de las once estrellas,* que reunía en su espacio nada más y nada menos que a Celia, Bienvenido Granda, Carlos Argentino, y a los locales Víctor Piñero, Nila Valdés, David Montes, Los Peniques, Felipe Pirela, Gaspar Navarro, David Montes y la Sonora Caracas. A la propuesta del Centro Asturiano se incorporó a partir del 20 febrero Benny Moré, e*l Bárbaro del Ritmo*. Entre los múltiples actos sociales en que Celia se vio inmersa en su viaje número diez a Venezuela resalta la boda de su amigo y colega Carlos Argentino (con quien alguna vez la prensa la había asociado en inexistente e inventada relación romántica), quien se casó con la bailarina argentina Graciela Danieli. Celia y Bienvenido Granda asistieron a la ceremonia que apadrinó el empresario Arenas.

En la edición de mayo de la revista *Show,* el doctor Carlos Manuel Palma refiere en su editorial que Celia había rechazado una extensión de contrato en Venezuela por cinco mil dólares para una breve gira por el interior de ese país. El motivo del rechazo, según el escrito, fueron los compromisos inmediatos que, tras concluir en el Habana Hilton, Celia debía cumplir en Estados Unidos y Colombia, y su deseo de tomarse unas vacaciones para reponer energías, aun cuando su salud fuese perfecta, lo que el editorialista señala como una sensata decisión profesional, rara en el medio artístico. En La Habana aprovechó para cumplir algunos compromisos sociales: apenas regresó de Caracas se enteró de que estaba en La Habana su amigo el cantante panameño Tony Moro, y de que en La Bodeguita del Medio se preparaba una celebración por los éxitos alcanzados por el artista istmeño en La Habana. De modo espontáneo, Celia se apareció allí y se unió a la fiesta, donde ya estaban Bertha Dupuy y Ricardo García

Perdomo, Isolina Carrillo, los miembros de los cuartetos Los Llópis y D'Aida, Nilda Collado, Sonia Perla Gil y Jorge Bauer.

Fue invitada a cantar en el homenaje al eminente director y compositor Rodrigo Prats por sus treinta y cinco años de labor artística. El Teatro Martí una vez más reunió a lo más notable del canto y el teatro musical cubano: con escenas de la zarzuela *Amalia Batista* (del homenajeado), los cantantes líricos Marta Pérez, Manolo Álvarez Mera, Zoraida Marrero, Miguel de Grandy, junto con Alicia Rico, Candita Quintana, Carlos Pous, Pedrito Fernández, Rolando Ochoa, Zenia Marabal, Blanca Varela, Estelita Santaló, Paul Díaz, Adolfo Guzmán, el coro de David Rendón (hijo), Bola de Nieve, Rolando Laserie, Armando Oréfiche, los argentinos Pepe Biondi y Luis Aguilé, la orquesta Fajardo y sus Estrellas, y otros.

Terminando en el Habana Hilton tras el éxito abrumador de la revista *Cuba en ritmo,* Celia y Laserie viajaron el 14 de abril a Nueva York, contratados por Catalino Rolón, en mancuerna comercial con el *manager* de ambos, Tito Garrote. Se presentaron en el Manhattan Center respaldados por la orquesta del boricua César Concepción, con la que ya Celia había trabajado antes; en el Palladium, por Cortijo y su Combo, y en el Club Caborrojeño, por la orquesta de Joe Valle, todas muy bien reputadas en cuanto a su conocimiento e interpretación de la música cubana. En nombre de un grupo de músicos de Puerto Rico y Nueva York, Catalino Rolón entregó a Celia un trofeo de reconocimiento por sus logros artísticos. Para ella fue su vuelo número 56.

Regresaron a La Habana y Celia fue abordada por la revista *Show* en lo que parece ser su última gran entrevista en Cuba, que apareció publicada en el número del mes de junio del popular *magazine.*

Las últimas grabaciones en Cuba

En frenética agenda, Celia debía partir casi de inmediato hacia Colombia a cumplir contratos, pero antes entró en estudio para registrar sus últimas grabaciones en Cuba. Como siempre, fue con el respaldo de La Sonora Matancera. Antes, en fecha indeterminada de enero, grabó en el estudio de Radio Progreso los doce temas que se incluyen en el LP *La dinámica!* (SCLP-9192), un vasto recorrido genérico con son montuno, guaracha, guaguancó, merengue, guajira, rumba y chachachá. Fue el último LP que Celia grabó en Cuba. Los temas incluidos son: *Tamborilero* (Evelio Landa), *Juntitos tú y yo* (Felo Bergaza), *Cuídate bien* (Isaac Fernández), *Baila, baila, Vicente* (Roberto Nodarse), *Lalle lalle* (José Claro Fumero), *Nadie me lo quita* (Mario de Jesús), *Al vaivén de palmeras* (Salvador Veneito), *Tumba la caña jibarito* (Rudy Calzado), *Sigo esperando* (Roberto Puentes), *Para tu altar* (July Mendoza), *Resurge el omelenkó* (Javier Vázquez) y *No hay nada mejor* (Oneida Andrade).

Poco después le anticipó al columnista anónimo de la revista *Show* los títulos de ocho de los doce temas grabados en la segunda sesión que recién había realizado, de nuevo en el estudio de Radio Progreso, el 10 de mayo de 1960, a casi dos meses de su partida, y que se recogieron después en el LP *Reflexiones* (SCLP-9200). Los títulos incluidos en el álbum son: *Mi cocodrilo verde* (José Dolores Quiñones), *Caramelos* (Roberto Puente) —que ya ocupaba el sexto lugar en el hit parade nacional–, *El heladero* (Mercy Condon), *No me mires más* (Aurelio Machín), *Ya te lo dije* (Ramón Cabrera), *Suena el cuero* (Juanito Blez) y las versiones guaracheras de *Mágica luna* (Patrick Welch y Michael Merlo) y de la chilena *Marcianita* (Galvarino Villota y José Imperatori). El disco salió al mercado en noviembre de 1960, cuando ya Celia y la Sonora estaban en México.

Las últimas grabaciones de Celia en Cuba demuestran la extraordinaria calidad vocal y el depurado estilo que exhibía en esos momentos, marcados por una capacidad improvisatoria en las inspiraciones que la Guarachera de Cuba había ido perfilando y entrenando a lo largo de su carrera hasta entonces, tomando distancia de algunos patrones interpretativos que habían establecido los grandes soneros y aportándoles un definido rasgo femenino y personal, sin perjuicio de la imaginación extraordinaria que, a esas alturas, caracterizaban sus improvisaciones. Haciendo un balance de la discografía de Celia con La Sonora Matancera hasta 1960 en Cuba, la excelencia y alta calidad en todas las grabaciones está respaldada por dos elementos fundamentales: la modernísima dotación tecnológica de los estudios donde se realizaron —CMQ y Radio Progreso— y el excelente trabajo de los grabadores o ingenieros de sonido Medardo Montero, José *Pepe* Gutiérrez y José *el Chivo* Ciérvide, cuyo hijo, José *Pepito* Ciérvide, afirma:

> Los equipos con que contaba el estudio 1 de Radio Progreso en aquel tiempo eran grabadoras Ampex. Había incluso dos grabadoras estereofónicas que no se utilizaron, o se utilizaron muy raramente; una consola RCA Victor de ocho canales, amplificadores Macintosh, bocinas RCA Victor Apex, una cámara de eco y un panel de conexiones para el parcheo de entradas y salidas de los micrófonos. Estos eran 44 y 77 en su mayoría. Ese era el equipamiento que, siendo yo niño, vi allí y pude identificar después, siendo ya yo también un técnico de sonido.

El experimentado ingeniero Gerónimo Labrada, Jr., un apasionado por la historia de los estudios de grabación en Cuba, confirma los datos aportados por Ciérvide, y enfatiza: «Era muy común que los estudios RCA estuvieran equipados con la tecnología de la marca propietaria (como mismo los estudios EMI); la consola era una BC 8 RCA». Y remata para dejarnos boquiabiertos: «Es la misma tecnología con la que en Memphis, Tennessee, se grababan los discos de Elvis Presley».

Acerca de los estudios de CMQ, Labrada comenta:

> En comparación con Radio Progreso, el estudio CMQ era más limitado técnicamente, pero había sido diseñado como los estudios radiales americanos de la década del cuarenta, donde la acústica solucionaba la poca tecnología. Tenían solamente dos micrófonos, uno en la voz principal y orquesta, y el otro ambiental. Me

comenta mi padre —el ingeniero Gerónimo Labrada, Sr.— que ese estudio se quemó después en un incendio y su restauración fue algo desastrosa. Nunca volvió a ser el de antes.

En su edición de junio, la revista *Show* reseña la celebración que organizó Rogelio Martínez para celebrar las nuevas incorporaciones a La Sonora Matancera: se trata de los cantantes Juan Virginio Rodríguez Acosta (Willy Rodríguez, *el Baby*) y Alberto Pérez Sierra. Todos se reunieron a disfrutar de la excelencia culinaria que aseguraba Ángel Martínez, el dueño y anfitrión de la otrora mítica Bodeguita del Medio. Celebraban también los treinta y seis años de vida del decano de los conjuntos cubanos y el paso por sus filas, con permanencia o de manera puntual, de cantantes tan populares en ese momento como el boricua Daniel Santos, los argentinos Carlos Argentino y Leo Marini, el colombiano Nelson Pinedo, el boricua Johnny López y los cubanos Bienvenido Granda, Celio González y Rey Caney (Reinaldo Hierrezuelo), Gloria Díaz, Olga Chorens, Tony Álvarez, y por supuesto, la que más lejos llegaría: Celia Cruz. La misma revista informa de la alineación fija de La Sonora Matancera en ese momento cercano a su partida hacia México: Willy y Alberto Pérez Sierra (cantantes), Celia (cantante invitada permanente), Lino Frías (pianista), Pedro Knight (segunda trompeta), Calixto Leicea (primera trompeta), Simón Esquijarrosa (pailas), Ángel Alfonso Furia (tumbadoras), Raimundo Elpidio Vázquez (bajo), Carlos Manuel Díaz *Caíto* (maraca y coros) y Rogelio Martínez (guitarra, coros y dirección).

El 20 de mayo Celia llegó a Barranquilla para presentarse como solista en varias ciudades de Colombia. La prensa cubana da información sobre esta gira y destaca que su éxito tanto en Radio Caracol como en la televisión es «de locura en todas sus actuaciones». Contó ella al corresponsal de la revista *Show* en Bogotá que esta era su cuarta ocasión en Colombia y elogió el acompañamiento de Tomás Disanto con su orquesta en todas sus presentaciones en la capital colombiana, entre otros en el Grill Colombia, que «se vio

Celia con algunos trofeos y premios obtenidos en Cuba, segunda mitad de los cincuenta (archivo personal Celia Cruz / Celia Cruz Estate).

repleto de un público como hacía muchísimo tiempo no se registraba expectación semejante». En la capital colombiana se presentó también en el Club La Pampa y en la emisora Nuevo Mundo. En Medellín puso a bailar al Club Campestre, donde centró un espectáculo en el que también actuó el conjunto argentino Los Cinco del Sur y la también porteña Rosita Romero. Según el periodista, Celia continuaría su periplo a Ecuador, Perú y otros países, pero no se han encontrado pruebas de posibles actuaciones en esas ciudades.

A su regreso a La Habana ocurrieron sus últimas acciones antes de volar a México sin regreso: un rápido viaje a Miami para cantar en el Bayfront Park Auditorium el 2 de julio, junto con otras estrellas cubanas y latinas, de lo que dio razón *The Miami Herald* en una breve reseña; visitó el estudio donde estaban grabando su siguiente LP sus amigos de la orquesta Estrellas de Chocolate, contratados por el sello Puchito, y participó en un evento relacionado con Argentina. Celia era una de las grandes figuras convocadas por el productor y director radial Humberto Bravo para rendir tributo a la emisora bonaerense Radio Belgrano en su trigésimo sexto aniversario, el 9 de julio, con un megaprograma que sería transmitido por Radio Progreso y escuchado no solo en Argentina, sino también en Brasil y otros países cercanos. Por los micrófonos del estudio de Infanta y 25, donde se realizó la transmisión, pasaron, además de Celia, las divas Olga Guillot, Elizabeth del Río y Esther Borja; la Orquesta Aragón; Fernando Albuerne; Carlos Puebla; Luis Carbonell; el coro de Paquito Godino; el humorista argentino Pepe Biondi, y se sumaron la española Sarita Montiel y el chileno Lucho Gatica. Eddy Martin, Adalberto Fernández y Enrique del Río actuaron como presentadores del programa.

De cara a los meses que restaban de 1960, Celia ya tenía firmados contratos para presentarse, además de México, en Santiago de Chile para octubre, y en el teatro San Juan de Nueva York para noviembre, quedando pendiente su *tournée* con el empresario venezolano Guillermo Arenas para el interior de Venezuela. Su expansión internacional estaba en franco ascenso.

México, destino inmediato

Los acontecimientos que desencadenaron el triunfo de la Revolución Cubana y la huida de Fulgencio Batista continuaban impactando de manera fuerte y dramática en el gremio artístico, que en ese entonces aún no era tomado muy en cuenta en el balance de beneficios y daños a nivel social y económico. No era, en sí mismo, un rubro decisivo de la economía —lo contrario que las industrias azucarera y del níquel—, pero, como el anterior, el nuevo gobierno daba importancia al turismo, aunque probablemente no tuviera muy claro cuáles serían los derroteros por los que encaminaría esa industria que resulta natural para Cuba, ni valorara el fuerte atractivo de nuestra música y su impacto sobre esa industria. Lo que sí estaba decidido era que no sería en asociación con el juego. Los casinos nunca más volvieron a abrir, y con ello el idílico paraíso del ocio que el juego y la permisividad gubernamental habían delineado en La Habana careció de uno de sus componentes más rentables y decisivos dentro de aquel esquema. A partir de entonces, el mundo del espectáculo, el *show business*, perdió su principal sustento económico y se instauró un modelo centralizado, financiado no por las utilidades de los casinos y los esquemas de patrocinio y de reinversión parcial de utilidades, sino por el presupuesto central de la nación, dentro del cual su importancia era incuestionablemente insignificante al lado de renglones decisivos no solo para la economía, sino para la propia permanencia del novel gobierno. Músicos, bailarines, productores, vestuaristas, peluqueros, coristas, maquillistas, empleados pasarían a ser trabajadores estatales con un salario fijo.

Ellos dieron su batalla con las herramientas civiles disponibles, pero de un lado los preceptos enraizados en la moral católica, según los cuales el juego es visto como una lacra desterrable que mella la voluntad de acción y transformación del individuo, y del otro la inadmisibilidad del control ejercido por la mafia italoestadounidense, hicieron que, tras breve fase de agonía, se anunciara la muerte por decreto de los juegos de azar y los casinos. A gran escala, los juegos de azar no pudieron resucitar en los fastuosos espacios de los hoteles Nacional, Capri, Deauville, Riviera, ni en Tropicana, Sans Souci o Montmartre —ya para entonces cerrado también como cabaret—, pero se autodeclararon inmortales e inextinguibles en las zonas más populares, en los barrios cubanos, a través del legendario juego de la bolita, con sus apuntaciones, listas y puntos fijos, y otros como el siló, los dados y las peleas de gallos, sorteando con éxito no solo el paso del tiempo, sino también todos los obstáculos geográficos y políticos, y adaptándose a los avances tecnológicos. El juego de azar, para bien o para mal, era una costumbre demasiado enraizada en la vida diaria del cubano simple, de ese que nunca accedió a los grandes casinos.

El 20 de noviembre de 1959 y mediante la Ley 563 se creó el Instituto Nacional de la Industria Turística (INIT), entidad que, entre sus funciones, tendría la dirección y gestión de los grandes y pequeños cabarets, *nightclubs* y espacios de baile y ocio en el país. Cinco meses antes, el nuevo gobierno había dado marco legal a las intervenciones y expropiaciones en el ámbito del turismo, y creó el 2 de junio de ese año la Junta de Fomento Turístico de Cuba. En el mundo del *show business* y en una parte de los festejos bailables populares, la relación de propiedad comenzaba a cambiar, pero aún no se reemplazaba del todo y las incongruencias que surgían en la gestión podían dar indicios de que la situación podría ser transitoria. Para las orquestas y conjuntos fue un periodo de particular esplendor, pues las nuevas autoridades locales organizaban numerosas actividades festivas y bailables, que redundaban en abundantes contrataciones de orquestas, solistas y conjuntos, con la premisa de dar acceso al pueblo a opciones musicales y de diversión con un mayor sentido de igualdad.

Un mes después de la creación del INIT, Rogelio Martínez estaba de visita en México para cerrar un contrato que llevaría en julio del siguiente año a La Sonora Matancera con Celia Cruz al Teatro Lírico y al Terrazza Cassino. En los siete meses que siguieron al regreso de Rogelio desde el Distrito Federal se precipitaron los sucesos políticos en Cuba. En el medio artístico y el *show business* su impacto fue recibido por unos con muestras de apoyo; por otros, con el escepticismo con que se percibe algo que, se supone, no puede durar mucho, y por otros con incertidumbre y preocupación.

Las relaciones entre Cuba y Estados Unidos se habían ido agravando a lo largo de 1959 en una escalada que, probablemente, tuvo su inicio en la visita que el líder cubano realizó al país norteño entre los meses de abril y mayo. Los desencuentros con funcionarios norteamericanos de alto rango y la negativa del presidente Dwight D. Eisenhower a reunirse con él definieron de modo dramático el destino de Cuba y el cambio trascendental del papel que a partir de ese momento asumió Estados Unidos, lo que parece resumirse en este diálogo lapidario, con el que concluyó no solo el almuerzo donde se produjo, sino también cualquier posibilidad de equívoco o de señal de continuidad política para el interlocutor norteamericano:

—Doctor Castro, yo soy la persona que maneja las cosas de Cuba —le dijo, presentándose, un funcionario norteamericano.
—Perdóneme, pero quien maneja las cosas de Cuba soy yo —respondió Fidel Castro.

Para muchísimos cubanos, que veían a Cuba como un país totalmente dependiente, no era posible concebir un futuro en la isla sin la presencia tutelar norteamericana, y por ello en conversaciones privadas y públicas, en tertulias y hasta en los bares se dirimían las discusiones entre los partidarios de Fidel Castro y los que no apostaban ni cinco centavos a su permanencia al frente de Cuba en los siguientes meses. La posición estratégica del país en medio del periodo de Guerra Fría entre las dos mayores potencias mundiales parecía asegurar el éxito de las figuras mayores del Partido Socialista Popular en su cabildeo con los comunistas soviéticos. El PSP había luchado toda su vida por tomar el poder político en pos de transformaciones revolucionarias estructurales, y lo que ocurrió el 1 de enero de 1959 no los convirtió en protagonistas de lo que había sido su razón de ser. No lo eran en rigor, sino que seguían siendo una de las varias fuerzas contendientes en el panorama político cubano, y debían buscar entonces su lugar en el complejo tablero político que se planteaba en el país. Los crecientes diferendos entre Fidel Castro y Dwight D. Eisenhower de alguna manera lanzaron al primero a lo que se perfila como la mejor variante, la que se había materializado como inmediata y hasta segura. El primer ministro Anastas Mikoyan desembarcó en La Habana dispuesto a ofrecer todo lo que Fidel Castro necesitaba y que no parecía probable que pudiera obtener de los estadounidenses. El 13 de febrero de 1960 ambos gobernantes rubricaron el primer convenio de intercambio comercial y de pagos entre los dos países, comenzando así públicamente la era de la influencia y presencia soviética en Cuba.

Celia había tenidos vínculos artísticos con la emisora Mil Diez, si bien nunca perteneció al Partido Socialista Popular —al menos esta investigación no ha encontrado pruebas ni testimonios que lo confirmen—, pero Rogelio Martínez, ni siquiera eso. Rogelio y La Sonora Matancera no fueron artistas de la Mil Diez, ni él, de personalidad cauta y poco propenso al riesgo, se insertó nunca de manera explícita y militante en medios políticos. Su prolongada relación de negocios con Sidney Siegel y el sello Seeco lo hacían proclive a considerar natural y lógica su adhesión al segmento empresarial norteamericano, en particular en el ámbito latino.

Ante el acercamiento a la Unión Soviética y los profundos cambios que ya se producían en la estructura del sistema gubernamental y de poder, el gradual posicionamiento de medios de prensa y periodistas connotados iba exacerbando el clima de polémica con el gobierno, y antes de que terminara el mes de marzo se inició la intervención de los principales medios de prensa, en particular del Circuito CMQ de los hermanos Mestre. A través de un editoral titulado «Un día con el pueblo», el *Diario de la Marina* —ya intervenido— anunció el 12 de mayo de 1960 que, «tras 128 años de servicio a la reacción», finalizaba su publicación en territorio cubano.

Mientras todo esto ocurría, el gremio artístico no había detenido su actividad. Tanto empresarios como artistas no solo continuaban cumpliendo los contratos previstos, sino que también generaron nuevos negocios que llevaron a muchos músicos al exterior, principalmente a Venezuela, México, Nueva York y Miami. Algunos no podían ni concebir ni imaginar que sus vidas profesionales, tal como las conocían, pudieran haber terminado: para ellos esos contratos eran temporales y los veían como un paliativo compás de espera, previendo que pronto llegarían tiempos en que se restaurara la normalidad. La movilidad a través de los aeropuertos y puertos cubanos aún era totalmente libre, y podían salir y siempre regresar.

René Espí Valero es un reputado musicógrafo, productor y músico cubano, hijo de Roberto Espí, el director del legendario Conjunto Casino. Entre las muchas informaciones y anécdotas con que contribuyó a esta investigación, narra lo siguiente:

> Pudo haber sido cualquier día a comienzos del año 1960. Si cierro los ojos casi puedo contemplar la escena que tantísimas veces recordó mi padre.
>
> Puedo ver al viejo, elegante, bien trajeado, fumándose un tabaco en la entrada de la CMQ por la calle M. De pronto unos golpecitos afectuosos y al volverse encontrarse con Rogelio Martínez, el director del conjunto Sonora Matancera, otro tabaco a punto de encender. A pesar de la supuesta rivalidad entre los músicos del Conjunto Casino y la Sonora Matancera —*marketing* sustentado por la febril imaginación de la fanaticada de ambos grupos—, Rogelio Martínez y mi padre habían prolongado, con trato afable y cercano, una amistad iniciada durante los años treinta. Por entonces mi padre era trovador, ni soñaba con formar parte del conjunto al que entregaría después sus mejores años, y en las transmisiones de la famosa Casa de las Medias de Reina y Águila coincidía con Rogelio, quien cantaba danzonetes junto a la orquesta del flautista y abogado Belisario López. Rogelio tampoco imaginaba que años después asumiría la dirección de la legendaria agrupación matancera. Teniendo en cuenta estos antecedentes, el diálogo entre los dos músicos fluyó, una vez más, de manera natural. Rogelio, inquieto, sin mediar mucha introducción preguntó directamente:
>
> —Roberto, ¿y tú qué vas a hacer?
>
> —¿Qué voy a hacer con qué? —le respondió con otra interrogante mi padre.
>
> —Con esta situación —insistió Rogelio, dando por sentado que ahora sí se haría entender.

—Mi hermano —le contestó mi padre al darse cuenta de que el director de la Sonora se refería a la recién estrenada Revolución—, después de toda la crisis que hemos pasado, yo creo que estamos bien. Hay fiestas y bailables de nuevo, estamos ganando mucho dinero, poco a poco todo se irá estabilizando. ¿Por qué me preguntas?

Y entonces ahí Rogelio fue preciso en su calibración del fenómeno recién instaurado, y su claridad la tradujo con una imagen que acompañaría a mi padre hasta el final de sus días:

—Chico... Todo eso que tú dices está bien. Verdad que estamos ganando dinero de nuevo, que hay bailes, fiestas, y todo eso... pero, a este arbolito verde olivo le estoy viendo unas fruticas rojas que, honestamente, no me gustan ni un poquito. —Y remató—: Yo me voy.

Tiempo después, a punto de viajar a México, ubicados todos los músicos del grupo en el avión, cuentan que Rogelio anunció solemne: «Este es un viaje sin retorno».

Era un hecho: con su famoso olfato comercial y haciendo prevalecer al empresario que cohabitaba con el músico y sagaz director del conjunto, Rogelio ya tenía en mente lo que iba a hacer. Solo él lo sabía y a ningún otro músico dijo nada. Para todos, Celia incluida, era otro viaje más para cumplir un contrato. Las despedidas de cada uno de ellos fueron las de siempre, las que anteceden a un viaje del que pronto habrán de regresar. Décadas después, la anécdota de lo que Rogelio Martínez anunció a todos sus músicos una vez que el avión levantó vuelo pudo parecer una invención acerca de un premonitorio e improbable vaticinio, hasta que ha podido ser verificado con el testimonio de Espí Valero, quien lo escuchó directamente de boca de su padre en las interminables conversaciones que, en recuento histórico de su vida y la del Conjunto Casino, Roberto Espí sostuvo con su hijo, depositario de su memoria y su legado.

El clima político polarizó de inmediato el ambiente a través de determinadas acciones, denuncias y opiniones. Junto al reconocimiento mayoritario de las medidas populares y las reivindicaciones de carácter social, se desató muy pronto la reacción de quienes se oponían a las regulaciones que iba implementando el nuevo gobierno. Afectados en sus intereses personales y económicos, se enfrentaron al proceso revolucionario.

Por otra parte, el ecosistema artístico afrontó de inmediato una convulsión de grandes proporciones en todos los sentidos. Para dar una idea: a menos de una semana de la entrada del Ejército Rebelde a la capital cubana, un llamado Comité Nacional de la Música acusó públicamente al músico austriaco de origen judío Paul Csonka de colaboracionista con el anterior régimen. El maestro Csonka, huyendo de las hordas hitlerianas, había llegado a Cuba en los años cuarenta, donde encontró refugio, reconocimiento y cariño, todo lo cual le motivó a solicitar la ciudadanía cubana, demostrando amor y agradecimiento por la nación que lo acogió. Una organización llamada Frente Unido de Músicos Demócratas publicó de inmediato una declaración pública para desmentir las acusaciones contra Csonka y mostrarle su apoyo, pero el austriaco, asustado y temeroso de persecuciones ya conocidas, poco después abandonó la isla para no volver.

De igual manera se recrudecían los conflictos en las organizaciones gremiales de músicos y artistas. El año anterior había concluido con hechos conmocionantes en las estructuras gremiales de músicos, artistas y compositores que daban idea de la volatilidad e inestabilidad del ambiente. La Asociación Cubana de Artistas Teatrales (ACAT), que tantas veces premió el trabajo de Celia, estaba abocada a un cambio demoledor: con una larga ejecutoria de esencia gremial o sindical —fue creada en las primeras décadas del siglo XX—, en su misión de acoger y proteger a los artistas profesionales la ACAT tenía en su haber acciones muy loables que llevaban su gestión incluso más allá de los años laborales de sus afiliados, pues construyó y mantuvo hasta donde pudo el Retiro de los Artistas, para acoger en la última etapa de sus vidas a aquellos en situación precaria o de desamparo social o familiar. Sin embargo, como otras organizaciones similares, la ACAT, en su lado menos luminoso, sirvió para que se empoderaran en su directiva algunas figuras que atentaron directamente contra algunos de sus afiliados, acciones que motivaron más de un editorial de prensa y la repulsa generalizada del gremio. La ACAT fue desactivada en noviembre de 1959, en candente asamblea celebrada en el Teatro Martí. Fue destituido Manolo Fernández, hasta entonces su presidente, y el décimo Congreso de la Confederación de Trabajadores de Cuba (CTC) decidió absorber y diluir en su organización a todas las asociaciones y entidades gremiales y sindicales del país.

Si bien tenían una participación activa o de incidencia en ellas, los músicos y artistas, como norma, no solían destacarse por un accionar dentro de la política nacional y sus vaivenes, ni tampoco se caracterizaban por posicionamientos ni convicciones ideológicas que definieran una filiación política. Entre las excepciones, algunos compositores vinculados al grupo originario del *feeling,* a la editorial Musicabana y al Partido Socialista Popular, y otros con filiación de izquierda o antibatistiana, protagonizaron incidentes con los que, como en todo el país, llegaron los cambios a la Sociedad Nacional de Autores de Cuba (SNAC), que tenía a José Sánchez Arcilla y Ernesto Lecuona en los cargos de presidente y vicepresidente, respectivamente. No era una situación nueva: aún permanecían sin solución los grandes problemas y conflictos en torno al pago de los derechos de autor, que habían provocado más de una protesta por parte de la mayoría de los autores afectados.

No habían transcurrido tres meses después de la instauración del llamado Gobierno Revolucionario Provisional, y el 26 de febrero de 1959 los compositores César Portillo de la Luz, Rosendo Ruiz Quevedo, Juan Arrondo, Orestes Santos, Humberto Suárez y Julio Gutiérrez estamparon su firma en un documento donde reiteraban sus acusaciones contra Francisco Carballido, secretario general y asesor legal de la entidad autoral, y expresaban graves acusaciones contra Gonzalo Roig, Ernesto Lecuona, Miguel Matamoros y Rodrigo Prats, caracterizando la actitud de estos grandes maestros de connivencia con las irregularidades que achacaban al accionar de Carballido, en quien Lecuona y Roig habían depositado su confianza en múltiples trámites legales y decisiones importantes. Poco antes los autores denunciantes habían sido designados asesores de la SNAC, luego de que las autoridades gubernamentales intervinieran la entidad y la adscribieran al Ministerio de Educación, dirigido por el doctor Armando Hart Dávalos.

Aunque nunca pudo probarse que tales acusaciones fueran ciertas, Lecuona, sintiendo lastimada su honorabilidad, decidió renunciar a su cargo en la SNAC en mayo de 1959. El enfrentamiento entre los grandes compositores y los autores firmantes de la carta, algunos ya con una obra notoria, supuso un cisma irreversible con varios de los primeros. Los compositores del grupo de *feeling* y de la editorial Musicabana sintieron que había llegado la hora de cambiar radicalmente la situación y hacerse con el control de la entidad, con la compositora Tania Castellanos como lideresa emergente en un proceso de promoción de candidatura que terminó siendo fallido, lo que sin dudas marcó las decisiones inmediatas de Lecuona, quien optó por poner distancia —que consideró entonces transitoria— y marchar a España. Tras agravarse sus dolencias, la muerte sorprendió al insigne compositor en Santa Cruz de Tenerife el 29 de noviembre de 1963. La transcripción mecanuscrita de su testamento, que ha circulado, recoge, al enunciar sus deseos finales, su amor irrenunciable a Cuba y su actitud de indudable desacuerdo con el nuevo gobierno cubano.

Comenzaba el mes de julio y, con él, una serie de acontecimientos en sucesión que lo cambiarían todo, sellando con instrumentos legales el enfrentamiento creciente de acción y reacción entre Dwight D. Eisenhower y Fidel Castro. Uno por mantener los intereses norteamericanos en Cuba y evitar en la isla un gobierno que se escapara de su control, y otro por defender los cambios revolucionarios que había iniciado y su continuidad, con la sobcranía y la independencia como premisa enunciada. La Cámara de Representantes se concertó con el Senado de Estados Unidos y el domingo 3 de julio de 1960 aprobaron la enmienda a la Ley del Azúcar, que permitía

Visado estampado en su pasaporte cubano y expedido por el Consulado de México en La Habana, con el que Celia salió de Cuba rumbo a México cuatro días después, el 15 de julio de 1960, para no regresar nunca más (archivo personal Celia Cruz / Celia Cruz Estate).

al presidente de Estados Unidos determinar la cuota azucarera de Cuba. Eisenhower la firmó tres días después, rebajando la cuota azucarera cubana —primer renglón en sus exportaciones— en setecientas mil toneladas menos para ese año.

En rápida respuesta a la medida norteamericana, setenta y dos horas después, el 6 de julio, el primer ministro cubano firmó la Ley 851, «Autorización al gobierno para nacionalizar empresas y bienes de ciudadanos norteamericanos por vía de expropiación forzosa». Aún hoy, investigadores y politólogos especulan acerca de qué tanto pudo prever el gobierno estadounidense lo que ocurrió inmediatamente a continuación y que, en todo caso, fue el punto culminante del cabildeo secreto de los viejos comunistas cubanos con Moscú: tres días después de la inimaginable respuesta cubana a los norteamericanos, el 9 de julio, el primer ministro soviético, Nikita S. Jrushchov, hizo pública su intención de asumir las setecientas mil toneladas de azúcar cubanas rechazadas por los norteamericanos.

Veintitrés días después, el 1 de agosto, se publicó la lista de las veintiséis grandes empresas y servicios que el gobierno cubano confiscaba a los norteamericanos. A los setenta y tres días se promulgó la Ley 890, que afectaba directamente a los grandes y medianos propietarios, ya no extranjeros, sino locales: «Nacionalización mediante expropiación forzosa de ingenios, fábricas y otras empresas de carácter comercial e industrial», mediante la cual pasaban a control estatal varios centenares de entes industriales de propiedad nacional.

Pero para esa fecha, ya Celia y La Sonora Matancera estaban en México.

Aquel 15 de julio de 1960, que se dirigía al aeropuerto habanero para poner rumbo al Distrito Federal, difícilmente Celia hizo recuento alguno, pero de haberlo hecho, a pesar de su proverbial modestia, habría tenido que convenir en que en 1960 era la cantante más prominente de la música popular cubana, la mujer negra que en Cuba había llegado a ocupar el sitial de más sostenida popularidad y mayor reconocimiento mediático como heredera de una estirpe musical femenina afrocubana que se inició con el siglo XX.

El día antes, contaría ella:

> Justo cuando estábamos terminando de almorzar, Rogelio me llamó a casa para informarme que todo estaba listo, que salíamos para México al día siguiente en un vuelo de Cubana de Aviación. No me dijo más nada, ni tampoco noté nada raro en su voz [...]. El día 15 por la mañana nos tomamos un café y me despedí a solas de Ollita, diciéndole que regresaba para que pasáramos la Nochebuena juntas. Me dio su bendición, y después todos nos montamos en el carro y arrancamos para el aeropuerto. Como era mi costumbre, llegamos mucho antes que los demás, es decir, dos horas antes del vuelo. Así que en el mismo aeropuerto de La Habana nos sentamos a conversar y a reír. Toda la familia fue a despedirnos, con la excepción de mi papá Simón, que estaba muy enfermo. Ollita se

veía de lo más bien. Hasta estaba feliz. […] Tía Ana me dio su bendición y me dijo que no me preocupara por Ollita, porque ella se encargaría de que se siguieran cumpliendo las mismas indicaciones sobre su cuidado.

El Hotel Saxon, en Insurgentes Sur 96, fue el nuevo lugar donde vivió Celia en sus inicios en México, aunque se mudó después al número 1162, donde vivió durante 6 meses. La presentación de La Sonora Matancera por primera vez en México había despertado enorme interés entre sus seguidores, espoleados por la publicidad de sus promotores y por los éxitos precedentes de la Guarachera de Cuba en sus anteriores actuaciones en el Distrito Federal. Celia era, sin dudas, la locomotora de ese tren. El Terrazza Cassino expandía el brillo de su anuncio lumínico sobre la avenida Insurgentes para anunciar el debut de Celia el 22 de julio, justo a la semana de llegar al Distrito Federal. El otro *venue,* no menos importante, era el Teatro Lírico, en un espectáculo con Las Mulatas de Fuego y otros artistas.

«Nosotros acabábamos de llegar de Cuba y debutamos el 10 de agosto en el Terrazza Cassino» —cuenta Roberto Gutiérrez, la otra mitad de la pareja de bailes Mitsuko y Roberto, una de las más famosas en Cuba en la década de los cincuenta.

Todos vivíamos en los departamentos Pennsylvania 280 —explica Mitsuko Miguel—. Ahí se hospedaban todos los artistas cubanos importantes que venían a México. Nos encontramos con Celia en el ensayo, pues ella y la Sonora trabajaban dos funciones diarias. Celia nunca había venido a México con La Sonora Matancera; era la primera vez. Ellos estaban en el teatro y por estar allí hacían los shows a las diez y a las dos, y nosotros a las doce de la noche. En Cuba casi nunca coincidimos con Celia, pues hicimos pocos centros nocturnos. Debutamos en el Alloys, con Xiomara Alfaro, que acababa de llegar de una exitosa gira por Suramérica. Después pasamos a Tropicana y después no coincidimos en cabaret. Nosotros teníamos que estar en Nueva York el 4 de enero de 1959, pero tras la huida de Batista, las nuevas autoridades decidieron cancelar la vigencia de todos los pasaportes. Queríamos a toda costa llegar a Estados Unidos, lo cual era nuestro sueño dorado, era nuestra primera vez allí y nos inspiraban bailarines famosos como Fred Astaire, Gene Kelly. Y tuvimos suerte: una de las militares que estaban en el control nos reconoció de la televisión y enseguida se brindó a ayudar: nos entregó nuestros pasaportes y así pudimos viajar. Nosotros no vimos la entrada de Fidel a La Habana.

La salida de Celia no se interpretó entonces como una ruptura con su país y no parece que ella misma le haya dado ese sentido, como ocurría con numerosos artistas que salían a cumplir contratos fuera del país. En ese momento, las autoridades cubanas tampoco consideraban el viaje de Celia como definitivo y de ruptura, y de ello su presencia en los medios de prensa, como era habitual, es una prueba: dos semanas después de su salida, la revista *Bohemia* publicó en su edición del 31 de julio este breve reporte: «Celia Cruz y La Sonora Matancera estarán en Nueva York por el mes de septiembre. Ahora cosechan aplausos en el Teatro Lírico, de Ciudad México». El 3 de agosto, el columnista Luis Orticón, que redactaba la sección «Audiovideo» en el diario oficialista *Revolución,* publicó un mensaje que Celia le había enviado: «Un saludo desde México, este hermano país que tanto nos quiere. Firmado, Celia Cruz».

El resto del año, medios de prensa radicados en La Habana continuaron destacando el enorme éxito de Celia en México y la gran incidencia que su presencia había tenido en los logros de La Sonora Matancera durante los casi cuatro meses de presentaciones en ese país.

Así lo veía el cronista Antonio Ortiz Izquierdo desde el Distrito Federal:

> Bajó ya el poder taquillero de La Sonora Matancera, que por espacio de varias semanas constituyó el impacto popular en la capital

Póster del primer show de Celia con La Sonora Matancera tras su llegada a México, Terrazza Cassino, 1960 (colección Mitsuko y Roberto).

de la República [méxicana]. Con la Sonora ocurrió precisamente al revés de lo que con Gloria Lasso y [los norteamericanos] The Four Aces, o sea, que siendo un espectáculo inferior al de estos artistas, los «matanceros» tuvieron gran jalón taquillero debido a que desde hace más de doce años han estado promoviendo sus discos en México. Y no solo eso, sino que la inclusión en sus filas de la fenomenal Celia Cruz es lo que mantiene a la Sonora en un sitio privilegiado.

El mismo columnista insistió dos meses más tarde en esta tesis. Es un desliz equiparar los doce años de presencia de los discos de la Sonora en México con la presencia de sus músicos en los espectáculos en directo, que solo comenzaron a partir de julio de 1960. El periodista avanza un juicio arriesgado sobre el conjunto de Rogelio Martínez: «El éxito de la Sonora no se basa tanto en los doce años que llevan presentándose en México como en la extraordinaria calidad de Celia Cruz, que realmente es el puntal en el que descansa el veterano conjunto, y sin temor a equivocarnos diríamos que si faltase la citada cancionista, el grupo no tendría mayor éxito».

Las propias colegas del mundo del espectáculo dejaron, asombradas, su opinión sobre el modo en que Celia arrasaba en México: «Tuve ocasión de admirar a Celia Cruz, que se ha metido al público en un bolsillo. En su teatro se agotan los boletos, porque es una maravilla», comentó la vedette Alicia González.

Así, Celia actuando como solista en el Terrazza Cassino y con la Sonora en el Teatro Lírico aseguraron el control de esas plazas, y Rogelio, sabiendo importante no prescindir de Celia, consiguió acoplar los horarios para que ella, tras terminar sus presentaciones, pudiera correr a unirse con sus hermanos de la Sonora en el célebre teatro capitalino.

Otra plaza en la que se presentaron durante una larga temporada fue el centro nocturno Los Globos, donde coincidieron en varias actuaciones con el ballet del coreógrafo cubano Luis Trápaga.

Por primera vez en el Hollywood Palladium

Chico Sesma había de repetir las jornadas triunfales de la Guarachera de Cuba en Los Ángeles, esta vez en su primera presentación en uno de los más importantes espacios de la música latina en la costa oeste: las Latin Holidays, que organizaba y producía en el Hollywood Palladium. Sunset Boulevard parecía ser el sitio ideal para que existiera la versión californiana del ya mítico Palladium de Nueva York, porque muy pronto el sucedáneo angelino se hizo tan popular e importante en esa zona como el original. La colonia hispana y los estadounidenses que ya se aficionaban a la música cubana y latina valorizaban la iniciativa de Chico Sesma, que crecía en calidad y aceptación.

Sería difícil deslindar al músico y empresario de tal realidad: sus programas radiales y las contrataciones de músicos mexicanos, pero sobre todo cubanos, para sus Latin Holidays y sus shows en diferentes *nightclubs* y *ballrooms* californianos, como el Zenda, una popularísima sala de baile frecuentada por numeroso público norteamericano, incluidas algunas luminarias de Hollywood, habían ido creando, desde los últimos años de la década de los cincuenta, gusto y atracción por nuestros músicos. El influyente periódico californiano *Los Angeles Times* señaló el inicio de las Latin Holidays en 1955 como uno de los eventos legendarios a destacar en la historia y la evolución de Sunset Boulevard, teniendo en cuenta la cantidad y calidad de los artistas y músicos que Chico Sesma logró convocar.

El debut de Celia en el afamado escenario se estaba negociando desde hacía meses. Eliseo Valdés, vicepresidente de Discuba —el sello concesionario de RCA Victor para Cuba— y, al parecer, representante o al menos colaborador de los intereses de Chico Sesma en La Habana, le dirigió a Celia una carta fechada el 7 de agosto de 1960 y con ella le adjuntó el contrato para una única presentación. Sin embargo, según la prensa angelina la actuación de Celia debió ocurrir el domingo 1 de agosto de 1960, teniendo en el escenario como acompañante a la orquesta Nuevo Ritmo de Cuba, por cuyas filas pasaron por ese tiempo Rudy Calzado, Pupi Legarreta, Rolando Lozano, Cuco Martínez y otros músicos cubanos. El espectáculo se completaba con las orquestas de Johnny Martínez Cheda y la de Bobby Montes. El propio Rudy Calzado, conocido músico, cantante y compositor cubano radicado en Estados Unidos, se encargó de reportar a medios de prensa cubanos acerca del éxito de la guarachera en el afamado Hollywood Palladium.

De vuelta a México, en frenético ritmo de trabajo, Celia y La Sonora Matancera con Las Mulatas de Fuego fueron contratados de urgencia para presentarse también en el segundo show de Los Globitos, el bar anexo al cabaret Los Globos (en el primer show el protagonismo absoluto lo tienen el laureado compositor mexicano Vicente Garrido y su piano), en operación de rescate ante el descalabro de la producción fallida que allí montó el coreógrafo y productor Sandor.

En los últimos meses del año 1960 se hizo público el interés del promotor y *disc-jockey* Alberto Maraví para llevar a Celia a Uruguay —algo que no llegó a concretarse esa vez—, al tiempo que aumentaba el interés por ella en Estados Unidos; en Nueva York se publicitó con gran destaque su siguiente actuación con La Sonora Matancera en el Teatro San Juan.

Los acontecimientos en Cuba, la prórroga de contratos y el surgimiento de algunos en otros países hicieron que Celia y La Sonora Matancera permanecieran en México más tiempo del que se suponía. Vivía en el complejo de apartamentos Pennsylvania, al igual que todos los músicos de la Sonora y muchos artistas cubanos y extranjeros, como Lola Flores, Josephine Baker, y las chilenas Sonia y Myriam. Allí se fortalecieron viejas amistades y se forjaron otras nuevas. Con La Sonora Matancera, Celia se presentó también en el Teatro Blanquita e hizo giras por muchas ciudades y pueblos de México, principalmente como parte de las Caravanas Corona, auspiciadas por la famosa marca mexicana de cerveza, que permitían llevar el espectáculo en directo a muchos lugares donde aún no había llegado la televisión, lo que, sin dudas, aumentó el conocimiento y la popularidad del trabajo de Celia y de La Sonora Matancera. En ese tiempo se sumaron a las famosas caravanas artistas tan populares como el trío Los Tres Diamantes; los cantantes Lucha Villa, Amalia Mendoza, Marco Antonio Muñiz y Toña la Negra; los humoristas Viruta y Capulina, Beto el Boticario y Adalberto Martínez, *Resortes;* los cantantes chilenos Monna Bell y Antonio Prieto; el Mariachi Nacional de México con su cantante estrella Javier Solís; Los Tecolines; las orquestas de Pablo Beltrán Ruiz y de José Gamboa Ceballos, y visitaron los estados de Veracruz, Puebla, Tlaxcala, Tabasco, Sonora, Tamaulipas, Campeche y Nuevo León, entre otros.

Las giras, las caravanas, las presentaciones en teatros y en los centros nocturnos Terrazza Cassino, Los Globos y otros, le sirvieron a Celia para afianzar su amistad con artistas mexicanos que ya conocía, como Tongolele, María Victoria o las vedettes del cine de rumberas María Antonieta Pons y Rosa Carmina, y conocer y entablar amistad con otros, como María Félix; Germán Valdés, *Tin Tan*; Mario Moreno, *Cantinflas,* y en particular con Toña la Negra, con la que protagonizó duetos ocasionales en los teatros Lírico y Blanquita, quedando como saldo un gran cariño y respeto entre ambas. Los contratos continuaban: en el Terrazza Cassino trabajó hasta el 20 de noviembre de 1961.

Amorcito corazón. *Filmando en México*

La popularidad de Celia y la Sonora, derivada de tanto trabajo y entrega, los llevó a su siguiente filme. El 2 de septiembre comenzó a rodarse en los Estudios Churubusco *Amorcito corazón*, bajo la dirección de Rogelio A. González y con argumento de José María Fernández Unsaín. Adaptada por Alfredo Varela, Jr., la película reúne en los roles protagónicos a Rosita Quintana, Fernando Casanova y Mauricio Garcés, y en la parte musical a Celia, la Sonora y Las Mulatas de Fuego. La producción, a cargo de Sergio Kogan, y la música, al cuidado de Gustavo César Carrión, hacen posible uno de los grandes momentos de la filmografía de Celia Cruz, cuando canta el bolero *Tu voz* (Ramón Cabrera). La cinta comienza con un plano de Lino Frías al piano, seguido de los músicos de La Sonora Matancera, para fijar la imagen de Celia iniciando el bolero, que canta de manera íntegra mientras corren los créditos principales. Es asombrosa la interpretación que hace Celia de *Tu voz*, tanto en la grabación original como en el filme, decisiva para que la obra de Ramón Cabrera se sitúe entre los grandes clásicos del bolero cubano. Con los actores protagonistas, Celia interpreta un segmento de la canción *Amorcito corazón* (Manuel Esperón y Pedro de Urdimalas). En ambos momentos su intervención transmite naturalidad y dominio de la escena. A La Sonora Matancera, con sus cantantes Willy Rodríguez, Rogelio y Alberto Pérez Sierra, y Caíto tocando

SEECO RECORDS, INC.
39 WEST SIXTIETH STREET
NEW YORK 23, N. Y.

SIDNEY SIEGEL
PRESIDENT

Octubre 6 de 1960

Srta. Celia Cruz
Hotel Saxon
Mexico, D. F.

Muy apreciada Celia:

Adjunto me es de sumo placer enviarle una copia de la hoja frontal de la cubierta de su ultimo album.

Nosotros creemos que es una cubierta bien atractiva y estoy segurisimo que usted tambien estara de acuerdo.

Estamos lanzando a la venta ESPECIAL para Mexico dicho album en la completa seguridad de que resultara con la acogida acostumbrada.

En la tarde de hoy espero salir para Europa donde permanecere unos cuantos dias. Tendre grato placer en saludarles personalmente a todos durante la estadia de ustedes por aqui.

En el entretanto le deseo toda clase de exito y con mis saludos muy cordiales,

Sinceramente,

Sidney Siegel,
Presidente

R

Carta de Sidney Siegel a Celia Cruz. 6 de octubre de 1960 (archivo personal Celia Cruz / Celia Cruz Estate).

la tambora, se los puede ver también en su versión de *La pachanga* (Eduardo Davidson), en plena popularidad del tema, junto a Las Mulatas de Fuego, que ahora eran solo tres chicas. El filme *Amorcito corazón* tuvo su estreno en 30 de marzo de 1961 en el cine Mariscala, del Distrito Federal, donde permaneció en cartelera por espacio de tres semanas.

En octubre de 1960 ya Rodney se encontraba fuera de Cuba con un nutrido grupo de artistas, integrando un gran espectáculo contratado para presentarse en Puerto Rico y México. Allí, tras algunos tropiezos, el mago de Tropicana logró estabilizar una muy bien aceptada propuesta que presentó en el afamado cabaret Señorial y en el Teatro Lírico, teniendo como principales figuras a la primera bailarina Elena del Cueto, la pareja de Marta y Chekis, el cuarteto Los Cafro, la cantante Encarnita Durán y la soprano Ana Margarita Martínez Casado. Se sumaron así al ya amplio grupo de músicos y artistas cubanos que se encontraban trabajando en escenarios, canales de televisión, *nightclubs* —como los cabarets Los Globos, Las Fuentes, Terrazza Cassino— y teatros —como el Lírico— del país azteca. La bailarina Marta Castillo recuerda esos momentos:

> Ya toda la plana mayor de Tropicana se había ido: Martín Fox, Alberto Ardura... Pero Rodney estaba estable en Tropicana y a él, te soy sincera, los nuevos administradores y dueños lo respetaron, lo respetaron muchísimo, no sé por qué. Rodney tenía un contrato para México, Miami y Puerto Rico. Eligió su gente, y me escogió a mí, y por supuesto a Miguel Chekis, entre las cerca de cien personas que salimos. Y nos mantuvimos trabajando en Tropicana hasta el día en que nos fuimos de Cuba con un permiso para regresar a los tres meses después de cumplido el contrato, pero resulta que se fue extendiendo... Y así fue que nos quedamos. Estuvimos primero en Miami; después trabajamos en Puerto Rico, en un hotel donde alternábamos con Olga Guillot, y luego a México. Volvimos a Miami y de nuevo a México, donde ya contrataron a Rodney con su espectáculo en el Señorial, que era un restaurante

con espectáculo, y él lo convirtió en un cabaret. Roderico lo cambió por completo y lo acomodó de acuerdo a su espectáculo y fue un éxito rotundo. No pensaba que las cosas cambiarían de manera tan drástica en Cuba. [...] El caso fue que, cuando finalmente entramos en el grupo que Rodney se llevaría a México, Miami y Puerto Rico, y teniendo en cuenta cómo estaban de cambiantes las cosas, decidimos hacernos ropa de actuación como pareja Marta y Chekis, por si acaso algo ocurría y teníamos que independizarnos del grupo.

El espectáculo que centraba Celia con la Sonora y Las Mulatas de Fuego fue a Tampa, Florida, para actuar el sábado 19 de noviembre haciendo tres shows: amenizando un bailable en el Cuban Club Patio y otros dos, uno a las cuatro de la tarde y otro a las ocho de la noche, en el Casino Theatre, donde también al siguiente día hicieron tres tandas, que alternaron con la proyección de la película mexicana *Me gustan valentones*, con Luis Aguilar y Rosita Quintana.

Ese mes de noviembre Celia hizo un viaje privado a Nueva York, donde rentó el primer departamento en que viviría en esa ciudad, en un aparthotel situado en el 230 de la calle 54 Oeste, hoy llamado Ameritania Hotel. Allí, en aquel pequeño espacio, vivió sola, moviéndose entre México, Venezuela y otras ciudades donde cumpliría compromisos artísticos, con el apoyo de algunos amigos, pero sobre todo de la familia puertorriqueña de Vina Fontanez Lozada y Nancy Lozada. Celia tuvo rentado ese departamento desde noviembre de 1960 hasta febrero de 1962.

Mientras eso ocurría, el 16 de noviembre en Cuba se había producido, mediante resolución gubernamental, la fusión de todos los canales de televisión. El nuevo gobierno designó a un interventor que anuló la acción rectora y la condición de propietarios a sus antiguos gerentes y dueños. El año 1960 terminó de manera contundente con consecuencias dramáticas y durante mucho tiempo irreversibles para los cubanos: el día antes de finalizar el año, el 30 de diciembre, se anunció la ruptura de relaciones diplomáticas y consulares entre

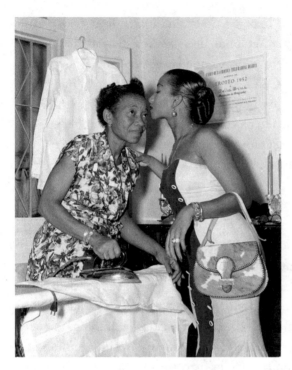

Celia y Ollita, su madre, años cincuenta (archivo personal Celia Cruz / Celia Cruz Estate).

Cuba y Estados Unidos. El gobierno cubano, en declaración pública, responsabilizó al presidente Eisenhower por primero «deteriorar las relaciones con una política agresiva e inamistosa». Los primeros días del año siguiente vieron partir a los diplomáticos norteamericanos y a muchos cubanos que consideraban inconcebible la sobrevivencia del país sin la tutela de Estados Unidos.

Algunas fuentes cifran entre ciento cincuenta mil y doscientos cincuenta mil el número de los nacionales que emigraron entre 1959 y 1960, pertenecientes, en su mayoría, a los estratos más altos y medios de la sociedad cubana, en gran parte gente urbana, de mediana edad, que habían recibido buena educación, de piel blanca, propietarios, empleados, personas afines al defenestrado gobierno, artistas. Razones políticas, sociales y religiosas que los distanciaban del nuevo gobierno o los enfrentaban a él están entre las primeras motivaciones de tal éxodo.

Entre México y Estados Unidos
(1961)

Al comenzar 1961, Celia Cruz y La Sonora Matancera fueron superados únicamente por el cuarteto Los Llopis en la selección que hizo la prensa mexicana de los artistas extranjeros más taquilleros del año 1960; los cubanos relegaron al gran Nat King Cole a un tercer lugar, según el corresponsal en México de la revista cubana *Show,* que ampliaba la noticia ubicando, según su criterio personal, la responsabilidad directa de Celia en ese triunfo. Habían pasado más de cinco meses desde que Celia cumplía contratos en México, pero la prensa en Cuba seguía atenta a su carrera. Llegó la esperada selección anual de la revista *Show* de los Valores Destacados del año que acababa de terminar. A pesar de que ya en la calidad descendente de sus contenidos y de su factura reflejaba el impacto del desmantelamiento progresivo del modelo del *show bussiness* que le daba sustento y razón de ser, *Show* seguía siendo la publicación más importante del mundo del espectáculo. En la categoría de Mejor Cantante de Afro y Guaracha de 1960, Celia Cruz se alzó con el trofeo que acreditaba el premio, diseñado y elaborado por Emilio Faroy. La Sonora Matancera también fue distinguida como Mejor Conjunto Musical, pero ni Rogelio y sus músicos ni Celia estuvieron presentes en el festejo y acto de entrega de las distinciones de manos del doctor Carlos Manuel Palma, en el Salón L'Aiglon del Hotel Havana Riviera. Fueron esos los últimos trofeos y distinciones que recibieron en su país, al menos por el momento.

Comentando las presentaciones de Celia y la Sonora en Estados Unidos a finales de 1960, en su edición de enero *Show* también insertó un titular a toda página: «La Sonora con Celia Cruz reafirmó su crédito en el New York Hispano», y al reseñar las presentaciones de los cubanos aseguró que «confirmaron su inmensa popularidad al opacar la personalidad del cantante mexicano Miguel Aceves Mejía, a quien equivocadamente pusieron a "cerrar" el show después de mantenerse la Sonora por espacio de casi una hora en el escenario. Las Mulatas de Fuego, que forman parte del espectáculo de la Sonora, también fueron ovacionadas».

No se han hallado pruebas que confirmen la presencia de Celia Cruz en los Carnavales de Caracas en 1961, como había sido ya tradición cada año. La ausencia pudo estar motivada, probablemente, por causas de documentación migratoria.

Celia continuaba presentándose en México, con contratos en diversos sitios relevantes, como el Teatro Blanquita, la radioemisora XEW, el Terrazza Cassino. En Cuba, el 1 de abril su versión en miniatura, Caridad Cuervo, a la que había ayudado a crecer musical y artísticamente, estaba cumpliendo quince años y su familia organizó un tremendo fiestón, como es costumbre cuando se llega a esa edad, pero los quince de Caridad superaron cualquier expectativa, pues los animaron nada menos que la Orquesta Aragón y el Conjunto Modelo, aunque Celia, su mentora, no estuvo presente. En Cuba, la salud de Ollita empeoraba, y lo irreversible de su dolencia hacía presentir que se acercaba el final.

> Me dijeron que mi mamá estaba ya muy débil, y tan enferma que nunca más saldría de la cama —cuenta Celia en su libro autobiográfico—. Al oír eso, decidí que cuando llegara el mes de abril, yo iría a Cuba. Tristemente, ese viaje nunca se dio. Programé mi salida para el 17 de abril de 1961. Pero cuando estaba a punto de salir para el aeropuerto, me informaron que no podía ir, porque ese mismo día se estaba llevando a cabo la invasión de Bahía de Cochinos. A partir de eso, la realidad política de Cuba se radicalizó de tal manera que ya no podía regresar. Aun así, y gracias a Dios, todavía nos permitían a los cubanos exiliados llamar a Cuba sin muchas

complicaciones. Por lo tanto, yo llamaba a mi mamá al hospital una vez por semana, casi siempre los domingos.

Continuaba su trabajo, ahora también en el Astoria Club, donde se presentaba un espectáculo de variedades de tema afrocubano, que incluía a La Sonora Matancera con sus cantantes Albertico, Willy y Caíto, Las Mulatas de Fuego y también a la mexicana Toña la Negra. A propósito del Astoria, el periódico norteamericano *Arizona Daily Star* comentaba: «Encabezando el espectáculo hay un curvilíneo amasijo de energía y canción: Celia Cruz, una intérprete contagiosa y de gran talento. Su voz resonante y sus bailes hicieron vibrar al grupo de Tucson que visitaba esa noche el Astoria». Y refiriéndose al elenco agregó: «Estos nombres no son familiares para los que frecuentan los clubes nocturnos al norte de la frontera, pero muchos de ellos serían bienvenidos en las marquesinas de muchos sitios nocturnos en ciudades estadounidenses».

Compartir espectáculo y escenario con Toña La Negra fue una experiencia personal, más allá de lo artístico: Celia siempre reconoció en la llamada Sensación Jarocha a una de las amigas que su etapa mexicana le brindó para siempre. En lo artístico, para Toña —que comenzó cantando sones cubanos en su Veracruz natal y tuvo mucho contacto con los músicos de la isla (Juan Bruno Tarraza fue su pianista acompañante por décadas)— la interacción con Celia y La Sonora Matancera debió ser algo natural y enriquecedor.

Los discos de México (1960-1961)

La actividad en México era frenética y el ámbito discográfico no quedaba fuera, más bien todo lo contrario si se tiene en cuenta que para Sidney Siegel los discos de Celia y La Sonora Matancera estaban entre los productos más demandados y rentables de su catálogo. Desde el primer momento, la casa discográfica cuidó con mimo el acabado de sus placas —ya de por sí bien curadas en cuanto a su calidad sonora—: lo prueba la calidad del diseño y las fotografías. A la altura de 1960, desde la sede de Seeco Records en la calle 60 Oeste de Nueva York, Siegel consultaba con Celia, le enviaba las propuestas de diseño y le informaba de los detalles sobre la edición de sus discos.

Durante su estancia de poco más de año y medio en México, Seeco Records publicó tres álbumes con Celia como artista principal y acompañada por La Sonora Matancera, y un cuarto en el que fue ella quien participó como invitada de La Sonora Matancera. En primer lugar el LP *Reflexiones* (SCLP-9200), con temas grabados en Cuba, publicado en noviembre de 1960, con un diseño de carátula poco colorista, pero muy moderno, en un estilo muy diferente a los anteriores en cuanto al uso de los colores y de las imágenes, cuyo diseño estuvo a cargo de Harry Farmlett, con fotografía acreditada a Audiomúsica México. Luego, en mayo de 1961, Seeco sacó *Canciones premiadas de Celia Cruz* (SCLP-9215), un recopilatorio con los títulos más reconocidos de Celia con La Sonora Matancera hasta ese momento. En tercer lugar, el LP *México, qué grande eres* (SCLP-9227) se grabó presumiblemente en México o en Nueva York, no hay claridad en las informaciones, y no se sabe la fecha exacta en que transcurrieron aquellas sesiones; lo que sí se conoce es que fue lanzado al mercado en octubre de 1961. Por último, ese mismo mes, Seeco se enfocó, como era ya tradicional, en las fiestas navideñas, y grabó el álbum *Celebremos Nochebuena con La Sonora Matancera* (SCLP-9206), en el que la Sonora es la protagonista, y sus cantantes participan en diferentes cortes del disco. Ya se había incorporado al conjunto el mexicano Emilio Domínguez, *el Jarocho*, en sustitución de Alberto Pérez Sierra, que había decidido su salida. Según datos de Seeco Records, las sesiones de grabación se realizaron en Beltone Studio de Nueva York el 10 de octubre de ese año. Celia cantó los temas *Fiesta de Navidad, Eterna Navidad, Capricho navideño, A comer lechón, Bachata en Navidad* y *Rey de los cielos*. Javier Vázquez se encargó de todos los arreglos de estos discos y, como siempre, Rogelio Martínez estuvo al mando del conjunto y también de la dirección musical.

Celia, en foto de estudio por Armand, *circa* 1960 (archivo Celia Cruz / Celia Cruz Estate).

A los dos Palladium

En 1961 cantantes e instrumentistas cubanos, en una suerte de trashumancia, buscaban un lugar donde trabajar mientras, ingenuamente, creían estar dando tiempo a que las cosas en su país retornaran al cauce añorado y volvieran a ser como ellos las conocían. Tal circunstancia ayudó a que Chico Sesma, el sagaz productor y promotor, descubriera otros talentos cubanos —como ocurrió con Rolando Laserie— que le permitieran diversificar su propuesta. Celia, lo mismo que Benny Moré, no encajaba exactamente en ese perfil, pues desde mucho antes ya sus discos eran radiados en los programas de Sesma, y en su concepción de las Latin Holidays estuvieron sus nombres entre los primeros.

Este año, y nuevamente de la mano de Chico Sesma, Celia reeditó en el Hollywood Palladium de Los Ángeles el éxito de 1959 y

EUGENIO GARROTE JR.
REPRESENTACIONES ARTISTICAS
APARTADO POSTAL 3413
HABANA, CUBA

CABLE: EGARROTE
TELEFONO 2-3353

Septiembre 7-1961.-

Querida Celia:-

Hace tiempo que estaba por contestar a tu carta de fecha 11 del pasado mes de Agosto, pero he tenido muchos problemas, pues sabrás que tengo a toda la familia fuera, y estoy solo en este caserón y no tengo voluntad para nada, además tengo que hacerlo todo.-

Hace dos dias te escribí a mano, adelantándote algo de lo que me dices en tu carta, espero que no pienses que me estoy metiendo en lo que no me importa y menos en cosas de familia, pero ese es mi punto de vista.-

Espero te haya escorito Max Pérez, pues tenías fijado debut en Caracas para el pasado dia 21, pero le indiqué que era imposible, pues tenías compromisos todavía en México.-

Para este asunto de Venezuela, no haré nada, ni con Puerto Rico y Curazao, hasta que tu me lo indiques, pues luego quedo mal con respecto a las fechas.-
También espero tus noticias sobre tu regreso a la Habana.-

Referente a Albuerne, sé demasiado como eres, pero mi deber era preguntártelo y ponerte al corriente de todo, no lo hice con otro ánimo.-

Cuando tengas tiempo házme unas letras, pues me gusta siempre saber de tus asuntos y como andan.-

Recuerdo a todos mis compatriotas en esa.-Te diré que voy a Caracas en los primeros dias de mes, también lo haré a Puerto Rico y Curazao, y me gustaria tener algo en concreto sobre tu decisión.-

Salúdame a tu prima, y ahí te va todo mi cariño y respeto.-

Carta a Celia de su manager en Cuba, Eugenio *Tito* Garrote, fechada el 7 de septiembre de 1961 en La Habana (archivo personal Celia Cruz / Celia Cruz Estate).

1960. El contrato que firmó el 21 de septiembre de 1961 refrendaba de alguna manera el paso firme que la Guarachera de Cuba y Sesma ya habían comenzado a dar en los escenarios latinos de Estados Unidos. Ella lo sabía, y probablemente se empleó a fondo sabiendo que se aproximaba a un *turning point* en su ascendente carrera. Como es usual en estos casos, suscribieron el contrato de la American Federation of Musicians para una presentación el domingo 19 de noviembre en dos shows, uno a las nueve y media de la noche y otro a la una y media de la madrugada del siguiente día. El contrato estipulaba mil dólares de honorarios por dos shows, pagaderos al finalizar el compromiso, más gastos de hospedaje y boleto aéreo en la ruta México-Los Ángeles-México. Con ese instrumento legal, Celia conseguía, en su nueva circunstancia, la aprobación de la muy férrea organización gremial y económica que defendía los intereses de los músicos norteamericanos y oficializaba la aceptación de los foráneos para trabajar en los espacios que controlaba.

Pero eso no paraba ahí: casi en simultáneo, el contrato del Hollywood Palladium se encadenó con otro hecho muy esperanzador en la coyuntura que vivía Celia en ese momento: el empresario Catalino Rolón, que controlaba muy bien los hilos del espectáculo latino en Nueva York, consiguió para ella un contrato general con el American Guild of Variety Artists (AGVA) para presentarse el año siguiente en el Palladium principal, el de Nueva York, por un periodo de un año, comenzando el 24 de noviembre y con un pago semanal de cuatrocientos dólares. Así comenzó la gran etapa de presentaciones que inscribió a Celia en la gloriosa nómina de artistas cubanos y caribeños que pasaron por el mítico Palladium de Nueva York.

En México, la postura del gobierno del presidente Adolfo López Mateos era de franco apoyo a la Revolución Cubana desde sus inicios mismos, y hacía deducir, si no un rechazo, al menos un escenario de complicaciones para los trámites de los ciudadanos cubanos que habían salido de Cuba y se asentaban en territorio mexicano sin intenciones de implicarse en los profundos cambios que ocurrían en la isla. En cuanto a Estados Unidos, las circunstancias

Celia en Tropicana, finales de los años cincuenta (archivo personal Celia Cruz / Celia Cruz Estate).

políticas motivaron que el gobierno norteamericano, principal contendiente frente al gobierno del primer ministro Fidel Castro, considerara un *status* especial de permisividad en términos migratorios a los cubanos que salían de la isla y se refugiaban en el territorio de ese país. Fue tal condición lo que permitió a Celia prolongar legalmente, a inicios de 1962, su permanencia en territorio norteamericano, después de inciertas circunstancias, reiteraciones de visados y periodos de estadía. En lugar de regresar a México, la cantante voló directamente desde California a la llamada capital del mundo.

Emigrar
(1962)

Desde su salida de Cuba, Celia en México había cantado casi exclusivamente con La Sonora Matancera, a diferencia de la larga etapa en su país, donde su trabajo como solista en teatros, programas de televisión y radio, y cabarets transcurría en paralelo y casi en idéntica o mayor proporción (incluso en otros países) que con el conjunto de Rogelio Martínez. Tras esas experiencias en Cuba, la posibilidad de cantar en solitario ante otro público, en Norteamérica, y explorar otras posibilidades, más allá de sus grandes temas, ya seducía a Celia.

> Me había cansado de cantar *El yerbero moderno*, *Tu voz* y *Luna sobre Matanzas* todos los días. Son canciones muy lindas, pero me cansé de las mismas siempre. Como artista, yo tenía un profundo deseo de ser más creativa. Necesitaba un cambio. Pero en aquella época era muy difícil hacerlo en México. Los mexicanos me quieren mucho y yo también los quiero. De hecho, no querían que me fuera. Incluso, Agustín Lara lloró cuando le dije que no regresaba de Los Ángeles. Me decía «Negra, no te vayas. Mira que te pongo una orquesta». Pero ya me había decidido. Una vez más tuve que dejar un país que consideraba mío.

Celia sabía que su carrera estaba abocada a cambios que podían ser trascendentales, pues ya había logrado reconocimiento en importantes plazas de Norteamérica. Su inteligencia natural, la sagacidad entrenada y la mirada universal que su cultura y vivencias ensancharon han avalado las decisiones que ha tomado en su vida artística. El dominio de los grandes géneros de la música cubana, en una amplia tesitura que va desde los afros más auténticos hasta los boleros más intimistas y sofisticados, pasando por guarachas, sones montunos, chachachás, mambos, música ritual yoruba y hasta géneros y ritmos de otras latitudes, era uno de los más acusados signos de su versatilidad como artista, como lo era también su ductilidad para cantar con diferentes formaciones acompañantes, desde un conjunto como La Sonora Matancera hasta las grandes orquestas conducidas por los más notables directores.

Pero en lo personal eran tiempos difíciles, marcados por la inestabilidad y y la incertidumbre, acrecentados por el limbo migratorio en que vivía desde que expiró la validez de su pasaporte. Para Celia la separación familiar era lacerante, y los días por venir abrían una incógnita en la que cualquier apego a un sitio, a un espacio, a un modo de vivir debía considerarse transitorio y fugaz, siempre previendo que algo indujera al cambio en la situación en Cuba. El hogar habitual había sido sustituido por la habitación de un hotel. Los amigos no estaban, y el mundo al que se había acostumbrado se había estremecido; todo tambaleaba bajo sus pies: aquello sobre lo cual se había sostenido con firmeza por muchos años, hoy no existía en su país. En medio de todo, la cercanía de Pedro Knight, su amigo y colega de La Sonora Matancera, fue siendo cada vez mayor, y generó en ambos la necesidad afectiva que provocaba la peculiar circunstancia que ambos vivían. Para Celia, Pedro fue apoyo y sostén durante los años más inciertos de su vida, en los que se encontraron las bases del amor y la devoción de una pareja que duraría para siempre.

Celia recibió el nuevo año en California, donde le surgieron algunas contrataciones puntuales, como su publicitada presentación en el Whitcomb Hotel de San Francisco el 17 de febrero. Seis días después puso rumbo a Venezuela para retomar sus tradicionales presentaciones en los festejos de los Carnavales de Caracas, interrumpidas únicamente en 1961.

Reencuentro en Nueva York

En el Casablanca, de la Hermandad Gallega, en la Avenida Andrés Bello, se anuncia a Celia Cruz junto a Celio González, las mexicanas Lucerito Bárcenas y Evangelina Elizondo, y la venezolana Ada Alba. Las normativas de la Asociación Venezolana de Artistas del Espectáculo establecían desde hacía tiempo la obligatoria incorporación de artistas venezolanos en los shows de los artistas extranjeros. Con ellos apareció Celia también en el cartel del espectáculo que presentaría el Coney Island el día 3 de marzo. En Radio Tropical y Ondas Tropicales estuvieron los días 3, 4, 5, 6 y 10 de marzo, y en la televisión Celia fue publicitada como la figura que iría expresamente desde México para abrir la transmisión conmemorativa del aniversario de Venevisión Canal 4. Estaba llamada también a clausurar los festejos en el popular Coney Island de Caracas, donde la llamaban la Reina de Ritmo Candente, y, a juzgar por la foto que publicó el diario *El Mundo,* Celia promovía la pachanga en Venezuela, en plena ola del ritmo creado por el cubano Eduardo Davidson, convertido ya en fiebre que se transmitía en discos, instrumentos y voces, ahora relocalizada en Nueva York.

Celia, junto con otros artistas cubanos, se hospedaba en la Quinta Toscana, en el cruce de las avenidas Bello y San Juan Bautista de La Salle, y allí mismo recibió al periodista venezolano P. R. Romera, que inquirió sobre un incidente que había ocurrido en días pasados: en la Hermandad Gallega, donde actuaba, Celia había sufrido, según la prensa, una bajada de la tensión arterial —no un síncope cardíaco, como se había especulado— ante la noticia de que la salud de Ollita se había agravado aún más, por lo que debió ser trasladada a un centro hospitalario, sin mayores consecuencias. El periodista glosó lo conversado con la cantante en un breve reporte que publicó en el diario caraqueño *El Mundo* y que tituló: «Agoniza de cáncer madre de Celia Cruz», al que siguieron estas palabras que puso en boca de Celia: «Ni su muerte me hará volver a La Habana —dice la cantante— mientras Fidel Castro esté en el poder». Al desarrollar la noticia, el periodista, sin citarla textualmente, agregó:

> Al ser requerida sobre si visitaría La Habana en caso de un fatal desenlace, Celia Cruz dijo que ni siquiera la muerte de su madre le haría volver a su país en los actuales momentos. La entrevista con la artista cubana duró un cuarto de hora, precisamente antes de dirigirse aquélla a las oficinas de Radiocomunicación con el exterior, en el centro Simón Bolívar, desde donde llamaría a La Habana para indagar sobre el estado de su mamá.

Al parecer, fueron las primeras declaraciones públicas de Celia Cruz en las que se transparentaba su posición sobre el nuevo gobierno cubano.

El 22 de marzo de 1962, en vuelo de la aerolínea venezolana Viasa número 608, Celia salió del aeropuerto de Maiquetía con destino a Nueva York. Allí pronto se produjo el reencuentro con sus hermanos de La Sonora Matancera, como les llamaba a los músicos con los que por más de una década había trabajado.

Era Nueva York la ciudad donde estaban las mayores posibilidades para recomenzar una nueva etapa personal y profesional. Rolando Laserie y su esposa Gisela Borgiano, *Tita*, le ayudaron a conseguir un apartamento en el mismo edificio donde vivían, en el 102 de la calle 75 Oeste. Allí se instaló, ya en pareja establecida, con Pedro Knight, y fueron ellos lo más parecido a una familia que tuvo en el inicio de su nueva vida. Se había pautado el comienzo de la nueva era para ella y la Sonora: la primera semana de mayo inauguraron su temporada en el Teatro Puerto Rico, en un espectáculo producido por Seeco Records con artistas de su catálogo y que incluyó, entre otros, a Vicentico Valdés con su orquesta, Celio González y el venezolano Alfredo Sadel.

Lograron rearticular sus carreras, asentados en la Gran Manzana, gracias a la ayuda de amigos y empresarios como el boricua Catalino Rolón, quien se convirtió en *manager* de Celia y también de Rolando Laserie. Otra persona crucial que les prometió ayudarles a una esperanzadora continuidad allí —y lo cumplió— fue el empresario venezolano Guillermo Arenas, quien, relata Celia, «nos aseguró que se encargaría de todo lo que fuera necesario para ayudarnos a establecernos en Nueva York, y así lo hizo».

Exilio

Para abril de 1962 cientos de músicos y cantantes, bailarines y coristas, productores y empresarios del *show business*, la radio y la televisión, habían salido de Cuba para intentar continuar con su trabajo habitual a través de contratos que reprodujeran las condiciones que mermaban, cuando no desaparecían, en su país. Podría considerarse como un movimiento habitual, pero esa vez las circunstancias eran sensiblemente diferentes. Como norma, los músicos cubanos han sido siempre trashumantes e inquietos, ávidos de búsqueda y confrontación constantes como alimentos del espíritu y necesaria retroalimentación. Vivir temporalmente o fijar su residencia en otros países dependió siempre de tres causas esenciales: la búsqueda de mejores oportunidades económicas y de trabajo; en un número más reducido, el ansia de superación personal, de realizar estudios imposibles en la isla; y los deseos e incluso la necesidad de trascender las limitaciones que les imponían los prejuicios clasistas y raciales que sentían que les afectaban. Esta causa, siendo de origen social, tiene siempre un marcado carácter político cuando la discriminación atávica se convierte en norma o cuando, por lo menos, los gobiernos no implementan medidas para impedir o minimizar el impacto de decisiones individuales arbitrarias de índole discriminatoria y de otras en las que se perpetúe una situación de desigualdad.

Para los músicos, la idea de probar suerte o establecerse en otros países en beneficio de su carrera no se vio nunca como algo dramáticamente irreversible, más allá de lo que ellos mismos, por su libre albedrío, pudieran siempre decidir. Salvo contadas excepciones, durante el siglo XIX y la primera mitad del XX, la política como causal migratoria no fue nunca un factor con un peso que sobrepasara las motivaciones antes apuntadas. Lico Jiménez, enfrentando la discriminación racial; José White, colaborando con la causa anticolonial, e Ignacio Cervantes, por sus inocultables sentimientos independentistas, son los casos más connotados en el siglo XIX de músicos cubanos prominentes que se vieron obligados a emigrar por razones políticas y en cuyas respectivas obras el desgarramiento del destierro les motivó a reflejar el amor a la patria en piezas como *Rapsodias cubanas* (Lico Jiménez), *La bella cubana* (José White) y *Adiós a Cuba* (Ignacio Cervantes).

Estos y otros ejemplos insertaron en ocasiones a algunos músicos emigrados en el ámbito de los procesos políticos de la época colonial, pero ya durante la República el fenómeno migratorio entre ellos fue mucho más un asunto de origen económico o social, aunque también hubo casos de emigración o destierro por razones políticas. Quizás el más notable ocurrió cuando la dictadura de Gerardo Machado censuró la canción *Lamento cubano*, escrita en 1931. Su autor, el prolífico Eliseo Grenet, acababa de regresar de una gira por Centro y Suramérica con su compañía Cubanacán y se vio precisado a abandonar el país con urgencia rumbo a España, y después a París, Londres, Nueva York, en un periplo de gran productividad creativa y beneficios totales para la música cubana —sin dudas, una paradoja—, sumado el quebranto espiritual que tal decisión pudo provocarle. Cuando cayó la dictadura machadista, Grenet regresó a La Habana para volver pronto a Nueva York, donde ya había fundado su cabaret Yumurí en Broadway, convertido en bastión de la música popular cubana en esa ciudad.

Lo incuestionable es la decisiva influencia que los procesos migratorios de nuestros músicos ejercieron en el curso de la historia musical de Cuba y otros países durante el siglo XX, desde el jazz hasta el mambo, pasando por el bolero y la música bailable. De ello hay muchos ejemplos: la presencia de músicos cubanos en el

Nueva Orleans de los inicios del jazz; el fabuloso aporte de la percusión afrocubana al jazz articulado por Mario Bauzá, sublimado por Chano Pozo y refinado por Chico O'Farrill; la monumental revolución musical que significó el mambo de Dámaso Pérez Prado, y el chachachá que llevó a México Enrique Jorrín con la Orquesta América de Ninón Mondéjar y que regresó enriquecido para que la Orquesta Aragón recogiera el testigo y, con los discos de todos, cruzara el océano rumbo a Europa.

Durante la primera mitad del siglo pasado, la vocación viajera de los cubanos llevó nuestra música hasta confines inimaginables del planeta. Eran músicos muchas veces en viajes prolongados, en travesías dilatadas en barco, que, de valorarse con la mirada y las normativas actuales en la isla, habrían sido considerados emigrados, con toda la carga dramática y definitiva que tal palabra comporta hoy día. Las posibilidades que allí surgieran determinaban el regreso más o menos inmediato o, en su defecto, la adquisición de un *status* permanente que les permitiera trabajar de una manera más estable, sobre todo teniendo en cuenta la mayor o menor precariedad con la que el músico desarrollara su trabajo en su país. Esto no constituía mayor problema: si te iba mal, eras libre de regresar a Cuba; si te iba bien, te quedabas sin tener que preocuparte demasiado, porque, con las leyes de inmigración vigentes en Cuba los primeros seis decenios del siglo XX, el músico tenía la posibilidad legal y expedita de regresar, siempre y cuando tuviera su documentación en regla y pudiera pagarse el boleto para viajar.

Durante los años veinte, treinta y cuarenta no fueron pocos los músicos empíricos y empobrecidos, cantantes, bailarinas y bailarines, en su mayoría negros y mulatos, que invirtieron sus exiguos ahorros en el viaje a la tierra prometida, o los que negociaron una plaza como polizontes en el *Florida,* el *Andrea Gritti* y otros barcos que hacían el recorrido habitual entre La Habana y la Florida o Veracruz, y la preocupación mayor no era el regreso —para ese las puertas del terruño siempre estaban legalmente abiertas—, sino a qué se enfrentarían en el país de destino.

Es poco probable que lleguemos a saberlo con exactitud, pero entre 1959 y 1961 salieron de Cuba una cantidad de artistas nunca antes vista para un periodo similar, y varios factores incidieron en ello, todos con el denominador común de los drásticos y trascendentales cambios que se produjeron tras la caída de Batista y la instauración del gobierno de Fidel Castro.

La tensión política se recrudeció en la isla: las acciones punitivas de sabotajes y atentados de grupos que se oponían abiertamente a la Revolución cubana dieron continuidad —aunque con otro signo y motivación— al ambiente de inseguridad y beligerancia que en las zonas urbanas, y principalmente en la capital cubana, se vivía desde 1957. La ausencia de entendimiento entre los gobiernos de Cuba y Estados Unidos tras la sucesión de medidas de acción y reacción por ambas partes, una vez conocido el talante independentista del nuevo gobierno cubano, desembocó en la ruptura de relaciones diplomáticas y económicas entre ambos países. Aumentaron los actos de sabotaje: explotó en el puerto habanero el buque francés *La Coubre,* que traía armamento a Cuba, con un terrible saldo de centenares de muertos. Los alzados contra la Revolución continuaban en las montañas del Escambray. La invasión de Playa Girón-Bahía de Cochinos terminó con la victoria de las fuerzas revolucionarias. El país vivía un clima de guerra. Los tiempos en los que la farándula y el mundo del espectáculo eran importantes y productivos económicamente habían quedado atrás.

Entre 1959 y 1961 la estructura empresarial de la llamada industria de la música, tal y como se conocía hasta ese momento, fue desmantelándose en progresión. Eso generó un clima de inseguridad entre los músicos, artistas, bailarines y profesionales que sostenían el *show business* en sus diferentes plataformas (televisión, radio, cabaret, teatro, *nightclub*s) y, en consecuencia, provocó una suerte de efecto estampida provisoria: los músicos buscaban contratos fuera de la isla para «esperar a que pasara el temporal», pues ninguno imaginó un mundo diferente al que conocían en su país; todos suponían que esa situación en modo alguno podía ser duradera. Mientras tanto, aprovecharon las posibilidades, y, en el caso particular de Celia Cruz y La Sonora Matancera, fue justo en 1959 y la primera mitad de 1960 cuando su popularidad en la comunidad latina residente en Estados Unidos se vio reforzada con varias presentaciones en directo —el debut de La Sonora Matancera en Estados Unidos ocurrió en 1959—, que abrieron, a su vez, nuevas oportunidades.

Un momento definitorio y esclarecedor de la posición oficial del gobierno cubano tuvo lugar el 5 de septiembre de 1961 en el Teatro Blanquita, cuando el primer ministro Fidel Castro, en su discurso de clausura del Congreso Nacional de Alfabetización, se refirió al éxodo de médicos y profesionales con estas palabras:

> El que en esas circunstancias abandone hoy a su enfermo, ese, ese es un miserable, a ese no le debemos dar chance nunca más de volver a este país; a esa gente hay que quitarle la ciudadanía, hay que quitarle la ciudadanía, porque esa gente algún día va a mendigar aquí, a las puertas de este país que la dejen regresar. Cuando esa gente se indigeste de yankismo y cuando esa gente esté cansada de desprecios y de malos tratos, y cuando esa gente esté cansada de la idiosincrasia de los amos imperialistas, llegará el día en que vengan a tocar aquí todos esos técnicos, a las puertas de este país, ingenieros, arquitectos, médicos, profesores, vendrán a tocar a las puertas de este país, pidiendo que los dejen entrar, y ese es el momento en que nosotros tenemos que ser duros y yo creo sinceramente, nosotros sugerimos, y somos partidarios, de que seamos duros con esa gente.
>
> Es decir que a esa gente le digamos: «No, ustedes dejaron de ser cubanos hace mucho rato, porque cuando nuestro país estaba luchando contra el extranjero explotador, contra el extranjero agresor, contra el extranjero poderoso, ustedes se fueron a lamerle las botas al amo extranjero poderoso. Cuando nuestro pueblo heroicamente se debatía en el frente económico, en el frente político, en el frente militar, y se luchaba contra la incultura, y ponía todas sus

reservas de energía moral y material y humana, librando esa histórica batalla, ustedes estaban lamiendo las botas de los imperialistas, y ustedes se fueron con los imperialistas, y ustedes fueron traidores a la patria». No, cubano no es el que nació aquí, cubano es el que ama este país, cubano es el que lucha por este país, cubano es el que defiende este país.

Estas palabras, referidas a médicos y profesionales que se marchaban de Cuba, se generalizaron tres meses después a todo aquel que hubiera decidido salir del país, y se convirtieron en política de Estado al promulgarse la Ley 989 del 5 de diciembre de ese año 1961, denominada «Medidas a tomar sobre los muebles o inmuebles, o de cualquier otra clase de valores, etc. de quienes abandonen con imperdonable desdén el territorio nacional». Esta ley establece el permiso de entrada y salida del país como prerrogativa gubernamental, y en su artículo 1 faculta al Ministerio del Interior como órgano decisor sobre quién entra y sale del país, y cómo lo hace. En su articulado, la ley señala: «Si el regreso no se produjera dentro del término por el cual ha sido autorizada la salida, se considerará que se ha abandonado definitivamente el país». En su artículo 2, al referirse a estas personas, estipula que «todos sus bienes muebles, inmuebles o de cualquier otra clase, derechos, acciones y valores de cualquier tipo se entenderán nacionalizados, mediante confiscación a favor del Estado Cubano, los cuales se asignarán a los organismos correspondientes».

Al día siguiente, el miércoles 6 de diciembre, el periódico *Revolución* publica de manera íntegra esta ley bajo el título «Fijan normas para poder salir y regresar al país» y un subtitular: «Aprobadas por el Consejo de Ministros, determinándose también ocupación de bienes de los que no regresen». A pesar de que no fue publicado en primera plana, sino en la página 2, esta ley no pasó inadvertida y de ella se enteraron con rapidez los músicos cubanos que trabajaban en ciudades como Caracas, Nueva York, Los Ángeles, Buenos Aires, Madrid, Barcelona, París, Roma o México.

Aunque entre los músicos y artistas no había grandes propietarios de empresas importantes, algunos entre los más notables, como Celia y Olga Guillot, habían realizado discretas inversiones en el sector inmobiliario y eran dueños de casas y edificios. El 6 de marzo de 1959, Fidel Castro dictó la ley que rebajaba el cincuenta por ciento de los alquileres en la vivienda, y el 14 de octubre de 1960 la Ley de la Reforma Urbana, que convirtió en dueños a quienes habitaban las viviendas, cancelando el derecho a la propiedad de sus antiguos dueños. Estas leyes les afectaron directamente, pero ninguna ley desató un verdadero efecto pánico entre los músicos y artistas como la 989 del 5 de diciembre de 1961. El miedo a no poder entrar a Cuba de manera normal, como antes ocurría, a reunirse con sus familiares y no poder volver a salir a continuar cumpliendo sus contratos y su vida artística, se adueñó de la mayoría. Lo irreversible de la decisión que se tomara llevaría la impronta intransigente de toda revolución, que, vista desde hoy, no deja espacio a un pensamiento diferente y donde las opciones son solo dos: conmigo o contra mí.

Para mayor desasosiego de la comunidad artística que se encontraba fuera de la isla, los gobiernos latinoamericanos, excepto el de México, habían seguido a Estados Unidos y los dictados de presión implementados por la Organización de Estados Americanos, y rompieron relaciones con Cuba. En particular el gobierno de Rómulo Betancourt en Venezuela, país donde se habían reasentado numerosos dueños de empresas cubanas expropiadas y también muchos artistas, suspendió vínculos oficiales con el gobierno cubano en noviembre de 1961.

Fue inédito el éxodo de músicos y artistas que se produjo principalmente a partir de 1960, sustentado en muy alta medida por la promulgación de la mencionada Ley 989, en cuyos apartados muchos vieron la posibilidad de lo irreversible, pero sobre todo, la intransigencia frente a un pensamiento diferente. Cantantes, artistas, bailarines, modelos, coristas, productores, coreógrafos, locutores, técnicos, maquillistas, en número indeterminado, entre la desazón y la esperanza, optaron por permanecer en los países donde estaban trabajando; otros, desencantados y temerosos, decidieron marcharse de la isla, y un número menor entre los que estaban fuera decidieron regresar. En los meses siguientes, Cuba salió —o fue sacada— del mercado internacional de la música y solo Nueva York, otra vez Nueva York, recibió el fuerte impacto que constituiría la llegada de experimentados instrumentistas, cantantes, compositores y productores, que llevaron consigo no solo su gran sabiduría, sino también los nuevos ritmos que ya triunfaban en la isla y que transformarían de manera definitiva la escena musical latina. La pachanga, ritmo novedoso de raíz caribeña, fue creado por el cubano Eduardo Davidson, y vivió una extraordinaria popularidad en Cuba entre 1959 y 1960. A partir de este año los músicos que emigraban a Nueva York lo introdujeron en la escena latina, reeditando allí el éxito alcanzado en Cuba.

El musicógrafo e investigador Helio Orovio describe ese tiempo de una manera dramática pero muy gráfica:

> El año 59 en La Habana y en Cuba fue igual que los anteriores, solo que más efervescencia, más proyectos... más sueños... El año 60, más o menos igual, pero ya a fines del 60 empieza a haber un cambio socioeconómico, político, ambiental, profundo, fuerte y violento. Es la Revolución. [...] Es una época loca... Cuba se cerró. Vino el embargo norteamericano, el bloqueo. Cuba salió del mundo. Esa época los cantantes, los artistas, los músicos, no la pueden asimilar, porque es cambiarles el mundo, es cambiarles su medio, es quitarles de pronto el piso, es sentirse en el aire...

Ni Celia ni ninguna de las grandes figuras del *star system* criollo, afectados en primera instancia y en sus intereses personales y profesionales, podían entender los cambios que trajo la Revolución cubana en sus dos primeros años. En el caso de Celia, se agrega el hecho de que durante 1959, y hasta julio de 1960, viajó en numerosas ocasiones para cumplir contratos fuera de la isla, y permaneció escasos días de manera prolongada en Cuba, lo que impidió que

Celia con Ollita y sus hermanos, primera mitad de los cincuenta (archivo personal Celia Cruz / Celia Cruz Estate).

viviera como intensa experiencia personal los hechos que se sucedían en el país.

La muerte de *Ollita*

En 1958 a Ollita se le había diagnosticado un cáncer de vejiga con pronóstico fatal a mediano plazo, unos dos años de sobrevivencia. Celia, junto con sus hermanos, se enfoca en la atención de la matriarca, cuidando minuciosamente y al coste que fuera necesario su alimentación, sus medicamentos y sus pruebas médicas. Porque Celia no era una hija o una hermana cualquiera. Desde que comenzó a cantar como profesional asumió la responsabilidad por sus padres y hermanos, y desde entonces —según testimonio de Omer Pardillo Cid— fue el único sostén económico de su familia principal y de muchos de sus descendientes, quienes, debe decirse, lo veían como algo natural e inamovible. No era Celia una persona alejada de su familia para dar preferencia al ambiente artístico y farandulero; todo lo contrario: siempre, hasta el final, consideraba ideal y necesario el ambiente familiar, un complemento indispensable de su carrera y de su vida. Y fue este un elemento importante para comprender el dramático alcance y los desenlaces irreversibles que tuvieron las decisiones que pronto habría de tomar.

Tras su salida de Cuba, la comunicación de Celia con su familia no se había interrumpido. Desde que comenzó a hacerse un espacio en el mundo de la música, ella había sido también el centro espiritual en torno al cual giraban las vidas de todos y cada uno de los integrantes de su entorno familiar más inmediato. Esa proximidad —siempre lo reconoció— llenaba los espacios que, sin hijos ni matrimonio en aquel momento, quedaban vacíos en una vida dedicada por entero a su carrera musical: la tía Ana, sostén espiritual y consejera propicia; su madre Ollita, de quien Celia recibió siempre una extraordinaria comprensión, aun en los momentos en que su vida se acercaba al final al mismo tiempo que Celia ascendía en la proyección de su carrera fuera de Cuba, y a quien la cantante le dedicó un amor incondicional y una protección a toda prueba; Bárbaro, el hermano menor, con quien compartía gustos y a quien protegía como nadie; sus hermanas Dolores, *la Niña,* y Gladys, eran a veces una suerte de ayudantes personales o entusiastas acompañantes, y Gladys y su prima Luciana García Alfonso, *Nenita,* hacían de peculiares *road managers* en la mayoría de sus viajes y giras hasta 1960. Por las vías posibles entonces (llamadas telefónicas, cablegramas), Celia se mantenía casi a diario al tanto de la enfermedad de su madre.

Entre los grandes propietarios y empresarios de Cuba no hay un solo artista. A pesar de que para la revista *Show* Celia era en ese momento la cantante mejor pagada, esta afirmación podría no ser exacta, pues otras cantantes muy famosas, como Olga Guillot, tenían desempeños artísticos que podrían haber justificado elevados honorarios por actuaciones, grabaciones, etc. Aun así, las únicas propiedades de Celia Cruz en Cuba eran su casa, aquella casa de increíble simpleza que, cuando aún debía trabajar duro para consolidar su carrera, le regaló a su madre en 1953, y el pequeño edificio de cinco apartamentos que hizo construir al lado de aquella para que todos sus hermanos con sus respectivas familias estuvieran cerca —«juntos, pero no revueltos», como solía decir—. El proceso de expropiación emprendido por el gobierno cubano respetó las dos propiedades de Celia Cruz en Cuba y no afectó a sus hermanos, que pasaron a ser los propietarios titulares de cada apartamento, ni a la tía Ana, que vivía ya con Ollita en la casa de la calle Terraza número 110. La responsabilidad que siempre sintió Celia por amparar a su familia en Cuba fue inamovible y permanente: en cualquier circunstancia, y por las vías más inimaginables, se las agenció para que les llegaran permanentemente las mesadas con las que aseguraba para ellos un nivel de vida más que digno y les permitía enfrentar situaciones de emergencia o enfermedad, al tiempo que hizo todo lo necesario para que quienes quisieron vivir fuera de la isla cumplieran su deseo.

Mitsuko Miguel y Roberto Gutiérrez — Mitsuko y Roberto— mantuvieron una permanente amistad con Celia desde que se conocieron en México. Desde entonces se afianzó entre ellos una gran amistad, que les permite opinar sobre el vínculo de Celia con su familia: «Ella estaba tan unida a su familia, en el sentido de quererlos ayudar, que ayudó a todos sus hermanos y sobrinos que quisieron emigrar, pagando todo lo que fue necesario para que lo lograran, asumiendo el coste económico. Nosotros la ayudamos con su sobrino Pipo, quien llegó a Estados Unidos a través de México y a quien recibimos aquí para ayudarle a llegar». Vivir en la diáspora no iba a ser causa de ruptura familiar; tal parece que este fue uno de los propósitos más firmes que Celia Cruz mantuvo durante toda su vida.

El 7 de abril de 1962 venía de arreglarme las uñas y estaba muy contenta porque debutábamos esa noche [en el teatro San Juan, de Nueva York], y yo siempre me emociono cuando voy a debutar en algún lado —cuenta Celia—. Subí las escaleras, entré en el apartamento y vi a Pedro de espaldas, hablando por teléfono. Lo iba a saludar, pero lo oí muy serio hablando en voz baja; entonces me quedé callada. Quise oír lo que estaba diciendo. Él no se percató de que yo había llegado, y por tanto, le decía a la persona con quien hablaba: «Mira, la madre de Celia falleció anoche, pero ella todavía no lo sabe». Al oír esas palabras, me quedé paralizada. Fue un choque terrible. Sintiendo que me ahogaba en angustia, me fui corriendo y bajé las escaleras. Era como un nudo en la garganta, no podía ni respirar. Sentí como si me hubieran clavado un puñal en el corazón, y no paraba de gritar «¡Ollita, Ollita!».

En su autobiografía Celia cuenta que al día siguiente, 8 de abril, comenzó los trámites para regresar a Cuba al entierro de su madre. Narra Roberto Gutiérrez:

Se movieron todas las influencias para que ella consiguiera una visa aunque fuera de dos días, para que pudiera ir a Cuba a despedir a su madre y regresar a Estados Unidos, lo cual le fue negado. Celia hizo cosas muy grandes: ella estaba dispuesta a pagar cualquier cantidad de dinero para que la dejaran entrar en Cuba a acompañar los momentos finales de su madre. Y no la dejaron. Ese fue un gran dolor que tuvo Celia, del que nunca pudo recuperarse, hasta el mismo día de su muerte. El permiso para entrar le fue negado en el consulado cubano en México. Ella era muy apegada a su familia. Siempre estuvo velando por su familia, por todos. Era su obsesión. Y se las arregló para mandar cada mes una cantidad considerable para que su familia pudiera mantenerse en Cuba. La preocupación por su familia, por sus amigos, fue lo que yo nunca vi en un artista. Como ella, nadie.

Roberto Gutiérrez fue una de las personas cercanas a Celia que más hicieron para ayudarle a obtener en el Consulado de Cuba en México el visado o permiso de entrada correspondiente. Inexistentes ya las relaciones diplomáticas entre Cuba y Estados Unidos, en aquel momento no había en Nueva York ni otro territorio más cercano una embajada o consulado cubano para realizar los trámites de rigor en ese caso. El desamparo administrativo y la falta de información fiable que debían enfrentar los cubanos que vivían en Estados Unidos a la hora de realizar cualquier trámite derivado de su condición de inmigrantes en aquel tiempo podría equipararse al de los que vivían en México y eran considerados por las autoridades diplomáticas cubanas *quedados*, y por tanto no partidarios de la Revolución cubana, con todas las consecuencias derivadas de tal elección.

Ollita fue enterrada en el cementerio Cristóbal Colón, en La Habana, en discreta ceremonia en la que estuvo toda la familia... menos Celia.

Marta Castillo y Elba Montalvo, sus amigas de los años infantiles y en ese momento ya fuera de Cuba, constatan el hecho. «¿Sabes las palabras que me dijo esa negra cuando me llamó por teléfono?: "Mi vida, ya yo no soy la Guarachera de América. Soy la Triste de América. ¿Sabes lo que es que no te dejen entrar ni para enterrar a tu madre?" ¡¡¡Ella no era política!!! ¿Por qué hacerle eso?», contó Elba décadas después.

Por las razones que fueran, la imposibilidad de volver a Cuba en un momento tan sensible y crucial para ella marcó, sin dudas, un punto de inflexión y definición de su relación con el gobierno cubano, cuya negativa a autorizarla a entrar recibió como un castigo por haber salido de Cuba y no manifestar apoyo o simpatías hacia el gobierno de Fidel Castro. Este hecho marcó a partir de entonces y para siempre su relación personal con su patria y su postura crítica frente al gobierno cubano, que transcurrieron por dos cauces no confluyentes, de deslindes entre patria y gobierno, y cuya independencia ella defendió con una estremecedora coherencia.

Abril de 1962 fue un mes de profunda tristeza, pero también de grandes definiciones asumidas con coraje y determinación: no había vuelta atrás; su carrera profesional —que es lo mismo que su orgánico amor por la música de su país— estaba abocada a una etapa nueva y diferente. Su casa sería Nueva York, la ciudad que la acogió brindándole las oportunidades que necesitaba en ese momento y que no eran otra cosa que los frutos que había cosechado de manera gradual pero persistente desde que en 1950 Sidney Siegel decidió distribuir en Estados Unidos los discos con su voz hasta que, cada vez con mayor frecuencia, el cartel de *sold out* se colgaba en los sitios de ambiente latino donde se anunciaba su actuación, ya fuera en Nueva York, Los Ángeles, Chicago, Nueva Orleans, Miami o San Francisco.

Celia interpretó lo que ocurrió después como una señal divina en medio de las adversidades y el dolor, pero otra interpretación también es pertinente. El 18 de junio de 1962 subió por primera vez al escenario del legendario Carnegie Hall. Era el resultado del talento natural en una mujer que no se contentó simplemente con tenerlo, sino que trabajó con constancia, dedicación y disciplina para hacerlo valer y con él honrar la grandeza de la auténtica música de su país. Son los logros alcanzados en su carrera mientras vivió en Cuba, y en los países donde se había presentado hasta ese momento como genuina portadora de la cultura musical cubana más raigal. Celia Cruz era una de las pocas artistas afrocubanas que habían actuado en el Carnegie Hall, precedida entonces únicamente por la declamadora Eusebia Cosme en 1938 y la soprano Zoila Gálvez en 1953. «Esa noche fue una de las más memorables de mi vida. Jamás soñé en Santos Suárez que un día estaría cantando en uno de los escenarios más importantes del mundo y, sobre todo, apenas dos años después de haber huido de mi patria con tan solo una maleta», afirma Celia en su libro autobiográfico. Que lo hiciera acompañada por Tito Puente y por la orquesta del jazzista afroamericano Count Basie fue una prueba de fuego que lanzaba luz sobre sobre un hecho: Celia Cruz estaba preparada para cantar en grandes escenarios

Celia en la segunda mitad de los cincuenta (archivo personal Celia Cruz / Celia Cruz Estate).

y con grandes orquestas. Pero esto fue mucho más que eso, mucho más que un hito en su historia de vida: fue el temprano símbolo de la coherencia multicultural dentro de la que habría de defender siempre sus raíces, y una clara premonición de la etapa gloriosa y monumental que apenas comenzaba para ella en otras tierras que terminarían haciéndola suya y también del mundo.

Epílogo

Celia Cruz relanzó su carrera en los Estados Unidos y se convirtió, primero, en una de las figuras cardinales de los procesos de relocalización de la música cubana en Nueva York, como uno de los polos creativos desde donde los músicos de la isla mantuvieron vivos y en evolución los géneros y ritmos tradicionales. Y después, y por lógica no podía ser de otro modo, en la figura femenina que protagonizó el periodo en que los sones y guarachas cubanas —ahora con influencias afrocaribeñas y de los jóvenes que en el Nueva York latino lidiaban también con el rock y el jazz— comenzaron a perder su nombre en favor del de una marca comercial: el reinado de la salsa y de Fania Records. Y Celia cantó y bailó para el mundo, y como lo suyo era pura raíz y autenticidad, más allá de marcas, sellos y negocios, su figura se engrandeció y ella supo, con su arte genuino, marchar con los tiempos, sin renunciar a su identidad. Celia llegó al mundo, así de simple.

En Cuba, su país, nunca artista alguno debió enfrentar una censura tan férrea, un castigo tan prolongado, tal condena al ostracismo, y un secuestro del lugar que por derecho propio le correspondía en la cultura nacional, a la que aportó una brillante trayectoria que, lejos de reclamos paternalistas y neocolonizadores de tintes racistas, no tuvo que agradecer a nadie ni a nada, más que a su talento innato y a su proverbial esfuerzo. En su país, Celia Cruz fue condenada por sus ideas políticas, y aún después de muerta sigue siéndolo.

Celia en los tempranos años cuarenta (archivo personal Celia Cruz / Celia Cruz Estate).

Durante la investigación realizada para este libro resultaron infructuosas las ingentes búsquedas para hallar los documentos oficiales que instauraron la prohibición de difundir las grabaciones de Celia Cruz y tan solo mencionar su nombre en los medios de comunicación de Cuba. Tres generaciones de cubanos también fueron condenados: debieron prescindir de la música de Celia Cruz, de su genialidad y su legado, cuando por razones políticas se ha pretendido extirparla del tronco vital de su cultura, a pesar de ser uno de sus exponentes más notables y genuinos. La política ha marcado y marcará su vida y su legado musical. Nunca un artista se convirtió a la vez, y de modo tan feroz, en objeto y sujeto de dos tendencias políticas enfrentadas en uno de los conflictos políticos nacionales de más larga data.

En los años que vinieron después de 1962, la carrera de Celia tuvo un alcance global y se convirtió en referente universal de la música cubana y en inspiración para las mujeres latinas y afrodescendientes como ideal de superación personal, esfuerzo y triunfo.

Estando a merced de los pensamientos y tendencias más intransigentes de las dos fuerzas contendientes en el conflicto nacional cubano, su gran lucha interior la llevó, de una parte, a manifestar, del mejor modo que supo, su patriotismo, su sentido de pertenencia y su amor por Cuba, su ser consciente de que ella era Cuba adondequiera que fuese y elevara su voz, y por tanto era la representación de su país amado. De otra parte, a capear de la mejor manera que pudo —no siempre acertada, no siempre eficaz, y me atrevería a decir que no siempre sincera— la intolerancia de quienes en ambas orillas se movían más por intereses políticos y sentimientos, que no siempre alineaban con su acendrado modo de ser cubana.

Todo esto marcó muchas de sus acciones profesionales y de sus decisiones cotidianas, centrada como estuvo siempre en el objetivo de no ser vencida, de no ser lastimada una vez más y, sobre todo, de hacer de su arte el mejor tributo a su patria y a su país. Celia siempre fue y será Cuba. Y lo demostró mucho más en los años que vendrían.

Fuentes consultadas

Libros referenciales

Agramonte, Arturo / Castillo, Luciano: *Cronología del Cine Cubano, Tomos I-IV*. Ediciones ICAIC. La Habana, Cuba. 2011, 2012, 2013 y 2015.

Arrufat, Antón: *Guarachas cubanas antiguas. Curiosa recopilación desde las más antiguas hasta las más modernas. Según la edición de 1882.* (Recopilación) La Habana. 1963.

Betancourt, Enrique C.: *Apuntes para la historia. Radio, televisión y farándula en la Cuba de ayer.* Publicación propia. San Juan, Puerto Rico. 1986.

Blanco Aguilar, Jesús: *80 años de son y soneros en el Caribe 1909-1989.* Fondo Editorial Tropykos. Caracas, Venezuela. 1992.

Blanco Borelli, Melissa: *She is Cuba: A Genealogy of the Mulata Body.* Oxford University Press. USA. 2015

Boudet, Hilarión G.: *Arte radial. Anuario de la Radio.* Editado y distribuido por Distribuidora Ultis. La Habana. 1945.

Boulanger, Alain: *La Havane à Paris.Musiciens cubains à Paris (1925-1955).* Jazzedit. París, Francia. 2018.

Caballero Aranzola, Lázaro: *¡De película! Rolando Laserie.* Unos & Otros Ediciones. Miami, USA. 2021.

Carpentier, Alejo: *La música en Cuba: temas de la lira y el bongó.* Ediciones Museo de la Música. La Habana, Cuba. 2012.

Castro, Alicia con Kummels, Ingrid: *Anacaona. The Amazing Adventutres of Cuba's First All-Girl Dance Band.* Atlantic Books. London. 2002.

Cruz, Celia y Reymundo, Ana Cristina: *Celia. Mi vida. Una autobiografía.* HarperCollins Publishers. Nueva York. USA. 2004.

Díaz Ayala, Cristóbal: *Cuba canta y baila. Enciclopedia Discográfica de la Música Cubana. Primer Volumen. 1898-1925.* Ediciones Universal. Puerto Rico. 1994.

——*Cuba canta y baila. Encyclopedic Discography of Cuban Music. 1925-1960.* Publicación online.

——*Música cubana. Del Areyto a la Nueva Trova.* Editorial Cubanacán. 3a. Edición Puerto Rico. 1993.

English, T. G.: *Nocturno de La Habana. De cómo la mafia se hizo con Cuba y la acabó perdiendo.* Debate. España. 2011

Fajardo Estrada, Ramón: *Bola de Nieve: Si me pudieras querer.* Unos & Otros Ediciones. Miami, USA. 2019.

——*Ernesto Lecuona. Cartas.* Ediciones Boloña. La Habana. 2012.

——*Rita Montaner. Testimonio de una época.* Editorial Oriente. Santiago de Cuba. 2017.

Figueroa Hernández, Rafael: *Toña La Negra. A 100 años de su nacimiento.* Instituto Veracruzano de Cultura. Veracruz. México. 2012.

——*Celio González. ConClave.* Veracruz, México. 2001.

——*Ismael Rivera, el Sonero Mayor.* Instituto de Cultura Puertorriqueña. Puerto Rico. 2000.

Fiol-Matta, Licia: *The Great Woman Singer: Gender and Voice in Puerto Rican Music.* Duke University Press Books. North Carolina, USA. 2017.

Galán, Natalio: *Cuba y sus sones.* Pre-Textos. Valencia, España. 1996.

García, Maritza: *Ámbito musical habanero de los cincuenta.* Centro de Investigación y Desarrollo de la Cultura «Juan Marinello». La Habana, Cuba. 2005.

García Hernández, Arturo: *No han matado a Tongolele.* Ediciones La Jornada. México D.F., 1998.

García Riera, Emilio: *Historia documental del cine mexicano.* Universidad de Guadalajara. México. 1993.

Giro, Radamés: *Diccionario Enciclopédico de la Música Cubana.* Editorial Letras Cubanas. La Habana, Cuba. 2007.

Giroud, Iván: *La historia en un sobre amarillo. El cine en Cuba (1948-1964)*. Ediciones Nuevo Cine Latinoamericano. La Habana, 2020.

Gjelten, Tom: *Bacardí y la larga lucha por Cuba*. Penguin Books. New York. USA. 2011.

Gutiérrez Barreto, Francisco: *Libro de la Farándula Cubana (1900-1962). Volumen I*. Versión multimedia. Managua, Nicaragua. 2011

Hijuelos, Oscar: *Los reyes del mambo tocan canciones*. Penguin Random House. España, 2012.

Koskoff, Helen: *The Garland Encyclopedia of World Music: The United States and Canada*. Routledge. Reino Unido, 2017.

López, Oscar Luis: *La radio en Cuba*. Editorial Letras Cubanas. La Habana, Cuba. 1981.

Lowinger, Rosa y Fox, Ofelia: Tropicana Nights, the Life and Times of The Legendary Cuban NightClub. In Situ Press. New York, Miami, Los Angeles. 2005.

Loza, Steven: *Recordando a Tito Puente, el rey del timbal*. Random House. Estados Unidos. 2000.

——— *Barrio Rhythm: Mexican American Music in Los Angeles*. University of Illinois Press, Illinois, USA. 1993.

Lundahl, Mats: *Bebo de Cuba. Bebo Valdés y su mundo*. Editorial RBA. Barcelona, España. 2008.

Macías, Anthony: *Mexican American Mojo: Popular Music, Dance, and Urban Culture in Los Angeles*, 1935-1968. Duke University Press, USA. 2008.

Marceles-Daconte, Eduardo: *¡Azúcar! La biografía de Celia Cruz*. Reed Press. Nueva York, USA. 2004.

Marquetti Torres, Rosa: *Chano Pozo. La vida (1915-1948)*. Unos & Otros Ediciones. Miami, USA. 2018.

——— *El Niño con su tres. Andrés Echevarría Callava, Niño Rivera*. Unos & Otros Edciones. Miami, USA, 2019.

Marrero Pérez-Urría, Gaspar: *Rico vacilón: Cuba en la fonografía musical mexicana (1897-1957)*. CULagos UDG. México. 2018.

——— *La reina de las charangas. La Orquesta Aragón*. Unos&Otros Música. Miami, USA. 2021.

Martínez, Mayra A.: *Cuba en voz y canto de mujer.* Eriginal Books LLC. USA. 2015.

────── *Todo por amor a la música cubana.* Publicación independiente. México, 2020.

────── *Cubanos en la música.* Ediciones Unión. La Habana, Cuba. 2014.

Medina Caracheo, Carlos: *El club de medianoche «Waikikí»: un cabaret «de época» en la Ciudad de México (1935-1954).* Instituto de Investigaciones Históricas. Facultad de Filosofía y Letras. Universidad Autónoma de México. México. 2010.

Moreno Velázquez, Juan A.: *La reina es la rumba. Por siempre... Celia.* Publicación propia. Puerto Rico.

Orovio, Helio. *Diccionario de la música cubana. Biográfico y técnico.* Editorial Letras Cubanas. La Habana, Cuba. 1992.

Padura, Leonardo: *Los rostros de la salsa.* Ediciones Unión. La Habana, Cuba. 1997.

Pérez Galdós, Victor: *Joseíto Fernández y su Guajira Guantanamera.* Ediciones Unión. La Habana, 2011.

Pedraza Ginori, Eugenio: *Memorias cubanas I y II.* Create Space Independent Publishing Platform. Amazon. 2016.

Portaccio Fontalvo, José: *La música cubana en Colombia y la música colombiana en Cuba.* Publicación propia.

Powell, Josephine: *Tito Puente: When the drums are dreaming.* AuthorHouse. Estados Unidos. 2007.

Ramírez Bedoya, Héctor: *Celia Cruz, Alberto Beltrán, Celio González. Estrellas de La Sonora Matancera.* Publicación propia. Medellín, Colombia. 2007.

────── *Historia de La Sonora Matancera y sus Estrellas. Vol. I. 2ª. Edición.* Publicación propia. Medellín, Colombia.

Rodríguez, Ezequiel: *Iconografía de la trova.* Dirección de Música de la Coordinación Provincial de la Habana. Cuba. 1966.

Rondón, César Miguel: *El libro de la salsa. Crónica de la música del Caribe urbano.* Publicación propia. Caracas, Venezuela. 1979.

Ruiz, Vicky L. y Sánchez Korroll, Virginia: *Latinas in the United States. A Historical Encyclopedia.* Indiana University Press, 2006.

Ruiz Quevedo, Rosendo Ruiz: *La guaracha cubana.* Editorial Oriente. Santiago de Cuba. 1992.

Salazar, Max: *Mambo Kingdom. Latin Music in New York.* Schirmer Trade Books. New York. 2002.

Santana, Sergio y Gómez, Octavio. *Medellín tiene su salsa.* Editorial Escuela de Ingeniería de Antioquia. Medellín, Colombia. 2014.

Sirven, Pablo: *El rey de la TV. Goar Mestre y la pelea entre gobiernos y medios latinoamericanos. De Fidel Castro a Perón.* Sudamericana. Buenos Aires, Argentina. 2013.

Sublette, Ned: *Cuba and Its Music. From the First Drumm to the Mambo.* Chicago Review Press. USA. 2007.

Valdés, Marta: *Donde vive la música.* Ediciones Unión. La Habana. Cuba. 2004.

Valverde, Umberto: *Reina rumba.* Editorial La Oveja Negra. Colombia. 1981.

Varios autores. *Bitácora del cine cubano. 1897-1960. La República.* AECID/Ediciones La Palma/Cinemateca de Cuba/ Filmoteca Canaria. España. 2018.

Varios autores. *Libro de Oro de la Televisión 1953-1954.* Editorial Delta S.A. Cienfuegos, Cuba. 1954.

Vázquez, Alexandra T.: *Listening in Detail: Performances of Cuban Music (Refiguring American Music).* Duke University Press. North Carolina, USA. 2013.

Vizcaíno, María Argelia: *July del Río. Por siempre.* Edición propia. Miami, USA. 2019.

Wolf, Tim de: *Discography of music from the Netherlands Antilles and Aruba: Including a history of the local recording studios.* Prince Claus Fund./Walburg Pers, Zutphen, The Netherlands. 1999f.

Zaldívar, Mario: *Costarricenses en la música: conversaciones con protagonistas de la música popular 1939-1959.* Editorial Universidad de Costa Rica. San José, Costa Rica. 2006.

Documentos

Pasaportes de Celia Caridad Cruz, expedidos por la República de Cuba entre 1947 y 1960. Certificaciones de nacimiento de Celia Caridad Cruz, Anacleta Alfonso Ramos y María Dolores Ramos Alfonso.
Índice alfabético y defunciones del Ejército Libertador de Cuba, iniciada el 24 de febrero de 1895.
Leyes del Gobierno Revolucionario de Cuba. Folletos de divulgación legislativa XXXIX. 1 al 31 de diciembre de 1961.
Cartas y contratos personales. Archivo personal Celia Cruz.

Prensa (periódicos, revistas y publicaciones)

¡Alerta! (Abril 1946).
ABC. Madrid, España.
Amigoe di Curaçao (1950-1960).
Bohemia. La Habana, Cuba (1940-1962).
Billboard. USA.
Cabaret Quarterly. USA (Abril 1957).
Carteles. La Habana, Cuba (1945-1959).
Combate. La Habana, Cuba. 1959.
Confidencial de Cuba. La Habana, Cuba (1957-1961).
Daily News. Nueva York, USA (1952-1961).
Diario de la Marina. La Habana, Cuba (1943-1960).
Ecos de la RHC Cadena Azul (1941-1949).
Élite. Venezuela.
Guión. La Habana, Cuba (1941-1958).
Islas. Villaboy Zaldívar, René: *Comerciales de negro ¿y blanco?* No. 51. Enero-Marzo 2009.
La Esfera. Venezuela.
La Jornada. México, D.F.
La Prensa. Nueva York, USA.
Latin Beat Magazine. USA. Varios números.

Los Angeles Times. Los Angeles, USA.
Noticias de Hoy. La Habana, Cuba (1940-1962).
Radio-Guía (1938, 1940, 1946, 1947).
Radiomanía y Televisión (1952-1960).
Record World. USA. Varios números.
Show. La Habana, Cuba (1954-1962).
The Miami Herald. Miami, USA.
The Miami News. Miami, USA.
The New York Times, USA.
The San Francisco Examiner. San Francisco, USA.
The Tampa Times. Tampa, USA.
Últimas noticias. Caracas, Venezuela.
Variety, USA.

Medios y sitios web

https://www.montunocubano.com/
https://www.eltiempo.com
https://cubaenlamemoria.wordpress.com/
https://www.diariolibre.com
http://www.latinamericanstudies.org/music/blacklist.htm
www.desmemoriados.com
www.encuentrolatinoradio.com
www.herencialatina.com
www.fidelcastro.cu
https://gladyspalmera.com
http://carlosbua.com/el-juego-en-cuba/
http://www.bsnpubs.com/latin/seeco.html
www.imdb.com
www.carnegiehall.org
https://adp.library.ucsb.edu/
https://prensahistorica.mcu.es/
https://www.delpher.nl/

https://www.loc.gov/
https://www.library.miami.edu/chc/
https://ufdc.ufl.edu

Entrevistas

- ✓ Omer Pardillo Cid. Entrevista con la autora (Miami- San Lorenzo de El Escorial. 2019, 2020 y 2021).
- ✓ Santiago Alfonso. Entrevista con la autora (La Habana- San Lorenzo de El Escorial, 15 de mayo de 2021).
- ✓ Marta Castillo. Entrevista con la autora. 30 de julio de 2020.
- ✓ Richie Blondet. Entrevista con la autora. New York- San Lorenzo de El Escorial. 2019.
- ✓ José *Pepito* Ciérvide. Entrevista con la autora. 7 de mayo de 2021.
- ✓ Olga Chorens. Entrevista con la autora. 19 de marzo de 2021.
- ✓ Cristóbal Díaz Ayala. Entrevista con la autora. 19 de septiembre de 2020.
- ✓ Roberto y Mitsuko (Roberto Gutiérrez y Mitsuko Miguel). Entrevista con la autora. 10 de enero de 2021.
- ✓ Gerónimo Labrada Jr. Entrevista con la autora. 16 de mayo de 2021.
- ✓ Sandra Mirabal Jean-Claude. Entrevista con la autora (Amsterdam, Holanda- San Lorenzo de El Escorial. 17 de mayo de 2020.
- ✓ Irma Peñalver. Entrevista con la autora. 19 de junio de 2020.
- ✓ Elba Montalvo. Entrevista con la autora. Madrid, 17 de septiembre de 2021.
- ✓ Juana Mazorra (Juanita Rivero). Entrevista con la autora. Madrid, 17 de septiembre de 2021.
- ✓ Bebo Valdés en programa Cara a cara, CNN+, 2 de julio de 2003.

Otras fuentes sonoras y audiovisuales

- ✓ Celia Cruz con el periodista José Gabriel Ortiz. Programa *Yo, José Gabriel*. Canal RCN. Bogotá, Colombia. Diciembre de 2000. (Audiovisual).
- ✓ Senén Suárez en el programa *Una cita con Rafa*. Programa de Canal 16. Visión Satélite. Barranquilla, Colombia. Fecha indeterminada.
- ✓ Celia Cruz con César Pagano. Entrevista. Bogotá, Colombia. 1 de marzo de 1996.
- ✓ Celia Cruz y Pedro Knight con César Pagano. Entrevista en programa El show del pueblo. Radio Capital. Bogotá, Colombia.
- ✓ *My name is Celia Cruz*. Documental. Producción: BBC (Reino Unido).
- ✓ *La Lupe. Queen of Soul.* Documental de Ela Troyano. Producción: PBS.

Agradecimientos

A mi Claudia Marquetti y a Miguel Barnet, quienes sin previo concierto, me inocularon la idea y la seguridad de que yo podría y tendría que escribir este libro. A Omer Pardillo Cid, quien, desde su condición de albacea del legado de Celia Cruz y presidente de Celia Cruz Foundation, puso a disposición de la investigación sus archivos, recuerdos y todo el acervo que logró acumular a lo largo del tiempo en que condujo a Celia a través de los últimos años de su carrera y de su vida.

A *Celia Cruz Foundation* y *Celia Cruz Estate* por el importante apoyo y por comprender la importancia de realizar este proyecto.

A Cristóbal Pera, mi editor, por la sabiduría, el entusiasmo y los consejos.

A Marta Castillo, Elba Montalvo, Irma Peñalver (RIP), Juanita Rivero, Meche Lafayette, Mitsuko Miguel, Olga Chorens, Roberto Gutiérrez y Santiago Alfonso, los amigos de Celia en sus años en Cuba, por sus insustituíbles testimonios y por apoyar con entusiasmo este proyecto.

A Cristóbal Díaz Ayala, por el magisterio. A *Díaz Ayala Collection* en *Florida Internacional University*, en la persona de Verónica González, por la inapreciable ayuda.

A Alejandra Fierro Eleta. A su *Colección Gladys Palmera*, y en ella, a Tommy Meini, por su invaluable apoyo.

A Gherson Maldonado por poner a disposición de la investigación su archivo hemerográfco sobre la música popular en Venezuela.

A Iván Giroud, por el estímulo y apoyo en la investigación, por ser conciencia crítica y por la lectura.

AGRADECIMIENTOS

A Esther María Hernández y Néstor Díaz de Villegas, por confiar, empatizar y proponer.

A la Dra. Aída Bueno Sarduy, a Jaime Jaramillo y Mayra A. Martínez por la lectura de varios de los borradores que tuvo este libro y por sus atinadas y oportunas observaciones.

A Zuleica Romay Guerra, por ser inspiración desde su solidez intelectual y su obra, en la revalorización del legado afrocubano en el pensamiento y la cultura de nuestra nación.

A un grupo de amigos imprescindibles de varios países, por su importante contribución:

En Alemania, al coleccionista Frank Hinrich.

En Bulgaria, a Rey González.

En Colombia, Rafael Bassi Labarrera (RIP), Jaime Jaramillo, Eduardo Ceballos, José Portaccio Fontalvo y Sergio Santana Archbold.

En Cuba, a Ángel Terry Domech, Adriana Orejuela (RIP), Beatriz Eiris, Daisy Hernández, Jaime Masó, Jorge Fernández Era, Jorge Rodríguez, José Galiño (RIP), Julio César Guanche, Lázaro Caballero Aranzola, Luciano Castillo, Mario Naito, Miguel Cabrera, Rafael Lam, Rakel Martori, Belinda Suárez, René Espí Valero.

En Chile, al Ing.Gerónimo Labrada, Jr.

En España, a Yin Pedraza Ginori.

En Estados Unidos, a Indira Almeida-Pardillo. A Susan Naiman-Siegel y Jeff Naiman (hija y nieto de Sidney Siegel). A Gema Castanedo y Arthur Leoné. A Ernesto Martínez, Jorge Enrique González Pacheco, José «Pepito» Ciérvide, Juan de Marcos González, Lena y Malena Burke, Manuel Iglesias Pérez, Marvin Jui-Pérez, Raúl Fernández, Richie Blondet y Walkyria Johnson-Bouffartique.

En Holanda, a Tim de Wolf y Sandra Mirabal Jean-Claude.

En México, a Iván Restrepo, Pavel Granados, Roberto Gutiérrez, Jr.

En Perú, a Angelina Medina y Gino Curioso.